U0610241

工程车辆

主　编　张　强　刘树伟

副主编　徐　克　冷岳峰

北京理工大学出版社
BEIJING INSTITUTE OF TECHNOLOGY PRESS

内 容 简 介

本书概述了工程车辆的底盘基础，简要讨论了工程车辆结构、参数及部分总成结构，系统介绍了工程运输专用车辆、工程作业专用车辆、路面施工专用车辆、无轨运输车的分类及组成。

本书内容新颖，叙述循序渐进，可用作汽车专业学生的教材，也可供汽车工程师、汽车检测人员、汽车使用和维修人员学习与参考。

图书在版编目（CIP）数据

工程车辆／张强，刘树伟主编 . —北京：北京理工大学出版社，2015.10（2015.11 重印）
ISBN 978 – 7 – 5682 – 1361 – 5

Ⅰ. ①工⋯　Ⅱ. ①张⋯②刘⋯　Ⅲ. ①工程车　Ⅳ. ①U469.6

中国版本图书馆 CIP 数据核字（2015）第 238614 号

出版发行／北京理工大学出版社有限责任公司
社　　址／北京市海淀区中关村南大街 5 号
邮　　编／100081
电　　话／（010）68914775（总编室）
　　　　　（010）82562903（教材售后服务热线）
　　　　　（010）68948351（其他图书服务热线）
网　　址／http：//www.bitpress.com.cn
经　　销／全国各地新华书店
印　　刷／三河市天利华印刷装订有限公司
开　　本／787 毫米 × 1092 毫米　1/16
印　　张／17.5　　　　　　　　　　　　　　　　责任编辑／钟　博
字　　数／408 千字　　　　　　　　　　　　　　文案编辑／张鑫星
版　　次／2015 年 10 月第 1 版　2015 年 11 月第 2 次印刷　　责任校对／周瑞红
定　　价／39.00 元　　　　　　　　　　　　　　责任印制／马振武

编委会名单

主 任 委 员：毛　君　何卫东　苏东海

副主任委员：于晓光　单　鹏　曾　红　黄树涛

　　　　　　舒启林　回　丽　王学俊　付广艳

　　　　　　刘　峰　张　珂

委　　　员：肖　阳　刘树伟　魏永合　董浩存

　　　　　　赵立杰　张　强

秘 书 长：毛　君

副 秘 书 长：回　丽　舒启林　张　强

机械设计与制造专业方向分委会主任：毛　君

机械电子工程专业方向分委会主任：于晓光

车辆工程专业方向分委会主任：单　鹏

编写说明

　　根据教育部《关于"十二五"普通高等教育本科教材建设的若干意见》（教高〔2011〕5号）和"卓越工程师教育培养计划"的精神要求，为全面推进高等教育理工科院校"质量工程"的实施，将教学改革的成果和教学实践的积累体现到教材建设和教学资源统合的实际工作中去，以满足不断深化的教学改革的需要，更好地为学校教学改革、人才培养与课程建设服务，确保高质量教材进课堂，由辽宁工程技术大学机械工程学院、沈阳工业大学机械工程学院、大连交通大学机械工程学院、大连工业大学机械工程与自动化学院、辽宁科技大学机械工程与自动化学院、辽宁工业大学机械工程与自动化学院、辽宁工业大学汽车与交通工程学院、辽宁石油化工大学机械工程学院、沈阳航空航天大学机电工程学院、沈阳化工大学机械工程学院、沈阳理工大学机械工程学院、沈阳理工大学汽车与交通学院、沈阳建筑大学交通与机械工程学院等辽宁省11所理工科院校机械工程学科教学单位组建的专委会和编委会组织主导，经北京理工大学出版社、辽宁省11所理工科院校机械工程学科专委会各位专家近两年的精心组织、工作准备和调研沟通，以创新、合作、融合、共赢、整合跨院校优质资源的工作方式，结合辽宁省11所理工科院校在机械工程学科和课程教学方面的理念、学科建设和体系搭建等研究建设成果，按照当今最新的教材理念和立体化教材开发技术，本着"整体规划、制作精品、分步实施、落实到位"的原则编写了机械设计与制造、机械电子工程及车辆工程等机械工程学科课程体系教材。

　　本套丛书力求结构严谨、逻辑清晰、叙述详细、通俗易懂。全书有较多的例题，同时注意尽量多给出一些应用实例，便于自学。

　　本书可供高等院校理工科各专业的学生使用，也可供广大教师、工程技术人员参考。

辽宁省11所理工科院校机械工程学科建设及教材编写专委会和编委会

前 言

  本书根据辽宁省 11 所理工科院校的汽车工程专业的新变化及当前应用型人才培养的新要求编写，在编写过程中注意贯彻理论知识和实践相结合、先进性与实用性相结合，为满足辽宁省乃至全国对"工程车辆"课程的教学需要，书中除介绍传统工程车辆的内容外，还新增工程车辆底盘基本理论、结构与参数、总成及装置、地下施工专用车辆等最新内容，力求做到既传授基础知识，又反映新车辆、新技术。

  本书由辽宁工程技术大学张强、辽宁工业大学刘树伟担任主编，沈阳理工大学徐克、辽宁工程技术大学冷岳峰担任副主编。具体编写分工为：张强编写第 1、5、6 章；刘树伟编写第 2 章；辽宁工程技术大学朱占平、金宁编写第 3 章；徐克编写第 4 章；冷岳峰编写第 7 章，部分课后题由付新老师编写。全书由张强负责统稿工作。

  本书在编写的过程中得到神华神东煤炭公司等单位的大力支持和帮助，在此表示衷心的感谢。

  由于编者水平有限，不足之处在所难免，恳请使用本书的专家、教师和读者批评指正。

编　者

Contents

目 录

目　录

第 1 章　工程车辆底盘基础理论

本章知识点

1. 系统阐述工程车辆底盘理论，从履带式、轮式底盘行驶原理入手，详细介绍履带式、轮式行走机构的运动学和动力学及行驶的附着性能，并对工程车辆的牵引性进行分析。

2. 对履带式、轮式底盘的行驶原理进行分析，建立驱动力数学方程；根据履带式、轮式行走机构的运动学和动力学分析，形成履带式、轮式行走机构的行走附着性能计算方法，并对牵引力、最大输出功率、牵引性能参数进行匹配分析。

1.1　绪　　论

底盘是工程车辆可靠性运行的关键部件，也是工程机械产品设计的重点，掌握工程车辆底盘的基础理论，对研究工程车辆运行动力和改进车辆设计具有重要意义。

工程车辆作业环境、条件复杂多变，这就要求底盘设计能够适应当地的气候、地理特点；要求发动机、行走机构与工作装备的特性之间具有良好的匹配关系。工作介质的性质复杂，要求工作装置结构设计形式多样；工作介质的状态在作业中不断发生变化，要求工作参数能够调节平衡；现代工程产品设计要求较高的作业质量控制水平，增加机电液一体化和现代控制技术。

1.2　底盘的行驶原理

1.2.1　履带式底盘的行驶原理

履带式底盘是依靠发动机的动力，借助驱动链轮卷绕履带时地面对履带接地段所产生的反作用力而行驶的。为便于说明行驶原理，可将履带分成几个区段（见图 1-1），1～3 为驱动段，4～5 为上方区段，6～8 为前方区段，8～1 为接地段或支承段。

车辆行驶时，在驱动力矩 M_K 作用下，驱动段内产生拉力 F_t，F_t 的大小等于驱动力矩 M_K 与驱动轮动轮动力半径 r_K 之比，即

$$F_t = \frac{M_K}{r_K}$$

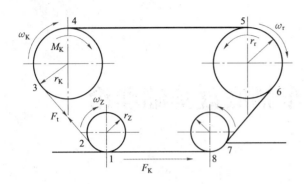

图 1-1 履带式底盘行驶原理

对车辆来说，拉力 F_t 是内力，它力图把接地段从支重轮下拉出，致使土壤对接地段的履带板产生水平反作用力，这些反作用力的合力 F_K 称作履带式底盘的驱动力或切线牵引力。履带式底盘就是在驱动力 F_K 的作用下行驶的。

由于动力从驱动轮经履带驱动段传到接地段时，中间有动力损失，若此损失用履带驱动段效率 η_r 表示，则 F_K 可表示为

$$F_K = \eta_r F_t = \eta_r \eta_m \frac{i_m M_e}{r_K} \tag{1-1}$$

式中　　η_m——发动机至驱动轮的传动效率；

　　　　i_m——发动机至驱动轮的传动比。

此公式也适用于轮式底盘，不过此时 $\eta_r = 1$。

为分析驱动力 F_K 是如何传到底盘机体上的，可在驱动轮轴上加两个大小相等、方向相反的力 F_t，如图 1-2 所示。其中一个力与驱动段内拉力 F_t 形成力偶，其值等于驱动力矩 M_K；另一个力则可分解成平行和垂直于路面的两个分力 F_t' 和 F_t''，其中 $F_t' = F_t \cos \varphi$。

同理，将作用在后支重轮上的两个力（一个是驱动段内的拉力 F_t，另一个是土壤的反作用力 F_K），都分别移到该支重轮轴线上，结果得到一个合力 F_Σ。将合力 F_Σ 分解成分别与路面平行和垂直的两个分力 F_Σ' 和 F_Σ''，而 $F_\Sigma' = F_K - F_t \cos \varphi$。

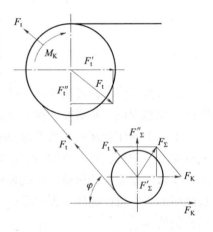

图 1-2 履带驱动力的传递

推动机体前进的力应是 F_t' 与 F_Σ' 之和，即

$$F_t' + F_\Sigma' = F_t \cos \varphi + F_K - F_t \cos \varphi = F_K$$

假定履带销子和销孔间的摩擦损失可略去不计，则推动机体前进的力 F_K 即等于履带驱动段内的拉力 F_t，它并不随驱动段的倾角 φ 的变化而变化。实际上，因为履带销和销孔间有摩擦，故 F_K 比 F_t 要小些（见图 1-2）。

1.2.2　轮式底盘的行驶原理

轮式底盘通过发动机的动力并依赖地面作用于驱动轮上的推力而行驶。由于轮胎和地面的变形等原因，车轮与地面的接触是一个区域，因此作用于驱动轮上的推力应是许多接触单元的水平合力。

从受力分析方面来看，工程机械轮式底盘能够正常行驶的基本条件是：一方面，地面所产生的驱动力 F 大于或等于滚动阻力 $F_{fc} = 2\,134\varphi^{3/8}$ 与作业阻力 $F_X = M_\varepsilon \omega^2$ 之和；另一方面，驱动力 F 的最大值要受到地面附着条件的限制，即驱动力 F 不会超过地面所能提供的附着力 F_φ。因此，轮式底盘正常行驶的充要条件是：

$$F_{\varphi} \geqslant F \geqslant F_{X} + F_{fc} \qquad (1-2)$$

这一关系式同样适用于履带式底盘。由式（1-2）可知，为提高自行式工程机械的工作效率，应改善地面附着条件，并尽可能减小滚动阻力 F_{fc}。

驱动力 F 可按式（1-3）计算：

$$F = \frac{M_K}{r_d} = \eta_{\Sigma} \frac{i_{\Sigma} M_e}{r_d} \qquad (1-3)$$

式中　F——驱动力；

　　　M_e——发动机转矩；

　　　r_d——驱动轮动力半径；

　　　η_{Σ}——传动系统总效率；

　　　i_{Σ}——传动系统总传动比。

1.3　行走机构运动学与动力学

1.3.1　履带式行走机构的运动学与动力学

1. 履带式行走机构的运动学

履带式行走机构在水平地面的直线运动，可以看成台车架相对于接地链轨的相对运动和接地履带对地面的滑转运动（牵连运动）合成的结果。

根据相对运动的原理，可以通过考察链轨对静止的台车架的运动来求取两者之间的相对运动速度。此时可将台车架，即驱动轮、导向轮、支重轮、托链轮的轴线看成静止不动的，而履带则在驱动轮的带动下以一定的速度围绕这些轮子做"卷绕"运动，如图 1-3 所示。由于履带链轨是由一定长度的链轨节组成的，如同链传动，履带的卷绕运动速度即使在驱动轮等速旋转条件下也不是常数。

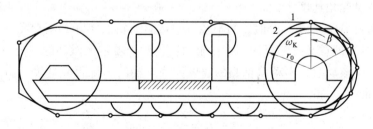

图 1-3　履带相对于台车架的卷绕运动

从图 1-3 中可以看出，履带处于位置 1 时的速度 v_1 最大，且

$$v_1 = r_0 \omega_K \qquad (1-4)$$

式中　r_0——驱动链轮的节圆半径；

　　　ω_K——驱动链轮的角速度。

当履带处于位置 2 时，履带速度最低，且

$$v_2 = r_0 \omega_K \cos \frac{\beta}{2} = v_1 \cos \frac{\beta}{2} \tag{1-5}$$

式中 β——驱动链轮的分度角，$\beta = \dfrac{360°}{Z_K}$；$Z_K$ 为驱动链轮的有效啮合齿数。

由此可见，即使驱动轮做等角速旋转（ω_K 为常数），台车架的相对运动也将呈现周期性变化，从而使车辆的行驶速度也带有周期变化的性质。

履带卷绕运动的平均速度可通过驱动轮每转一圈所卷绕（转过）的链轨节的总长来计算。

设 l_t 为链轨节距（m），ω_K 为驱动轮角速度（rad/s），n_K 为驱动轮转速（r/min），则履带卷绕运动的平均速度 v_m 可由式（1-6）计算：

$$v_m = \frac{Z_K l_t}{2\pi} \omega_K = \frac{Z_K l_t n_K}{60} \tag{1-6}$$

当履带在地面上做无滑动行驶时，车辆的行驶速度显然就等于台车架相对于接地链轨的运动速度，后者在数值上等于履带卷绕运动的速度。通常，将车辆履带在地面上无任何滑移时车辆的平均行驶速度称为理论行驶速度 v_T，它在数值上应等于履带卷绕运动的平均速度，即

$$v_T = v_m = \frac{Z_K l_t n_K}{60} \tag{1-7}$$

由式（1-5）可知，当 β 角减小，即驱动轮有效啮合齿数 Z_K 增加时，履带卷绕运动速度的波动就减小。对于 $\beta \to 0$，$Z_K \to \infty$ 这一极限情况，则有：$v_1 = v_2 = v_m$。

为简化履带行走机构运动学的分析，通常将这种极限状态作为计算车辆行驶速度的依据。此时，假设履带节为无限小，则履带可看成一条挠性钢带。这一挠性钢带既不伸长也不缩短，且相对于驱动轮无任何滑动。根据上述假设，履带行走机械的理论行驶速度可用式（1-8）表示

$$v_T = r_K \omega_K \tag{1-8}$$

式中 r_K——驱动轮动力半径；

ω_K——驱动轮角速度。

驱动轮的动力半径 r_K 是一个假设的半径，它在驱动轮上实际并不存在（r_K 不等于链轮的节圆半径），其物理意义可解释如下：在驱动轮相对于履带无滑动的情况下，以一半径为 r_K 的圆沿链轨做纯滚动时，驱动轮轴心的速度即为车辆的理论行驶速度。由式（1-7）和式（1-8）可知

$$r_K = \frac{Z_K l_t}{2\pi} \tag{1-9}$$

当车辆在实际工作时，即使牵引力没能够超过履带与地面的附着能力，履带与地面之间还是存在少量滑转的。这是因为履带挤压土壤并使它在水平方向有滑转的趋向。在履带存在滑转的情况下，车辆的行驶速度称为实际行驶速度，记作 v，它是履带的滑转速度和台车架对接地链轨的相对速度的合成速度，即

$$v = v_T - v_j \tag{1-10}$$

式中 v_j——履带在地面上的滑转速度。

实际行驶速度 v 可用单位时间内车辆的实际行驶距离来表示，滑转速度 v_j 则可用单位时间内的滑转距离来表示，即

或

$$\begin{cases} v_j = \dfrac{l_j}{t} \\[2mm] v_j = \dfrac{l_j}{t} = \dfrac{l_T - l}{t} \end{cases} \qquad (1-11)$$

式中　l——在时间 t 内，履带车辆的实际行驶距离；

　　　l_j——在时间 t 内，履带相对地面的滑转距离；

　　　l_T——在同一时间 t 内的理论行驶距离，它可通过式（1-12）计算：

$$l_T = r_K \omega_K t = \frac{Z_K l_t}{2\pi} \omega_K t \qquad (1-12)$$

通常用滑转率 δ 来表示履带对地面的滑转程度，它表明由于滑转而引起的履带机械行走距离或速度的损失，可由式（1-13）或式（1-14）计算：

$$\delta = \frac{l_T - l}{l_T} = 1 - \frac{l}{l_T} \qquad (1-13)$$

$$\delta = \frac{v_T - v}{v_T} = 1 - \frac{v}{v_T} \qquad (1-14)$$

2. 履带式行走机构的动力学

履带车辆工作时，其上作用有抵抗车辆前进的各种外部阻力和推动车辆前进的驱动力——切线牵引力，而切线牵引力本身则由驱动链轮上的驱动力矩所产生。

当履带车辆在等速稳定工况下工作时，存在以下两种平衡关系。

（1）外部阻力与切线牵引力的平衡关系

履带车辆上的各种外部阻力与切线牵引力的平衡关系为

$$\sum F = F_K \qquad (1-15)$$

式中　$\sum F$——各种外部阻力的总和；

　　　F_K——切线牵引力。

（2）履带自身的平衡关系

如图 1-4 所示履带各区段的受力情况，从图中可以看出，如果履带式行走机构不存在任何内部阻力，则当车辆静止时在履带的各区段中应具有相同的附加张紧力 F_0。当车辆在等速稳定工况下工作时，驱动轮对履带作用有驱动力矩 M_K，而在履带的驱动段内则相应地产生一附加张紧力 F_t，从而引起地面对履带的反作用力。但是，在履带式行走机构内部实际上存在各种摩擦损失，这些摩擦损失包括：

1）各链轨节铰链中的摩擦损失；

2）驱动轮与链轨啮合时的摩擦损失；

3）导向轮和拖链轮轴承的摩擦损失；

4）支重轮轴承中的摩擦和支重轮在链轨上的滚动摩擦损失。

由于这些摩擦损失的存在，驱动力矩在形

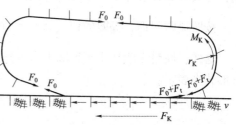

图 1-4　履带各区段的受力情况

成切线牵引力时必然消耗一部分力矩用来克服行走机构内部的摩擦损失。也就是说，在驱动力矩中必须扣除一部分力矩后才能与切线牵引力相平衡，即有以下关系式：

$$\frac{M_K - M_r}{r_K} = F_K \qquad (1-16)$$

式中　　M_r——消耗在克服履带行走机构内部摩擦中的驱动力矩，称为换算的履带行走机构内部摩擦力矩。

由于履带行走机构中各摩擦副中的摩擦力可近似地看作与摩擦副所承受的法向压力成正比，因此根据法向压力的性质，换算的行走机械摩擦力矩 M_r 又可分为以下两组：

1）由不变的法向压力（如履带的预紧力和机器质量造成的法向压力）所产生的部分摩擦力矩，其值与驱动力的大小无关，相当于拖动行驶时行走机构内部摩擦力矩，它可用 M_{r2} 来表示。

2）由履带附加张紧力 F_o 所引起的摩擦力矩 M_{r1}，其值近似地与驱动力矩成正比，并可用效率系数 η_r 来表示。这样，M_r 可表示为

$$M_r = M_{r1} + M_{r2}$$

将其代入式（1-16）中得

$$\frac{M_K - M_{r1}}{r_K} - \frac{M_{r2}}{r_K} = F_K \qquad (1-17)$$

将式（1-17）代入式（1-15），可得

$$\sum F = \frac{M_K - M_{r1}}{r_K} - \frac{M_{r2}}{r_K} \qquad (1-18)$$

令

$$\eta_r = \frac{M_K - M_{r1}}{M_K} \qquad (1-19)$$

η_r 称为履带驱动段效率，则有：

$$\begin{cases} \sum F + \dfrac{M_{r2}}{r_K} = F_K + \dfrac{M_{r2}}{r_K} \\[3mm] \dfrac{\eta_r M_K}{r_K} = F_K + \dfrac{M_{r2}}{r_K} \end{cases} \qquad (1-20)$$

从以上的讨论可以看出，由于等效的摩擦阻力 $\dfrac{M_{r2}}{r_K}$ 可以在拖动试验中与由土壤变形而引起的外部行驶阻力一起测出，而等效的驱动力矩 $\eta_r M_K$ 则可用一简单的效率系数来考虑，因此，等效计算在实际使用中极为有用。

按照通常习惯，等效的切线牵引力 $\left(F_K + \dfrac{M_{r2}}{r_K}\right)$ 可称为切线牵引力，并用符号 F_K 来表示。

这样，履带车辆在水平地面上做等速直线行驶时作用在车辆上诸力的平衡方程仍可用以下形式来表示：

$$\sum F = F_K$$

$$F_K = \frac{\eta_r M_K}{r_K} \qquad (1-21)$$

1.3.2　轮式行走机构的运动学与动力学

1. 轮式行走机构的运动学

轮式底盘的车轮通常分为从动轮和驱动轮两种。当车轮运动是由轮轴上的水平推力作用而发生时，该车轮称为从动轮；当车轮的运动是在驱动力矩作用下发生时，则该车轮称为驱动轮。

下面以从动轮的运动学分析为例，讨论一般车轮的运动学问题。

当从动轮在土壤上滚动时，其状态如图1-5所示。在垂直载荷 Q_C（包括自重力）作用下，土壤和轮胎都发生变形。变形后的轮胎与土壤间形成的接触面通常称为支承面。支承面的几何形状可假设如下：位于轮子几何中心垂直面 OO_1 的左方部位，可认为是一个水平面；而位于垂直面 OO_1 的右方部分则可认为是一个圆柱面。此圆柱面的中心线 O' 位于 OO_1 垂直平面内，并在轮子几何轴线 O 的上方。

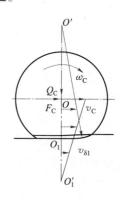

图1-5　从动轮的运动简图

车轮回转运动时，整个车轮的回转瞬心轴 O_1' 可具有下述几种不同的位置：

1）如果在无限小的时间内，瞬心轴的位置在 O_1 点，则车轮的支承表面保持静止不动。

2）当瞬心轴 O_1' 低于 O_1 时，则车轮的支承表面将沿车辆的运动方向移动，这种现象称为滑移现象。

3）当瞬时中心轴高于 O_1 时，则车轮的支承面将沿车辆相反的运动方向移动，这种现象称为滑转现象。

当从动轮滑移时，几何中心的速度方向应与连线 OO_1 相垂直，其值可表示为

$$v = \overline{OO_1}\omega_C = r_e\omega_C \tag{1-22}$$

式中　v——从动轮的实际速度；

　　　ω_C——从动轮的角速度；

　　　r_e——从动轮的有效滚动半径，其值等于瞬时中心轴到几何中心轴的距离。

车轮的有效滚动半径是一个变化的假想半径，其大小随车轮的滑移程度而变。

当车轮纯滚动时，$r_e = \overline{OO_1}$，此时的有效半径为滚动半径，以 r_g 表示。而此时几何中心的速度称为理论速度，用 v_T 表示。

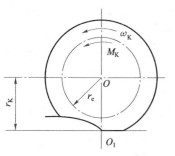

图1-6　驱动轮的运动

当车轮的回转角速度 ω_C 已知时，按理论力学中的方法，由有效滚动半径 r_g 确定车轮上任意一点的运动轨迹、速度和加速度。

驱动轮的运动如图1-6所示，将从动轮的角速度 ω_C 转换为驱动轮的角速度 ω_K，则上述从动轮的运动学公式完全适用于驱动轮。

当驱动轮无滑移（或滑转）滚动时，其理论速度 v_T 可

表示为

$$v_T = r_g \omega_K = r_K \omega_K \qquad (1-23)$$

驱动轮的动力半径等于驱动轮几何中心到驱动力作用线的距离。由于驱动力的作用线位置通常很难确定，因此，通常用轮胎的静力半径 r_j 来代替动力半径。

轮胎的静力半径 r_j 是指车轮在静止状态下受法向载荷、轮胎有径向变形时，车轮几何中心到路面的距离。其值可近似地由式（1-24）确定：

$$r_j = (0.045 \sim 0.47)D$$

或

$$r_j = r_0 - \frac{N}{2\Delta} \qquad (1-24)$$

式中　D——轮胎的自由直径（轮胎气压为规定值，无载荷作用时的直径）；

　　　r_0——轮胎自由半径；

　　　Δ——刚度系数；

　　　N——轴载荷。

综上所述，车轮的运动有三种状态，即纯滚动、滑移和滑转。驱动轮经常有滑转，而从动轮可能产生滑移，车轮在制动时也会产生滑移。

与履带式车辆相同，可用滑转率 δ 来描述轮式车辆的实际速度与理论速度之间的关系，即

$$\delta = \frac{v_T - v}{v_T} \qquad (1-25)$$

或

$$\delta = 1 - \frac{r_e}{r_g} \qquad (1-26)$$

实际速度与理论速度的关系可表示为

$$v = (1-\delta)v_T \qquad (1-27)$$

2. 轮式行走机构的动力学

轮胎滚动的受力情况如图 1-7 所示。图 1-7（a）是车轮在驱动力矩 M_K 作用下做直线行驶的情形；图 1-7（b）是自由轮行驶的情形；图 1-7（c）是从动轮行驶的情形。

（1）驱动轮力矩平衡方程

$$M_K - F \cdot r_K - R \cdot a = 0 \qquad (1-28)$$

式中　a——地面垂直反力至车轮中心的距离；

　　　R——地面垂直反力，$R = Q$。

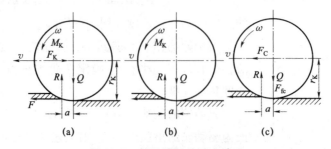

图 1-7　轮胎滚动的受力情况

（a）车轮做直线行驶；（b）自由轮行驶；（c）从动轮行驶

将式（1-28）除以车轮动力半径 r_K 得

$$\frac{M_K}{r_K} - F - R\frac{a}{r_K} = 0$$

式中　$\dfrac{M_K}{r_K}$——驱动轮转矩所产生的圆周力，它在数值上等于切线牵引力 F_K；

　　　$\dfrac{a}{r_K}$——驱动轮滚动阻力系数，用 f_K 表示；

　　　$R\dfrac{a}{r_K}$——滚动阻力，用 F_{fK} 表示，则有：

$$F_K - F - F_{fK} = 0 \tag{1-29}$$

式（1-29）说明，驱动轮的牵引力 F 是切线牵引力 F_K 与滚动阻力 F_{fK} 之差。

如果驱动轮滚动阻力矩用 M_{fK} 表示，显然有：

$$M_{fK} = F_{fK}r_K \tag{1-30}$$

（2）自由轮力矩平衡方程

所谓自由轮，是指在车轮上只作用有轴载荷 Q 和仅用以克服滚动阻力矩所需要的驱动力矩 M_K，它不具有牵引任何负荷的能力，因此有：

$$\begin{cases} M_K = M_{fK} \\ F_K = F_{fK} \end{cases} \tag{1-31}$$

自由轮在实用上价值较小，仅作为一种受力分析加以介绍。

（3）从动轮的力矩平衡方程

从动轮被机架推着前进，其力矩平衡方程为

$$\begin{cases} F_C \cdot r_K - R \cdot a = 0 \\ F_C = R\dfrac{a}{r_K} = R \cdot f_C = F_{fC} \end{cases} \tag{1-32}$$

式中　f_C——从动轮滚动阻力系数；

　　　F_C——机架对从动轮的推力；

　　　F_{fC}——从动轮滚动阻力。

前述计算中的 r_K 是车轮的动力半径，是动力学参数，它等于车轮几何中心到牵引力力线的距离。一般计算时可取 $r_K = r$，r 为轮心到地面的垂直距离，可由试验确定。

1.4　附着性能

附着性能表示行走机构与地面之间相互作用的关系与特点。因此，机器的附着性能与土壤和行走机构的特性密切相关。

1.4.1　土壤的剪切应力与位移的关系

土壤在剪切力的作用下，使土粒与土粒之间，以及一部分土壤与另一部分土壤之间产生相对位移，这种相对位移受土壤抗剪强度的制约。当土壤受到剪切力时，就会在剪切表面出现抗剪应力 τ。当土壤因受剪切而失效时，抗剪应力达最大值 τ_m，并称之为土壤抗剪强度。

土壤抗剪强度是决定车辆在野外工作时发挥最大牵引力的主要因素。土壤抗剪强度是土壤物理机械性质的函数。同一种土壤，当含水量或密实程度不同时，抗剪强度也随之变化。

下面分别叙述土壤的抗剪强度公式及剪切应力-位移曲线。

1. 库伦剪切强度公式

土壤是一种很复杂的介质，纯理论分析很困难，为此要做些假设，但假设后理论和实际结果往往脱节。因此，理论和实际观察相结合的半经验公式是既简单又比较实用的方法。库伦根据平面直剪试验结果，把土壤抗剪强度表示为由土壤粒子间的黏着力和摩擦力两项所组成的半经验公式，即

$$\tau_m = C + \sigma \tan \varphi \tag{1-33}$$

式中　σ——剪切面上的垂直压强；

　　　φ——土壤摩擦角；

　　　C——土壤内聚力。

2. 剪切应力-位移曲线

土壤的剪切应力-位移曲线（$\tau-j$ 曲线）如图 1-8 所示。

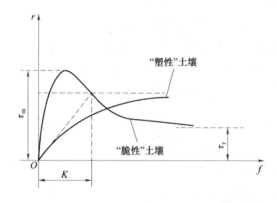

图 1-8　土壤的剪切应力-位移曲线

在脆性土壤上（未经搅动的紧密土壤，坚实的砂、粉土、土壤和冻结的雪等）抗剪应力出现"驼峰"后，再降低到恒定的值，即为剩余剪切应力 τ_r。在塑性土壤上（松散的土壤，如干砂、饱和黏土，大多数搅动过的土壤及干雪等），剪应力达到一定值后基本上保持不变。对于这类土，Janosi 提出了一个用指数来表示剪切应力与变形关系的公式：

$$\tau = \tau_m(1 - e^{-\frac{j}{K}}) = (C + \sigma \tan \varphi)(1 - e^{-\frac{j}{K}}) \tag{1-34}$$

式中　τ——土壤的剪切应力；

　　　j——土壤的剪切位移；

　　　K——土壤的水平剪切变形模量。

对式（1-34）微分，求得原点处的斜率为

$$\frac{d\tau}{dj}\bigg|_{j=0} = \frac{\tau_m}{K} e^{-j/K}\bigg|_{j=0} = \frac{\tau_m}{K}$$

或

$$\tan \alpha = \frac{\tau_{m}}{K}$$

图 1-9 所示为塑性土壤剪切应力-位移曲线，由图可知，K 就是曲线在原点处的切线与过 τ_{m} 的水平线的交点 A 的横坐标值。K 可作为发生最大剪切应力时相应的土壤变形量的一个度量值，其值取决于土壤的坚实度。对松砂而言，K 约为 2.5 cm，对压实无摩擦力的黏土，约为 0.6 cm。

培克指出，由于脆性土壤剪切曲线的驼峰对于预测正常行驶时车辆的土壤推力意义不大，故建议将"驼峰"曲线进行圆滑。当 τ_{m} 与 τ_{r} 相比不大时，可用 Janosi 公式表示圆滑后的剪切应力与位移关系。

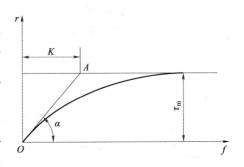

图 1-9　塑性土壤剪切应力-位移曲线

1.4.2　履带式底盘的附着性能

1. 切线牵引力与土壤剪切应力的关系

车辆行驶时，在驱动力作用下，履带与土壤接触的各个微小部分都产生土壤反作用力。所有土壤反作用力的水平力，可以用沿着车辆方向作用的切线牵引力来表示。

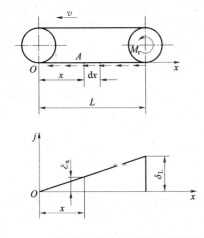

图 1-10　土壤剪切位移沿履带支承段的变化

车辆在松软的路面上行驶时，履带嵌入土内，切线牵引力主要由土壤的抗剪力产生，如图 1-10 所示，设履带支承面为 A，土壤的剪应力为 τ，则其相应的切线牵引力 F_{K} 应为：

$$F_{K} = \int \tau_{A} dA \qquad (1-35)$$

对于履带式底盘，每一履带支承面积为 $b \cdot L$，则式（1-35）可表示为

$$F_{K} = 2b \int_{0}^{L} \tau dx \qquad (1-36)$$

由于大多数土壤为塑性土壤，因此 τ 可表示为

$$\tau = (C + \sigma \tan \varphi)(1 - e^{-j/K}) \qquad (1-37)$$

在支承段上沿 x 坐标轴方向各点 j 不相等，j 可表示为

$$j = \delta \cdot x \qquad (1-38)$$

式中　x——支承段上任意一点距前缘的距离（见图 1-10）；

　　　δ——滑转率。

因此，由式（1-36）~式（1-38）可得

$$F_{K} = \int_{A} (C + \sigma \tan \varphi)(1 - e^{-\frac{\delta x}{K}}) dA \qquad (1-39)$$

对履带式车辆，式（1-39）可写成

$$F_K = 2b \int_0^L (C + \sigma \tan \varphi)(1 - e^{-\frac{\delta x}{K}}) dx \qquad (1-40)$$

2. 切线牵引力与滑转率的关系

切线牵引力与滑转率的关系如图 1-11 所示。

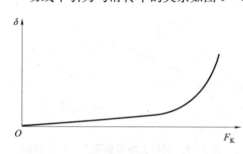

图 1-11 切线牵引力与滑转率的关系

图 1-11 中曲线表明，在开始阶段当切线牵引力增加时，滑转率大致与其呈比例增加，但切线牵引力达到某一值后，对切线牵引力的微小增量，滑转率都会产生一个很大的增量与之相对应；切线牵引力达到某一最大值时不再增加，这是由于土壤发生剪切破坏的缘故。

切线牵引力与滑转率的关系曲线称为滑转曲线，它表示行走机构与地面之间的附着性能。对于两条滑转曲线，当滑转率相同时，显然切线牵引力较大者附着性能好；或者在地面能够提供相等的切线牵引力时，滑转率较小者附着性能较好。

为使具有不同重力的机械具有可比性，这里引入无因次滑转曲线的概念。将图 1-11 的横坐标 F_K 除以机器的附着重力 G_φ，可得

$$\varphi'_x = \frac{F_K}{G_\varphi} \qquad (1-41)$$

式中 φ'_x——单位附着重力的切线牵引力（或相对切线牵引力）。

$\delta - \varphi'_x$ 关系曲线又称为无因次滑转曲线。为能够定量地说明附着性能，规定在容许滑转率时，车辆能够发挥的最大切线牵引力 F_{Kmax} 称为理论附着力 F'_φ。容许滑转率视不同的机械有不同的要求。如农业拖拉机，由于配用农业机械，耕地工艺上要求稳定不变的前进速度以及为保护耕地表面，不允许完全打滑；工业拖拉机无上述要求，如推土机在推土时要求短时间能够提供最大牵引力，而且可以 100% 滑转来防止发动机熄火，所以容许滑转率可达 100%。

允许滑转率时的相对牵引力称为理论附着系数，即

$$\varphi' = \frac{F'_\varphi}{G_\varphi} = \frac{F_{Kmax}}{G_\varphi}$$

显然理论附着系数大的土壤能够使车辆发挥出较大的切线牵引力。容许滑转率是人为给定的，机器设计时选用的滑转率应小于容许滑转率。

1.4.3 轮式底盘的附着性能

1. 滚动阻力及滚动阻力系数

（1）车轮的滚动阻力

车轮滚动时产生滚动阻力，滚动阻力一般包括土壤变形的滚动阻力 F_{fl} 和轮胎变形引起的滚动阻力 F_{ft}。

1）轮胎压实土壤引起的滚动阻力。

弹性轮胎通过松软的土壤滚动时，土壤被压实变形，所引起的滚动阻力可按培克法计

算。假设轮胎和地面变形如图 1 – 12 所示，承载面平均接地比压为

$$p = \frac{Q}{lb} \qquad (1 – 42)$$

式中　Q——轮胎荷载；

　　　l——接地平面长度；

　　　b——轮胎接地平面宽度。

土壤变形是在轮胎接地比压 p 作用下产生的。由土壤承载后的沉陷公式可知，土壤变形 z_0 为

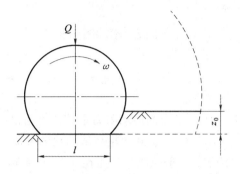

图 1 – 12　轮胎在松软地面上滚动时的变形

$$z_0 = \left(\frac{p}{\dfrac{K_c}{b} + K_\varphi} \right)^{\frac{1}{n}} \qquad (1 – 43)$$

或

$$z_0 = \left[\frac{Q}{l(K_c + bK_\varphi)} \right]^{\frac{1}{n}} \qquad (1 – 44)$$

根据功能转换原理，可通过计算得

$$F_{fl} = \left[\frac{(K_c + bK_\varphi)^{-\frac{1}{n}}}{n + 1} \right] \left(\frac{Q}{l} \right)^{\frac{n+1}{n}} \qquad (1 – 45)$$

式中　F_{fl}——土壤变形的滚动阻力；

　　　K_c——由土壤黏性成分所决定的变形模量；

　　　K_φ——由土壤摩擦性成分所决定的变形模量；

　　　n——土壤变形指数。

又因

$$Q = pbl = (p_i + p_c)bl \qquad (1 – 46)$$

式中　p_i——轮胎气压；

　　　p_c——胎壁刚度换算的气压。

所以

$$F_{fl} = \frac{[b(p_i + p_c)]^{\frac{n+1}{n}}}{(K_c + bK_\varphi)^{\frac{1}{n}}(n + 1)} \qquad (1 – 47)$$

2）轮胎变形引起的滚动阻力。

轮胎变形引起的滚动阻力可按培克的半经验法确定，它是在试验和理论分析的基础上建立的。根据经验提出轮胎变形引起的滚动阻力 F_{ft} 与载荷 Q 成正比，从而可得

$$F_{ft} = Qf_t \qquad (1 – 48)$$

式中　F_{ft}——由轮胎变形引起的滚动阻力；

　　　f_t——由轮胎变形引起的滚动阻力系数。

经验还表明，系数 f_t 随轮胎气压 p_i 而变化，$f_t - p_i$ 变化规律可通过试验求得。

（2）车轮的滚动阻力系数

对于单个车轮而言，滚动阻力可表示为

$$F_f = F_{fl} + F_{ft} \qquad (1-49)$$

对轮式机械来说，滚动阻力是驱动轮和从动轮滚动阻力之和，即

$$F_t = G_\varphi f_K + G_C f_C$$

当 $f = f_K = f_C$ 且 $G_S = G_\varphi + G_C$ 时，则

$$F_f = G_a f \qquad (1-50)$$

式中　f——综合的滚动阻力系数，可由试验测得，作为机械设计或性能预测时使用；

　　　　G_φ、G_C——驱动轮和从动轮的载荷。

例如，一般轮胎，气压在 $0.1 \sim 0.5$ MPa 时，滚动阻力系数与地面状况的关系见表 1-1。表中 φ 为附着系数。

表 1-1　f、φ 与路面条件的关系

地面状况	轮式车辆	
	f	φ
沥青路面	$0.02 \sim 0.03$	$0.7 \sim 0.9$
已耕田地	$0.12 \sim 0.18$	$0.5 \sim 0.7$
沼泽地	$0.22 \sim 0.25$	$0.1 \sim 0.2$

2. 附着性能及其影响因素

影响滚动阻力的因素较多，且与附着性能有密切关系，下面将同时讨论影响附着性能及滚动阻力的各种因素。

（1）附着力与附着系数

土方工程机械多在土壤等地面上工作，因此地面能够提供的切线牵引力由土壤的抗剪切力产生。轮式车辆切线牵引力的理论计算与履带式车辆没有原则的区别，可按 Janosi 公式处理。施工中较常遇到的塑性土壤，一般当滑转率 $\delta = 100\%$ 时，可产生最大切线牵引力。

轮式车辆在运输工况下，多在较好的硬路面上行驶，如沥青路面等。此时，切线牵引力主要由路面的摩擦反力提供。由于路面或土壤情况的复杂性，滑转率 δ 和牵引力 F 之间的关系即滑转曲线，多由试验取得。这里需要说明的是，试验时的牵引力 F 是切线牵引力克服驱动轮滚动阻力后可以对外做功的有效牵引力。驱动轮滑转曲线和轮胎的类型、路面的材料以及路面的状况（如干湿情况）都有关系，道路条件对其影响较大。

和履带车辆一样，为定量地说明附着性能，规定在容许滑转率时，驱动轮所发挥的牵引力称为附着力 F_φ。附着力与附着重力的比值称为附着系数，即

$$\varphi = \frac{F_\varphi}{G_\varphi} \quad \text{或} \quad F_\varphi = G_\varphi \varphi \qquad (1-51)$$

（2）影响滚动阻力和附着性能的因素

通过对轮式车辆滚动阻力和附着性能影响因素的分析，目的在于考虑如何减小滚动阻力和提高附着性能。轮式车辆比履带式车辆附着系数小，且一般不能利用整机重力作为附着重力（指后桥驱动的车辆），所以提高附着性能就显得重要。

1）土壤条件。土壤抗剪强度越大，附着性越好。土壤抗剪强度又受湿度变化的影响，土壤越潮湿，轮胎的附着性能就越差。当土壤表层强度较低，而底层强度较高时，采用高花纹轮胎可提高附着性能。如果土壤过于湿软，则车辆就会下陷过深，滚动阻力就大。

2）路面条件。当轮式车辆进行运输作业，在硬质路面上行驶时，其附着性能取决于轮胎和地面的外摩擦系数。必要时，可装设防滑链防止打滑。

3）附着重力。在摩擦性土壤中，增加附着重力，可以提高附着力。但当土壤抗剪应力达到最大值后，如再增加附着重力，可能会降低驱动力。在纯黏聚性土壤中，不能仅靠增加附着重力来改善附着性能；在松软土壤中，如过度地增加附着重力，则轮胎下陷量增加，滚动阻力增大，挂钩牵引力反而降低。

采用双桥驱动可充分利用整机重力，使附着力增加。这是提高轮式车辆牵引附着性能的一项有效措施。

4）胎充气压力。由图1-13可以看出，当轮胎的充气压力p_i从较大值开始降低时，附着力随p_i的降低而增加。但当p_i进一步降低时，驱动轮滚动阻力F_{fK}就要增加，这是因为滚动阻力是由轮胎和土壤两者变形所引起的。在田间，土壤变形一般产生决定性影响，因此在一定范围内降低p_i，从而使土壤的垂直变形减小，也就降低了滚动阻力。但当p_i降低到一定值后，再进一步降低p_i时，由于轮胎变形对滚动阻力产生决定性的影响，反而会使滚动阻力增加。

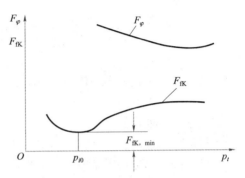

图1-13　附着力和滚动阻力随轮胎气压变化的关系
[轮胎14.00-18（八层），$Q=14.7$ kN，松砂地面]

图1-13所示的试验曲线是在松砂土上取得的。如果地面或土壤条件发生变化，则试验曲线的趋向就会有所变化。例如，在硬质光滑路面或石子路上，与最小滚动阻力$F_{fK, min}$对应的最佳气压p_{i0}就要向高的p_i方向移动。

由上面分析可知，在确定驱动轮胎的气压时，应从土壤条件、附着力和滚动阻力等多方面来考虑。

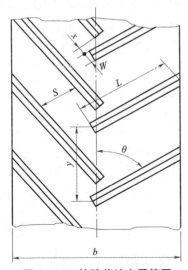

图1-14　轮胎花纹布置简图
θ—花纹布置角；S—花纹间距；y—花纹节距；
x—花纹端部间隙；b—轮胎宽度；
W—花纹宽度；L—花纹长度

应该指出的是，当p_i降低时，轮胎变形将增加，因而增加了胎壁内部的摩擦，从而将引起轮胎磨损和破裂。因此，为提高轮式车辆牵引附着性能而降低p_i时，还要兼顾轮胎的使用寿命。

5）轮胎尺寸。增大轮胎直径，可以增加轮胎支承长度，使附着力增加，滚动阻力降低。但轮胎直径的增加受到某些参数（如机器重心高度）的限制。近年来，为能在不加大轮胎外径情况下提高轮胎承载能力，在适当条件下，可装用加宽型驱动轮胎。普通车辆轮胎断面的高度比（H/b）通常为1；而加宽型轮胎断面的高宽比则降到0.85左右。在增加轮胎宽度的同时，最好同时适当降低轮胎的充气压力，使轮胎的接地面积增加，否则轮胎宽度增加，轮胎刚度也要随之相应增加，因而径向变形较小，轮胎接地面积并不一定能增加。

6）轮胎花纹。越野汽车轮胎的花纹多为人字形（见图1-14），在砂壤土上进行的模型试验表明，花纹长度相同时，适当增加花纹布置角，可以提高车辆的附着性能。目前，我国多采用45°花纹布置角。

花纹的形状和布置会影响轮胎的压力分布，因而也将影响附着力。轮胎的设计应使接地压力能够近似于均匀分布。

花纹的布置与轮胎的自洁能力有关，而轮胎的自洁能力又会影响附着力的发挥。

7）轮胎结构。轮胎的刚度、帘布层数、帘布排列方法等对附着力和滚动阻力的大小也有不同程度的影响。

1.5　牵引性能参数的合理匹配

牵引性能参数是指机器总体参数中直接影响机械牵引性能的发动机、传动系统、行走机构、工作装置的基本参数。由于牵引性能是车辆的基本性能，这些参数的确定也就决定了所设计机器的基本性能指标。

施工机械在作业时，发动机、传动系统、行走机构、工作装置既相互联系又相互制约，机器的整机性能不仅取决于总成本身的性能，而且也与各总成间的工作是否协调有着密切的关系。因此，在机器的总体参数之间存在着相互匹配是否合理的问题。只有正确地选择发动机、传动系统、行走机构、工作装置的参数，并保证它们之间具有合理的匹配，才能充分发挥各总成本身的性能，从而使整机获得较高的技术经济指标。

对机械传动的车辆来说，机器作业是通过发动机、机械传动系统、行走机构和工作装置的共同工作来完成的。在这种共同工作过程中，机器每个总成性能的充分发挥都将受到其他总成性能的制约，而机器的牵引特性则将以机器外部输出特性的形式显示出各总成共同工作的最终结果。因此，在选择各总成的参数时，必须充分注意到它们之间相互的制约关系。这种制约关系主要反映在切线牵引力与发动机调速特性之间的相互配置，以及发动机的最大输出功率和工作阻力与行走机构滑转曲线之间的相互配置上。下面将着重讨论上述配置关系对各总成和整机性能的影响，以及如何保证机器牵引性能参数之间合理匹配的问题。

1.5.1　切线牵引力在发动机调速特性上的配置

铲土运输机械的工作对象大多是较为坚硬的土石方，其中常常还有巨大的石块、树根，土的均质性也比普通耕地差得多。因此，在作业过程中工作阻力会发生急剧变化，并常常出现短时间的高峰载荷以及行走机构完全滑转等情况。这是大部分铲土运输机构负荷工况的显著特点。工作阻力的急剧变化使得机器的切线牵引力也随之发生急剧变化，后者通过传动系统反映到发动机曲轴上来，就形成了曲轴急剧波动的阻力矩。许多研究表明，这种急剧波动的负荷对发动机的性能将产生很大的影响。

因此，在变负荷工况下，发动机的实际平均输出功率和平均比油耗会大大偏离它们的额定指标。平均输出功率和比油耗的数值与曲轴平均阻力矩 M_C 在调速特性上的配置位置有关。对于同样变化的切线牵引力，当选择不同的传动系统传动比时，可以在发动机曲轴上获得一系列相似的负荷循环。因此，通过调节传动比的方法就可以改变发动机负荷循环在调速特性上的位置，这就产生了应该如何配置曲轴阻力矩在调速特性上的位置，以获得最大的平均输出功率的问题（见图 1 – 15）。

很明显，当阻力矩的配置远低于发动机的额定转矩时，平均输出功率必然是较低的。这是因为在大部分时间内发动机将在负载程度很低的情况下工作，所以调速特性上的平均输出功率较低。如果使阻力矩的配置位置沿着调速区段逐步上升（图 1 – 15 中 A 为平均阻力矩工作点），则调速特性上的平均输出功率也随之提高。此时发动机在整个负荷循环中都在调速区段上工作，转速的波动不

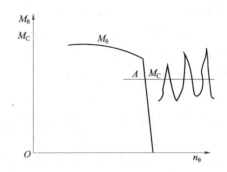

图 1 – 15　曲轴阻力矩在发动机调速特性上的配置

大（即减速度和加速度不大），因而功率和转矩偏离调速特性的情况并不显著，实际的平均输出功率将随着发动机负荷程度的增大而提高。然而，当最大负荷超过发动机的额定转矩后，由于在负荷循环中发动机有部分时间在非调速区段上工作，转速急剧变化，调速特性上平均输出功率的增长速度开始减慢。这样，到一定程度时，发动机的实际平均输出功率必将随着发动机负荷程度的提高而下降。由此可见，在变负荷工况下代表发动机负荷程度的转矩载荷系数（发动机曲轴上的平均阻力矩 M_C 与额定转矩 M_{eH} 之比），必然存在一最佳值，在此最佳值下发动机的实际输出功率最大。如果发动机的负荷程度超过其最佳值而继续增长，并使负荷循环阻力矩的最大值超过发动机的最大转矩时，发动机的工作将呈现出不稳定状态。如再进一步增大负荷，则将导致发动机熄火。

因此，发动机只有在稳定工况下工作时才能输出额定功率，而平均阻力矩的工作点才能配置得等于其额定转矩。当阻力矩发生波动时，发动机的最大平均输出功率总是小于它的额定功率。只有适当配置阻力矩在发动机调速特性上的位置，才能获得最大的平均输出功率。然而，在机器实际工作中问题将变得复杂得多，这是因为不仅在每一负荷循环中工作阻力的变化是随机的，而且负荷循环本身由于土的条件、驾驶员操作、发动机、行走机构、工作装置的匹配关系等方面因素的不同，也不可能同样重复。对于发动机来说，不仅存在结构因素的影响，而且即使同一台发动机，在不同的负荷循环下其最佳负荷程度也是不同的，因此，在机器的实际工作中要精确地确定发动机调速特性与切线牵引力间的合理匹配，以获得最大平均输出功率是十分复杂且困难的。然而，通过以上讨论至少可以从定性方面对此种匹配关系提出如下两条指导性的原则：

1）确定负荷循环在发动机调速特性上的位置时，应该保证工作循环中可能出现的最大力矩不超过发动机的最大输出转矩。如果不能满足这一条件，则当机器遇到突然增大的阻力时就有可能造成发动机熄火。出现突然超负荷的情况，驾驶员往往来不及调整切削深度，不得不脱开主离合器。发动机熄火或脱开离合器均会损失机器的有效工作时间，而频繁地操作控制手柄也会加重驾驶员的劳动强度和紧张状态，容易引起疲劳，这些都将导致机器生产率下降。

2）为获得较大的平均输出功率，应使发动机在工作循环的大部分时间处在调速区段工作，这样可保证发动机的转速在整个工作循环中不致发生剧烈的波动，从而减少由于负荷不稳定而引起发动机动力性和经济性的恶化。

为实现上述两项要求，最简单的方法是适当地配置发动机的最大输出功率在行走机构滑转曲线上的位置。正确地配置这一位置不仅能保证发动机在作业过程中不会强制熄火，而且还可以利用行走机构的滑转防止发动机的过分超载，从而保证发动机经常处在调速区段工作。对于工作阻力急剧变化的铲土运输机械来说，这一点对发动机动力性和经济性得到充分的发挥将产生积极的影响。因此，正确的配置发动机最大输出功率在行走机构滑转曲线上的位置将是解决牵引性能参数合理匹配的一个重要问题。

1.5.2　发动机最大输出功率在滑转曲线上的配置

滑转曲线是反映行走机构与地面间相互作用的最基本的特性曲线，它表示牵引元件的滑转率（δ）随其输出的牵引力（F）而变化的函数关系。滑转曲线不仅与行走机构本身工作性能的一些基本指标（如滚动效率、滑转效率、附着能力等）有着密切关系，而且也和机器的牵引效率、生产率等许多重要的整机性能指标有关。

首先来讨论一下行走机构的牵引效率与滑转曲线的关系。

行走机构的牵引效率 η_x 可以由滚动效率（η_f）与滑转效率（η_δ）的乘积来表示，即

$$\eta_x = \eta_f \eta_\delta = \frac{F}{F + F_f}(1 - \delta) \tag{1-52}$$

式中　F——牵引元件输出的牵引力；

　　　F_f——行走机构的滚动阻力。

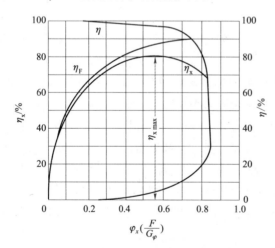

图 1-16　行走机构的牵引效率曲线

从式（1-52）中可以看出，当牵引力从零开始逐渐增大时，滚动效率（η_f）亦将从零逐步变大，而滑转效率（η_δ）却由于滑转率的上升而逐渐减小。从滑转曲线（见图 1-16）上可以看出，在牵引力逐步增长的开始阶段，滑转率上升十分缓慢，此时 η_f 的增长速度大大超过 η_δ 的下降速率。因而行走机构的牵引效率（η_x）将随牵引力的增大而增大。当牵引力继续增长时，滑转效率的下降速率将由于滑转效率的迅速增长而变快，而滚动效率的增长速率则逐步减慢。于是在某一牵引力下，行走机构的牵引效率可出现最大值。当牵引力超过这一值而继续增

大时，η_x 将随牵引力的增长而下降。当滑转效率达100%时，η_x 等于零。

考虑到牵引力（F）可用相对牵引力（φ_x）与附着重力（G_φ）的乘积来表示，而行走机构的滚动阻力（F_f）可用 fG_φ 来表示，即

$$F = \varphi_x G_\varphi, \quad F_f = fG_\varphi$$

于是式（1-52）可改写成如下形式：

$$\eta_x = \frac{\varphi_x}{\varphi_x + f}(1 - \delta) \tag{1-53}$$

式中　φ_x——相对牵引力，$\varphi_x = F/G_\varphi$。

如果将滑转曲线用下列方程表示：

$$\delta = A\varphi_x + B\varphi_x^n$$

式中　A、B、n——与地面条件、行走机构形式和参数有关的常数，它们可通过对试验测定的滑转曲线进行统计归纳而求得。

将该关系式代入式（1－53），可得

$$\eta_x = \frac{\varphi_x - A\varphi_x^n - B\varphi_x^{n+1}}{\varphi_x + f}$$

对 φ_x 求 η_x 的微分，可得

$$\frac{d\eta_x}{d\varphi_x} = \frac{f - 2Af\varphi_x - A\varphi_x^2 - (n+1)Bf\varphi_x^n - nB\varphi_x^{n+1}}{(\varphi_x + f)^2}$$

当 $\eta_x = \eta_{max}$ 时，应满足下列条件：

$$f - 2Af\varphi_x - A\varphi_x^2 - (n+1)Bf\varphi_x^n - nB\varphi_x^{n+1} = 0$$

由此可求出与 η_{xmax} 对应的相对牵引力 $\varphi_{\eta xmax}$ 和滑转率 $\delta_{\eta xmax}$。这一特征工况称为行走机构的最大牵引效率工况，并可用垂线在滑转曲线上标出（见图1－16）。

由牵引功率的表达式可知：

$$P_{KP} = P_e \eta_{Ba} \eta_m \eta_r \eta_x$$

由于 η_{Ba} 和 η_m、η_r、η_x 可近似地认为是常量，因此，如果使 P_e 和 η_x 同时达到最大值，则 P_{KP} 具有最大值。这就是说，当发动机的最大输出功率 P_{emax} 与行走机构的最大牵引效率 η_{xmax} 匹配在一起时，机器将获得最大有效牵引功率。

当铲土运输机械在黏性的新切土上工作时（铲土运输机械的典型土质条件），对于轮式机械来说，最大牵引效率工况在10%左右；对于履带机械来说，最大牵引效率工况在5%左右。

具有同样重要意义的是机器生产效率与行走机构的滑转曲线之间的关系。

铲土运输机械的生产效率是用单位时间所完成的土方作业量来表示的。显然，作业量的多少与牵引力有直接的关系，而作业时间则与机器的作业速度有关。因此，机器的生产效率 Q 将是有效牵引力和实际行驶速度的函数，即

$$Q = f(F_{KP}, v)$$

由于在行走机构与地面相互作用中，有效牵引力 F_{KP} 与实际行驶速度 v 之间存在某种制约关系，即 F_{KP} 的增大将伴随 v 的下降。因此，在滑转曲线上总可以找到某一工况点，当机器在这一工况下工作时，牵引力和实际速度两方面因素作用的综合结果可使机器的生产率达到最大值。这一工况称为行走机构的最大生产效率工况。

对连续作业的机械来说，机器的生产效率（Q）可表示为

$$Q = 1\,000Av \tag{1－54}$$

式中　Q——机器的生产效率，m^3/h；

　　　A——与机器行驶方向垂直的切削截面面积，m^2；

　　　v——机器的实际行驶速度，km/h。

切削截面面积 A 与有效牵引力成正比，即

$$A = \frac{F_{KP}}{K_b}$$

式中　K_b——切削比阻力，N/m^2。

机器的实际行驶速度可用 $v_T(1-\delta)$ 表示。如将 A 和 v 的表达式代入式（1-54），并注意 η_δ 和 η_f 的表达式，则可得

$$Q = 1\,000\,\frac{F_{KP}v_T}{K_b}(1-\delta) = 1\,000\,\frac{F_K v_T}{K_b}\eta_\delta\eta_f$$

考虑到 $\eta_f\eta_\delta = \eta_x$，则机器的生产效率可表示如下：

$$Q = 1\,000\,\frac{F_K v_T}{K_b}\eta_x \tag{1-55}$$

式（1-55）中的乘积 $F_K v_T$ 实际上代表输送给行走机构的理论切线牵引功率 P'_{PK}。因此，当输送给行走机构的理论切线牵引功率一定时，机器的生产效率将与行走机构的牵引效率成正比。

由此可见，对于连续作业的机械来说，行走机构的最大牵引效率工况和最大生产效率工况是一致的。

对于循环作业的机械来说，机器的生产效率可表示为

$$Q = \frac{3\,600q}{t_1 + t_0} \tag{1-56}$$

式中　Q——循环作业的机械的生产效率，m^3/h；

　　　q——机器每一工作循环所完成的土方量或铲斗容量，m^3；

　　　t_1——工作循环中铲土工序的时间，s；

　　　t_0——工作循环中其余工序的时间，s。

q 可认为与有效牵引力 F_{KP} 成正比，而 t_1 则与铲土时的实际行驶速度 v 成反比，亦即

$$q = kF_{KP}, \quad t_1 = \frac{l_1}{v}$$

由此可得

$$Q = \frac{3\,600k}{\dfrac{l_1}{F_{KP}v} + \dfrac{t_0}{F_{KP}}}$$

考虑到 $v = v_T(1-\delta)$，$\dfrac{F_{KP}}{F_K}(1-\delta) = \eta_f\eta_\delta = \eta_x$，则上式可改写为

$$Q = \frac{3\,600k}{\dfrac{l_1}{\eta_x F_K v_T} + \dfrac{t_0}{F_{KP}}} \tag{1-57}$$

式（1-57）中乘积 $F_K v_T$ 代表行走机构的理论切线牵引功率 P'_{PK}。如设 $\alpha = 3\,600k$，$\beta = l_1/P'_{PK}$，则生产效率 Q 的表达式可写成

$$Q = \frac{\alpha}{\dfrac{\beta}{\eta_x} + \dfrac{t_0}{F_{KP}}} \tag{1-58}$$

从式（1-58）可知，当滑转曲线为已知时，即可给出机器生产效率随有效牵引力而变化的曲线 $Q = Q(F_{KP})$，如图 1-17 所示。

如对 F_{KP} 求微分，则

$$\frac{dQ}{dF_{KP}} = \frac{\partial Q}{\partial F_{KP}} + \frac{\partial Q}{\partial \eta_x} \cdot \frac{d\eta_x}{dF_{KP}}$$

由于

$$\frac{\partial Q}{\partial F_{KP}} = \frac{\alpha t_0}{\left(\dfrac{\beta F_{KP}}{\eta_x} + t_0\right)^2}$$

$$\frac{\partial Q}{\partial \eta_x} = \frac{\alpha \beta}{\left(\beta + \dfrac{t_0 \eta_x}{F_{KP}}\right)^2}$$

因此

$$\frac{dQ}{dF_{KP}} = \frac{\alpha t_0}{\left(\dfrac{\beta F_{KP}}{\eta_x} + t_0\right)^2} + \frac{\alpha \beta}{\left(\beta + \dfrac{t_0 \eta_x}{F_{KP}}\right)^2} \frac{d\eta_x}{dF_{KP}}$$

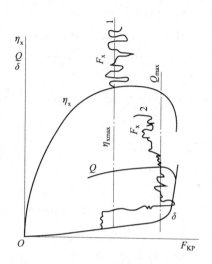

图1-17　行走机构的最大牵引效率工况和最大生产效率工况

当行走机构在其最大效率工况下工作时，$\dfrac{d\eta_x}{dF_{KP}} = 0$，

而$\dfrac{dQ}{dF_{KP}}$为正值，因而生产效率曲线$Q = Q(F_{KP})$处在上升阶段（见图1-17），此时Q并非最大。如令$\dfrac{dQ}{dF_{KP}} = 0$，则可以获得满足最大生产效率的条件：

$$\frac{\alpha t_0}{\left(\dfrac{\beta F_{KP}}{\eta_x} + t_0\right)^2} + \frac{\alpha \beta}{\left(\beta + \dfrac{t_0 \eta_x}{F_{KP}}\right)^2} \frac{d\eta_x}{dF_{KP}} = 0 \qquad (1-59)$$

此时$\dfrac{dQ}{dF_{KP}}$为负值，因而行走机构牵引效率曲线处于下降阶段。

由此可知，对于循环作业的机械来说，行走机构的最大效率工况和最大生产效率工况是不一致的，而且两者偏离的情况显然与工作循环中其余工序的时间t_0之值有关。当$t_0 = 0$时，亦即机械变为连续作业时，Q_{max}工况与η_{xmax}工况相重合。t_0越大，铲土工序时间在整个工作循环中所占的比重越小，则在滑转曲线上Q_{max}工况将越向η_{xmax}工况右方偏离。

显然，对于连续作业的机械，不论是从充分利用发动机的角度，还是从允分发挥机器生产率的角度来看，均应将作业过程中的平均工作阻力配置在最大牵引效率工况附近（图1-17中的曲线1）。

但是，对于循环作业的机械来说，为使机器获得最大的生产效率，则应将工作循环中的平均最大工作阻力（这一阻力通常出现在铲土过程的末尾）配置在最大生产率工况附近（图1-17中的曲线2）。因此，根据行走机构的最大生产效率工况来确定循环作业机械的额定滑转效率是合理的。按照这一观点，轮式机构的额定滑转效率一般可定为$\delta_H = 20\% \sim 25\%$，对于轮式装载机由于铲装工序时间在整个循环中所占比例很小，所以$\delta_H = 30\% \sim 35\%$，而履带式机械的额定滑转效率则可定为$\delta_H = 10\% \sim 15\%$。

1.5.3　牵引性能参数合理匹配的条件

从上述的分析中可以得出以下结论：铲土运输机械牵引性能参数的合理匹配应保证充分

利用发动机的功率和发挥机器的最大生产效率。

对自行式平地机，由于比较接近连续作业机械，发动机负荷的变化带有稳定随机过程的性质，影响发动机最佳负荷程度的因素相对较少。因此，对于此类机械，牵引性能参数应根据发动机的最大平均输出功率、行走机构的额定滑转效率和工作装置的平均工作阻力之间的合理匹配关系来确定。此时应保证当工作装置以设计要求的平均阻力 F_x 连续作业时，发动机正好在最大平均输出功率 $\overline{P}_{emax}$ 工况下工作，而行走机构则在最大生产效率的工况下工作（即额定滑转效率工况）。上述条件可以表示如下：

$$F_{KP\overline{P}_{emax}} = F_H = F_x \tag{1-60}$$

式中　　$F_{KP\overline{P}_{emax}}$——与发动机最大平均输出功率相对应的有效牵引力；

　　　　F_H——与行车机构额定滑转效率 δ_H 相对应的额定牵引力；

　　　　F_x——工作装置在连续作业过程中的平均工作阻力。

对于推土机、铲运机、装载机一类的循环作业机械来说，不仅铲掘工序的工作阻力变化急剧，而且不同工序的工作阻力也是不同的。各工序时间长短、所采用的挡位等因素又都带有随机变化的性质，因而影响发动机负荷循环的因素将更为复杂。曲轴阻力矩的变化则呈现为某种非稳定的随机过程，确定发动机的最佳负荷程度也显得十分困难。在这种情况下，比较简单的解决办法是根据发动机的额定功率工况、行走机构的最大生产效率工况、工作装置的平均最大工作阻力工况之间的合理配置来确定牵引性能参数。此时牵引性能参数之间应满足下列条件：

1）牵引性能参数的匹配必须保证当机器突然超负荷时，首先发生行走机构的滑转，而不应导致发动机熄灭，此时发动机决定的最大牵引力应留有适当的储备（相对于地面的附着力而言）。当机器在此种条件下工作时，行走机构的滑转起着一种自动保护作用。它一方面减轻了驾驶员的操作，另一方面自动保护了发动机不致严重超载。因此，牵引性能参数合理匹配的第一个条件可归纳为：由发动机转矩确定的最大牵引力 F_{Memax} 应大于地面附着条件所确定的最大牵引力（即附着力）F_φ，亦即

$$F_{Memax} > F_\varphi$$

2）牵引性能参数合理匹配的第二个条件是从发动机的额定功率工况应与行走机构的最大生产效率工况相适应的角度提出来的。这就是说，当发动机在额定工况下工作时，机器的行走机构将在额定滑转效率工况下工作，此时由发动机额定功率确定的有效牵引力 $F_{KPP_{eH}}$ 与由行走机构额定滑转率确定的额定牵引力 F_H 应相等，亦即

$$F_{KPP_{eH}} = F_H$$

机器在这样的匹配条件下工作时，有效牵引力稍大于额定牵引力 F_H（如大 10% 左右），即会引起行走机构完全滑转。这样，便于驾驶员在铲土过程中掌握切土深度，使机器尽可能在接近额定牵引力的范围内作业。此时，由于行走机构滑转的自动保护作用将防止发动机在铲土过程中发生严重超载。同时，在工作循环的大部分时间内，发动机在负荷急剧变化的工况下能得到较好的动力性和经济性。

3）牵引性能参数合理匹配的第三个条件是从工作装置的容量应与额定牵引力相适应的角度来提出来的。如前所述，为使机器获得较高的生产效率，应保证当铲土过程中发生最大铲掘力时（它通常发生在铲土过程的末尾），行走机构能在额定滑转效率工况附近

工作。亦即铲土过程末尾的平均最大工作阻力 F_x 应等于机器的额定牵引力 F_H。此条件可用下式表示

$$F_x = F_H$$

当满足这一匹配条件时，工作装置的容量将按滑转曲线上额定牵引力来选择，因而可以使机器具有较大的生产效率指标。而在工作循环的大部分时间内，则由于有效牵引力的减小，行走机构仍可在较高的效率区工作。

上述三个匹配条件也可利用牵引特性图来表示（见图 1 – 18）。当满足这些条件时，牵引特性图上代表发动机额定功率工况的 $a—a$ 线与代表行走机构额定滑转率工况的 $b—b$ 线和代表平均最大工作阻力工况的 $c—c$ 线应接近或吻合，代表最大牵引效率工况的 $d—d$ 线则应在它们的左方，代表由发动机转矩确定的最大牵引力工况的 $e—e$ 线则应在代表行走机构最大附着能力的 $f—f$ 线的右方。

对于液力机械传动行走机构牵引参数的合理匹配条件可归纳如下：

1）对于液力机械传动的铲土运输机械来说，利用行走机构的滑转来防止发动机熄火显然没有意义。在这种情况下，重要的问题是防止变矩器经常在低效率区段工作。因为变矩器经常在效率很低的工况下，一方面会大大降低发动机和变矩器共同工作的输出功率，另一方面将导致变矩器过热，因此，行走机构的滑转应起到防止变矩器进入低效区工作的作用。合理匹配的第一个条件可表述为：由发动机与变矩器共同工作输出特性上最大工作转矩 M_{2Pmax}（与效率 $\eta_P = 75\%$ 相对应的变矩器最大输出转矩）所确定的牵引力 $F_{M_{2Pmax}}$ 应大于由附着条件确定的最大牵引力 F_φ，即

$$F_{M_{2Pmax}} > F_\varphi$$

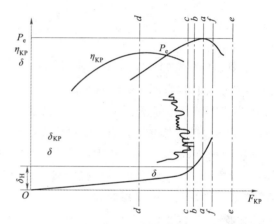

图 1 – 18　利用牵引特性对参数匹配合理性的评价
$a—a$—发动机额定功率工况；$b—b$—行走机构额定滑转效率工况；
$c—c$—平均最大工作阻力工况；$d—d$—最大牵引效率工况；
$e—e$—由发动机转矩确定的最大牵引力工况；
$f—f$—行走机构最大附着能力工况

2）牵引性能参数合理匹配的第二个条件可归纳为发动机与变矩器共同工作输出特性的最大功率工况应与行走机构的最大生产率工况相一致。此时，与变矩器输出轴最大功率工况相适应的有效牵引力 $F_{KPP_{2max}}$ 应等于与行走机构额定滑转率相对应的额定牵引力 F_H，即

$$F_{KPP_{2max}} = F_H$$

3）牵引性能参数合理匹配的第三个条件和机械传动性能参数匹配条件并无原则性的区别，即机器在铲土过程末尾的平均最大工作阻力 F_x 应等于额定牵引力 F_H，即

$$F_x = F_H$$

第2章 工程车辆结构及参数

本章知识点

1. 系统阐述工程车辆结构及参数，从工程车辆的结构入手，详细介绍工程车辆的分类方法，并对工程车辆的总体布置影响因素进行分析。

2. 对工程车辆的主要参数进行分类，详细介绍工程车辆的外廓尺寸、轴距、轮距、质心高度、前悬与后悬、车厢等主要尺寸参数选型依据，介绍工程车辆的质量参数、动力性、制动性、通过性和机动性。

3. 介绍底盘及车架选用原则、副车架及车架的加强设计。

专用汽车以其特有的运输品质、运输效率、经济效益及其众多的品种和各自具有的功能而受各行各业的青睐，成为国民经济中不可缺少的交通运输和专项作业的主要设备。专用汽车在设计改装时充分考虑其类型、专用功能、用途和使用条件等因素，使用参数有一定的规律性，但由于车型较多，有些使用参数发生了变化。专用汽车在配置专用装置（上装）大都需要对其基本车型或底盘进行局部改装，也包括采用二类底盘（带驾驶室的汽车底盘）或三类底盘（无驾驶室的汽车底盘）的非完整车辆。本章针对专用汽车的总体结构和部分性能参数的特点予以叙述。

2.1 总 体 结 构

专用汽车是在充分考虑其类型、专用功能、用途和使用条件等因素的基础上，确定其底盘、上装部分、动力装置、车身、驾驶室等，从而使专用装置或专用设备与汽车底盘构成相互匹配的专用汽车整体，以获得更好的基本性能和专用功能，彰显专用汽车的特性。

国家对某些专用汽车有许多特殊要求，如运输爆炸品车辆的罐体有效容积不得超过 20 m^3；运输剧毒化学品车辆的罐体有效容积不得超过 10 m^3，非罐式车辆的最大装载质量不得超过 10 t；危险品运输车辆须使用子午线轮胎，不允许使用斜交轮胎，还应安装限速装置，车速不得大于 90 km/h，以保证行驶安全。

尽管专用汽车的显著特点是品种多、批量小、变化快，但仍有许多共性的、基础性的知识。

2.1.1 轴数

专用汽车可以有两轴、三轴、四轴甚至更多的轴数。影响选取轴数的因素主要有汽车的总质量、道路法规对轴载质量的限制、轮胎的负荷能力及汽车的结构等。

随着汽车技术和经济社会的发展,专用汽车的使用范围不断拓宽,整备质量和总质量不断增大。在汽车轴数不变的情况下,汽车总质量增加后,使道路承受的负荷增加,车辆的通过性降低。当这种车辆的负荷超过了公路的承载能力后,会导致公路使用寿命缩短,甚至破坏。因此,在公路上行驶车辆的轴载质量应符合道路法规的规定。当车辆的总质量增加到轴荷不符合道路法规的限定值时,可增加汽车轴数。随着车辆轴数的增加,车轮、制动器、悬架等均相应增多,使整体结构变得复杂,整备质量及制造成本增加。若转向轴数不变,车辆的最小转弯直径也将增大,后轴轮胎的磨损也会加剧。

汽车总质量小于 19 t 的公路运输车辆和轴荷不受道路、桥梁限制的不在公路上行驶的车辆,如矿用自卸车等,均采用结构简单、制造成本低廉的两轴方案。总质量在 19 ~ 26 t 的公路运输车采用三轴形式,总质量更大的汽车宜采用四轴或四轴以上的形式。

2.1.2　驱动形式

汽车驱动形式有 4×2、4×4、6×2、6×4、6×6、8×4、8×8 等,"×"前的数字表示汽车车轮总数,"×"后的数字表示驱动轮数。汽车的用途、总质量和对车辆通过性能的要求等是影响选取驱动形式的主要因素。增加驱动轮的数量能够提高汽车的通过能力,驱动轮数越多,汽车的结构越复杂,整备质量和制造成本也随之增加,同时也使汽车的总体布置工作变得困难。总质量小的车辆,多采用结构简单、制造成本低的 4×2 驱动形式。总质量在 19 ~ 26 t 的公路用车辆,采用 6×2 或 6×4 驱动形式。对于越野汽车,为提高其通过性,可采用 4×4、6×6、8×8 的驱动形式。

2.1.3　布置形式

汽车的布置形式是指动力装置、驱动桥、上装部分和车身(或驾驶室)的相互关系及布置特点。汽车的使用性能取决于整车和各总成的有关参数,其布置形式对使用性能也有重要影响。

1. 发动机布置和驱动形式

发动机布置和驱动形式主要有发动机前置前驱动、发动机前置后驱动、发动机后置后驱动、发动机中置后驱动,少数汽车采用四轮驱动或全轮驱动,如图 2 - 1 所示。

(1) 发动机前置前驱动 (FF)

发动机可以横置或纵置,也可以布置在轴距外、轴距内或前桥的上方。发动机的布置对前排座椅的位置、汽车总长、轴距、车身造型、轴荷分配、整备质量、主减速器齿轮形式以及发动机的接近性等均有影响。前置前驱动可提高前驱动桥的轴荷,易获得明显的不足转向;前轮驱动可提高越过障碍的能力;主减速器与变速器装在一个壳体内,因而动力总成结构紧凑,且不再需要在变速器与主减速器之间单独设置传动轴,车内地板凸起高度可降低(此时地板凸起仅用来容纳排气管和加强地板刚度),有利于提高乘坐舒适性。发动机布置在轴距外或布置在前轴上方时,可以使轴距缩短,有利于提高汽车的机动性;散热器布置在汽车前部,散热条件好,发动机可得到足够冷却;行李箱布置在汽车后部,故有足够大的行

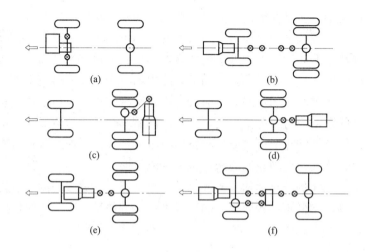

图 2 - 1 发动机布置和驱动形式

(a) 发动机前置前驱动；(b) 发动机前置后驱动；
(c)、(d) 发动机后置后驱动；(e) 发动机中置后驱动；(f) 四轮驱动

李箱空间，容易改装为客货两用车或救护车；供暖机构简单、管路短，因而提高了供暖效率；因为发动机、离合器、变速器与驾驶员位置较近，所以操纵机构简单；发动机横置能缩短汽车的总长，加上取消了传动轴等因素的影响，汽车消耗的材料明显减少，使整备质量降低。发动机横置时，主减速器可用圆柱齿轮取代锥齿轮，降低了制造成本，省去了复杂的锥齿轮装配调整，变速器和主减速器也可用同一种润滑油，如图 2 - 1（a）所示。

发动机前置前驱动的主要缺点是：前轮驱动并转向需要采用等速万向节，其结构和制造工艺均复杂；前桥的负荷较后轴重，前轮既驱动又转向，故其工作条件恶劣，前轮胎寿命较短；上坡行驶时因前驱动轮上的附着力减小，汽车爬坡能力降低，特别是在爬越泥泞的坡道时，前驱动轮容易打滑而使汽车丧失操纵稳定性；由于后轴负荷小且在制动时轴荷前移，后轮容易抱死而引起汽车侧滑；发动机横置受空间限制，总体布置较困难，维修与保养时的接近性变差；汽车一旦发生正面碰撞事故，发动机及其附件损失较大。

（2）发动机前置后驱动（FR）

发动机前置后驱动的专用汽车底盘通用性好，动力总成操纵机构的结构简单；轴荷分配合理，有利于提高轮胎的使用寿命；前轮不驱动，不需要采用等速万向节，有利于降低制造成本；采暖系统简单、保温条件好且管路短，供暖效率高；发动机冷却条件好；上坡行驶时，驱动轮的附着力增大，爬坡能力增强；变速器与主减速器分开，容易布置、拆装和维修；发动机的接近性良好，如图 2 - 1（b）所示。

发动机前置后驱动的主要缺点是：汽车的总长、轴距均较长，整备质量增大，同时影响到汽车的燃油经济性和动力性；若采用平头式驾驶室，而且将发动机布置在前轴之上，处于驾驶员、副驾驶员座位之间时，驾驶室内部比较拥挤，隔绝发动机工作噪声、气味、热量和振动较困难，离合器、变速器等操纵机构复杂；若采用长头式驾驶室，在增加整车长度的同时，为保证驾驶员有良好的视野，需将座椅布置得高些，这又会增加整车和质心高度等。

（3）发动机后置后驱动（RR）

可使车辆的发动机、离合器、变速器和主减速器易布置成一体而使结构紧凑；能较好

隔绝发动机的气味和热量，发动机噪声和振动的影响小；整车整备质量小；检修发动机方便；轴荷分配合理，上坡行驶时，由于后驱动轮上附着力增加，爬坡能力提高；当发动机布置在轴距之外时，汽车轴距短，机动性能好；由于后桥的簧上质量与簧下质量之比增大，可改善车厢后部的乘坐舒适性，如图 2-1（d）所示；发动机横置时，车厢面积利用率高，座椅布置受发动机影响较小；当作为长途客车使用时，能够在地板下方和客车的全宽范围内设立较大的行李箱；当作为客车不需要行李箱时，因后桥前面的地板下方无传动轴，则可以降低地板高度，乘客上、下车方便；传动轴长度较短，如图 2-1（c）所示。

发动机后置后驱动的主要缺点是：后桥负荷重，使汽车具有过度转向的倾向，操纵性变坏；前轮附着力小，高速行驶时转向不稳定，影响操纵稳定性；发动机的冷却条件不好，必须采用冷却效果好的散热器；动力总成的操纵机构复杂；驾驶员不容易发现发动机故障。

（4）发动机中置后驱动（MR）

发动机中置后驱动一般是将水平对置式发动机布置在车厢或地板下方、位于前轴与后桥之间，如图 2-1（e）所示。该形式的优点是：轴荷分配合理；传动轴的长度短；车厢内面积利用最好，并且布置座椅不会受发动机限制；乘客车门能布置在前轴之前，有利于实现单人管理。

中置后驱动的发动机需用水平对置式的，因布置在车厢或地板下部，不容易发现和检修发动机故障；发动机的冷却条件和保温条件较差；发动机的工作噪声、气味、热量和振动易传入车厢，影响乘坐舒适性；动力总成的操纵机构复杂；受发动机所在位置影响，地板平面距地面较高；汽车质心位置高；在泥泞道路上行驶时，发动机极易被污染。

（5）四轮驱动（4WD）与全轮驱动（nWD）

四轮驱动或全轮驱动可提高车辆的通过性和安全性，提高路面适应性。一般发动机前置，在变速器后面装有分动器，将动力输送到全部车轮上。图 2-1（f）所示为发动机前置四轮驱动的形式。

2. 驾驶室的布置形式

汽车按照驾驶室相对位置的不同，可分为平头式、短头式、长头式和偏置式四种形式。

1）平头式发动机位于驾驶室内或下面时的汽车，称为平头式汽车。发动机可以布置在驾驶员和副驾驶员座位中间，因此驾驶室的前端不必外凸，无独立的发动机舱，如图 2-2（a）所示；也可以布置在驾驶室座椅下后部，此时中间座椅处无很高的凸起，可以布置三人座椅，故得到广泛应用。

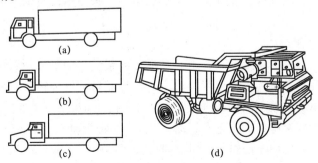

图 2-2　专用汽车的布置形式

（a）平头式；（b）短头式；（c）长头式；（d）偏置式

平头式汽车总长和轴距尺寸短，最小转弯直径小，机动性能良好；不需要发动机罩和翼子板，加上总长缩短等因素的影响，汽车整备质量减小；驾驶员视野得到明显改善；采用翻转式驾驶室时，能改善发动机及其附件的接近性；平头式货车的面积利用率（指汽车货厢与整车的俯视面积之比）较高。

平头式汽车空载时前轴负荷大，在较差路面上的汽车通过性差；驾驶室有翻转机构和锁止机构，使结构复杂；进、出驾驶室不如长头式汽车方便；离合器、变速器等操纵机构复杂；发动机的工作噪声、气味、热量和振动对驾驶员等均有较大影响；汽车发生正面碰撞时，特别是驾驶室高度较低的平头汽车易使驾驶员和前排乘员受到严重伤害的可能性增加。

2）短头式发动机的大部分在驾驶室前部，发动机小部分位于驾驶室内的汽车，称为短头式汽车，如图 2-2（b）所示。发动机大部分凸出在驾驶室前部，有独立的发动机舱和单独的罩盖，发动机舱与驾驶室共同形成汽车的车头部分。

短头式汽车与长头式汽车相比，其总长和轴距较短，最小转弯直径较小，机动性能好，驾驶员视野也得到改善，但都不如平头式汽车；动力总成操纵机构简单；发动机的工作噪声、气味、热量和振动对驾驶员的影响比平头式汽车有很大改善，但不如长头式汽车；位于驾驶室内的发动机后部的接近性不好，并且导致驾驶室内部空间拥挤，给踏板的布置带来困难，同样给前轮后移也带来类似的问题，通过增加地板高度可以改善踏板的布置，不过这又会导致上、下车不方便；汽车发生正面碰撞时，驾驶员和前排乘员受到的伤害程度比平头式汽车轻得多。

3）长头式发动机位于驾驶室前部，这种汽车称为长头式汽车，如图 2-2（c）所示。这种形式的汽车车身部分的结构特点与短头式汽车相同，只是发动机舱和车头部分更长些。

长头式汽车的发动机及其附件的接近性好，便于检修工作；汽车满载时前轴负荷小，有利于提高在较差路面上的汽车通过性；地板低，驾驶员上、下车方便；离合器、变速器等操纵机构简单，易于布置；汽车发生正面碰撞时，驾驶员和前排乘员受到的伤害程度最小；长头式重型货车较平头式的迎风面积和迎风阻力均较小。

长头式汽车的总长与轴距均较长，因而最小转弯直径较大，机动性差；汽车整备质量大，驾驶员的视野不如短头式，更不如平头式汽车好；面积利用率低。

4）偏置式驾驶室偏置于发动机侧面，这种汽车称为偏置式汽车，如图 2-2（d）所示。偏置式驾驶室多用于重型矿用自卸车、起重汽车等专用汽车上。它具有平头式汽车轴距短，视野良好，驾驶室通风条件好，发动机的工作噪声、气味、热量对驾驶员的影响很小，维修发动机方便等优点。

3. 越野汽车的布置形式

越野汽车特别是多轴的越野汽车，主要是在传动系统、轴距和采用转向轮的方案上有较大的区别，它们对传动系统的复杂程度、汽车的通过能力、最小转弯直径以及零部件的互换性等有影响。根据驱动桥数不同，越野汽车分为 4×4、6×6、8×8 等形式。

图 2-3（a）所示为具有非贯通式驱动桥的 6×6 越野汽车。其布置特点是动力由发动机传至分动器，然后从分动器传给各桥时，是经分动器的三个输出轴和万向节传动轴分别传给三个桥。

图 2-3（b）所示为具有贯通式驱动桥的 8×8 越野汽车。其布置特点是从分动器输出的动力传至各桥时所经过的各传动轴，皆布置在同一纵向铅垂平面内，且通往一或四驱动桥

的传动轴要经过第二或第三驱动桥。采用这种布置方案，不仅传动轴数少，而且桥壳、半轴等零部件有互换的可能。

图 2 - 3（c）所示为侧边传动的 8×8 越野汽车。除此之外，还有采用混合传动的 8×8 汽车，如图 2 - 3（d）所示。

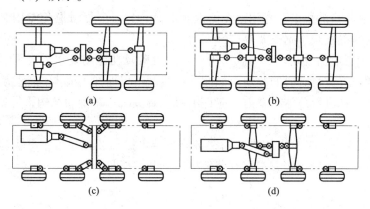

图 2 - 3　越野汽车多驱动桥布置方案

（a）非贯通式驱动桥 6×6 汽车；（b）贯通式驱动桥 8×8 汽车；
（c）侧边传动 8×8 汽车；（d）混合传动 8×8 汽车

当越野汽车桥数多且轴距长时，采用多桥转向能减小最小转弯直径，有利于减少轮胎磨损，但是随着转向轮数的增加，等速万向节的数量也相应增多，转向传动机构也更复杂，转向更沉重，此时必须采用动力转向。4×4 越野汽车结构简单、机动灵活、制造成本低，在总质量比较小的越野汽车上得到广泛的应用。

2.1.4　总体布置的注意因素

专用汽车品种繁多，不同种类专用汽车总体布置千差万别。但不论何种专用汽车，总体布置时都应考虑如下几方面的因素。

1）发挥专用汽车的功能。如气卸散装水泥罐式汽车的专用功能在于利用压缩空气使水泥流态化后，通过管道将其输送到一定的高度和水平距离。卸料时间、水泥剩余率是主要的专用性能指标。为提高卸料速度、缩短卸料时间、减小剩余率，常常将罐体按固定倾角（倾角为 10°～20°）布置在汽车上，并将出料口布置在罐体尾部，如图 2 - 4 所示；或者在罐体前端设置举升机构，卸料时将罐体举起，使罐体能按 35°～45° 倾斜。

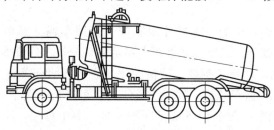

图 2 - 4　斜卧式气卸散装水泥罐式汽车的总体布置

2）满足汽车底盘的要求。专用汽车总体布置是发挥汽车底盘性能的关键。轴载质量分配对于专用汽车行驶性能有重大影响，因此，总体布置初步完成后应进行轴载质量校核。

3）满足有关法规的要求。严格满足这些法规和标准的要求，是专用汽车产品设计中必须遵守的。

4）避免上装载荷的集中。专用汽车的上装部分各异，应尽量避免专用装置引起载荷集中，在不得已的情况下须用副车架等构件来缓解。

5）减少底盘总成的改动。专用汽车由于专用设备及功能的要求，大都需要对底盘上部分总成的结构和位置进行必要的改动。如改装不当，不仅增加了成本，而且影响专用汽车的使用性能。因此，在进行总体布置前，应仔细研究有关汽车车型的结构，尽量减少对汽车底盘各总成的改动。

6）提高质量系数。减少专用汽车的整备质量，可提高装载质量。车辆运输车或牲畜运输车就是采用双层或多层布置方案，有效地提高了装载质量。

2.2 主 要 参 数

专用汽车的主要参数包括尺寸参数、质量参数和汽车性能参数，还包括专用功能、专门装置的性能参数。在普通汽车或底盘的基础上改装的专用汽车，其某些参数也会发生变化。

2.2.1 专用汽车的主要尺寸

专用汽车的主要尺寸是指汽车的外廓尺寸、轴距、轮距、质心高度、前后悬、车头长度和车厢尺寸等。

1. 专用汽车的外廓尺寸

专用汽车的长、宽、高称为汽车外廓尺寸，其大小直接与轴距、轮距、驾驶室、车身和专用设备的布置有关，一般根据专用汽车的功能、吨位、容量、外形、专用设备、结构布置和使用条件等因素确定。在满足使用要求的前提下，力求减小专用汽车的外廓尺寸，以减轻其整体质量，降低制造成本，提高其动力性、经济性和动力性。减小汽车长度尺寸可以增加车流密度，减少停车面积；减小汽车宽度、高度尺寸可以减小迎风面积，降低空气阻力。专用汽车的外廓尺寸必须适应公路、桥梁、涵洞和铁路运输的标准，保证其安全行驶。各国对公路运输车辆的外廓尺寸均有法规限制，而非公路行驶的车辆可以不受此限制，如矿用自卸车、机场摆渡车等。

我国对公路运输汽车列车的外廓尺寸限制按《道路车辆外廓尺寸、轴荷及质量限值》（GB 1589—2004）规定如下：汽车总宽（不包括后视镜）不大于 2.5 m，左、右后视镜等凸出量不大于 250 mm；汽车总高（空载、顶窗关闭状态）不大于 4 m，顶窗、换气装置开启时不得超出车高 300 mm；汽车总长：货车、整体式客车总长不大于 12 m，单铰接式客车不大于 18 cm，半挂汽车列车不大于 16.5 m（自 2008 年 1 月 1 日起，厢式半挂汽车列车的车长限值放大到 18.1 m），全挂汽车列车不大于 20 m。汽车、挂车及汽车的车外轮廓尺寸见表 2 - 1。部分国外公路运输车辆的外廓极限尺寸见表 2 - 2。

表 2 - 1　汽车、挂车及汽车列车外轮廓尺寸　　　　　　　　　　　mm

车辆类型[2],[3]				车长[1]	车宽	车高
三轮汽车				4 600	1 600	2 000
汽车	货车[5],[6]及半挂牵引车		最高设计车速小于 70 km/h 的四轮货车[4]	6 000	2 000	2 500
		二轴	最大设计总质量 ≤3 500 kg	6 000	2 500[8]	4 000
			最大设计总质量 >3 500 kg，且 ≤8 000 kg	7 000[7]		
			最大设计总质量 >8 000 kg，且 ≤12 000 kg	8 000[7]		
			最大设计总质量 >12 000 kg	9 000[7]		
		三轴	最大设计总质量 ≤20 000 kg	11 000		
			最大设计总质量 >20 000 kg	12 000		
		四轴		12 000		
	乘用车及客车		乘用车及二轴客车	12 000	2 500[8]	4 000[9]
			三轴客车	13 700		
			单铰接客车	18 000		
挂车	半挂车[10]		一轴	8 600	2 500[8]	4 000
			二轴	10 000[11]		
			三轴	13 000[12]		
	其他挂车		最大设计总质量 ≤10 000 kg	7 000		
			最大设计总质量 >10 000 kg	8 000		
汽车列车			铰接列车	16 500[13]	2 500[8],[14]	4 000[15]
			货物列车	20 000		

注：①挂车车长为挂车最前端至最后端的距离。

②指原三轮农用运输车，下同。

③当采用转向盘转向、由传动轴传递动力、具有驾驶室且驾驶员座椅后设计有物品放置空间时，车长、车宽、车高的限值分别为 5 200 mm、1 800 mm、2 200 mm。

④指低速载货汽车，即原四轮农用运输车，下同。

⑤车长限值不适用于不以运输为目的的专用作业车。

⑥最大设计总质量不超过 26 000 kg 的汽车起重机的车长限值为 13 000 mm。

⑦当货厢与驾驶室分离且货厢为整体封闭式时，车长限值增加 1 000 mm。

⑧对于货厢为整体封闭式的厢式货车（且货厢与驾驶室分离）、整体封闭式厢式半挂车及整体封闭式厢式汽车列车，以及车长大于 11 000 mm 的客车，车宽最大限值为 2 550 mm。

⑨定线行驶的双层客车车高最大限值为 4 200 mm。

⑩运送不可拆解物体的低平板专用半挂车车宽限值：3 000 mm；车长限值不适用于运送不可拆解物体的低平板专用半挂车、运送车辆的专用半挂车（但与牵引车组成的列车长度需符合本标准规定）和运送单箱长度大于 12.2 m（40 ft[16]）集装箱的框架式集装箱半挂车。

⑪对于整体封闭式厢式半挂车、集装箱半挂车以及组成五轴汽车列车的罐式半挂车，车长最大限值为 13 000 mm。

⑫自 2008 年 1 月 1 日起，在高等级公路上使用的整体封闭式厢式半挂车，车长最大限值为 14 600 mm。

⑬运送不可拆解物体的低平板列车和运送单箱长度大于 12.2 m 集装箱的框架式集装箱列车除外；自 2008 年 1 月 1 日起，与整体封闭式厢式半挂车组成的铰接列车在高等级公路上使用时，车长最大限值为 18 100 mm。

⑭运送不可拆解物体的低平板挂车列车车宽限值 3 000 mm。

⑮对于集装箱挂车列车指装备空集装箱时的高度。2007 年 1 月 1 日以前，集装箱挂车列车的车高最大限值为 4 200 mm。

⑯英尺，1 英尺 = 0.304 8 米。

表 2-2　部分国外公路运输车辆的外廓极限尺寸　　　　　　　　　　m

类别 尺寸 国别	宽	高	长						
			双轴汽车	三轴和多轴汽车	单轴挂车	双轴挂车	三轴挂车	两节挂车的汽车列车	半挂汽车列车
美国	2.44	4.12	10.7~12.2	—	—	—	—	16.8~25.9	16.8~25.9
加拿大	2.59	4.11	12.2	—	—	—	—	13.7~19.8	14.8~22.2
日本	2.5	3.8	12	—	—	—	—	15	15
俄罗斯	2.5	3.8	—	—	—	—	—	20	—
奥地利	2.5	4	12	12	12	12	12	18	15
比利时	2.5	4	11	11	8	11	11	18	15
英国	2.5	—	11	11	7	12	12	18	15
丹麦	2.5	3.6	12	12	—	—	—	18	14
西班牙	2.5	4	11	12	—	11	—	18	16.5
意大利	2.5	4	12	12	6	7.5	8	18	15.5
法国	2.5	4	11	11	11	11	11	18	15
德国	2.5	4	12	12	12	12	—	18	15
芬兰	2.5	4	12	12	7	12	12	22	16
瑞典	2.5	—	—	—	—	—	—	24	24
匈牙利	2.5	4	10	11	—	—	—	18	16
波兰	2.5	4	10	11	—	11	—	18	14
罗马尼亚	2.5	4	12	12	12	12	12	18	15

2. 专用汽车轴距

轴距的长短直接影响专用汽车的长度、质量和许多使用性能。在保证专用汽车功能的前提下，轴距设计得越短，其长度就越短，质量越小，最小转弯直径和纵向通过半径也越小，机动性好。这对某些专用汽车来说，显得尤为重要。轴距还影响轴荷分配，所以轴距不能过短。轴距过短，车辆的后悬太长，行驶时纵摆较大，车辆制动、加速以及坡道行驶时质量转移过大，使操纵性和稳定性变坏。此外，轴距过短还会导致万向节传动的夹角增大，从而造成较大的传动不均匀性。

专用汽车通常都采用基本车型的轴距，当需要改变其轴距时，要综合考虑上述因素。在专用汽车的主要性能、装载面积和轴荷分配方面均得到满足的前提下，轴距短一些较好。各类汽车的轴距和轮距见表 2-3。

表 2-3　各类汽车的轴距和轮距

车型	类别		轴距 L/m	轮距 B/m
4×2 载货汽车	汽车总质量 m_a/t	<2.2	1.70~2.90	1.15~1.35
		2.2~3.4	2.30~3.20	1.30~1.50
		3.5~5.9	2.60~3.60	1.40~1.65
		6.0~9.9	3.60~4.20	1.70~1.85
		10.0~13.9	3.60~5.00	1.84~2.00
		14.0~25.0	4.10~5.60	1.84~2.00
矿用自卸车		<60	3.20~4.20	1.84~3.20
		>60	3.90~4.80	2.50~4.00

车型	类别	轴距 L/m	轮距 B/m
大客车	城市大客车（单车）	4.50~5.00	1.74~2.05
	长途大客车（单车）	5.00~6.50	1.74~2.05
轿车	微型	1.65~2.40	1.10~1.27
	普通级	2.12~2.54	1.15~1.50
	中级	2.50~2.86	1.30~1.50
	中高级	2.85~3.40	1.40~1.58
	高级	3.40~3.90	1.56~1.62

3. 专用汽车轮距

轮距的大小对专用汽车的宽度、质量、横向通过半径、横向稳定性和机动性影响较大。轮距越大，则横向稳定性越好，悬架的角刚度也越大。但轮距增加，专用汽车的宽度和质量一般也要增大，改变汽车轮距还会影响车厢或驾驶室内宽、侧倾刚度、最小转弯直径等。轮距过宽会使机动性变坏，还易导致车轮向车身侧面甩泥。

轮距不宜过大。一般在确定前轮距时，应能布置下发动机、车架、前悬架和前轮，并保证前轮有足够的转向空间，同时转向杆系与车架、车轮之间有足够的运动间隙。在确定后轮距时，应考虑车架两纵梁之间的宽度、悬架宽度和轮胎宽度以及它们之间应留有必要的间隙。

4. 专用汽车质心高度

质心高度主要影响专用汽车的使用性能，包括其纵向稳定性和侧向稳定性，也包括其制动、驱动和坡道行驶时的轴质量转移系数，因此希望质心较低为好。一般车辆的纵向稳定性都能满足要求，而侧向稳定性对厢式汽车、罐式汽车和集装箱运输车等质心较高的专用汽车来说，由于诸多条件的限制，使其质心比较高，设计时必须充分考虑。质心过高，很容易导致车辆横向失稳，特别是弯道行驶时，易造成侧向倾翻。因此，使用厢式汽车和集装箱运输车时，除选用质心较低的车辆以外，还应注意合理配载，即将密度较大的货物尽可能地装在其厢的下部，而密度较小的货物则应装在上部，以保证专用汽车的行驶稳定性和安全性。

5. 专用汽车前悬与后悬

专用汽车的前悬尺寸对汽车通过性、轴载质量、碰撞安全性、驾驶员视野、前钢板弹簧长度、上车和下车的方便性以及汽车造型等均有影响。前悬尺寸增加，汽车的接近角减小，通过性降低，视野变坏。长前悬有利于采用长钢板弹簧，在撞车时对乘客起保护作用。对于平头汽车，前悬还会影响从前门上、下车的方便性。前悬尺寸应在保证设计要求、能布置下各总成和部件的同时尽可能短些。

专用汽车后悬尺寸对汽车通过性、汽车追尾时的安全性、车厢长度或上装尺寸、轴距和轴荷分配等均有影响。后悬加长，汽车的前轴载质量减小，后轴载质量增大，汽车的离去角减小，使通过性降低；而后悬缩短，汽车的车厢长度或上装尺寸减小。客车后悬长度不得超过轴距的 65%，绝对值不大于 3 500 mm。总质量在 1.8~14.0 t 的货车后悬一般在 1 200~2 200 mm，特长货厢的汽车后悬可达到 2 600 mm，但不得超过轴距的 55%。

6. 专用汽车车厢尺寸

专用汽车车厢应理解为广义的，包括普通车厢、厢式容器、罐式容器、工作装置等上装部分。车厢宽度应在汽车外宽符合国家标准的前提下适当取宽些，以利于缩短边板高度和车厢长度。对于能达到较高车速的车辆，使用过宽的车厢会增加汽车迎风面积，导致空气阻力增加。车厢长度应在满足运送货物达到额定吨位和上装部分要求的前提下尽可能短些，有利于减小整备质量。运送散装煤和袋装粮食等货物的车厢，要考虑车厢上部的堆装，有利于减小车厢实物尺寸，避免超载，并减少整备质量。

2.2.2 专用汽车的质量参数

1. 汽车整备质量

汽车整备质量就是汽车经过整备后在完备状态下的自身质量，即指汽车上带有全部装备（包括随车工具、备胎等），加满燃料、水，但无装货和载人时的整车质量。

整备质量影响汽车的制造成本和燃油经济性。目前，专用汽车轻量化、环保、节能、安全成为主旋律。通过优化结构、采用高强度钢结构件以及铝合金、非金属复合材料等，以尽可能减少整车整备质量，增加载货量或载客量，节约燃料。就连半挂车、水泥搅拌车等也都采用高强度钢制作上装部分，进一步增大了专用汽车的运载能力。今后，汽车轻量化、环保、节能是汽车发展的方向，不断减少整备质量（通常整备质量每减少 10%，燃油消耗可降低 6%～8%，CO_2 排放量可降低 8%），提高质量系数，即提高汽车轴载质量与整车整备质量的比值。

2. 汽车轴载质量

专用汽车轴载质量的合理分配，可以提高专用汽车的稳定性、通过性和制动性，延长轮胎和道路的使用寿命。

轴载质量分配影响轮胎寿命和汽车的许多使用性。理想的轴载质量分配是满载时每个车轮的负荷大致相等。但实际上，还要考虑汽车的动力性、操纵性、通过性、制动性等使用性能。例如，为提高汽车的驱动力，增加附着质量，常常提高驱动轴的负荷；为保证汽车在泥泞道路上的通过能力，常常降低前轴的负荷，从而减小前轮的滚动阻力，使后驱动轮有足够的驱动力；为保证汽车有良好的操纵稳定性，又要求转向轴的负荷不应过小；为避免转向沉重，前轮的负荷也不能过大，特别是质心高、轴距短的汽车更应考虑；而有些专用汽车或半挂汽车列车的行驶车速比较低，轴载质量可以根据使用要求适当地调整，这是由于轮胎的承载能力随着车速的降低而增加。这些都增加了轮胎磨损的不均匀性。

汽车的轴荷分配是指汽车在空载或满载静止状态下，各车轴对支承平面的垂直负荷，也可用占空载或满载总质量的百分比来表示。汽车的驱动形式与发动机位置、汽车结构特征、车头形式和使用条件等均对轴荷分配有显著影响。如发动机前置前轮驱动乘用车和平头式主前轴负荷较大，而长头式货车前轴负荷较小。常在坏路面上行驶的越野汽车，前轴负荷应该小些。

世界各国根据道路表面的坚固性和耐磨性确定公路运输车辆的轴载质量。我国《公路工程技术标准》（JT GB 01—2014）规定，总质量为 20 t 的汽车，单后轴载质量为 13 t；总质量为 30 t 的汽车双后轴载质量为 12×2 t。

当总体布置进行轴荷分配计算不能满足预定要求时，要通过重新布置某些总成、部件（如油箱、备胎、蓄电池等）的位置来调整。必要时，改变轴距也是可行的方法之一。各类汽车的轴荷分配见表2-4。

表2-4　各类汽车的轴荷分配

车型		满载		空载	
		前轴	后轴	前轴	后轴
乘用车	发动机前置前轮驱动	47%~60%	40%~53%	56%~66%	34%~44%
	发动机前置后轮驱动	45%~50%	50%~55%	51%~56%	44%~49%
	发动机后置后轮驱动	40%~46%	54%~60%	38%~50%	50%~62%
商用车（货车）	4×2后轮单胎	32%~40%	60%~68%	50%~59%	41%~50%
	4×2后轮双胎，长、短头式	25%~27%	73%~75%	44%~49%	51%~56%
	4×2后轮双胎，平头式	30%~35%	65%~70%	48%~54%	46%~52%
	6×4后轮双胎	19%~25%	75%~81%	31%~37%	63%~69%

3. 汽车最大允许轴荷限值

（1）汽车及挂车单轴的最大允许轴荷不得超过表2-5中规定的最大限值。

（2）汽车及挂车并装轴的最大允许轴荷不得超过表2-6中规定的最大限值。

（3）对于其他类型的车轴，其最大允许轴荷不得超过该轴轮胎数×3 000 kg。

表2-5　汽车及挂车单轴的最大允许轴荷限值　　　　　　　　　　　　　kg

车辆类型			最大允许轴荷限值
挂车及二轴货车	每侧单轮胎		6 000①
	每侧双轮胎		10 000②
客车、半挂牵引车及三轴以上（含三轴）货车	每侧单轮胎		7 000①
	每侧双轮胎	非驱动轴	10 000②
		驱动轴	11 500

注：①安装名义断面宽度超过400 mm（米制系列）或13.00 in③（英制系列）轮胎的车轴，其最大允许轴荷不得超过规定的各轮胎负荷之和，且最大限值为10 000 kg。

②备空气悬架时，最大允许轴荷限值为11 500 kg。

表2-6　汽车及挂车并装轴的最大允许轴荷限值　　　　　　　　　　　　kg

车辆类型		最大允许轴荷限值
汽车	并装双轴	轴距<1 000 mm	11 500
		轴距≥1 000 mm，且<1 300 mm	16 000
		轴距≥1 300 mm，且<1 800 mm	18 000①

③英寸，1英寸=2.54厘米。

续表

车辆类型			最大允许轴荷限值
挂车	并装双轴	轴距 <1 000 mm	11 000
		轴距 ≥1 000 mm，且 <1 300 mm	16 000
		轴距 ≥1 300 mm，且 <1 800 mm	18 000
		轴距 ≥1 800 mm	20 000
	并装三轴	相邻两轴之间距离 ≤1 300 mm	21 000
		相邻两轴之间距离 >1 300 mm，且 ≤1 400 mm	24 000

注：①驱动轴为每轴每侧双轮胎且装备空气悬架时，最大允许轴荷限值为 19 000 kg。

2.2.3 专用汽车的动力性

专用汽车的动力性是指汽车以最高车速行驶的能力、迅速提高车速的能力和爬坡的能力。它主要取决于发动机的性能和传动系统的特性参数，是汽车使用性能最基本和最重要的性能。

用汽车满载时在良好路面上的最大坡度阻力系数 l_{max} 来表示汽车的爬坡能力，这对某些专用汽车尤为重要。各种专用汽车的使用条件不同，对它们的爬坡能力要求也不一样。通常要求货车能克服 30% 坡度，越野汽车能克服 60% 坡度。此外，还可以用专用汽车单位总质量的发动机最大功率和发动机最大转矩，即比功率和比转矩来评价专用汽车的动力性。专用汽车动力性的好坏主要取决于发动机的性能。一般来说，发动机的有效功率和有效转矩越大，专用汽车的动力性越好，所以动力性已成为国际上通用的评价指标。为保证路上行驶车辆的动力性不低于一定的水平，防止某些动力性能差的车辆阻碍交通，我国对车辆的最小比功率做出规定。《机动车运行安全技术条件》（GB 7258—2012）规定，低速汽车及拖拉机运输机组的比功率应大于或等于 4.0 kW/t，除无轨电车外的其他机动车的比功率应大于或等于 5.0 kW/t。部分专用汽车动力性参数见表 2-7。

专用汽车的比功率和比转矩一般能综合表现汽车的动力性。但其动力性还涉及总传动比和传动效率等因素，仅凭比功率和比转矩也难以做出准确判断。专用汽车的动力性过高，其后备功率过大，发动机经常在非经济工况下工作，则汽车的经济性较差。因此，许多专用汽车都根据不同的生产、运行条件来选用合适的发动机，以改善其动力性和经济性。对于工作条件比较单一，在整个车辆的使用寿命期，基本都在某种工况和环境下工作的专用汽车，就可以选装不同的发动机。例如，某种自卸汽车，在其整个使用寿命期，基本上都在某个矿区服务，而对这个矿区来说，道路情况基本上是不变的，总是满载上坡的自卸汽车可以装用功率较大的发动机，而总是满载下坡的自卸汽车就可以装用功率较小的发动机。国外有许多专用汽车生产厂家，同一种底盘的专用汽车，有几种不同功率、不同型号的发动机供用户选择，以更好地满足使用要求。不同车型的比功率和比转矩范围见表 2-8。

表 2 - 7　部分专用汽车动力性参数

车型	国别	类别	总质量/t	装载质量/t	发动机		v_{amax} /(km·h⁻¹)	爬坡 i_{0max}/%	比功率 $P_{emax}·m^{-1}$/(kW·t⁻¹)	比转矩 $T_{emax}·m^{-1}$/(N·m·t⁻¹)
					$\dfrac{P_{emax}/kW}{n_e/(r·min^{-1})}$	$\dfrac{T_{emax}/(N·m)}{n_e/(r·min^{-1})}$				
QDZ3140E	中国	自卸汽车	14.100	7.500	118/2 600	588/1 450	88	28	8.37	41.70
QDZ3323S	中国	自卸汽车	32.00	19.180	206/2 400	1 068/1 400	72	44	6.44	33.38
SP3104	中国	自卸汽车	9.68	4.50	99/3 000	372/(1 200~1 400)	90	28	10.23	38.43
Bedford TL24.40	英国	自卸汽车	24.4	16.57	156/2 500	689/1 600	99.2	27	6.45	28.47
梅塞德斯－奔驰 3025k	德国	自卸汽车	30.49	20.04	1 842 300	932/1 200	102	25	6.03	30.57
NJT9130	中国	半挂自卸汽车	17.804	10.00	99/3 000	352.8/(1 200~1 400)	76	17.9	5.56	16.82
ST9131	中国	半挂汽车列车	16.88	10.00	99/3 000	372/(1 200~1 400)	70	17	5.86	22.04
ST9480TJE	中国	半挂汽车列车	56.61	40.00	225/2 200	1 250/1 400	80	18	3.97	22.08
梅塞德斯－奔驰 1644S	德国	半挂汽车列车	38	23.947	320/2 100	1 765/(1 100~1 600)	112	33	8.42	46.45
MAN16.331FTS	德国	半挂汽车列车	38	24.95	243/(1 800~2 100)	1 350/(1 100~1 600)	109	20	6.39	35.53
IVceo 220.30	意大利	半挂汽车列车	38	23.845	223/2 000	1 324/1 200 ·	115	23.6	5.87	34.84
Bedford TL2800	英国	半挂汽车列车	28	17.49	156/2 500	689/1 600	99.2	18	5.57	24.61
KS5191GSN	中国	散装水泥车	19.15	9.50	154.2/2 100	784.5/(1 200~1 400)	75	22.3	8.05	40.97
ND2629	中国	散装水泥车	26.00	15.00	213/2 300	1 060/1 600	89	50.9	8.19	40.77
QDZ5190G	中国	加油车	19.00	9.8	206/2 400	617/1 500	78.8	42	10.84	32.47
JQ5300GYC	中国	加油车	32	20.16	206/2 400	1 060/11 700	99	35.3	64.4	33.13
GZ5270GYY	中国	运油车	26.6	14.0	208/2 200	1 010/1 400	88	43.3	7.82	37.97
SMJ5090JSQ3JW	中国	随车起重运输车	9.345	4.00	99/3 000	372/(1 200~1 400)	90	28	10.59	39/81
YTK5101X	中国	厢式货车	10.09	4.50	99/3 000	372/(1 200~1 400)	85	25	9.81	36.87
梅塞德斯－奔驰 609D	德国	厢式货车	5.6	2.96	66/2 800	266/2 800	112	31.8	11.79	47.5
Seddom Atkinspon R17P182－11	英国	厢式货车	16.26	10.320	128/2 600	573/1 600	119	25	7.87	35.24
ST5090XLD	中国	厢式零担车	9.745	4.50	99/3 000	353/(1 200~1 400)	90	28	10.16	36.22
GG5090XBW	中国	保温车	9.29	4.00	99/3 000	353/(1 200~1 400)	90	32	10.66	38.00
JG5041XLC	中国	冷藏汽车	4.11	1.50	63/3 800	179/2 200	85	32	15.33	43.55

表 2 – 8　汽车动力性参数范围

汽车类别			最高车速 v_{amax}/(km·h^{-1})	比功率 P_{emax}m^{-1}/(kW·t^{-1})	比转矩 T_{emax}m^{-1}/(N·m·t^{-1})
乘用车	发动机排量 v/L	$v \leq 1.0$	110 ~ 150	30 ~ 60	50 ~ 110
		$1.0 < v \leq 1.6$	120 ~ 170	35 ~ 65	80 ~ 110
		$1.6 < v \leq 2.5$	130 ~ 190	40 ~ 70	90 ~ 130
		$2.5 < v \leq 4.0$	140 ~ 230	50 ~ 80	120 ~ 140
		$v > 4.0$	160 ~ 280	60 ~ 110	100 ~ 180
货车	最大总质量 m_a/t	$m_a \leq 1.8$	80 ~ 135	16 ~ 28	30 ~ 44
		$1.8 < m_a \leq 6.0$		15 ~ 25	38 ~ 44
		$6.0 < m_a \leq 14.0$	75 ~ 120	10 ~ 20	33 ~ 47
		$m_a > 14.0$		6 ~ 20	29 ~ 50
客车	车辆总厂 L_a/m	$L_a \leq 3.5$	85 ~ 120	—	—
		$3.5 < L_a \leq 7.0$	100 ~ 160	—	—
		$7.0 < L_a \leq 10.0$	95 ~ 140	—	—
		$L_a > 10.0$	85 ~ 120	—	—

2.2.4　专用汽车的制动性

专用汽车的制动性能用制动效能和制动稳定性来评价。制动效能是指汽车迅速降低行驶速度直至停车的能力；制动稳定性是指汽车在制动过程中维持直线行驶或按预定弯道行驶的能力。

制动性能的好坏对专用汽车，特别是重型专用汽车显得尤为重要。它不仅是安全行车的保证，也是下长坡行车车速的主要制约因素，能维持较低的安全车速并在一定坡道上长期驻车的能力，直接影响其使用性能和生产效率。专用汽车除装有必备的行车制动和驻车制动装置以外，有的还装有应急制动装置和辅助制动装置。应急制动在行车制动气压不足、制动失灵或制动力减弱时，迅速发挥作用将车辆刹住，从而使汽车免于发生事故；而辅助制动常常是采用发动机排气制动、液力制动、电力制动等辅助制动装置，以减轻车轮制动器的负担，使专用汽车更加安全可靠地行驶，提高运输效率。

2.2.5　专用汽车的通过性和机动性

专用汽车的通过性参数主要有最小离地间隙、纵向通过角、接近角和离去角。中型专用汽车的最小离地间隙在 180 ~ 300 mm，重型专用汽车多在 250 ~ 320 mm。专用汽车的接近角和离去角一般都在 25°以上，至少应不小于 20°。

专用汽车最小转弯直径是其机动性的主要参数之一，其数值主要根据专用汽车的用途、道路条件和结构特点选取。大型半挂汽车列车的最小转弯直径一般在 11 ~ 15 m，也可达到 20 m 左右。

2.2.6　专用汽车的静态稳定性

汽车质心高度影响汽车纵向稳定性和侧向稳定性，也包括其制动、驱动和坡道行驶时的轴质量转移系数。特别是厢式汽车、罐式汽车和集装箱运输车等专用汽车，由于诸多条件的限制，其质心一般比较高。设计时应先测取或估算底盘各总成及专用件的质量和质心位置，然后利用力矩平衡原理求出汽车的质心位置和轴载质量。当上装部分初步布置之后，应对汽车的质心位置和轴载质量分配进行计算，以满足设计要求。有些专用汽车还要对其作业状态进行计算，如自卸汽车在举升卸货时，就有纵向或横向失稳的可能。

汽车总质量和轴载质量可用地衡直接测出，车辆的质心位置（质心的水平位置和质心高度）可通过计算法、重量反映法或试验台测试法获得，以准确地分析专用汽车的静态稳定性。

1. 计算法

通过计算法来确定汽车各大总成的质量及其质心位置，根据力矩平衡方程式求得整车的质心位置。如图 2-5 所示厢式汽车质心水平位置和质心高度计算有：

$$\begin{cases} a = \dfrac{\sum\limits_{i=1}^{n} m_i x_i}{\sum m_i} \\ b = L - a \end{cases} \qquad (2-1)$$

$$h_g = \dfrac{\sum\limits_{i=1}^{n} m_i y_i}{\sum m_i} \qquad (2-2)$$

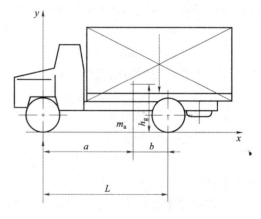

图 2-5　厢式汽车空载时质心位置计算图

式中　m_i——第 i 个总成的质量；

　　　x_i——第 i 个总成的质心距前轴中心的水平距离；

　　　y_i——第 i 个总成的质心距地面的高度；

　　　a——整车质心距前轴中心的水平距离；

　　　b——整车质心距后轴中心的水平距离；

　　　h_g——整车质心距地面的高度；

　　　L——轴距。

2. 重量反映法

重量反映法又叫作重法。可用纵向抬高和横向侧倾两种重量反映法求得车辆的质心高度。如图 2-6 所示是纵向抬高重量反映法求质心高度示意图。通过该方法求车辆的质心高度简单易行，不需专业设备。可先将悬架弹簧梗死（将弹簧固定，使其无法变形），再将前轮抬高，使 $\alpha = 10° \sim 15°$。后轮放置在地衡的中央，测定其后轴轴载质量。由几何关系与力的平衡原理，便可求出其质心高度 h_d。

$$h_d = (m'_{d2} L / m_d - L_{d1}) \cot \alpha$$

式中　m'_{d2}——前轮抬高后的后轴轴载质量；

α——前后轮的接地线与地平面夹角。

如图 2-7 所示是用横向侧倾重量反映法求质心高度示意图，其原理与纵向抬高重量反映法相似。

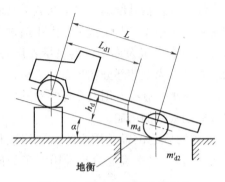

图 2-6　纵向抬高重量反映法
求质心高度示意图

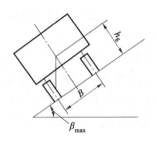

图 2-7　横向侧倾重量反映法
求质心高度示意图

3. 试验台测试法

试验台测试法实际上是根据重量反映法原理开发的一种汽车侧倾试验台。该试验台的台面上装有可以称得车辆轮重的承重板，车辆稳定在试验台的承重板上，可随台面整体侧倾一定的角度。它不仅可测得车辆的质心位置，也可测得轮重，还可测得试验台承重板上某车轮失重时的车辆最大侧翻稳定角。由于此时车辆的悬架弹簧未被梗死，车辆侧倾时包含悬架弹簧的变形，也包含轮胎的变形，所测得车辆的最大侧翻稳定角更接近实际。

4. 车辆的稳态稳定性

车辆的稳态稳定性是指车辆停放或等速行驶在坡道上，当整车的重力作用线越过车轮的支承点（接地点）时车辆发生翻倾的特性。若整车的重力作用线恰好通过车轮的支承点，则车辆处于临界翻倾的状态，此时的坡度角称为最大倾翻稳定角 β_{max}。

当车辆停放在坡道上或在坡道上行驶时，若坡道阻力大于附着力，则车辆由于附着力不足而下滑，从而出现失稳。其最大滑移角 β_{max} 仅取决于车轮和路面间的附着系数，即

$$\tan \alpha_{max} = \varphi$$

车辆横向稳定的临界状态如图 2-7 所示，有

$$\tan \beta_{max} = \frac{B}{2h_g}$$

式中　B——轮距。

由于侧翻是一种危险的失稳工况，侧滑先于侧翻的条件是：

$$\frac{B}{2h_g} \geqslant \varphi$$

同理，汽车纵向稳定性条件是：

$$\frac{b}{h_g} \geqslant \varphi \text{ 或 } \frac{a}{h_g} \geqslant \varphi$$

式中　a——质心至前轴的距离；
　　　b——质心至后轴的距离。

采用纵向抬高和横向侧倾两种重量反映法只能求得车辆的质心高度及质心在其纵向或横向的位置，计算法可以求得整车的质心位置，而汽车侧倾试验台测试法可以更准确地获得车辆的质心位置，测得更接近实际情况的车辆最大侧翻稳定角，检验车辆的稳态稳定性。

2.3　底盘及车架的选用

2.3.1　底盘的选用

专用汽车是在基本车型上装置专用设备，使其具有专用功能，用于承担专门运输任务或专项作业的汽车。因此，汽车底盘的性能就决定了专用汽车的基本性能，并对专用功能的发挥有较大的影响。改装专用汽车的汽车底盘可分为四种结构形式，常用的两种是选用二类和三类汽车底盘，另外两种是专门为某一类专用汽车设计、制造的专用底盘和选用定型总成组合设计制造的专用底盘。根据专用汽车的用途及其使用条件，已选定的专用汽车性能指标，专用汽车专用功能及其总布置的需要，以及专用汽车制造厂家的现有条件和能力来选定专用汽车底盘。

2.3.2　车架的选用

车架是汽车的承载基体，贯穿汽车全长。专用汽车的各种专用装置或装备都直接或间接地安装在车架上。某些专用汽车复杂的结构和使用条件，使车架承受较大的动载荷和扭矩，特别是驾驶室面至后轴的一段更为严重，所以必须加强车架。除对车架纵梁内边进行增补强化以外，还要在车架上增加一个副车架。副车架不仅强化了车架，而且可使专用装置和装备的集中载荷较均匀地分布在车架上，并起到缓冲作用，改善车架的受力情况。因此，在专用汽车上必须相应地对车架或副车架进行改装。

车架的纵横梁和其他零件的制造，多采用冷冲压工艺，使钢板在大型压力机上冲孔及成型，也有采用槽钢、工字钢、管料等型材制造的。轿车车架的组装多采用二氧化碳保护焊、塞焊和点焊，设计时应注意对焊接规范、焊缝布置及焊接顺序的选择；货车车架的组装多采用冷铆工艺，必要时也可采用特制的防松螺栓连接。为保证车架的装配尺寸，组装时必须有可靠的定位和夹紧，特别应保证有关总成在车架上的定位尺寸及支承点的相对位置精度。

车架材料应具有足够高的屈服强度和疲劳强度，较低的应力集中敏感性，良好的冷冲压性能和焊接性能。低碳和中碳低合金钢能满足这些要求。车架材料与所选定的制造工艺密切相关。拉伸尺寸较大或形状复杂的冲压件，需采用冲压性能好的低碳钢或低碳合金钢、08MnL、09MnL、09MnREL 等钢板制造；拉伸尺寸不大、形状又不复杂的冲压件，常采用强度稍高的 20Mn、25 Mn、Q345、09 SiVL、10TiL 等钢板制造。强度更高的钢板在冷冲时易开裂且冲压回弹较大，故不宜采用。有的重型货车、自卸汽车、越野汽车为提高车架强度、减小质量而采用中碳合金钢板热压成型，再经热处理，如采用 30Ti 钢板的纵梁经正火后抗拉强度即由 450 MPa（156HBW）提高到 480~620 MPa。用 30Ti 钢板制造纵、横梁也可采用冷

冲压工艺。

钢板经冷冲成型后，其疲劳强度要降低，其中静强度高、伸长率小的材料的降低幅度更大。常用车架材料在冲压成型后的疲劳强度为 140 ~ 160 MPa。

轿车车架纵、横梁的钢板厚度为 3 ~ 4 mm；货车根据其装载质量的不同，轻、中型货车冲压纵梁的钢板厚度为 5 ~ 7 mm；重型货车冲压纵梁的钢板厚度为 7 ~ 9 mm。槽形断面纵梁上、下翼缘的宽度尺寸为其腹板高度尺寸的 35% ~ 40%。

2.3.3　车架试验

车架的试验内容包括应力测定、刚度测定、可靠性与耐久性台架试验、随整车进行的可靠性道路试验或试车场试验以及使用试验等。

1) 应力测定。对车架进行应力测定可以较快地得出其应力分布情况，找出薄弱环节及产生薄弱环节的原因，并可得到改进后的效果。除要进行静弯曲和静扭转的应力测定外，还以整车在道路模拟试验台上、试车场上以及在使用条件下进行动应力测定。这对车架的设计定型很有指导作用。

2) 刚度测定其包括对车架的弯曲刚度及扭转刚度进行测定。测定车架的弯曲刚度时，在前后轴处设置刚性支承并模拟实际负荷情况加载；测定车架的扭转刚度时，应注意车架在试验台架上的紧固情况，以避免试验装置对其刚度产生影响。也要明确试验条件，如是否限定钢板弹簧以及发动机、车身、车厢和载荷等的装置情况，并测出装置这些相关部件前后在不同试验条件下的刚度变化情况。

3) 可靠性与耐久性台架试验。其包括车架的弯曲疲劳试验和扭转疲劳试验。等幅疲劳试验台是较为简单的试验装置，有机械式、液压式和激振式试验台，常用作进行车架的对比试验。程控疲劳试验台能更好地模拟车架在实际使用中的载荷工况，常用于整车状态下的疲劳试验。

4) 随整车进行的可靠性道路试验或试车场试验以及使用试验指汽车满载行驶于试车场的专门路段上而进行车架的弯曲疲劳试验和扭转疲劳试验。

随着优化设计、可靠性设计与有限元分析等现代设计方法与分析技术的发展及计算机的运用，在产品设计阶段对车架进行多方案的分析和优选，可使试验费用减到较低程度，但车架设计的最终评价仍要以试验结果为准。

第 3 章　工程车辆部分总成及装置

本 章 知 识 点

1. 系统阐述工程车辆总成及装置，从工程车辆的发动机入手，详细介绍工程车辆的发动机结构及形式、主要性能指标。

2. 介绍工程车辆的增压器类型、结构及主要故障；工程车辆的中间冷却器的分类、原理和结构；工程车辆的组合变速器结构、分类及典型结构。

3. 介绍工程车辆的动力输出装置用途、分类及匹配和结构；工程车辆的辅助制动装置和导流罩。

专用汽车通常是在基本车型的基础上改装而成的，具有品种繁多、结构各异、使用面广、工况复杂等特点。专用汽车除了具备基本车型的基本功能以外，还装有某些专用设备，具有某些专用功能。这就需要在基本车型的基础上进行总体设计和局部改装，对部分总成、部件的结构和位置做必要改变，合理地组合。就像"摆积木"一样，使基本车型与专用设备重新匹配成为一个理想的整体。这样可以简化专用汽车的设计，缩短生产周期，降低制造成本，提高产品的可靠性，便于维修。专用汽车在设计、制造、使用等方面比基本车型复杂得多，而专用汽车之间也有许多共同之处。本章仅对专用汽车相对共性的部分总成及装置予以叙述。

3.1　发　动　机

3.1.1　专用汽车对发动机的基本要求

发动机不仅是专用汽车行驶的动力源，也是某些专用汽车专用装备的动力源。它的性能好坏直接影响专用汽车的动力性、经济性和可靠性。因此，在选购和使用专用汽车时，应对发动机的结构与性能做细致的了解，根据专用汽车需要选用不同型号的发动机，以满足不同的工作要求。专用汽车对发动机的基本要求是：足够的功率和转矩；良好的燃料经济性，特别是在常用工况下的比油耗要低；便于动力输出，满足专用装备驱动动力的需要；工作安全可靠，耐久性好；通用性好，维修方便；振动小、噪声低、排放污染符合要求。

3.1.2　发动机的结构形式及其影响

1. 发动机的种类

专用汽车大都采用往复活塞式汽油发动机或柴油发动机，通常称为汽油机和柴油机。汽油机的质量轻、体积小、比功率高、工作振动小和噪声低，价格较便宜，冷起动性好于柴油机。因此，轻型和中型专用汽车一般都用汽油发动机。但是，大缸径的汽油机爆、燃倾向增大。与汽油机相比，柴油机具有良好的燃料经济性，排气污染物少，低速运转时转矩大，工作可靠性和耐久性好等优点。随着柴油机性能的提高，制造成本的降低，中型专用汽车也越来越多地采用柴油机，重型专用汽车几乎都采用柴油机。这是由于柴油机的特性更适合大吨位的专用汽车。在国外，轴载质量4 t以上的货车大都采用柴油机。

2. 气缸布置形式

车用发动机按气缸的排列形式可分为直列式（含气缸斜置）、水平对置式和V形三种。小功率的发动机多为6缸以下直列式，大功率的发动机多为6～16缸V形，如V6、V8、V10、V12、V16等。直列式发动机的结构简单、工作可靠、制造成本低、维修方便，宽度窄且在汽车上布置容易。但随着发动机功率的增大，气缸数相应地增多，缸径也相应地增大，发动机的长度和高度都增大。因此，8缸以上的发动机几乎都是V形的。与直列式发动机相比，V形发动机高度尺寸小、长度尺寸短、刚度增大，从而使专用汽车结构紧凑，质量小。V形发动机易于实现系列化（V6、V8、V10、V12、V16等）。其缺点是因发动机宽，在汽车上尤其是平头车上布置较为困难，此外，还有造价高等缺点。

水平对置式发动机的突出优点是高度低、平衡性良好。水平对置式发动机用在少数车辆总长较长的客车和布置受限的专用汽车上。

3. 发动机的冷却形式

发动机的冷却形式有水冷式和风冷式。

水冷式发动机：冷却均匀、稳定可靠、工作噪声低、冷却效果好，能较好地适应增压发动机散热的需要；易于解决车内供暖问题，气缸变形小，缸盖、活塞等主要零件热负荷较低。因此，在汽车上应用广泛。绝大部分重型专用汽车均采用水冷。但水冷式发动机结构较复杂，使用与维修不方便，冷却效果受大气温度影响较大。

风冷式发动机：结构简单，在缺水、沙漠和气温变化大的地区，适应性和散热性较好。在某些特殊要求的专用汽车上得以应用。但冷却不均匀，缸盖等零件的热负荷高，工作可靠性差，噪声较大。

图3-1所示为美国通用汽车公司制造的71系列二冲程柴油发动机，装在由意大利引进佩尔利尼T20-203型汽车上，主要为V6、V8型，两列气缸夹角为63.5°。佩尔利尼T20—203型汽车装用的是GM6 V71 N型二冲程柴油机。该机装有罗茨式扫气泵1、干式缸套3，每缸四个气门6，新鲜空气经罗茨式扫气泵增压，按图3-1箭头所示方向进入气缸，其燃料供给系统采用泵喷油装置2，以保证燃油的喷射质量。

佩尔利尼T20-203型自卸汽车装备的柴油机故障率高，使用寿命短。该车无下长坡辅助制动装置。例如，我国的太原钢厂峨口铁矿位于晋北高原，海拔2 000 m左右。为使佩尔利尼T20-203型自卸汽车更好地适应该矿的使用条件，采用适应海拔、温差范围大，且有

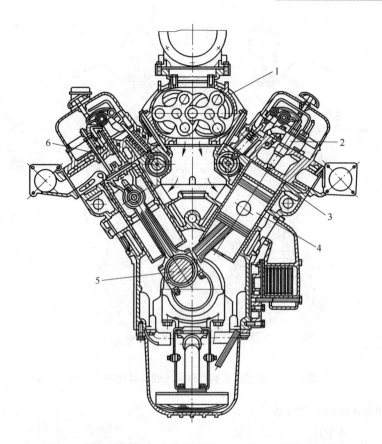

图 3 - 1　美国通用汽车公司制造的 71 系列二冲程柴油发动机

1—罗茨式扫气泵；2—泵喷油装置；3—干式缸套；4—活塞；5—曲轴；6—气门

排气制动的道依茨 F8L413F 型风冷四冲程柴油机替代底特律 GM6 V71 N 型柴油机。经该矿使用表明，道依茨 F8L413F 柴油机与 GM6 V71 N 型柴油机相比，具有与佩尔利尼 T20 - 203 型自卸汽车的传动系统匹配良好的优点；道依茨 F8L413F 柴油机的排气制动装置提高了汽车行驶的安全性和工作可靠性，大大延长了制动蹄片的使用寿命，且具有燃油经济性好、维修费用低等优点，从而提高了该车的生产效率和经济效益。

图 3 - 2 所示为太脱拉系列汽车风冷四冲程柴油发动机。1949 年以来，我国先后引进了捷克和斯洛伐克太脱拉汽车厂生产的太脱拉 111、138、148、813、815 等系列汽车。这类汽车采用中梁式车架和风冷发动机，对路面和环境的适应能力强，在极端困难而又宽阔的场地，能充分发挥其性能和结构特点。该类汽车所采用的发动机均为两列气缸夹角为 75°的 V 形排列、直接喷射、风冷式四冲程柴油机。凸轮轴装在两列气缸夹角处，用来驱动两列气缸盖上的进、排气门。带有散热片的气缸盖通过螺栓固定在缸体上。喷油泵装在两列气缸之间。

根据使用条件，T815S3 266 × 6.2 型三轴自卸汽车，可选装 V10 或 V12 型柴油机。由于太脱拉系列汽车的使用特点，已在自卸汽车、罐式汽车、牵引汽车及其他专用汽车上得到广泛的应用。我国长征汽车厂已批量生产太脱拉 815 型 15 t 载货汽车和底盘。

图 3 - 3 所示为康明斯 KTA - 2300 型柴油发动机。该机为 V 形 12 缸、增压中冷、四冲程、风冷式柴油发动机。气缸盖为单缸式，每个缸有两个进气门和两个排气门；缸套为干式；连杆小头

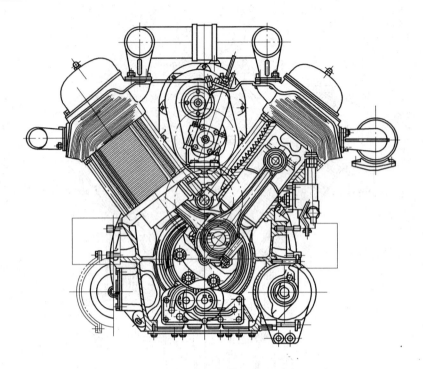

图 3－2　太脱拉系列汽车风冷四冲程柴油发动机

是楔形；凸轮轴布置较高，摇臂通过 T 形杆推动两个进气门或两个排气门；燃油供给系统为 PT 燃油系统。该机装有两台 T18A 型增压器和中间冷却器。康明斯柴油机是美国康明斯公司的定型产品，有多年的生产历史，技术较成熟，在工程机械及重型汽车上应用较多。我国引进生产和使用的康明斯柴油机一般为 3 个系列，即 V 系列、N 系列和 K 系列。重庆发动机厂生产的康明斯 NTA885－C360 型直列六缸水冷式柴油机，具有技术先进、寿命长（可达8 000～10 000 h）、耗油低和维修方便等优点。

图 3－4 所示为斯太尔系列六缸直列水冷式柴油发动机。其基本机型有三种，即自然吸气的 WD615.00 型、增压的 WD615.61 型和增压中冷的 WD615.65 型。该系列的三种产品只是吸气方式、喷油泵的柱塞直径及喷油嘴的喷孔直径不同，其他基本结构完全相同。

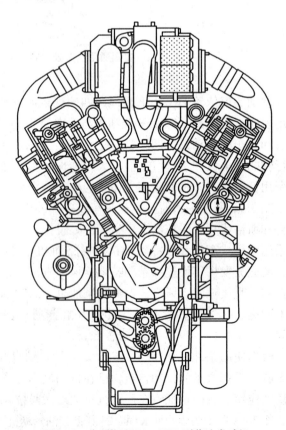

图 3－3　康明斯 KTA－2300 型柴油发动机

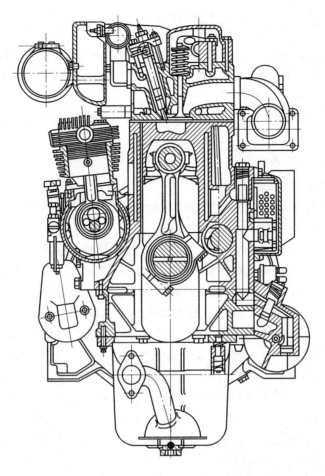

图 3 – 4　斯太尔系列六缸直列水冷柴油发动机

该系列柴油机采用直列六缸、一缸一盖结构；扁方形进气管布置在右侧，一面排气管位于左侧；在增压机型上，其排气管为三缸一支管，增压器装在飞轮壳的上方；在柴油机右侧装有同轴的双缸空气压缩机及喷油泵，左侧装有管式机油冷却器；在曲轴前部装有皮带轮和硅油扭转减震器；在增压中冷柴油机上，空对空中冷器装在散热器的右侧，由冷却风扇进行冷却。

第二代 15 系列柴油机，代号为 WD615.67 型。与 WD615.6 型相比，该机虽然在功率上没有改变，但最大转矩却提高到 $1\,069\,\text{N}\cdot\text{m}/1\,400\,\text{r}\cdot\text{min}^{-1}$，使转矩储备系数达 30%。这种柴油机装在汽车上，可降低油耗 3%～5%。全负荷最低油耗可降低到 196 g/（kW·h）以下，且六缸柴油机发动机的额定功率超过 221 kW。这些指标就目前来说，属国际较先进水平。

我国重汽集团公司生产的斯太尔 91 系列汽车，引进奥地利斯太尔公司的技术，装用斯太尔 15 系列六缸柴油机。该系列柴油机装用的喷油器是奥地利 FM 公司或博世公司生产的，废气涡轮增压器是采用德国 KKK 公司生产的 K – 28 型增压器。

3.1.3　发动机的主要性能指标

1. 发动机最大功率 P_{emax} 和相应转速 n_{p}

根据汽车应达到的最高车速 v_{amax}，用下式估算发动机最大功率：

$$P_{emax} = \frac{1}{\eta_T}\left(\frac{m_a g f}{3\,600}v_{amax} + \frac{C_D A}{76\,140}v_{amax}^3\right) \tag{3-1}$$

式中　η_T——传动系统的传动效率，对驱动桥用单级主减速器的 4×2 汽车可取为 0.9；

　　　m_a——汽车总质量，kg；

　　　g——重力加速度，m/s²；

　　　f——滚动阻力系数，对载货汽车取 0.02，对矿用自卸车取 0.03，对乘用车 $f = 0.016\,5\times[1+0.01(v_a-50)]$，$v_a$ 用 v_{amax} 代入；

　　　C_D——空气阻力系数；

　　　A——汽车正面投影面积，m²。

参考同级汽车的比功率统计值，然后选定新设计汽车的比功率值，并乘以汽车总质量也可以求得所需要的最大功率值。

发动机的功率 P_e 对汽车的动力性、燃油经济性以及动力总成质量有影响。虽然汽车的动力性随发动机的功率增加而变好，但燃油经济性会降低，动力总成质量也会增加。

按式（3-1）估算的 P_{emax} 为发动机装有全部附件时测定得到的最大有效功率，比发动机外特性的最大功率值低 12% ~ 20%。最大功率 P_{emax} 相应的转速 n_P 的范围如下：汽油机的 n_P 值在 3 000 ~ 7 000 r/min，因乘用车最高车速高，n_P 值多在 4 000 r/min 以上；总质量小些的货车的 n_P 值在 4 000 ~ 5 000 r/min；总质量居中的货车的 n_P 值更低些。柴油机的 n_P 值在 1 800 ~ 4 000 r/min。乘用车和总质量小些的货车用高速柴油机，n_P 值常取在 3 200 ~ 4 000 r/min；总质量大些的货车的柴油机 n_P 值在 1 800 ~ 2 600 r/min。

采用高转速发动机虽然能提高功率，同时也有使活塞运动的平均速度增快、热负荷增加、曲柄连杆机构的惯性力增大并导致磨损加剧、寿命降低、振动及噪声等均增加的缺陷。

2. 发动机最大转矩 T_{emax} 及相应转速 n_T

当发动机的最大功率及相应转速确定后，可用下式计算发动机的最大转矩：

$$T_{emax} = \alpha T_P = 7\,019\alpha\frac{P_{emax}}{n_P} \tag{3-2}$$

式中　α——发动机的转矩适应系数，$\alpha = T_{emax}/T_P$，一般在 1.1 ~ 1.3 选取；

　　　T_P——最大功率时的转矩，单位为 N·m。

要求 n_P 与 n_T 之间有一定差值，如果它们很接近，将导致直接挡的最低稳定车速偏高，使汽车通过十字路口时换挡次数增多。因此，要求 n_P/n_T 在 1.4 ~ 2.0 选取，并由发动机设计保证。

3.1.4　发动机的悬置

汽车是多自由度的振动体，并受到各种振源的作用而发生振动，发动机就是振源之一。发动机是通过悬置元件安装在车架上，悬置元件既是弹性元件又是减振装置，其特性直接关系到发动机振动向车体的传递，并影响整车的振动与噪声。合理地悬置不仅可以减小振动、降低噪声以改善乘坐舒适性，还能提高零部件和整车寿命。因此，发动机的悬置越来越受到重视。发动机悬置应满足下述要求：因悬置元件要承受动力总成的重量，为使其不产生过大的静位移而影响工作，故要求悬置元件刚度大些为好；发动机本身的激励以及来自路面的激励都经过悬置元件来传递，因此又要求悬置元件有良好的隔振性能；因发动机工作频带宽，在 10～500 Hz 范围内，要求悬置元件有减振降噪功能，并要求悬置元件工作在低频大振幅时（如发动机怠速状态）提供大的阻尼特性，而在高频低幅振动激励下提供低的动刚度特性以衰减高频噪声；悬置元件还应当满足耐机械疲劳、橡胶材料的热稳定性及抗腐蚀能力等方面的要求。此外，液室与外部之间应密封良好。

传统的橡胶悬置由金属板件和橡胶组成，如图 3-5 所示。其特点是结构简单、制造成本低。但动刚度和阻尼损失角 θ（阻尼损失角越大表明悬置元件提供的阻尼越大）的特性曲线基本上不随激励频率变化。

结构不同的液压阻尼式橡胶悬置（以下简称液压悬置）均具有以下特点：橡胶主簧用来承受静、动载荷；液压悬置内部有液体工作介质，至少有两个液室，液体可在其间流动；液室之间有能够产生阻尼作用的孔、惯性通道或解耦盘（膜）。

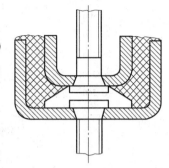

图 3-5　橡胶悬置结构

图 3-6 所示为液压悬置结构，图中发动机支承臂与液压悬置经连接螺栓 1 连接。橡胶主簧 3 用来承受动力总成的垂向和侧向的静、动载荷，其体积刚度对液压悬置的动力特性有重要影响，而金属骨架 2 用来连接橡胶主簧和连接螺栓。缓冲限位盘 4 的作用是控制橡胶主簧的压缩极限位置。底座 9 既是承力件，也是液压悬置的重要密封件，还要保护橡胶底膜 8 免受损害。连接螺栓 10 与底座 9 固连为一体，并将动力总成固定到车体上。惯性通道体 6 将空腔分为上、下两个液室，室内充满液体。橡胶底膜 8 呈波纹状，用来维持上液室的体积不变化。惯性通道体包括上、下两部分，通过过盈配合压在一起，并形成惯性通道 7。在惯性通道体之间安装解耦盘 5，其上开有补偿孔 12，用来降低低频时的空腔噪声。解耦盘和补偿孔共同形成解耦通道。

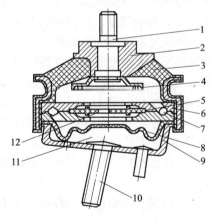

图 3-6　液压悬置结构

1, 10—连接螺栓；2—金属骨架；

3—橡胶主簧；4—缓冲限位盘；

5—解耦盘；6—惯性通道体；

7—惯性通道；8—橡胶底膜；9—底座；

11—空气室；12—补偿孔

当橡胶主簧承受动载荷上下运动时，产生类似于活塞的泵吸作用。当液压悬置受到低频、大振幅激励时，液体将经过惯性通道在上、下腔内往复流动，并随之产生沿程能量损失和在惯性通道出、入口处为克服液柱惯性而产生的局部能量损失，液压悬置将产生较大的阻尼效应，使振动能量耗散，从而达到衰减振动的目的。在高频小振幅激励下，惯性通道内液柱的惯性很大，几乎来不及流动。此时，由于解耦盘小变形时的低刚度特性，解耦通道内的液柱与解耦盘高速振动，上、下腔的压力差克服解耦通道内液柱的惯性力，而使液柱具有的动能在解耦通道的入口和出口处被损失掉，从而可以降低液压悬置的高频动刚度，消除动态硬化。

液压悬置与橡胶悬置相比，其动刚度及阻尼角有很强的变频特性，图 3-7 所示为液压悬置的动特性。图 3-7（a）表明液压悬置的动刚度在 10 Hz 左右达到最小，在 20 Hz 左右达到最大，而后开始下降，在频率超过 30 Hz 以后趋于平稳。图 3 - 7 （b）表明液压悬置阻尼损失角在 5 ~ 25 Hz 范围内比较大，这一特性对于衰减发动机怠速频段内（一般为 20 ~ 25 Hz）的大幅振动十分有利。

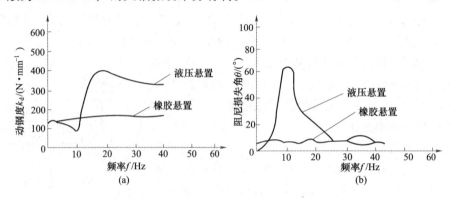

图 3 - 7　橡胶悬置和液压悬置的动特性

（a）动刚度曲线；（b）阻尼损失角曲线

发动机前悬置点应布置在动力总成质心的附近，支座应尽可能宽些并布置在排气管之前。

3.2　增　压　器

用一个专用装置将气体预先压缩，增大密度后再送入发动机气缸的过程叫作增压，这个专用装置即为增压器。发动机的功率与进入气缸的充气量成正比，在发动机单缸工作容积不变的情况下，气缸中能良好地进行燃烧的燃气越多，则其发出的功率就越大。但自然吸气的发动机，由于受进入气缸中空气量的限制，虽然通过各种途径可以适当提高其功率，但潜力不大。如果能用提高气缸的充量密度来增加每一个循环进入气缸的空气量，并相应增加喷油量，就可大幅度地提高发动机功率和燃料经济性，也可有效地恢复发动机的高原功率。一般是在发动机上设置增压器，实现发动机的增压。增压是柴油机不改变机型而大幅度提高其功率的主要措施。在发达国家，汽车柴油机已基本实现增压化。例如，我国引进的康明斯 KTA - 2300c 型柴油机，是一种 V12 型、增压、中冷式的柴油机，其缸径与行程均为 158.85 mm。它的基本型功率为 441 kW，增压后则为 662 kW，而再装用中冷器来降低进气温度，提高进气密度后，功率提高到 883 kW。柴油机增压不仅提高了功率，而且增大了转矩、降低了油耗，还减少了排放污染。目前，增压及增压中冷技术被广泛地用在重型车用柴油机上，是柴油机的发展方向。

汽油机增压随着汽车工业的发展，其比例也在不断提高，特别是电喷技术的普及，大大促进了汽油机增压技术的发展。

发动机增压所采用的增压器形式虽然很多，但概括起来不外乎两大类：一类是机械驱动式增压器，如叶片式、螺旋式和罗茨式等；另一类是动能式增压器，如气波式、废气涡轮式、机械式增压器多用于二冲程柴油机作扫气装置。气波式增压器是利用气波来传递能量的一种新型的能量交换系统，它利用废气直接压缩新气，是一种有待进一步研究和发展的增压器，目前还没有广泛使用。而废气涡轮式增压器则是目前柴油机或汽油机中广泛应用的增压系统，下面仅介绍该种增压器。

3.2.1　废气涡轮式增压器的基本原理

废气涡轮式增压器主要由废气涡轮、中间壳和压气机三大部分组成。它利用发动机排出的废气排量，推动废气涡轮，带动同轴上的压气机叶轮旋转，将压缩了的空气充入气缸，增加了气缸中的空气密度；同时，增加喷入气缸中的燃油量，以形成更多的可燃混合气，从而提高柴油机的功率。

废气涡轮式增压器的基本工作原理如图3-8所示。增压器涡轮壳4的进气口与柴油机排气管1相连接，增压器压气机壳9的出气口与柴油机进气管10相连接。柴油机排出的具有500℃～750℃高温和一定压力的废气，经涡轮壳4进入喷嘴环2。由于喷嘴环2的通道面积由大到小，使废气的压力和温度下降，而流速却迅速提高。利用这个高速的废气气流，按一定的方向冲击涡轮3，使涡轮高速旋转。废气的压力和温度越高，涡轮转得越快。而与涡轮3同轴的压气机叶轮8以相同的速度旋转，将经过空气滤清器过滤的空气，吸入压气机。高速旋转的压气机叶轮8把空气甩向叶轮的边缘，速度增加后进入扩压器7。扩压器7的形状是进口小、

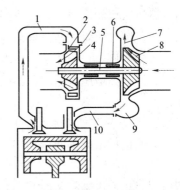

图3-8　废气涡轮式增压器的工作原理
1—排气管；2—喷嘴环；3—涡轮；
4—涡轮壳；5—转子轴；6—轴承；
7—扩压器；8—压气机叶轮；
9—压气机壳；10—进气管

出口大，因此，经扩压器的气流速度下降而压力升高，再通过截面由小到大的环形压气机壳9，使气流压力进一步提高后，经进气管10进入气缸，从而起到增压的作用。

由以上可知，废气涡轮就是一个小型的燃气轮机，把发动机排出废气的部分能量转化为机械能，从而带动同轴的压气机叶轮旋转，压气机将空气压缩后充入气缸。涡轮增压器与发动机之间只有气管相连完成气体动能的传递，而无任何机械连接。

3.2.2　废气涡轮式增压器的分类

1. 按气流方向分类

按废气进入涡轮的气流方向，废气涡轮式增压器可分为径流式和轴流式两种涡轮增压器。其主要参数见表3-1。

表3-1　废气涡轮式增压器的主要参数

类别	叶轮直径 D_k	转速 N_{rk}/ (r·min^{-1})	流量 G_k/ (kg·s^{-1})	压比 D_k	涡轮进口温度 t_T/℃	压气机效率 η_{adk}	适用范围（增加前柴油机）功率 N/kW
径流式涡轮增压器	60～220	2 500～130 000	0.1～2	1.4～3.5	550～750	0.67～0.80	29.4～367.7
轴流式涡轮增压器	220～1 000	5 000～35 000	1.5～35	3～3.5	500～700	0.75～0.85	221～735

径流式涡轮增压器工作时，柴油机排出的废气进入增压器涡轮壳后，沿着垂直于增压器转子轴线方向流动；轴流式涡轮增压器工作时，其废气进入增压器涡轮壳后沿着平行于增压器转子轴线方向流动。

径流式涡轮增压器的特点是流量小、效率高、加速性能好、体积小、结构简单。车用柴油机大都采用该种增压器。

轴流式涡轮增压器的特点是流量大、效率高、压力升高比大，适用于中、大型柴油机。

2. 按压力升高比分类

增压器压气机的出口压力与进口压力之比称为压力升高比，简称压比，用 π_k 表示。按压力升高比，废气涡轮式增压器可分为低增压、中增压和高增压三种增压器。压比 $\pi_k < 1.4$ 为低增压涡轮增压器，压比 $\pi_k = 1.4 \sim 2.0$ 为中增压涡轮增压器，压比 $\pi_k > 1.4$ 为高增压涡轮增压器。目前高增压涡轮增压器是发展趋势，但车用柴油机大都采用低增压和中增压的涡轮增压器。

3. 按废气能量利用的方式分类

按对柴油机排出废气能量利用的方式，废气涡轮式增压器可分为恒压式和脉冲式两种增压器。

恒压式涡轮增压是将柴油机气缸排出的废气经过稳定箱再送到涡轮。对多缸柴油机来说，是将所有气缸的排气支管接到一个容积足够大的排气总管上，再与增压器涡轮壳进口相连。由于排气总管容积较大，能起到稳压箱的作用，使进入涡轮前的废气压力接近不变，如图 3 - 9（a）所示。恒压式涡轮增压器常用于大型高增压的柴油机。脉冲式涡轮增压也称变压式，如图 3 - 9（b）所示，它是把排气管容积做得适当小，并把多缸柴油机的排气支管分成几个分支，再分别与增压器涡轮壳的进气口相连接，避免各缸排气的互相干扰，以充分利用废气的脉冲能量获得较好的增压效果，而且压力高峰后的瞬时真空有助于气缸扫气。目前，车用柴油机多采用这种增压器。如六缸柴油机，若工作顺序为 1—5—3—6—2—4，一般将 1、2、3 缸接到一个排气管上，沿着涡轮壳的一条进气道通向一半圈喷嘴环；将 4、5、6 缸接到另一个排气管上，沿着涡轮壳上的另一条进气道通向另一半圈喷嘴环，使排气互不干扰，以充分利用废气的脉冲能量驱动涡轮。

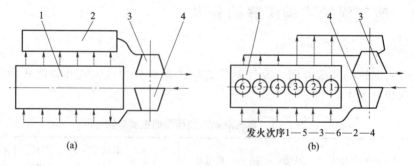

(a)　　　　　　　　　　(b)

图 3 - 9　废气涡轮式增压系统

（a）恒压式涡轮增压；（b）脉冲式涡轮增压

1—发动机；2—排气总管；3—废气涡轮；4—压气机

3.2.3　废气涡轮式增压器的构造

目前，汽车用柴油机大都装用径流脉冲式中、高增压废气涡轮式增压器，它主要由一个单级废气涡轮机和一个单级离心式压气机组成，其结构如图 3 – 10 所示。涡轮机部分由涡轮机叶轮 10、涡轮机壳 13 等零件组成；压气机部分由压气机叶轮 3、无叶式扩压器 2、压气机壳 1 等零件组成。涡轮机壳 13 的入口与柴油机排气管相连，出口与排气消声器相连；压气机壳 1 的进口通过软管与空气滤清器相连，出口通往柴油机气缸。压气机叶轮 3 装在增压器轴 5 上，并用防松螺母紧固，构成涡轮增压器的转动部分，称为转子。涡轮机由柴油机排出的废气驱动，涡轮机叶轮则驱动同轴上的压气机叶轮，压气机将已压缩的空气送到柴油机气缸中。

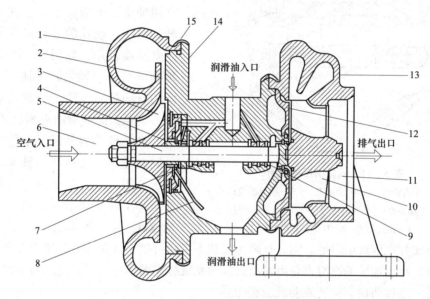

图 3 – 10　废气涡轮式增压器的结构

1—压气机壳；2—无叶式扩压器；3—压气机叶轮；4—密封套；
5—增压器轴；6—进气道；7—推力轴承；8—挡油板；9—浮动轴承；
10—涡轮机叶轮；11—出气道；12—隔热板；13—涡轮机壳；14—中间壳；15—V 形夹环

早期增压器的涡轮壳是带喷嘴的，半顺半逆 180° 对称分开式，后来改为顺向双进口 180° 分开式。目前，多采用无喷嘴、双层螺旋流道 360° 全周进气涡轮结构（图 3 – 10）。这种结构改善了排气脉冲对涡轮效率的影响。当排气脉冲频率较低时，排气的脉冲速度在双层螺旋流道间是多变的，所以工作轮的气流并没有明显的波动；这就能更好地利用脉冲能量，改善脉冲情况下的涡流效率，并扩大其流通能力，从而获得壳体尺寸小、质量少、效率高的涡轮。斯太尔 WD615.67 型柴油机采用的 K – 28 增压器的结构与此类似。

改进的压气机叶轮结构，尽可能减少叶轮的转动惯性，可以提高涡轮增压器的加速性能。压气机叶轮 3 采用长短叶片式，增大流量范围。扩压器可以是有叶片的，也可以是无叶片的，汽车用涡轮增压器多采用无叶片扩压器。

涡轮机叶轮多选用镍基耐热合金，以保证在压比超过 3.0 和进口温度大于 700℃以上时能连续工作。涡轮壳多用耐高温、耐腐蚀、抗氧化起皮的奥氏体含镍合金铸铁精密铸造而成。压气机叶轮和壳体多用铝合金精密铸造。

压气机壳 1、涡轮机壳 13 和中间壳 14 之间的固定多采用 V 形夹环 15 箍紧。这样，相对方向可以任意转动，结构简单、体积小、安装方便。

1. 浮动轴承

增压器轴承的结构是车用涡轮增压器可靠性的关键之一。现代车用涡轮增压器都采用浮动轴承和推力轴承，如图 3-11 所示。

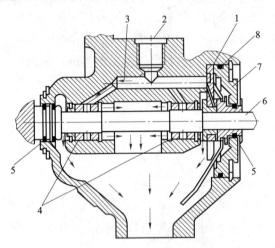

图 3-11　涡轮增压器轴承

1—推力轴承；2—润滑油入口；3—润滑油道；
4—浮动轴承；5—开口金属密封环；6—转子轴；
7—油腔堵盖；8—O 形橡胶密封圈

涡轮增压器的转子以每分钟高达十几万转（SJ50 涡轮增压器最高工作转速高达 18×10^4 r/min）的转速旋转。在这种情况下，若采用一般机械中的常用轴承，不能满足转子在高速下运转的要求。现代的涡轮增压器普遍采用全浮动轴承，如图 3-12 所示，这种轴承与转子轴之间、轴承与壳体之间均有间隙。当转子高速旋转时，具有一定压力的润滑油充满这两个间隙，使浮动轴承在内外两层油膜中随转子轴同向旋转，虽然浮动轴承的转速比转子低得多，但由于浮动轴承的转动而减小了转子轴与浮动轴承之间的滑动速度。浮动轴承工作时有双层油膜，

可以双层冷却并产生双层阻尼。它具有高速轻载下工作可靠、抗振性好、使用寿命长、拆装方便等特点。浮动轴承的润滑也是由发动机润滑系统提供的压力润滑，过滤的压力润滑油经浮动轴承后，通过回油管流到发动机油底壳。

浮动轴承实际上与转子轴、轴承座之间都有间隙，形成双层油膜。圆环状浮动轴承浮在转子轴与轴承座之间，当增压器工作时，浮动轴承在转子轴与轴承座孔之间转动。一般内层间隙为 0.05 mm 左右，外层间隙大约为 0.1 mm。浮动轴承用铅锡青铜合金制造而成，轴承壁厚为 3~4.5 mm，轴承表面镀一层厚度为 0.005~0.008 mm 的铅锡合金或金属铟以改善润滑，降低摩擦因数。浮动轴承内孔及端面都开有油槽，作存油与布油用，以保证起动有一定的润滑。轴承内、外表面的同心度要求高，油槽、油孔位置需对称，以保证良好的动平衡。浮动轴承分为整体式和分开式两种。整体式浮动轴承［图 3-12（a）］是在增压器的转子间只有一个浮动轴承，其结构简单、零件少、止推轴承大为简化，但工艺要求高，旋转惯性大；分开式浮动轴承［图 3-12（b）、（c）］是在增压器的转子内侧的两边各有一个浮动轴承，其尺寸小、旋转惯性小、加工简单，在小型增压器上应用较多。

多油楔浮动轴承是浮动轴承的一种，在其内表面均布 3~4 个楔形油槽，如图 3-12（d）所示。当轴旋转时，轴颈在油楔压力的作用下容易被抬起，随着转速的提高而实现液体润滑，同时还有利于润滑油分布和供油量的增大，有利于轴承的冷却，有利于克服油膜振动。在高速轻载的情况下，多油楔浮动轴承是抗振性能较好的轴承。浮动轴承可以径向或轴

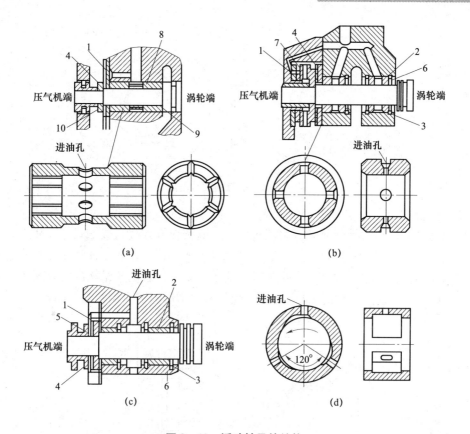

图 3-12　浮动轴承的结构

（a）整体式浮动轴承；（b）分开式径向进油浮动轴承；（c）分开式轴向进油浮动轴承；（d）多油楔浮动轴承

1—推力轴承；2—浮动轴承；3—卡环；4—止推片；5—隔套；6—垫片；

7—止推套；8—整体式浮动轴承；9—后止推面；10—前止推面

向进油。

　　径向进油［图 3-12（a）、（b）、（d）］的浮动轴承的刚度和承载能力较轴向进油的［图 3-12（c）］好，采用的较多。如图 3-13 所示，浮动轴承工作时，转轴 1 与浮动轴承 2 和浮动轴承 2 与轴承座孔 3 都有一定的间隙，其间充满油膜，轴承上有进油孔使内外油膜相通。由于润滑油的黏性而引起摩擦力，使浮动轴承转动，其转速为增压器转子转速的 25% ~ 40%。

　　2. 推力轴承

　　增压器工作时产生轴向推力，由设置在压气机一侧的推力轴承承受。为减少摩擦，在整体式推力轴承两端的止推面上各加上有 4 个（或 6 个）布油槽，形成 4 个或 6 个扇形油楔承力面。推力轴承每个扇形油楔承力面的周向加工出 0.5° ~ 1° 的斜面，在轴承上还加工有进油孔，以保证止推面的润滑和冷却，如图 3-14 所示。

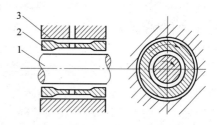

图 3-13　浮动轴承工作示意图

1—转轴；2—浮动轴承；3—轴承座孔

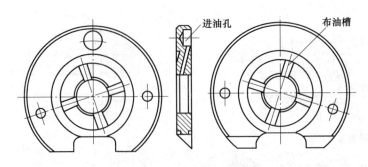

图 3 – 14　推力轴承的结构

3. 密封

涡轮增压器的密封包括油封和气封两种作用，其密封方式分为接触式和非接触式。接触式主要是用密封环密封，非接触式有迷宫式、甩油盘式和挡油盘式等几种密封方式。大型轴流式涡轮增压器多采用迷宫式密封；小型轴流式涡轮增压器，由于结构限制常采用密封环密封（图 3 – 15），辅以甩油盘和挡油盘密封。现代涡轮增压器多采用密封环密封。

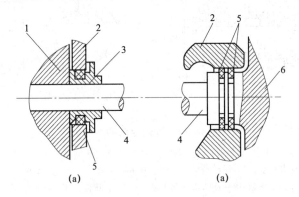

图 3 – 15　密封环密封

（a）压气端密封结构；（b）涡轮端密封结构

1—压气机叶轮；2—机壳；3—密封套；4—转子轴；5—开口金属密封环；6—涡轮机叶轮

如图 3 – 15 所示，密封环密封是将数个开口金属密封环 5 分别装在涡轮端和压气端的密封环槽内，开口金属密封环 5 靠弹力张紧在机壳 2 上。密封环 5 与环槽之间留有间隙，密封环 5 张紧在机壳上不能转动，环槽随涡轮转子轴 4 转动，形成更为有效的"迷宫"密封。密封环用钢或铸铁制造，对密封环的弹力要求非常严格，既不能过大也不能过小。过大不能及时地避让转子轴的轴向窜动，导致环与环槽侧面的摩擦；过小又不能抵御燃气和空气压力造成的轴向力。

密封损坏会导致漏油或漏气。漏油：润滑油窜入压气机或涡轮机蜗壳内，将导致润滑油消耗量增加和排气冒蓝烟；漏气：高温燃气窜入轴承之间，将引起工作温度升高而使润滑油结胶或烧毁轴承。采用双开口金属密封环密封时，其开口的安装位置应错开 180° 以提高密封性。

4. 可调节涡轮增压

可调节涡轮增压技术以其良好的特性而成为高速柴油机的重要技术之一。在发动机的运行工况下，为使涡轮增压器更好地适应其工况的变化，提高性能，涡轮中通过采用可调节涡轮叶片角度和喷嘴流通截面积，连续地改变涡轮转速，获得最佳的增压压力。可调节涡轮增压器有可调喷嘴涡轮增压器、可调阀门涡轮增压器、双蜗壳增压器等多种形式。

可调节涡轮增压器通过改变可调涡轮叶片角度来满足发动机各种工况的要求，提高柴油机的瞬态响应性，较好地利用了废气能量，改善了燃油消耗，降低了瞬态排放，提高了低速转矩。但其结构复杂、材料要求高、成本较高。其中的旁通阀在增压器高转速时将部分废气旁通排出，浪费了能量。

3.2.4　增压柴油机的结构变化

增压柴油机的机械负荷和热负荷都相应地增大，在其结构、参数及材料等方面与非增压柴油机有所不同。

1. 压缩比降低

柴油机增压后压缩比有所降低，以控制燃烧的最高爆发压力，降低机械负荷，保持其工作的柔和性，但压缩比不能过低，以免影响柴油机的起动性和燃料经济性。

2. 过量空气系数增大

通过控制喷油泵的供油量来提高增压柴油机的过量空气系数，以提高燃料经济性。

3. 喷油压力和喷油量增大

由于增压柴油机的气缸压力和进气量都有所增加，而气缸内的增压空气可供更多的燃料燃烧，因此需增大喷油压力和喷油量，以提高柴油机的功率和扭矩。

通常通过增大喷油泵柱塞直径、增加供油速率（使喷油泵凸轮腹弧变陡）、加大喷油孔直径来增大喷油量和每一循环的供油量。

4. 喷油提前角减小

增压柴油机压缩终了时的气体压力和温度增高，燃料预燃期缩短，应适当地减小喷油提前角，限制最高爆发压力。但是，如果过多地减小喷油提前角，会使柴油机经济性和涡轮工作条件变坏。

5. 气门重叠角和间隙加大

增压柴油机的气门重叠角加大（加大进气门的提前角和排气门的滞后角），以加强气缸的扫气。这不仅使废气排除彻底、进气充分，而且可使气门等高温零件的热负荷降低；还可以使柴油机的排气温度降低，改善涡轮的工作条件。但气门重叠角不能过大，以免增加压气机的负荷，甚至引起柴油机在低速低负荷时排气倒流。增压柴油机气门零件的工作温度较高，膨胀量增大，气门间隙也应适当地加大。

6. 增设冒烟限制器

增压柴油机的调速器上需增设冒烟限制器。该装置能根据柴油机增压后空气压力的高低，来自动调节供油拉杆最大供油量的位置。当柴油机加速时，由于增压器转子存在惯性，使进气压力上升滞后，而供油量增加较快，造成柴油机排出大量的黑烟。这样既浪费燃料，又会造成排放污染和气缸积炭。

7. 增设进、排气旁通阀

在涡轮增压系统中都设有进气旁通阀和排气旁通阀，用以控制增压压力。

（1）排气旁通阀

为使增压发动机在设定的工况下获得最佳的转矩曲线，提高增压器低速时的压比，而高速时压比也不至于过高，一般是在增压器涡轮壳上设置排气旁通阀，如图 3－16 所示。当柴油机高速、大负荷，排气量过大时，压比升高，排气旁通阀 5 打开，放掉发动机的部分排气，从而稳定增压器的转速和压比。该阀是靠增压器压气机壳出口处的空气压力或发动机转速控制的。有的直接对驱动排气旁通阀传动装置的控制力进行电子控制，以更有效地改善发动机的性能。

排气旁通阀是由压力来控制的，如图 3－17 所示。控制气室 1 中的膜片将气室分为左室和右室，右室经连通管 11 与压气机出口相通，左室设有膜片弹簧作用在膜片上。膜片还通过连动杆 2 与排气旁通阀 3 连接。当压气机出口压力，即增压压力低于限定值时，膜片在膜片弹簧的作用下移向右室，并带动连动杆使排气旁通阀保持关闭状态。当增压压力超过限定值时，增压压力克服膜片弹簧力，推动膜片移向左室，并带动连动杆将排气旁通阀打开，使部分排气不经过涡轮机而直接排放到大气中，从而达到控制涡轮机转速及增压压力的目的。

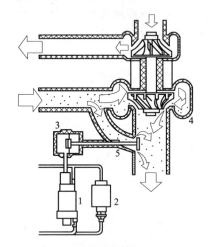

图 3－16　排气旁通阀

1—增压压力执行器；2—真空泵；
3—压力执行器；4—涡轮增压器；
5—排气旁通阀

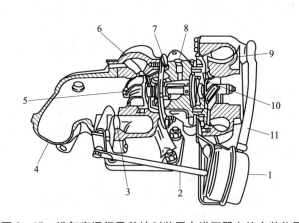

图 3－17　排气旁通阀及其控制装置在增压器上的安装位置

1—控制气室；2—连动杆；3—排气旁通阀；4—排气管；
5—涡轮机叶轮；6—涡轮机蜗壳；7—增压器轴；8—中间体；
9—压气机蜗壳；10—压气机叶轮；11—连通管

（2）进气旁通阀

进气旁通阀的工作原理与排气旁通阀相似。

在有些发动机上，排气旁通阀的开闭由电控单元操纵的电磁线圈控制。电控单元根据压气机出口增压压力的高低，对电磁线圈进行通电或断电控制，以开闭排气旁通阀。有的电控单元还能按照预编程序，在发动机突然加速时，允许增压压力短时间超出限定值，以提高发动机的加速性。

3.2.5　废气涡轮式增压器的主要故障

废气涡轮式增压器在使用过程中，会因各种因素的影响而出现异常。这些异常现象，有时会导致柴油机性能恶化。

1. 压气机喘振

在压气机处发出气喘响声，称为"喘振"。产生喘振的原因是多方面的，但都是因为工作点跨越喘振线所形成的。由于运行条件的变化所引起喘振的主要原因有：

1）柴油机紧急熄火或突然卸载。如图 3 – 18 所示，柴油机突然卸载的运行线具有离开正常负荷缓慢变动所得的运行线的倾向。突然卸载时，柴油机处的空气阻力剧增，而压气机叶轮由于惯性继续运转，结果造成运行线暂时跨越喘振线，产生短时间的喘振；另外，若柴油机紧急熄火频繁，增压器发生喘振次数相应增多，也会对轴承造成不良影响。在此情况下，有必要采用与起安全作用的放气阀一起联动的方法来解决。随着增压器压比的提高，这种放气措施就更加必要。

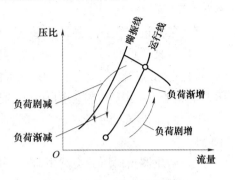

图 3 – 18　负荷剧变对喘振的影响

2）大气温度变化引起的喘振。夏季进行配合试验确定下来的增压器，到冬季可能发生喘振。这是因为气温变化使工作点发生了变化，而不是增压器本身的问题。图 3 – 19 所示为这种关系的说明图，即具有中间冷却器的柴油机本身的问题：气温低时，增压器容易发生喘振；而无中间冷却器时，气温变化对配合点的移动影响不大。中间冷却器的柴油机配合试验在冬季进行，对喘振来说是比较安全的。图 3 – 19所示温度由 $T_0 = 40℃$ 变化为 $T_0 = 10℃$，有中间冷却器的工作点在气温变化前后的变化差值为 5％，而无中间冷却器

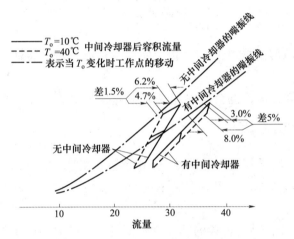

图 3 – 19　气温变化对喘振的影响

的仅为有中间器冷却器的变化差值的 1/3 左右。

3）压气机沾污（特别是叶片扩压器沾污）。如图 3 – 20 所示，由于压气机（特别是叶片扩压器）沾污，压气机等转速性能曲线往下移，原来的工作点 A 向下移至 A′，这时不一定出现喘振，而只出现进气压力的降低和排气温度的上升。可是，有时往往在压气机性能降低之前，因空气或燃气通道的阻力增加，而使运行线向小风量方向面移动，工作点移至 A′点落入喘振区。有时沾污后虽压气机出口压力降低不多，但也会引起喘振。因此，对被沾污的增压器应及时清洗。

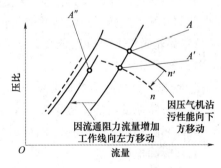

图 3 – 20　压气机沾污与喘振的影响

2. 柴油机进气压力降低

柴油机工作正常的情况下，引起进气压力降低的原因有：

1）压气机进气滤清器沾污，叶轮与叶片扩压器沾污，尤其对小型增压器来说影响更大。必须定期进行维护，彻底清洗，加强滤清。

2）增压器涡轮内存有较多积炭，使旋转阻力增大，进气压力下降，有时甚至会停止不转。

3）柴油机进气管或各接头漏气，使增压压力降低。

4）气缸严重磨损，窜气量大，因此减少了进气涡轮的废气量，而使增压压力下降。

5）中间冷却器沾污，进气阻力增大，使柴油机进气压力下降。通过测定中间冷却器的前后压力差来判定，当压力差超过 1 960 Pa 时，就必须清洗。否则，有时还会产生压气机的喘振。

6）涡轮排气不通畅（由排气管阻塞、变形等引起），转子转速升不高，使增压压力下降。

7）增压器出口压力突然下降，一般由轴承损坏所致，须停车，更换轴承。

3. 柴油机进气压力过高

发生进气压力过高的可能性较小，即便发生，一般也不是增压器本身的问题，而是由其他原因所引起。例如：

1）排气门漏气。

2）由于柴油机喷油正时不当或其他原因造成补燃期过长，使涡轮热能增加，转速上升，进气压力提高。

3）燃油系统调整不当，柴油机超负荷工作，也会使涡轮增压器超速，引起进气压力过高。

4. 增压器异常振动

涡轮增压器产生振动的根本原因是由于转子不平衡引起的。不平衡量若超过一定值，还会使轴承产生过大的交变负荷，缩短其使用寿命。涡轮增压器在运转中发生异常振动的原因有：

1）涡轮叶片损坏，使其产生振动，由于振动使损坏的叶片产生反复变曲应力，从而造成疲劳断裂，断裂部位一般在叶根处。当一片叶片断掉后，将产生很大的不平衡，使增压器产生异常振动。另外，由于铸造缺陷，使叶片发生龟裂，由此产生应力集中，也会发展到疲劳断裂，造成增压器的异常振动。应急措施是将与断裂叶片相对称的另一片叶片切去，暂时获得新的平衡，这样可以继续低速运转。

2）涡轮转子上附有积炭，引起转子不平衡。

3）轴承损坏。

5. 增压器产生连续不正常噪声

连续不断地发生不正常噪声，大多数是由于转子与外壳发生碰擦而产生的。由于转子与外壳装配间隙较小，如果安装调整不当或由于轴承严重磨损，即可发生碰擦。发现此故障时，必须拆卸检查，进行排除。

6. 润滑油回油温度过高

一般要求回油温度应低于 90℃～105℃。如温度过高，则可能由以下原因引起：

1）润滑油油压过低，油量减少。在增压柴油机全负荷时，一般油压应在 196 kPa 以上。

2）涡轮端的油封或气封损坏，高温燃气进入油腔。

3）轴承损坏。

4）冷却系统有故障。

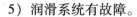

5) 润滑系统有故障。

增压器为高速运转的精密机械，不可随意拆动，若有故障应由专业技术人员来维修，由于转子总成要求精确平衡，与中间壳装配在一起成为中间壳总成，一般维修仅限于更换中间盖总成，不宜分解。

3.3　组合式变速器

变速器的主要功能就是为了改变发动机传到驱动轮上的转矩和转速，使汽车具有合适的牵引力和速度，同时使发动机保持在最有利的工况范围内工作。

专用汽车种类繁多，工况差别很大，有一些专用汽车仍选用 4～5 个挡的普通齿轮式变速器就很难满足使用要求。例如，普通中型自卸汽车的变速器一般有 4～5 个挡，矿用重型自卸汽车的使用条件比较复杂，它们大都采用柴油机为动力，其转矩变化平缓、适应性差，特别是比功率较小，因而需要有较大的传动比变化范围的变速器，以提高汽车的动力性和燃料经济性，提高发动机的功率利用率。重型汽车一般有 5～10 个挡，有的甚至 12 个挡以上。

为了既能满足某些专用汽车品种多、批量小、挡位多的要求，又不使变速器的结构复杂化，普遍采用组合法构成变速器系列。即选用 1～2 种基本型主变速器，再串接一个不同的副变速器构成系列，以满足不同速比和转矩变化范围的需要。一般主变速器为 4～5 个挡，副变速器为 2 个挡，串联起来使挡位增加一倍，形成 8～10 个挡。这样，主变速器与其他车型结构比较简单，易于实现总成系列化、成本低、可靠性好，便于维修。

3.3.1　组合式变速器的结构与分类

组合式变速器按副变速器设置在主变速器之前或之后，分为前置副变速器、后置副变速器、前后置副变速器三种。

1. 前置副变速器

前置副变速器常做成具有超速挡的传动形式，如图 3 - 21（a）所示。它由一对齿轮和换挡部件组成，结构紧凑、易于变形。当动力经该对齿轮传递时，主变速器的每个挡都得到一个相应超速挡。

2. 后置副变速器

后置副变速器可以获得较大的传动比，有利于减小主变速器的质量和尺寸，如图 3 - 21（b）所示。后置副变速器可由两对齿轮或一组行星齿轮组成。前者结构简单，后者结构紧凑、质量少，且能得到较大的传动比。

3. 前后置副变速器

前后置副变速器如图 3 - 21（c）所示。这种组合式变速器可以获得更多的挡位和更大的变速范围。

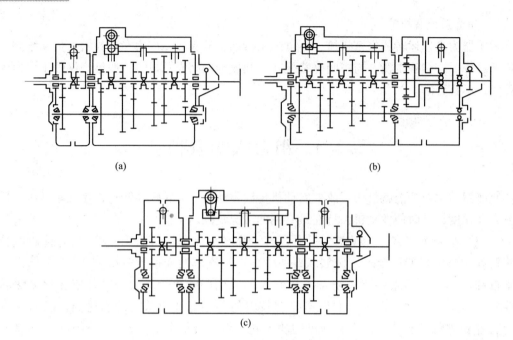

图 3 – 21　组合式变速器

（a）前置副变速器 + 主变速器；（b）后置副变速器 + 主变速器；（c）前置副变速器 + 主变速器 + 后置副变速器

3.3.2　典型的组合式变速器

1. ZF90 型变速器

ZF90 型组合式变速器由 ZFS6 – 90 型主变速器和 ZFGV90 型前置副变速器组成。图 3 – 22（a）所示为 ZFS6 – 90 型变速器，适用于发动机功率在 110 ~ 210 kW 的汽车。该变速器有 6 个前进挡，都采用锁环式同步器，倒挡用接合套。

图 3 – 22（b）所示为 ZFGV90 型前置副变速器。它的结构为对常啮合齿轮、锁环式同步器和两挡预选式气动换挡，与 ZFS6 – 90 型主变速器前端面直接连接，组合成为具有 12 个挡的变速器。当副变速器换上低速挡时，输入轴与主变速器输入轴连接，通过主变速器的主动齿轮带动中间轴；当副变速器换上高速挡时，其输入轴与主动齿轮连接，通过副变速器的被动齿轮带动中间轴。

2. ZF – Ecomid 变速器

ZF – Ecomid 变速器如图 3 – 23 所示，它具有极宽的速比选择范围和最佳的速比间隔。它分为三大部分：

1）主变速齿轮组，由 4 个前进挡和 1 个倒挡组成，一挡和二挡为双层；

2）后置两速行星齿轮组，将速比范围进一步增大；

3）前置两速齿轮组，将速比细分，使挡数再增加一倍。这样，具有 4 个挡的主变速齿轮组与两速行星齿轮组配合达到 8 个挡，再与前置两速齿轮组配合组成为 16 个挡的变速器。

这种变速器的速比范围大、挡位多、结构紧凑、比功率大、操纵方便。

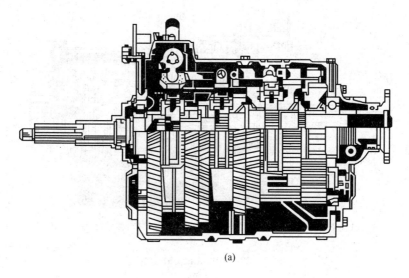

(a)

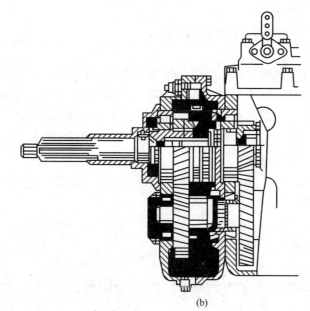

(b)

图 3 - 22　ZF90 型变速器

（a）ZFS6—90 型变速器；（b）ZFGV90 型前置副变速器

3. B181 型变速器

图 3 -24 所示为 UNIC -27 -64 型汽车的 B181 型变速器。副变速器装在主变速器的后端，两者共用一个壳体；主变速器有 4 个挡，副变速器有 2 个挡。副变速器的低速挡是减速传动，与主变速器 4 个挡串联组成 4 个低速挡（1～4 挡）；副变速器的高速挡是直接传动，与主变速器的 4 个挡组成 4 个高速挡（5～8 挡）。只有在四挡、五挡两个挡位之间换挡时，才需要操纵一个高、低速预选开关，由压缩气推动换挡气缸实现副变速器的换挡。在主变速器一、二挡及三、四挡之间装有自增力式同步器。在副变速器高、低速齿轮之间装有锁销式惯性同步器。

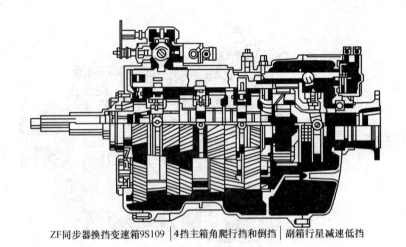

ZF同步器换挡变速箱9S109 | 4挡主箱角爬行挡和倒挡 | 副箱行星减速低挡

图3-23 ZF-Ecomid 变速器

3.3.3 组合式变速器的操纵系统

为了改善和简化组合变速器的操纵过程，副变速器一般采用预选气动换挡，有的采用预选电控—气动换挡。在气动操纵系统中，为满足副变速器同步惯量小、快速换挡和换挡操纵与离合器有伺服联系的要求，使离合器踏板踩到底时，才有可能实现换挡。采用预选气动换挡，副变速器没有空挡位置，可以单独换挡，也可以与主变速器同时换挡。

1. 后置副变速器气控换挡系统

图3-24是法国UNIC-27-64型汽车副变速器气动换挡机构。它主要由预选开关4、控制阀8、换挡气缸10等组成。

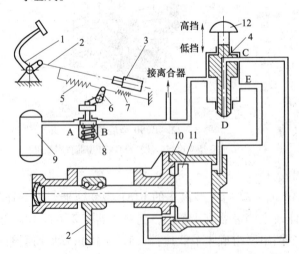

图3-24 UNIC-27-64型汽车副变速器气动换挡系统

1—离合器踏板；2—拉杆；3—离合器助力器；4—高、低挡预选开关；5，7—弹簧；
6—顶杆；8—控制阀；9—辅助储气筒；10—换挡气缸；11—活塞；12—高、低挡拨叉

.　　副变速器的换挡预选开关4位于驾驶员座椅的右侧。当预选开关处于图示高速挡位置时，踩下离合器踏板1，控制阀8接通气路，来自储气筒的压缩空气经控制阀8、预选开关4的E孔进入换挡气缸10，推动活塞11左移，副变速器挂入高速挡。而活塞左侧腔室，经预选开关的C、D孔与大气相通；同理，当预选开关处于低速挡的位置时，踩下离合器踏板，换挡气缸推动副变速器换挡拨叉右移，完成低速挡的换挡过程。

　　该主变速器有4个前进挡，后置副变速器是由两对齿轮组成的，如图3-28所示。其传动比的搭配方式是分段式，即副变速器处于低速挡时，变换主变速器的1～4挡为组合变速器的1～4挡，副变速器处于高速挡时，为组合变速器5～8挡。

　　2. 前置副变速器气控换挡系统

　　ZFGV-90型前置副变速器与ZFS6-90型主变速器的组合体，被称为ZF90型变速器，其操纵系统如图3-25所示。它主要由预选开关1、前置副变速器换挡气缸2、分配阀3、控制阀4等组成。

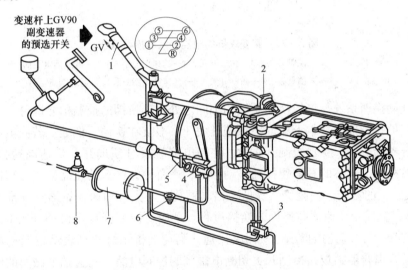

图3-25　ZF90型变速器操作系统
1—预选开关；2—前置副变速器换挡气缸；3—分配阀；
4—控制阀；5—控制阀执行件；6—空气滤清器；7—储气筒；8—溢流阀

　　副变速器的换挡预选开关1装在换挡手柄上，操纵非常方便。副变速器的换挡，只需要将预选开关拨至上或下的位置，此时，分配阀3即处于打开通往换挡气缸2左腔或右腔的通道，但由于控制阀4没有动作，储气筒7的压缩空气无法通过，因此，换挡气缸仍保持原来的高速挡或低速挡位置。踩下离合器踏板，控制阀执行件5将控制阀气路接通，来自储气筒的压缩空气经过控制阀，通过已处于打开状态某一通道，进入换挡气缸的左腔或右腔，推动活塞按预选开关所处的位置，实现副变速器的高、低换挡。

　　该前置副变速器是由一对齿轮和接合套组成的，有高低连格挡；主变速器有6个挡，其传动比搭配方式是插入式，即副变速器把主变速器的一～六挡的速比细分，形成2个挡位变速系统。正常换挡顺序为低一挡、高一挡、低二挡、高二挡……高六挡。在使用过程中，根据工况的变化可以跳跃。例如，空挡换低一挡，先将预选开关向下拨，踩下离合器踏板，换挡手柄推入一挡位置，接合离合器，完成有空挡换低一挡的工作；低一挡换高一挡，只需将预选开关向上拨，踩下离合器踏板即可；高一挡换低二挡，预选开关向下拨，踩下离合器踏板，换挡手柄推入二挡；高六挡换高三挡，踩下离合器踏板，换挡手柄推入三挡。

3. 副变速器的电控－气动换挡系统

图 3－26 所示为副变速器的电控－气动换挡系统。该系统一般由控制开关 2、预选开关 3、高速挡电磁阀 4、低速挡电磁阀 5、换挡气缸 7 等组成。

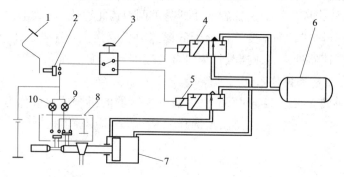

图 3－26　副变速器的电控－气动换挡系统

1—离合器踏板；2—控制开关；3—预选开关；4—高速挡电磁阀；5—低速挡电磁阀；
6—储气筒；7—换挡气缸；8—微动开关；9—高速挡指示灯；10—低速挡指示灯

电控－气动换挡系统与气控换挡系统的不同之处在于换挡的控制信号部分，而推动换挡气缸实现换挡的执行部分基本上相同。预选开关 3 一般装在换挡手柄处。若向上拨动预选开关，踩下离合器踏板 1，接通控制开关 2，控制电流就通过预选开关到达高速挡电磁阀 4，推动阀芯向右移动。阀芯的右移便接通气动回路，来自储气筒 6 的压缩空气经高速挡电磁阀 4 进入换挡气缸 7 的右腔，左腔仍然经低速挡电磁阀 5 与大气相通，压缩空气推动换挡气缸 7 的活塞左移，完成副变速器高速挡的换挡过程。此时，活塞杆推动微动开关 8，使低速挡指示灯 10 回路断开，高速挡指示灯 9 回路接通。高速挡指示灯 9 亮表示副变速器处于高速挡的位置。松开离合器踏板，控制开关切断电磁阀的控制电路，高速挡电磁阀的阀芯在回位弹簧的作用下左移而恢复到原始状态，使气缸经电磁阀与大气相通。

若向下拨动预选开关，踩下离合器踏板，控制开关接通低速挡电磁阀，使其阀芯右移，推动活塞右移，完成副变速器低速挡的换挡过程。同时，低速挡指示灯亮，高速挡指示灯灭。

3.4　动力输出装置

3.4.1　动力输出装置的用途与分类

专用汽车上的专用设备大都是利用汽车发动机作为动力源，而动力输出装置就是利用这个动力源来驱动汽车行驶系统以外的其他专用设备的机构。动力输出装置又称取力器，它所输出的转速、转矩都应与专用设备的使用特性相匹配。

　　动力输出装置取力按其总成不同，分为发动机取力、变速器取力、分动器取力和传动轴取力几种类型，每一种类型又可分为若干结构形式。经变速器输出动力是专用汽车应用最广泛的一种。动力可由变速器的倒挡齿轮、中间轴、输出轴或输入轴输出（图3－27），传给专用设备。如自卸汽车、液罐汽车、汽车式起重机、冷藏车、垃圾车等一般都是从变速器获取动力的。特别是从变速器侧面的倒挡齿轮取力应用更多，有配套厂生产的系列产品。

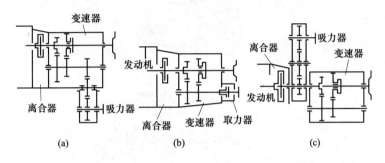

图3－27　变速器输出动力

（a）倒挡齿轮（取力器）输出；（b）中间轴输出；（c）输入轴输出

　　有些专用设备由于不便利用变速器输出动力，而从发动机前端或后端输出动力（图3－28）或者从分动器、传动轴输出动力。有的发动机前端备有可供用户选择的带有动力输出的皮带轮，有的则设有专供动力输出的齿轮。动力输出装置按其操纵方式不同又分为手动式、气动式、电动式和液动式。

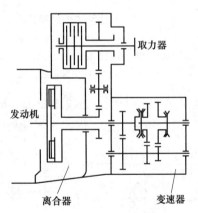

图3－28　发动机输出动力

3.4.2　动力输出装置的结构

　　动力输出装置大都在变速器上取力。根据需要有单速、双速和三速的定轴式齿轮变速装置，输出轴头和输出法兰的形式也有多种，以满足不同专用汽车的需要。图3－29所示为三速动力输出装置。它有3个挡，其主动齿轮1上的大齿轮与变速器取力齿轮常啮合而获取动力，经齿轮组的传递，由输出轴6输出。当主动齿轮1上的小齿轮与滑动齿轮5上的大齿轮啮合时为低速挡，传动比为2.633；主动齿轮1上的大齿轮与滑动齿轮5上的小齿轮啮合时为高速挡，传动比为0.984；滑动齿轮5与中间齿轮4相啮合，此时输出轴6反向旋转，传动比为1.505。这种动力输出装置为手动换挡，换挡杆在驾驶室。

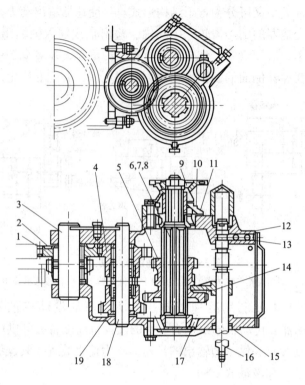

图3-29 三速动力输出装置

1—主动齿轮；2，19—滚针轴承；3—主动齿轮轴；4—中间齿轮；5—滑动齿轮；

6—输出轴；7，17—圆锥滚子轴承；8—连接凸轮；9—油封；10—轴承盖；11—调整垫片；

12—定位球；13—锁止弹簧；14—变速叉；15—叉轴油封；16—变速叉轴；18—中间轴

图3-30所示为EQ1092型汽车气动操纵动力输出装置。该装置为两轴气动，采用输出轴与变速器中间轴同平面布置，啮合齿套换挡，内藏式气动操纵机构。其具有结构紧凑、换挡方便可靠、传递转矩大等特点。

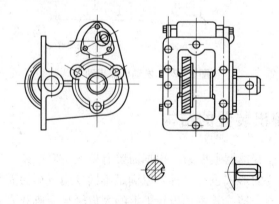

图3-30 EQ1092型汽车气动操纵动力输出装置

3.4.3　动力输出装置的匹配

专用汽车大多数采用基础车型的底盘，而许多附加动力输出装置所需的功率较小，与基础车型发动机的正常工作状态很不匹配，造成油耗高、效率低。特别是对于一些长时间工作的动力输出装置的专用汽车，更应注意。

对于动力输出功率小、工作时间长的专用汽车，要合理地选择动力输出装置的传动比，以满足专用装备额定转速的要求；提高发动机的负荷率，降低发动机的转速，使发动机尽可能地工作在最佳状态；避免发动机在高转速、低负荷的状态下工作。

专用汽车动力输出装置的动力匹配很大程度上取决于动力输出装置的传动比（这种传动比包括变速器的传动比）和整个工作装置的传动比。合理地选择这些传动比，使动力输出既能满足专用汽车动力输出的需要，又能使发动机与动力输出装置合理匹配，达到节约燃料、延长使用寿命的目的。

第4章　工程运输专用车辆

1. 工程运输专用车辆，包括自卸车辆、罐式车辆、厢式车辆等。

2. 详细介绍自卸车的用途、分类、主要性能；自卸车的倾斜结构、车厢结构。

3. 详细介绍高位自卸车、半挂自卸车的结构及设计，并对自卸车的使用和维护、故障排除进行分析。

4. 介绍罐式车辆的定义、用途与分类；对罐体结构进行分析，并列举出四种典型的罐式车辆，介绍了液灌车辆、液化气车辆、粉罐车辆、洒水车的结构及设计。

5. 介绍厢式车辆的定义、用途、分类；对厢体结构进行分析，并列举典型的冷藏保温汽车，介绍制冷装置、隔热车厢的设计及热工参数设计选择。

4.1　自 卸 汽 车

自卸汽车是以运送货物为主且具有可倾斜车厢的汽车，俗称翻斗车或自卸车。它是能将厢车倾斜一定角度卸货，并靠自身质量使车厢自行回位的专用汽车；工矿企业和建筑工地用于装载散装原料、砂土，并能使货厢自动倾翻卸货的汽车。自卸汽车在通用特种车所属的各类汽车中，是最重要的车型之一，在通用特种车中所占比例也最大。

4.1.1　自卸汽车的用途与分类

1. 自卸汽车的用途

自卸车具有高度机动性和卸货机械化的优点，运输的时间大为缩短，并节省了劳动力。

自卸车适合装卸的货物主要是堆积性货物，如砂子、石块、煤炭、泥土、矿石等，也适用于钢材、长料和圆木等；还用于运输成件的货物。因此，自卸车广泛应用于矿山、建筑工程、工厂、货栈、车站、工地、码头等场所，与冶金、矿山、交通建设、建筑事业有较大关系，在经济建设中起重要作用。

自卸车的整备质量略大于相应吨位的通用货车，但其卸货速度快、工作效率高。这使得它在经济运距（指由装货场至卸货场的距离）的问题上，不同于通用货车。

自卸车使用的条件：

1）为提高运输生产效率，自卸车通常与铲式装载机或皮带运输机配套使用，实现全部运输和装卸机械化。

2) 为充分发挥自卸车卸货机械化的优点，运距一般较短。中吨位以下的普通自卸车运距不超过 10 km；大吨位的矿用重型自卸车运距更短，一般为 3 ~ 5 km，多在 3 km 以下。通常所说的自卸车适用于短途运输的意思，是从经济分析和实际使用的意义上来说的，并不是车辆性能上的限制，自卸车照样可以长途运行，但不经济。当运距较长时，自卸车的运输成本高于货车的运输成本，这主要是由于自卸车的自重较大。

2. 自卸汽车的分类

自卸汽车的分类方法较多，一般按下述方法分类。

（1）按货物倾卸方向分类

1）后倾式自卸汽车，如图 4 - 1 所示。车厢向后翻倾卸货。这种自卸方式广泛应用于轻、中和重型自卸车上，左右两侧挡板固定，后挡板向上开启。

2）侧倾式自卸汽车，如图 4 - 2 所示。车厢向左或向右翻倾卸货。这种自卸方式适用于道路狭窄、卸货方向变换困难的地方。其结构较后倾式自卸汽车复杂，造价高、运载量少、生产效率低，使用较少。也有单侧倾卸的自卸汽车，其车厢只能向某一侧翻倾。这种自卸汽车驶入货场的方向和卸货的位置均受到限制，因此很少采用。

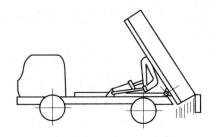 

图 4 - 1　后倾式自卸汽车　　　　　图 4 - 2　侧倾式自卸汽车

3）三面倾卸式自卸汽车。其车厢可以向左右两侧和向后三个方向翻倾卸货。这种自卸汽车虽有三个方向卸货的优点，但结构较后倾式自卸汽车复杂，整备质量增大，装载质量减少，造价高，所以在汽车运输发达国家使用量逐渐减少。

（2）按最大总质量分类

自卸汽车按最大总质量可分为轻型自卸汽车、中型自卸汽车和重型自卸汽车。我国规定：最大总质量 1.8 ~ 6 t 的为轻型自卸汽车；最大总质量 6 ~ 14 t 的为中型自卸汽车；最大总质量大于 14 t 的为重型自卸汽车。常州冶金机械厂所生产的装载质量为 154 t 矿用自卸车，是目前国产最大的自卸车。

（3）按用途分类

自卸汽车按用途可分为普通自卸汽车、矿用自卸汽车和专用自卸汽车。矿用自卸汽车是在矿山或大型工地使用的大吨位自卸汽车；专用自卸汽车是指具有专用车厢，以满足所装运货物的特性或特殊要求的自卸汽车；而一般用途的自卸汽车均称为普通自卸汽车。

（4）按传动系统分类

自卸汽车按其传动系统的不同可分为机械传动自卸汽车、液力机械传动自卸汽车和电力传动自卸汽车。中型以下自卸汽车大都为机械传动，重型汽车为改善其使用性能往往采用液力机械传动，而矿用超重型自卸汽车往往采用电力传动。

3. 自卸汽车的结构特点

普通自卸车一般是在载货汽车二类底盘的基础上，经变型设计而成。通常由底盘、动力传动装置、液压倾卸机构、副车架及专用货厢等主要部分组成。

自卸车的倾卸装置由以下三个基本部分组成：

1）倾卸机构由货厢、副车架、铰链轴及倾卸杠杆机构等组成。

2）液压驱动系统由取力器、传动轴、油泵、管路系统、举升液压缸及分配阀等组成。

3）附件系统由安全撑杆、举升限位装置、后厢板自动启闭装置、货厢下落导向板、副车架连接装置等组成。

我国自卸车在通用特种车中所占比例较大，相当稳定地保持在30%～35%。按照产品目录，国产自卸车的装载质量为1～108 t（BZQ31980），轻、中、重型比例大致在1:7.4:1.6，近年来重型自卸车已有较大发展。我国大吨位自卸车年产量在5 000辆左右。自卸车底盘主要

图4-3　矿用自卸汽车

有一汽的九平柴、二汽的八平柴和重汽的斯太尔、豪沃、纽岩、太脱拉等车型。近几年，半挂自卸车逐渐发展，而且在传统自卸车基础上，已经研制出如高位自卸车、底卸式自卸车、摆臂式自卸车等变型自卸车。

通常，采矿自卸汽车是汽车家族里最大的汽车，图4-3所示为德国利勃海尔公司生产的世界第二大的T282B型采矿自卸汽车，该车的整备质量为203 t，装载质量为365 t，高7.4 m，长14.5 m，其动力装置为一台功率为2 722 kW的柴油发动机。

4.1.2　自卸汽车的整车形式与主要性能参数

1. 自卸汽车的整车形式

自卸汽车的整车形式是指其轴数、驱动形式、布置形式及车身（包括驾驶室）形式。它对自卸汽车的使用性能、外形尺寸、质量、轴荷分配和制造等方面影响较大。

（1）驱动形式

最大总质量小于19 t的普通自卸汽车，一般采用4×2的驱动形式；最大总质量超过19 t的普通自卸汽车，可采用6×2或6×4的驱动形式。

矿用自卸汽车，由于受到运输场地和运输条件的限制，大多数采用短轴4×2的驱动形式。这种形式的自卸汽车结构简单、整备质量小、成本低，具有最小转弯直径和较小纵向通过半径，机动性和通过性好等优点。少数矿用自卸汽车考虑到道路条件差而采用4×4的驱动形式。

（2）布置形式

自卸汽车一般采用发动机前置后驱动的布置形式。驾驶室与载重汽车一样，也有长头式、短头式、平头式和偏置式四种形式。矿用重型自卸汽车多采用偏置式，有些矿用自卸汽车的装载质量大、使用条件差，需要专门制造底盘。

2. 主要尺寸参数的确定

自卸汽车尺寸参数主要有轴距、轮距、外廓尺寸（车辆长、宽、高）等，如图4-4所示。由于自卸汽车多由二类货车底盘改装而成，其轴距 L、轮距 B、前悬 L_F 和接近角 γ_1 等参数，改装前后均保持不变。车厢与驾驶室的间距 $C = 100 \sim 250$ mm。车厢长度 L_H 应根据额定装载质量和主要运输货物的密度，并参照同类车型车厢尺寸确定。

3. 质量参数的确定

自卸车质量参数包括厂定最大装载质量 m_e、整备质量 m_0、厂定最大总质量 m_a、质量利用系数 η_G、容积利用系数 η_v、轴载质量及质心位置等。

（1）厂定最大装载质量 m_e

厂定最大装载质量根据用途、使用条件、用户要求以及选用底盘允许承载能力综合确定。同时应注意到吨位的合理分挡与产品的系列化。目前，我国承担公路运输的自卸车装载量一般为 $4.5 \sim 19$ t；承担市区运输的多为 $3 \sim 9$ t。

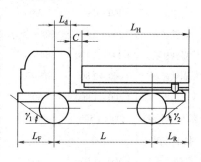

图4-4　自卸汽车的主要尺寸参数

（2）整备质量 m_0

整备质量是指装备齐全、加满油水的空车质量。它等于底盘的整备质量与汽车改装部分质量之和。改装部分质量包括取力装置、液压系统、举升机构、副车架、货厢以及其他改装附件的质量。在总体设计时，常参考同类样车及总成，进行零部件称重或质量分析，初步估算出改装部分质量与整备质量。

（3）厂定最大总质量 m_a

厂定最大总质量是按规定装满货物、坐满司乘人员的整备质量。可按下式计算：

$$m_a = m_0 + m_e + m_r$$

式中　　m_0——自卸车整备质量，kg；

$\quad\quad m_e$——厂定最大装载质量，kg；

$\quad\quad m_r$——额定司乘人员质量，每人按65 kg计。

（4）质量利用系数 η_G

质量利用系数是厂定最大装载质量 m_e 与其整备质量 m_0 之比，即

$$\eta_G = \frac{m_e}{m_0}$$

η_G 越大，则该车材料消耗越少，材料利用率越高。因此，η_G 可反映自卸车设计制造水平。提高 η_G 的主要措施在于设法减轻倾卸机构与货厢的质量。承担公路运输15 t以下的中、重型自卸车的 η_G 值为 $1.1 \sim 1.5$；15 t以上矿用自卸车为 $1 \sim 1.15$。改装自卸车的 η_G 值一般均比基本车型低。

（5）容积利用系数 η_v

容积利用系数是指单位容积装载的质量。它取决于常用货物的种类。

不同货物种类的容积利用系数及安息角见表4-1。

表4-1 不同货物种类的容积利用系数及安息角

货物名称	容积质量 /(kg·m³)	安息角		货物名称	容积质量 /(kg·m³)	安息角	
		运动	静止			运动	静止
无烟煤	700~10 000	27°~30°	27°~45°	锰矿石	1 700~1 900	—	35°~45°
褐煤	600~800	35°	35°~50°	铜矿石	1 700~2 100	—	35°~45°
焦炭	360~630	35°		石灰石（中块）	1 200~1 500	—	40°~45°
磁铁矿石	2 300~3 500	30°~35°	40°~45°	生石灰	1 700~1 800	30°~35°	40°~45°
褐铁矿石	1 200~2 100	30°~35°	40°~45°	白云石（块）	1 200~2 000	25°	
赤铁矿石	2 000~2 800	30°~35°	40°~45°	碎石	1 320~2 000	35°	
砾石	1 500~1 900	30°	30°~45°	水泥	900~1 700	35°	40°~45°
黏土（小块）	700~1 500	40°	50°	土豆	680	35°	
黏土（湿）	1 700	—	27°~45°	玉米	—	15°	35°
黏砂（干）	1 400~1 650	30°	—	小麦	730	28°	35°
砾砂（干）	1 400~1 900	—	50°	甜菜	650	20°~50°	

设计时通常取堆装部分的体积占货厢体积的1/3。确定 η_v 的原则是既要充分利用汽车额定载重能力，又要避免在运输高比重货物时出现严重超载。对普通自卸汽车常取 η_v = 1 600~1 850 kg/m³，矿用重型自卸车 η_v = 1 800~2 200 kg/m³。后者车厢容积还应与电铲铲斗容积成一定比例，以便与电铲协调工作。

（6）轴载质量及质心位置

理想的轴载质量分配是满载时使每个轮胎的负载大致相等。如4×2式后轴单胎的汽车满载时，前后轴载质量各为50%左右；4×2式后轴双胎的汽车满载时，前后轴载质量按1:2的比例分配。对于载货车辆，货厢和货物的质心离后轴中心线的距离对汽车轴载质量的分配有很大影响。为获得比较合理的轴载质量分配，对后轴双胎的长头式或短头式驾驶室的汽车，该距离为轴距的2%~10%；对于平头式驾驶室汽车或自卸车，该距离为轴距的12%~22%。在确定轴载质量分配时，还应考虑轮胎负荷系数（轮胎所承受的静负荷与轮胎额定负荷之比），一般货车改装的专用车辆不允许大于1.1。

综上所述，在选择专用车辆的质心位置及轴载质量时，应满足下列条件：

1）轴载质量不得超过汽车底盘的允许值，其最大总质量及其轴载质量应尽量与原车接近。改装后的最大总质量不超过原车最大总质量的3%~5%。

2）左、右车轮轴载质量分配应均匀，最大偏差不得大于3%~4%。

3）质心位置应尽可能低。从汽车行驶稳定性考虑，质心高度应满足以下条件：

①汽车不发生侧翻，要求

$$\frac{B}{2h_g} > \varphi$$

②汽车不发生纵翻，要求

$$\frac{L_2}{h_g} > \varphi$$

式中　B——专用车辆轮距；

L_2——质心到后轴中心的距离；

h_g——质心高度；

φ——路面附着系数。

4. 最大举升角及举升、降落时间的确定

车厢最大举升角即车厢最大倾斜角，是指车厢举升至极限位置时，车厢底部平面与地平面之间的夹角。确定车厢最大举升角的依据是倾卸货物的安息角。常见货物的安息角见表 4-1，它表明货物内摩擦所能维持的堆积角度，内摩擦越小，安息角越小。

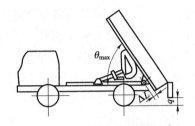

设计的车厢最大举升角 θ_{max} 必须大于货物安息角。自卸汽车车厢最大举升角可在 50°~70° 选取，以 50°~55° 居多。最大举升角大，有利于车厢内的货物卸净。但过大的倾斜角会导致卸货稳定性差，货厢不容易复位。此外，在最大举升角 θ_{max} 时，车厢拦板与地面须保持一定的间距 H，如图 4-5 所示。为避免车厢倾卸时与底盘纵梁后端发生运动干涉，ΔL 必须大于零。

图 4-5　自卸汽车后倾最大举升角

车厢举升时间是指车厢满载时，从举升车厢开始至车厢举升到最大举升角的时间，一般为 15~25 s。车厢降落时间是指车厢卸完货物后，开始下降至完全降落到车架上的时间，一般为 8~15 s。

为提高卸货效率，对于单车自卸车，我国行业标准规定要求货厢举升和降落时间均不大于 20 s。

4.1.3　自卸汽车倾卸机构

自卸汽车倾卸机构的作用是将车厢倾斜一定的角度，使车厢中的货物自动卸下，然后再使车厢降落到车架上。自卸汽车倾卸机构由液压举升系统（包括液压泵、举升液压缸、控制阀、油箱及附件等）、举升连杆和三角臂等组成。

1. 自卸汽车倾卸机构的结构形式

根据举升液压缸与车厢的连接形式的不同，自卸汽车倾卸机构分为直推式倾卸机构和连杆式倾卸机构两大类。

（1）直推式倾卸机构

直推式倾卸机构的举升液压缸直接作用在车厢底架上，由液压缸直接推动车厢举升、倾卸，如图 4-6 所示。其根据液压缸所在车厢位置的不同分为前置式和中置式；根据液压缸形式的不同分为单级液压缸直推式和多级液压缸直推式；根据使用液压缸数量的不同又可分为单液压缸直推式和双液压缸直推式。

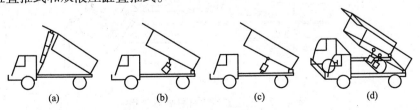

(a)　(b)　(c)　(d)

图 4-6　直推式倾卸机构

（a）单杠多级液压前置式；（b）单杠多级液压中置式；（c）单液压缸中置式；（d）双液压缸中置式

中置式倾卸机构的举升液压缸与车厢的连接位置大多数在车厢几何中心的后面，且液压缸稍向后倾斜。这样布置的自卸汽车车厢是向后倾卸货物的，虽然会增大液压缸的推力，但可以大大地缩短液压缸行程，车厢倾卸的稳定性好，有利于缩短车厢举升和降落时间，而且短而粗的液压缸筒和活塞杆易加工，故这种中置式举升机构得到了广泛应用。

前置式举升力小，液压缸行程大，举升时横向刚度较大；中置式举升力大，液压缸行程小，但举升时横向刚度小。

直推式举升机构结构简单紧凑、举升效率高、工艺简单、成本低，易于实现三翻倾卸，安装位置小。在装载质量相同的条件下，液压缸所需推力小于连杆组合式。当液压缸垂直布置时，液压缸的推力可全部作为车厢的举升力。但其总的升降高度较大，而且直推式举升机构的横向刚度较差（特别是单缸中置），如果采用双液压缸，若液压油压力不同步或两液压缸磨损不一致，则造成车厢举升力不匀。伸缩式液压缸的制造工艺复杂，随液压缸级数的增加，造价昂贵，密封性要求高。

重型自卸汽车有的采用两个双作用多级液压缸，倒置于车架两侧。虽然结构复杂一些，但能缩短车厢降落时间。

（2）连杆式倾卸机构

连杆式倾卸机构的举升液压缸通过连杆作用在车厢底架上。常用的连杆式倾卸机构有液压缸前推连杆式（马勒里举升臂式）、液压缸后推连杆式（加伍德举升臂式）、液压缸前推杠杆式、液压缸后推杠杆式、液压缸浮动连杆式、液压缸俯冲连杆式。

连杆式倾卸机构主要是利用一套三角连杆系统使举升液压缸以较小的行程将车厢倾斜一定的角度而卸货；并使液压缸能采用单级活塞式结构，以降低液压缸的制造成本；而且液压缸容易布置，其原始位置接近于水平，液压缸可与控制阀、液压泵连成一体，取消高压油管；同时，也利用连杆系统的横向跨距来加强车厢举升的横向稳定性。但连杆式倾卸机构会使车架和车厢承受液压缸产生的水平推力，从而产生较大的应力。

图4-7所示为液压缸后推杠杆式倾卸机构。自卸汽车的动力输出装置传动轴1带动液压气泵2，由控制阀使液压油路的高压油接通液压缸下腔，液压缸4外伸，推动三角臂11，经连杆10举起车厢7，车厢绕铰轴8倾斜一定的角度，实现卸货。当控制阀使液压缸下腔与四油管路接通时，车厢在重力的作用下，通过连杆和三角臂压缩液压缸，使液压油回油

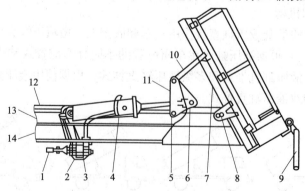

图4-7　液压缸后推杠杆式倾斜机构

1—动力输出装置传动轴；2—液压气泵；3—液压缸支承销；4—液压缸；5—三角臂固定轴；6—十字头；
7—车厢；8—铰轴；9—后箱板；10—连杆；11—三角臂；12—垫木；13—副车架；14—主车架

箱，车厢慢慢地落至车架上。普通自卸汽车副车架固定在车架上，车厢与副车架铰接。无副车架的重型自卸汽车，车厢直接与车架铰接。

（3）三面倾卸式自卸汽车倾卸机构

三面倾卸式自卸汽车倾卸机构都是直推式。举升液压缸在车厢几何中心附近垂直布置，液压缸的上下支承均为球形铰链。该种自卸汽车的车厢有 4 个铰链（多用球形铰链）与车架相连，拔出同一侧两个铰链的锁销，就可确定车厢的倾卸方向。

（4）典型倾卸机构特性比较

倾卸机构是自卸汽车的重要装置，它直接关系到自卸汽车的结构与举升性能。目前，国内外自卸汽车的倾卸机构种类繁多，在结构、举升性能、举升稳定性等方面各有特点。国内外典型倾卸机构的结构形式、性能特征及结构示意图见表 4 - 2。

表 4 - 2　国内外典型倾卸机构的结构形式、性能特征及结构示意图

结构示意图		结构型式	车型举例	性能特征	结构示意图
直推式	单缸 前置	斯太尔 1291 · 280/K38 卡玛斯 - 5511	结构紧凑、举升效率高、工艺简单、成本较低，采用单缸时，横向刚度不足，采用多节伸缩缸时密封性稍差		
	单缸 中置	斯太尔 991 · 200/K38 依发 50L/K CA3091			
	双缸	QD3151 EQ3091			
连杆组合式	马勒里举升臂式（油缸前推连杆组合式）	五十铃 TD50ALCQDJN318L 王 340	横向刚度好、举升转动圆滑平顺	举升力系数小、省力、油压特性好，但缸摆角大，活塞行程稍大	
	加伍德举升臂式（油缸后推连杆组合式）	五十铃 TD50A - DQD3171 HF3171		转轴反力小，举升力系数大，举升臂较大，活塞行程短	
	油缸前推杠杆组合式	SX3180		举升力，构件受力改善，油缸摆角大	
	油缸后推杠杆组合式	日产 PTL81SD		举升力适中结构紧凑但布置集中后部，车厢底板受力大	
	油缸液动连杆组合式	YZ - 300		油缸进出油管活动范围大，油管大	
	俯冲式 · 东急 73 型	东急 73 型		杆系结构简单，造价低，但油缸必须增大容量	

目前，轻、中型自卸汽车广泛采用直推式倾卸机构，三面倾卸式自卸汽车也都采用直推式倾卸机构。该机构不仅具有结构紧凑、改装方便等优点，而且通过合理地选取各支承点的位置、液压缸直径（特别是多级液压缸各节的直径）等参数，可以获得比较理想的油压特性（即液压缸举升过程中油压变化很小，且初始时的油压略低于最高油压）。而中、重型自卸汽车大都采用连杆式倾卸机构，其中中型自卸汽车一般采用液压缸后推连杆式和液压缸后推杠杆式，而其他4种形式的倾卸机构多用在重型自卸汽车上（见表4-2）。这主要是因为它们更容易达到省力的目的，更能使车厢在举升过程中获得较好的横向稳定性，并可获得更理想的油压特性与倾卸性能。

2. 液压举升系统的构成与布置

自卸汽车倾卸机构的液压举升系统主要包括液压泵、控制阀、限位阀、举升液压缸等。图4-8所示为佩尔利尼T20-203型自卸汽车液压举升系统的构成与布置。它为双缸直推式倾卸机构，动力输出装置由电控开关1通过电磁阀2来控制，控制阀7由气控开关来控制，车厢的限位阀9由车厢限位开关10控制，液压泵4采用法兰连接。

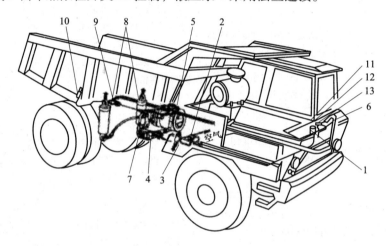

图4-8　佩尔利尼T20—203型自卸汽车液压举升系统的构成与布置

1—电控开关；2—电磁阀；3—动力输出装置和结合气缸；4—液压泵；5—液压油箱；6—气控开关；
7—控制阀；8—液压缸；9—限位阀；10—车厢限位开关；11—举升位置；12—中间位置；13—降落位置

（1）液压泵

自卸汽车液压举升系统的液压泵多选用齿轮泵，也有采用柱塞泵。齿轮泵比柱塞泵流量大但产生油压低，多用于轻、中型自卸汽车；柱塞泵最大特点是油压高，且在最低转速下仍能产生全油压，故多用于重型自卸汽车。液压泵由动力输出装置驱动，动力都取自变速器中间轴。液压泵的安装位置有：

1）液压泵直接装在变速器上，这样可以省去动力输出装置（取力器）及其传动轴，但高压管路较长。

2）液压泵通过取力器装在变速器上，这样可选用标准的取力器，并省去了驱动液压泵的传动轴，同样需较长的高压管路。多数自卸汽车都采用这种布置形式。

3）液压泵装在举升液压缸上或其附近，通过传动轴与装在变速器上的取力器相接，如图4-7所示。这样可以取消或缩短高压油管，因此压力损失较小。

4）液压泵装在液压油箱上，这种布置形式可以减小吸油阻力，液压泵不易产生吸空现象。

（2）控制阀

自卸汽车液压举升系统的控制阀有手动、气动、电动、液动几种控制系统，由驾驶员在驾驶室中操纵。控制阀的布置形式有：

1）控制阀与液压油箱布置在一起，可以缩短液压油管，尤其是吸油管，便于实现手动机械操纵。

2）控制阀装在举升液压缸上或其附近，可与液压泵做成一体，这样可以缩短或取消液压油管，多采用气动、电动、液动控制方式，也有采用手动机械操纵。

控制阀按其阀芯结构的不同，分为转阀和滑阀。转阀多用于压力低，流量小的轻、中型自卸汽车；滑阀的应用范围比较广泛。

图 4-9 所示为气控液压控制阀，其最大特点是可以实现车厢强制降落。

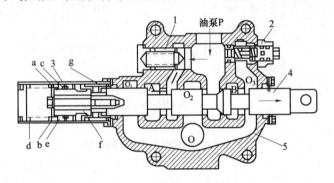

图 4-9　气控液压控制阀

1—单向阀；2—溢流阀；3—定位机构；4—滑阀；5—阀体

将气阀手柄转至下降位置，滑阀 4 在气缸的作用下左移，油泵输送来的压力油经 P 口进入 B 腔，由 B 腔再压送到液压缸的下降进油口，在液压力的作用下末级缸强迫降落，车厢随之强迫下降。在下降时液压缸中的油经 A 腔、O_1 腔、O 口流回油箱。

在末级缸强迫降落后（车厢的举升角在 30°左右），将气阀手柄从下降位置放松，滑阀在定位弹簧的作用下右移，此时 P 口、A 腔、B 腔、O 口均相通，油泵卸荷，车厢靠自重缓慢复位。

（3）限位阀

自卸汽车的车厢升至预定的角度后，应有限位装置限制车厢继续升起，以免损伤零部件，造成事故。

自卸汽车是靠设置在液压举升系统中的限位阀来限制车辆的最大倾角的。限位阀大都设在举升液压缸内或其附近，当车辆举升至预定的角度时，限位阀接通高、低压油路，使液压缸的活塞停止在该位置，起到限位作用。

（4）举升液压缸

图 4-10 所示为活阀限位式举升液压缸。限位阀由限位盘 17、限位阀钢球 18、弹簧 6 和活塞 8 组成。活塞 8 上开 n 个孔，形成 n 个阀座。限位阀钢球 18 装在活塞阀座上，限位盘 17 的活阀杆与阀座孔之间有较大的空隙，并且可以左右移动。当举升液压缸左腔进入高

压油时，活塞左侧的油压大于右侧的油压，在压力差和弹簧6的共同作用下，限位阀钢球
18右移紧压在阀座上，高压油不能从此通过，便推动活塞右移，举升自卸汽车车厢；当活
塞移至右端，车厢达到最大举升角时，限位盘17被缸盖10抵住，通过其活阀杆推动限位阀
钢球18压缩弹簧6而打开活阀，高压油通过活阀杆与阀座孔间隙流入活塞右侧的低压腔，
活塞不能继续右移。由于节流作用的存在，使活塞两侧仍保持一定的压差，足以使车厢稳定
在最大举升角的位置。当控制阀将举升液压缸左腔与回油管路接通时活塞在车厢重力的作用
下左移，限位盘离开缸盖，活阀的限位阀钢球压到阀座上关闭该通道，液压油只能从液压缸
左腔油道排出，使车厢落至车架上。

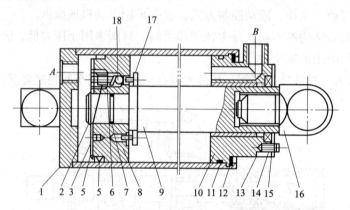

图4-10　活阀限位式举升液压缸

1—缸筒；2, 12—挡圈；3—压板；4—弹簧座；5—Y形密封圈；6—弹簧；

7, 11—O形密封圈；8—活塞；9—活塞杆；10—缸盖；13—油封；14—紧固螺栓；

15—油封端盖；16—连接头；17—限位盘；18—限位阀钢球

图4-11所示为带有旁通限位式举升液压缸。旁通限位阀11是由液压缸筒6与活塞4
组成的。在液压缸的左端缸筒6上开有两个孔，这两个孔沿液压缸轴线方向布置，两孔的外
缘距离应大于活塞4的厚度，两孔在缸筒外侧相通。当举升液压缸进入高压油，使活塞右移
至举升液压缸右端，举升液压缸处于最大行程时，高压油便通过活塞左侧孔回油箱，活塞不
再右移，车厢也不再升高。

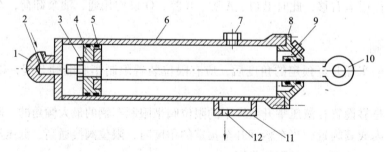

图4-11　带有旁通限位式举升液压缸

1—液压缸底座；2—高压油口；3—锁紧螺母；4—活塞；5—密封圈；6—缸筒；

7—放气螺塞；8—缸盖；9—加油螺塞；10—活塞杆；11—旁通限位阀；12—低压油口

图4-12所示为多级举升液压缸。该类液压缸在举升过程中，高压油经A孔进入液压

缸的大腔，推动直径最大的第一级套筒 12 并带动直径较小的剩余几级套筒一起外伸。当第一级套筒升至被液压缸卡住时，第二级套筒 13 外伸，但液压缸的推力较第一级套筒外伸时要小一些。同理，随后几级套筒相继外伸，直至活塞杆 14 上的限位阀杆 5 被导向套 15 抵住，而离开限位阀座 6 时，液压缸便不再外伸，车厢也达到最大的举升角度。各级活塞泄漏的油通过 B 接口返回油箱。

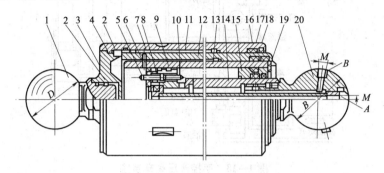

图 4 - 12　多级举升液压缸

1—上连接头；2—防松塞；3—上连接盖；4，17—O 形密封圈；5—限位阀杆；6—限位阀座；
7—卡环；8—导向环；9—活塞环；10—内套管；11—缸筒；12—第一级套筒；13—第二级套筒；
14—活塞杆；15—导向套；16—挡圈；18—防尘圈；19—弹性挡圈；20—下连接头

多级举升液压缸的上连接头 1 与车厢底架的球铰座相接；而下连接头 20 与车架上的球铰座相接，并设有液压管接头。这种带有球铰接头的多级举升液压缸一般适用于三面倾卸式自卸汽车。

有些自卸汽车的液压举升系统中设有单独的限位阀，这种阀为一个二位二通换向阀，靠倾卸机构的活动部分控制，从而限制车厢的最大举升角度。

（5）车厢稳定装置

限位阀用于限制举升液压缸所能举升车辆的最大角度，而车厢稳定装置则用于防止由于外力而引起的车厢过度倾斜。某些自卸汽车装有车厢稳定装置，防止大块矿石冲击车厢尾部引起车厢翻转，拉坏举升液压缸，造成意外事故。普通自卸汽车一般采用钢索、杠杆、限位板等。连接在车厢底架和车架之间，以防止车厢过度倾斜；矿用重型自卸汽车一般在车厢架纵梁与车架纵梁之间装有橡胶缓冲垫板，以防大块矿石冲击车厢尾部而打坏举升液压缸。有的装有带阻尼的稳定拉杆，更有利于车厢的稳定，并可防止车厢左右摇晃。

3. 独立液压举升系统

自卸汽车倾卸机构的液压举升系统有独立液压举升系统和液压举升转向联合系统两种，自卸汽车和吨位不大的矿用自卸汽车都单独设有一套液压举升系统。

（1）手控液压举升系统

自卸汽车液压控制系统由取力器、油泵、液压控制阀、液压缸、限位阀、油箱、操纵系统及油管系统等组成。其工作原理如图 4 - 13 所示。

1）准备。先使自卸车处于驻车制动状态，并将变速器置于空挡。将转阀手柄置于水平初始位置。起动发动机，然后踩离合器接合取力器使油泵进入工作状态。此时液压油经油泵、单向阀、液压换向阀流回油箱。

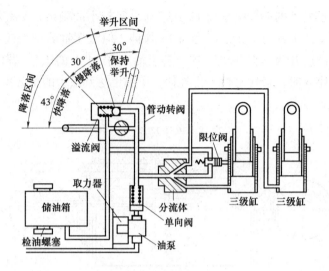

图4-13 手控液压举升系统

2）举升。将转阀手柄逐渐向上转动关闭换向阀。此时从油泵经单向阀而来的高压油，经分流体后分别进入左、右液压缸实现举升。液压缸举升到最大行程时拨动限位阀，将高压油路与回油路接通而卸荷，举升停止，货厢处于举升最高位置。

若车厢超载，安全溢流阀开启溢流，液压油经溢流阀回油箱，车厢在原位不动，液压系统的压力稳定在额定工作压力状态。

3）保持。将转阀手柄置于"保持举升区间"，并切断取力器停止油泵工作。此时压力油被锁死在液压缸内。可按需使货厢保持在任意举升位置。

4）降落。将转阀手柄置于"降落区间"，即可使车厢回落。分缓慢降落与快速降落两挡。将转阀手柄推至慢落位置，回油路仅部分打开，实现车厢缓慢降落。若将转阀手柄推到底，则回油路被全部打开，液压缸下腔油液经分流体向油箱快速回油。

转阀的结构如图4-14所示。它由二位二通换向阀与安全溢流阀组成，而二位二通换向

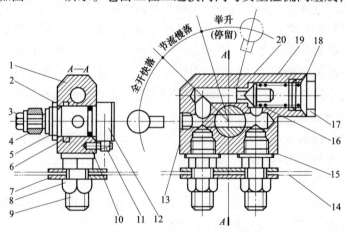

图4-14 转阀的结构

1—阀体；2—垫圈；3—螺母；4—手柄；5—挡圈；6, 15, 18—O形密封圈；7—垫板；8—固定螺母；9—管接头；10, 11—销；12—阀芯；13, 17—螺塞；14—驾驶室底板；16—弹簧；19—锥阀；20—锥阀座

阀则由阀体1、阀芯12和手柄4等组成。当手柄推到底时，二位二通换向阀为全开；当手柄拉至慢落位置时，二位二通换向阀为部分打开；拉至举升和保持位置时，该阀关闭。安全溢流阀由阀体1、锥阀座20、锥阀19、弹簧16和螺塞17等组成，它可限定液压系统工作压力。当系统压力超过调定的工作压力时，压力油便推开锥阀流回油箱，保护整个液压举升系统，这个压力是由弹簧的刚度来控制的，弹簧的刚度越大，系统压力越高。当安全溢流阀的限定压力过低时，可以用更换弹簧或在弹簧与螺塞之间增加一定厚度垫片的方法来调整。

（2）电控气动液压举升系统

电控气动液压举升系统由驾驶员操纵仪表开关来实现。其工作原理如图4-15所示。

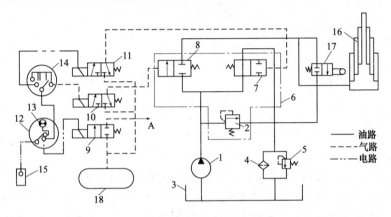

图4-15　电控气动液压举升系统

1—液压泵；2—溢流阀；3—油箱；4—滤油器；5—旁通阀；6—控制阀；
7—回油阀；8—举升阀；9，10，11—电磁阀；12—取力器开关；13—取力器信号灯；
14—车厢举升、下降开关；15—电源；16—举升液压缸；17—举升限位阀；18—储气罐A取力器气动缸

车厢举升时，先接通举升液压泵取力器。因此，将开关12置于接通位置（此时信号灯13亮），电磁阀9通电，储气罐内压缩空气经电磁阀9从管路A输入取力器气动缸。当驱动液压泵的取力器齿轮啮合时，液压泵1开始工作。从液压泵输出的压力油经回油阀7、回油管、滤油器4返回油箱。随后可进行车厢举升、保持和降落工作。

4. 联合液压举升系统

在大吨位的矿用重型自卸汽车上，往往采用动力转向和车厢举升联合液压系统。在这样的液压系统中，一般配用两台或两台以上的液压泵，其中转向液压泵除供动力转向外，当车厢举升时（此时自卸汽车一般停在货场，不需转向），自动变换油路向倾卸机构的举升液压缸供油，加速举升，缩短车厢举升时间，提高自卸汽车的运输生产效率。

上海SH3541型（SH380A型）矿用自卸汽车倾卸机构的液压系统如图4-16所示。该车载质量为32 t，它采用气控液压举升转向联合系统。

1）保持。双联控制阀3处于图4-16所示位置时，虚线所示控制气路中的压缩空气排出，气控换向阀6保持中位，举升液压缸4下腔的油道被气控换向阀6和单向阀12封闭，车厢停止或保持在某一举升位置。此时，举升液压泵1和转向液压泵2均工作在卸荷状态。

2）举升。当操纵杆扳至"升"的位置时，双联控制阀中B阀的阀芯右移，A阀仍处在原位置。压缩空气P经B阀和限位阀5作用于气控换向阀6和合流阀8的下端，使其阀芯上移，举升液压泵1经气控换向阀6向举升液压缸4的下腔供高压油。同时，转向液压泵2经

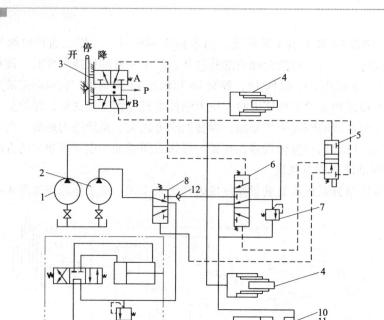

图4-16　SH3541型自卸汽车倾卸机构液压系统

1—举升液压泵；2—转向液压泵；3—双联控制阀；4—举升液压缸；5—限位阀；6—气控换向阀；

7—举升安全溢流阀；8—合流阀；9—转向助力器；10—旁通阀；11—滤油器；12—单向阀

合流阀8、单向阀12与举升液压泵合流向举升液压缸4供油，加快车厢的举升速度。这时，合流阀8将转向助力器的油路切断，不能实现液压助力转向。

3）降落。当操纵杆扳至"降"的位置时，双联控制阀中A阀的阀芯右移，B阀的阀芯在弹簧力的作用下回到排气位置。限位阀5控制气体经B阀排出，弹簧便使限位阀5的阀芯回上位，气控换向阀6和合流阀8下端的控制气体经限位阀5排出。合流阀8的阀芯在弹簧力的作用下移至下位，切断通向单向阀12和举升液压缸4的液压油，同时使转向液压泵2向转向助力器9供油（卸荷）。气控换向阀6的阀芯在A阀所提供的压缩空气P的作用下移至下位，使举升液压缸4和举升液压泵1均与回油管路接通。车厢在重力的作用下降落。

4）限位。当车厢举升到最大角度时，将限位阀5压至图示排气位置，从而使气控换向阀6和合流阀8回中位，切断举升液压缸的供油，举升自动停止。

图4-17　重型自卸汽车后挡板液压开启举升机构

5. 后挡板液压开启举升机构

重型自卸汽车后挡板液压开启举升机构如图4-17所示。其特点是举升机构采用液压缸前置单缸直推式，后厢板的开启机构采用液压控制。其车厢由传统的箱框式改为两块钢板折弯成圆弧后组焊而成的U形车厢。

（1）系统构成

后挡板液压开启举升系统除设有举升液压缸、油泵和油箱外，还包括单向阀、换向阀、顺序阀、限位阀、后挡板举升液压缸、锁紧液压缸等，如图 4 – 18 所示。

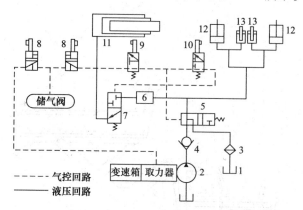

图 4 – 18　后挡板液压开启举升机构液压系统

1—油箱；2—油泵；3—滤油器；4—单向阀；5—换向阀；6—顺序阀；7—举升液压缸换向阀；
8—气控纵阀；9—限位阀；10—举升控制阀；11—主液压缸；12—后挡板举升液压缸；13—锁紧液压缸

（2）工作原理

打开取力器操纵阀和换向阀后，压缩空气经操纵阀进入取力器气缸。取力器齿轮与汽车变速箱取力齿轮啮合，使液压油泵工作。进入换向阀气缸的压缩空气推动换向阀芯，关闭液压缸通往液压油箱的回油通路，接通换向阀与各液压缸之间的通路。进入换向阀的高压油分成两路；一是液压油经高压油管进入车厢后门锁紧机构将后门开启，同时，举升控制阀在弹簧的作用下打开通往主液压缸换气阀的气路；二是压缩空气进入主液压缸，换气阀气缸接通主举升缸油路，此时高压油通过换向阀进入主举升液压缸内，推动活塞使车厢升起。该机构避免产生自卸车车厢后门不能及时开启而造成的驾驶室腾空离地的现象。

4.1.4　高位自卸汽车

高位自卸汽车是专用自卸汽车的一种。它可以将车厢及厢内的货物举升到一定的高度后将货物卸出。这种自卸汽车适用于高货台卸货，但结构复杂、装载质量小、造价高。

1. 高位自卸汽车的结构与工作原理

高位自卸汽车设有车厢高位举升和倾卸两套机构。倾卸机构与普通自卸汽车相同；而车厢高位举升机构常用杠杆式和剪式。

（1）杠杆式高位自卸汽车

如图 4 – 19 所示，它由举升液压缸 2、多级液压缸 9、倾卸液压缸 6、固定架 1、举升臂 4 和车厢 5 等组成。

将杠杆式举升机构简化为举升机构原理图如图 4 – 20 所示，进而说明其工作原理。当举升液压缸从 OA 移动到 OA' 位置时，转臂 BA 逆时针转过 φ 角到达 BA'，举升臂 $B_1 C$ 同时绕 B 点转过 φ 角到达 $BI_1 C_1$ 位置。假如在这一过程中同步液压缸 DE 不参与工作，则车厢底架 1 将由 CE 转移至 $C_1 E'$ 位置，车厢呈倾斜状。此时同步液压缸 DE 必须与举升液压缸 OA 同步工作，即当举升臂 $B_1 C$ 绕 B 点转过 φ 角时，车厢底架与此同时绕点 C_1 相对举升臂 $B_1 C$ 转过

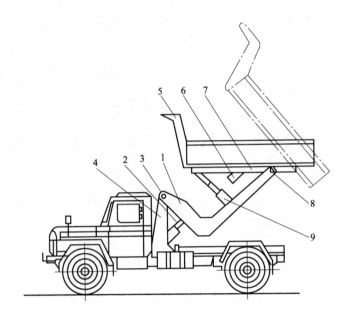

图 4 - 19　杠杆式高位自卸汽车

1—固定架；2—举升液压缸；3—铰轴；4—举升臂；5—车厢；

6—倾卸液压缸；7—车厢底架；8—销；9—多级液压缸（同步液压缸）

相同的 φ 角，即转到 $C_1 D_1 E_1$ 位置，由此保证在整个举升过程中使车厢保持水平状态。从图中可以看出，举升过程中车厢还要产生一定的纵向位移。并且当 C_1 与 B 两点等高时，车厢后移量最大。当 C_1 点高于（或低于）B 点时，车厢后移量随举升（或下降）而逐渐减小。为保证汽车在举升过程中具有足够的纵向稳定性，故应对车厢的最大后移量进行控制。但是从厢内货物倾卸落料的完整性考虑，希望车厢有较大的后移量。

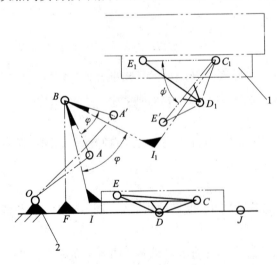

图 4 - 20　车厢举升机构原理图

1—车厢底架；2—副车架

（2）剪式高位自卸汽车

图 4 - 21 所示为剪式高位自卸汽车，其车厢高位举升及倾卸机构的工作原理如图 4 - 22 所示。它的主要结构特点是由两根长度相等的支承杆 5、6 在其中部铰接。支承杆的右端分别与车厢托架 3 和车架铰接，支承杆的左端可在滑槽 4、7 内移动。举升液压缸 8 的上支点与支承杆的下部铰接，其下支点支撑在车架上。倾卸液压缸 2 的缸筒中部的铰轴与车厢托架相连，其上支点与车厢底架相连。

当车厢举升时，举升液压缸外伸，推动支承杆 5，使支承杆 5 绕其右端的固定铰支承按顺时针方向转动，其左端则沿滑槽 4

滑动；同样，支承杆 6 在支承杆 5 的带动下也做相应的运动。这就使车厢托架竖直升高。如

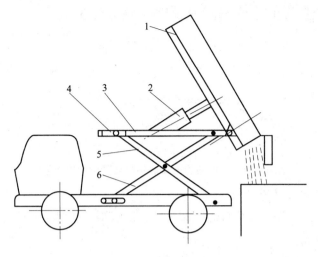

图4-21　剪式高位自卸汽车

1—车厢；2—倾卸液压缸；3—车厢托架；4—滑槽；5，6—支承杆

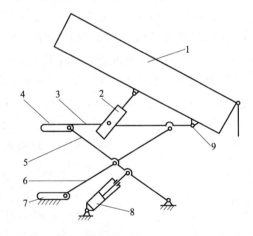

图4-22　剪式高位自卸汽车车厢高位举升及倾卸机构原理图

1—车厢；2—倾卸液压缸（同步液压缸）；3—车厢托架；

4，7—滑槽；5，6—支承杆；8—举升液压缸；9—车厢支承链

果举升液压缸收缩，车厢托架便竖直降落。若向倾卸液压缸2的下腔供压力油，液压缸外伸，使车厢1倾卸货物。这种举升机构具有放大液压缸行程、提高工作效率的优点。对于举升高度较高的专用自卸汽车，可采用两级或多级剪式举升机构。

利用多级剪式举升机构可以将车厢竖直举升到相当高的高度。图4-23所示为两级剪式举升机构工作原理图。这种举升机构的液压缸作用点布置十分灵活，它既可布置在支承杆的滑动铰接处，也可以布置在支承杆的中点铰接处，还可以直接铰置在支承杆上。如果增加车厢倾卸机构，即可实现高位自卸功能。

利用平行四边形的车厢举升装置，可以实现车厢的平移升降，而且在升降过程中，车厢的纵向位移量较大。平行四边形车厢举升装置结构原理图如图4-24所示。该车型是在普通自卸车基础上加

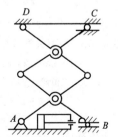

图4-23　两级剪式举升
机构工作原理图

装平行四边形举升装置，适用于高台卸货或向另外的车辆卸货。

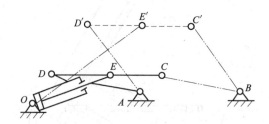

图 4 - 24 平行四边形车厢举升装置结构原理图

2. 高位自卸汽车液压举升装置

以图 4 - 19 所示的杠杆式高位自卸汽车为例，液压举升装置主要由液压控制回路、液压缸和举升连杆机构组成。

（1）控制回路

理论上，若采用并联双泵（双变量泵或一个定量泵一个变量泵），并合理控制变量泵的流量，就能实现同步条件。然而，实际上无论是在技术上还是在经济上采用双泵实现同步条件都存在一定的难度。因此，实际应用中采用单定量泵结构，同时采用单级推力液压缸作为举升液压缸，串联两节伸缩式液压缸作为同步液压缸，使用计算机优选设计参数，便能实现准同步使用条件。这无论是从技术上还是从经济上都是可行的。如图 4 - 25 所示，液压缸 3 和液压缸 1 串联，且与倾卸液压缸 2 并联。该系统中设有两个气控二位四通换向阀 4 和 5。其工作原理如下：

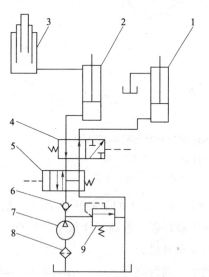

图 4 - 25 杠杆式高位自卸汽车液压举升系统原理图

1—举升液压缸；2—倾卸液压缸；3—多级液压缸；

4，5—二位四通换向阀；6—单向阀；7—液压泵；

8—滤油器；9—溢流阀

1）准备。二位四通换向阀 4 和 5 处于图示位置，操纵取力器使之驱动液压泵 7，使液压泵输出的压力油经单向阀 6、换向阀 5 回油厢。车厢处于最低的原始位置。

2）车厢举升。控制气体进入二位四通换向阀 5 而使阀芯右移，来自液压泵的压力油经过阀 5 和阀 4 进入举升液压缸 1 的下腔，推动活塞上行，举升液压缸 1 上腔的油液进入多级液压缸 3 的下腔，也推动多级液压缸外伸，从而使这两个液压缸保持一定的联动关系，使车厢托架在举升过程中基本保持水平状态。

3）车厢保持。车厢举升至一定高度时，踩下离合器踏板，停止液压泵的工作，车厢可保持在这一高度。

4）车厢倾卸。向二位四通换向阀 4 输入控制气体，使其阀芯左移（阀 5 的阀芯此时处于右位）。操纵液压泵重新工作，换向阀 4 切断举升液压缸及多级液压缸油液的回路，车厢托架即停止在该位置；阀 4 接通倾卸液压缸 2 的下腔油路，使车厢倾斜，直至将厢内卸净。

5）车厢降落。停止液压泵的工作，停止向二位四通换向阀输入控制气体，阀4和阀5恢复到图示位置，使液压缸的下腔与油箱接通，车厢和举升杠杆便在重力的作用下降落，直至落到自卸汽车的车架上为止。

若只停止向阀5输入控制气体，不停止向阀4输入控制气体，阀4的阀芯仍处在左端，则车厢单独降落直至车厢托架上，而车厢托架保持已举升的高度不动。因此，车厢和举升杆既可同时回落，也可单独回落。

（2）液压缸的结构与布置

1）举升液压缸的结构与布置。

①举升液压缸的结构。与前述液压缸基本相同。在举升装置的液压系统中，举升液压与同步液压缸串联，因此举升液压缸的活塞承受双向油压作用，因此活塞装有两个方向相反的轴用Y形密封圈。

②举升液压缸的布置。举升液压缸两端分别与副车架和举升臂铰接。举升液压缸不工作时，应能保证车厢底架与副车架均匀接触，以便车厢载荷通过车厢底架、副车架传到底盘车架。举升液压缸的最大工作行程应能将车厢举升到最大设计高度。

2）同步液压缸的结构及布置。

①同步液压缸的结构。两级伸缩式套筒同步液压缸结构如图4-26所示。

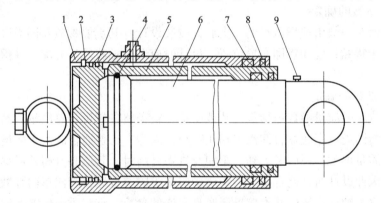

图4-26　同步液压缸结构

1—缸体；2—外挡圈；3—O形橡胶密封圈；4—内挡圈；
5—大缸套；6—小缸套；7—孔用Y形密封圈；8—防尘圈；9——排气螺钉

由于举升油缸串联同步液压缸，为协调两者同步工作，必须保证举升液压缸有杆腔最大容积与同步液压缸最大容积相等。同步液压缸的大缸套为第一级套筒，小缸套为第二级套筒。倘若供给同步液压缸的油压不变，则第一级套筒的推力大于第二级套筒推力。倘若供给同步液压缸油液的流量不变，则第二级套筒的运动速度大于第一级套筒的运动速度。当来自举升液压缸的压力油进入缸体时，在外载荷一定的情况下，压力油首先推动第一级套筒向外移直到行程结束，接着第二级套筒在压力油的推动下继续向外移动直到行程结束。复位是靠外力使两级套筒缩回，首先第二级套筒缩回原位，然后第一级套筒缩回到缸体原位，至此完成一个往复循环。为排除渗入液压缸内的空气，在柱塞上钻有轴向和径向孔道，并用排气螺钉封闭。

②同步液压缸布置在车厢底架下面。液压缸柱塞端与车厢底架铰接，液压缸另一端与举

升臂铰接。铰接液压缸柱塞端时，应注意使其上的排气螺钉位置朝上。

（3）高位自卸汽车举升连杆机构

高位自卸汽车车厢的高位和自卸功能是通过两个彼此独立的装置完成的，即车厢的举升装置和倾卸机构。因其倾卸机构与普通自卸汽车相同，故在此不再赘述。

在图4-20中，将水平状态的车厢平移举升到一定高度的举升装置由"门"形固定支架 BF、副车架 FJ、举升臂 BIC、车厢底架 EC、举升液压缸 OA、同步液压缸 DE 等组成。站在高位自卸汽车正后方朝前看，因固定支架 BF 呈"门"形而得名。

副车架 FJ 用螺栓固连在底盘车架上面，"门"形固定支架 BF 焊接在副车架的前端 F 处。"门"形固定支架上端与举升臂 B_1C 铰接于 B，因此，举升臂 BIC 可绕铰接点 B 转动。

举升臂 BIC 呈 L 形，箱形截面。后端 E 点与车厢底架 EC 铰接。为降低车厢安装高度，举升臂布置在副车架和车厢底架的外侧。车厢举升前，车厢底架支撑在副车架上，并由锁紧装置将二者锁紧，以防止行驶时车厢跳动。举升臂上的 D 点与同步液压缸 D 端铰接，同步液压缸 E 端与车厢底架 E 点铰接。

当举升液压缸工作时，同步液压缸即同步工作，结构上保证了举升臂相对"门"形固定支架的转角与车厢底架相对举升臂的转角始终相等。

3. 高位自卸汽车参数的确定

（1）尺寸参数的确定

高位自卸汽车一般由载货汽车的二类底盘改装设计，其主要参数与同类底盘接近。后悬长度主要取决于货厢长度和货厢布置位置，设计时应考虑轴载质量分配，并保证有适当的离去角。

（2）质量参数的确定

高位自卸汽车的质量参数包括额定装载质量、整车整备质量和总质量。高位自卸汽车的额定装载质量与同类汽车底盘自卸汽车相比略小，因为它比普通自卸汽车多增加一套车厢升高装置，整备质量增大。还应考虑到，车厢及货物升高时，其质心升高并后移，此时后轴轴载质量增加。因此设计时，确定最大装载质量应小于同类普通自卸汽车内装载质量。

高位自卸汽车轴载质量应基本接近原底盘允许的参数。整车质心位置可比同类普通自卸汽车的质心略向前移。在高位自卸汽车设计时，应对高位工况时的轴载质量分配做分析计算。

4.1.5　半挂自卸汽车

半挂自卸汽车的发展，提高了运输效率，延长了经济运距。半挂自卸汽车与普通自卸汽车相似，按卸货的方向分，也有后倾式、侧倾式和三面倾卸式；按其倾卸时的支点不同分为车厢翻倾式和车架翻倾式。前者车厢与挂车车架后部铰接。半挂自卸汽车的车厢翻倾是以该铰链为支点，只有车厢翻倾，各个车轮均与地面接触；而普通自卸汽车无单独的挂车车架，车厢与挂车车架做在一起，车厢翻倾是连同整个挂车以其后轮为支点翻倾，挂车的其他车轮在翻倾过程中悬空。

1. 车厢翻倾半挂自卸汽车

车厢翻倾半挂自卸汽车如图4-27所示。它由牵引汽车1、车厢5、车架3、举升液压缸

4 和后轮组总成 7 等组成。该车是多级液压缸直推式举升机构。后倾式半挂自卸汽车可采用单缸或两缸；侧倾式可采用单缸、两缸甚至三缸；而三面倾卸式只能采用单缸直推式举升机构。

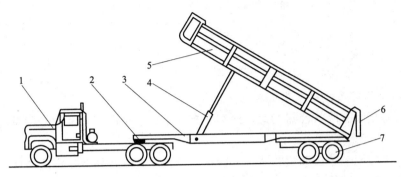

图 4 – 27　车厢翻倾半挂自卸汽车

1—牵引汽车；2—支承连接装置；3—车架；4—举升液压缸；5—车厢；6—后厢板；7—后轮组总成

车厢翻倾半挂自卸汽车由于结构复杂、整备质量大，多用于侧倾式或三面倾卸式自卸汽车，后倾式半挂自卸汽车很少采用。但这种半挂自卸汽车在后倾卸货时，挂车的轴距保持不变，车轮不产生滑转，有利于提高车辆的稳定性。

这种举升机构的横向刚度好、结构紧凑、效率高、杆系受力合理。可以采用单级单作用液压缸，成本比较低。虽然其举升杠杆比较大，但可以利用驾驶室后面空间，是一种比较理想的举升机构。同样，这种车架翻倾半挂自卸汽车在车厢举升过程中轴距也是变化的，半挂车的后车轮也存在一定的滑转量。车厢举升时的稳定性较好。

2. 车架翻倾半挂自卸汽车

杠杆式车架翻倾半挂自卸汽车如图 4 – 28 所示。这种自卸汽车也是由牵引汽车、半挂车、举升液压缸和后轮组总成组成的。与车厢翻倾半挂汽车相比，没有半挂车车架，车厢属承载型。它具有结构简单、整备质量小等优点，但在翻倾时，半挂车的车轮有一定的滑转量，举升液压缸的行程较长，车辆卸货时的稳定性较差。

该车的举升液压缸连接在牵引座与车厢前端之间，连杆也连接在牵引座与车厢之间。牵引座与一般的半挂汽车列车牵引座不同，因此不能互换。连杆起到牵引和稳定车厢的作用。

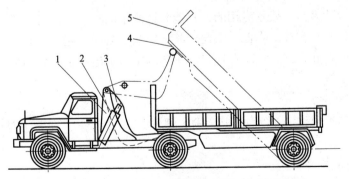

图 4 – 28　杠杆式车架翻倾半挂自卸汽车

1—固定架；2—举升油缸车厢；3—举升杠杆；4—牵引室；5—车厢

4.2　罐式汽车

4.2.1　概述

1. 罐式汽车的定义、特点及用途

罐式汽车是指装有罐状容器的运货汽车。有的罐式汽车还装有某种专用设备，以完成特定的作业任务。

罐式汽车专门用来装运散装的液状、粉状、粒状及气体等具有一定流动性的货物，如液体燃料、润滑油料、液体化学品、水泥、饲料、饮食品、水等。

罐式汽车在汽车运输中发挥着重要的作用，有良好的经济效益和社会效益，是一种发展较快的专用汽车。其具有以下特点：

1）提高装卸运输效率。罐体是一种特殊的集装容器，便于集中装卸和装卸机械化，缩短汽车装卸货物的停歇时间，加快车辆周转，增加装运质量，提高运输效率。

2）保证货运质量。罐体一般都是可密闭的容器，罐内货物受外部环境影响较小，货物在运输过程中受到较好的保护，不易变质、污染和泄漏。特别是装运具有质量要求的饮料、食品、化工等物品，罐式汽车是最理想的运输工具。

3）利于运输安全。采用罐式汽车装运易爆、易燃、有毒或腐蚀性强的物品时，可以大大减少意外事故的发生，实现安全装卸和运输。

4）改善装卸条件，减轻劳动强度。普通货车装运液状、粉状或粒状物品时，大都采用罐、坛、箱、袋等器皿进行包装，从工厂到使用地点，需经过多一次装卸，而且工作条件差、劳动强度大。特别是在装运粉尘飞扬或有害物品时，既污染环境又有损装卸人员的身体健康。采用罐式汽车运输上述物品，则可明显改善工作条件、减轻劳动强度。

5）节约包装材料，降低运输成本。采用罐式汽车运输散装物品，便于实现装卸、运输、储存的机械化，不仅节省了劳动力，而且节约了大量的包装材料及费用，车辆装运货物的量相对增加，降低了运输成本。

罐式汽车的罐状容器一般是专用的，只能装运规定的物品，而且由于资源的限制，运输往往是单向的，使汽车实载率降低。为便于某些物品的装卸，还需设有专用设备。罐体的维修费用较高。尽管如此，罐式汽车在现代汽车运输中显示出越来越大的优越性，得到了广泛的应用。

2. 罐式汽车的分类

罐式汽车的种类很多，通常按其罐式容器的用途、结构、安装方法及卸货方法进行分类。

（1）按用途分类

1）液罐汽车：用来装运燃油、润滑油、重油、酸类、碱类、液体化肥、水、食品饮料等液态物品的罐式汽车。

2）粉罐汽车：用来装运水泥、面粉、石粉等粉状物品的罐式汽车。

3）气罐汽车：用来装运氮气、氢气、石油气等液化气态物品的罐式汽车。

4）颗粒罐车：用来装运谷物、豆类、颗粒盐、砂糖、粒状塑料等颗粒状物品的罐式汽车。

5）其他专用罐车：具有其他专用功能的罐式汽车，如消防车、混凝土搅拌车、洒水车、吸污车等。

（2）按罐式容器在车辆上的安装形式分类

1）卧式罐车。卧式罐车的罐式容器纵轴线与汽车底盘纵轴线平行或倾斜较小的角度，如图4-29所示。

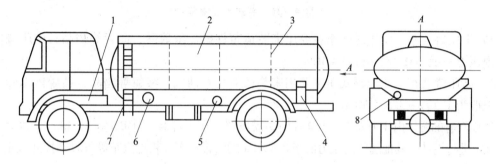

图4-29　卧式罐车

1—汽车底盘；2—容器；3—防波板；4—灭火器；5—接地导线柱；6—出油口；7—扶梯；8—紧急阀操纵杆

罐体可以是一个单室，也可分隔为多个单室。卧式罐车具有结构简单、材料利用率高、质量小、质心低的优点，是目前应用最广泛的一种罐式汽车。

2）立式罐车。立式罐车的罐式容器纵轴线与汽车水平面垂直，如图4-30所示。

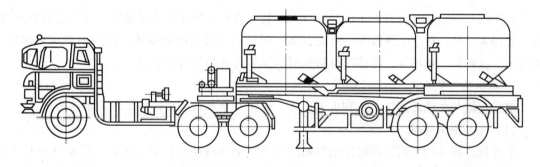

图4-30　立式罐车

车辆上可以装一个或多个立式罐体。立式罐车具有卸货彻底、便于单元组合、易形成标准化、系列化生产等优点，但质心较高、结构复杂、制造成本高、应用较少。

3）斗式罐车。如图4-31所示为斗式半挂罐车。

斗式罐车的上半部是一个水平的直圆筒，下半部是多个垂直于车辆底盘的锥筒，圆筒与锥筒相交，形成一个上圆下锥的斗式罐体。斗式罐车综合了卧式罐车和立式罐车的优点，适应范围广，是一种发展较快的罐式汽车。

（3）按罐式容器内的许用压力分类

1）低压罐式车。低压罐式车主要用来装运水、轻质燃油、润滑油、动植物油等物品，罐体承受的内压力一般为0.098 MPa以下。

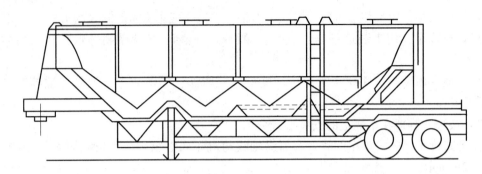

图 4-31 斗式半挂罐车

2）中压罐式车。中压罐式车主要用来装运苛性碱、浓硫酸、沥青等物品，中压罐体承受的内压力一般为 0.147～0.294 MPa。

3）高压罐式车。高压罐式车主要用来装运液化石油气、液氯等物品，其罐体承受的内压力一般为 1.177～3.532 MPa。

气罐汽车的罐体内压力大于 1.1 MPa 时，需按照《压力容器》（GB 150.1～150.4—2011）及有关规定进行设计。其他罐体内压力低于 0.6 MPa 的液罐汽车、粉罐汽车等可以不按此规定进行设计。

（4）按罐式容器的卸货方式分类

按罐式容器的卸货方式，罐式汽车分为重力卸货、动力卸货和真空卸货等。

4.2.2 罐体结构

罐式汽车一般都是在普通车辆的底盘上改装而成的，即在普通车辆的底盘上安装罐式容器（见图 4-29）和专用设备等。罐式容器一般是一个可封闭的罐体，其截面形状有圆形、椭圆形、腰鼓形、矩形等，罐体的材料也根据其装运货物的特性而异。

1. 罐体的承载形式

根据罐体与车辆的连接方式和承载形式，罐体有半承载式罐体和承载式罐体两种。

（1）半承载式罐体

半承载式罐体的车辆是将罐体刚性地固定在汽车（或挂车）的车架上，汽车（或挂车）的载荷主要由车架承担，而罐体只承受一小部分载荷。通常情况下，罐体支座与车架是通过由连接螺栓和止推板构成的刚性固定装置刚性地固定在一起，或通过弹性元件及连锁构成的弹性固定装置弹性地固定在一起。支座的数量视罐体的总质量和长度而定，罐体支座与罐体焊接在一起。其他附属装置也相应地布置在车身上。罐体容量较小或越野罐式汽车多采用半承载式结构。

（2）承载式罐体

承载式罐体是国内外重型罐式汽车的发展趋势，它是罐体与车架合并成一体的无车架结构，如图 4-32 所示。

罐体不仅承受着其内部所装运物品的作用力，还起车架的作用，由罐体承受全部载荷。装有承载式罐体的罐式汽车的结构简单，省去了车架及相应的连接件，充分利用了罐式构件

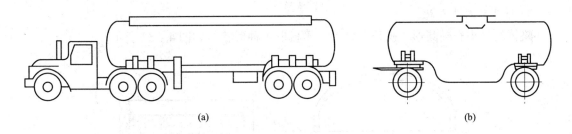

图 4 −32　承载式罐车

（a）无车架半挂罐车；（b）无车架全挂罐车

自身的强度，减轻了罐式汽车的整备质量；同时，还可有效地降低车辆的质心高度。特别是对于强度和刚度较大的承压罐体来说，优点更为突出。但是这种罐体的设计、制造要求较高。承载式罐体多用在装载质量较大的全挂车和半挂车上。有利于提高车辆的行驶稳定性和操纵性，提高车辆的运输效率。

2．罐体的截面形状

罐体的截面形状是降低车辆质心的重要措施。要根据整车的总体布置、造型协调、质心高度、装运物品的种类等因素，选用适合某种罐式汽车的最佳截面形状。典型罐体的截面形状及其特点见表 4 −3。

表 4 −3　典型罐体的截面形状及其特点

序号	截面形状	特点
1	圆形	表面积最小、材料最省、容积效率最高、容器壁中拉应力最小，刚性好，特别适用于高压罐体，工艺性好，但质心较高，液体对四壁冲击力较大
2	椭圆形	质心较低、稳定性好，但容积效率较低、工艺性较差
3	腰鼓形	质心低、稳定性较好，但容积效率较低、工艺性差
4	倒凸形	质心更低，可以充分利用车架中的空间，集污性好、横向稳定性好，但公益性很差
5	矩形	质心最低，可降低罐体的高度乃至降低整个车辆的高度，液体对罐壁的冲击力小、工艺性好。但表面积大、材料消耗多、容积效率低，罐体的棱角部位易产生应力集中，集污性差
6	菱形	质心低，可以利用车架中的空间，集污性好、卸货彻底、工艺性好，但表面积大，容积效率较低

3. 罐体的封头形状

罐体的封头有椭圆形、碟形、锥形、平板形 4 种形状，如图 4-33 所示。

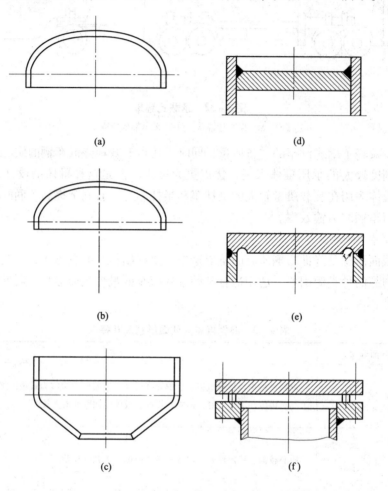

图 4-33 罐体的封头形状

（a）椭圆形封头；（b）碟形封头；（c）锥形封头；（d）、（e）、（f）平板形封头

椭圆形封头和碟形封头的受力情况最好，质量小，国家已有标准的封头系列，应用最广泛；锥形封头是将罐体的两端或尾端做成锥形，有利于排净其两端或尾部剩余的物料，便于车轮的布置；平板形封头由于在受内压作用时，平板处于弯曲受力状态，一般压力罐体均不采用，就是低压罐体考虑到质量和材料的利用率，也很少采用，多用于罐体的人孔、手孔或其他开孔的密封。

4. 罐体的结构计算

罐体的结构、材料、容积、截面形状、制造工艺、使用条件对其强度都有较大的影响。罐体的容积须大于额定装运货物的容积，罐体壳内应力须小于设定条件下的许用应力。

（1）罐体的壁厚

罐体的壁厚按下式计算：

$$S = \frac{p\,R_k}{k\sigma} + l \tag{4-1}$$

式中　S——罐体壁厚，mm；

p——罐体内压力，kPa；

R_k——罐体截面曲率半径，mm；

k——焊缝强度系数，对于弧焊 $k = 0.8$；

σ——材料许用应力，kPa；

l——锈蚀的附加厚度，mm。

计算值向大的方向取整数，并按钢板厚度标准取值。为满足制造、运输、安装时的刚度需要，《压力容器　第 1 部分：通用要求》（GB 150.1—2011）规定，压力容器的最小厚度：碳素钢、低合金钢制容器，不小于 3 mm；高合金钢制容器，一般应不小于 2 mm。最小厚度不包括腐蚀裕量，设计厚度应为计算厚度与最小厚度中的较大值与腐蚀裕量之和。

（2）罐体的封头

罐体的封头厚按下式计算：

$$S_c = \frac{pD_c c}{2k\sigma} + 1 \tag{4-2}$$

式中　S_c——罐体的封心厚，mm；

D_c——$D_c = \dfrac{A + B}{2}$，A、B 分别为椭圆长、短直径的平均值，mm；

c——封头形状系数；

k——焊缝强度系数，取 $k = 1$，当封头由几部分焊成时，$k = 0.80$。

（3）动载荷的计算

罐式汽车在行驶过程中，其罐体的受力比较复杂，不仅受结构形式等因素的影响，也受装运货物的影响。装运液态货物时，罐式汽车状态的变化就有很大的影响。

汽车制动时的动载荷 p_1 由液体的静压 p_s 和动压 p_d 组成，即

$$p_s = p_d + p_1 \tag{4-3}$$

$$p_d = 0.005lG_1 \tag{4-4}$$

式中　l——罐体或每一隔室的长度，m；

G_1——液体重力，kN。

汽车转弯时的速度越高，转弯半径越小，离心力 F_a 越大，计算公式为：

$$F_a = \frac{m_a v_a^2}{r} \tag{4-5}$$

式中　m_a——汽车总质量；

v_a——汽车速度；

r——汽车转弯半径。

液罐汽车转弯时，液体在离心力的作用下会偏向外侧，特别是液罐装载不满时，液体向外侧偏移而使液体的质心升高和外移，导致外侧悬架过载，汽车容易失去稳定性，当离心力与力臂形成的翻倾力矩大于或等于汽车总质量和力臂形成的恢复力矩时，车辆将产生翻倾。

5. 罐体材料的使用性能与防腐处理

罐体材料根据所装运物品的种类和性质而定，应具有足够的强度和良好的工艺性，并具有一定的防腐能力，以保证罐体及附属装置的使用性能。

（1）罐体材料的使用性能

罐体材料大都选用普通碳素钢板，也有选用低合金钢板、不锈钢板、铝板、铝合金板、塑料、玻璃钢等材料。

1）普通碳素钢板。普通碳素钢板的力学性能好，有足够的强度、韧性和良好的工艺性，价格便宜，可用于制作多种罐体。适用于装运粮食、水泥、煤粉、石油产品、水、粪、尿等物理性能较稳定的物料。但在装运有腐蚀性的物料时，防腐性差，应在其内壁涂防腐材料。普通碳素钢板在水中的腐蚀速度与溶于水中的气、二氧化碳、二氧化硫等物质有关。在常温下的稀碱溶液中，普通碳素钢板表面能生成一层不易溶解的钝化膜，从而起保护作用。但是，当氢氧化钠浓度高于30%时，钝化膜的保护能力就降低，若碱溶液的温度再升高，其钝化膜的保护能力就更差，当温度超过80℃时，其表面会遭到严重腐蚀。普通碳素钢板在热碱溶液中，如果受到一定的外力作用，会产生"碱脆"现象。因此，由普通碳素钢板或低合金钢板制成的罐体，在装运液氨时普遍规定要加入0.2%的水作为腐蚀抑制剂。而且罐体焊接后必须消除内应力，以保证罐体免遭腐蚀破坏。盐酸对碳素钢的腐蚀速度随着酸液浓度的升高而加剧，又随着酸液温度的升高而加快。因此，碳素钢不能直接作为装运盐酸的罐体材料。硫酸对碳素钢的腐蚀速度也随酸液浓度的变化而变化。当酸液浓度达到47%～50%时，腐蚀速度最快；当浓度超过50%时，腐蚀速度反而降低；而浓硫酸（浓度超过93%）对碳素钢表面基本无腐蚀，其原因是浓硫酸能在碳素钢表面生成一层钝化膜，阻止硫酸继续与铁发生作用。硝酸对碳素钢的腐蚀作用也与其浓度有关。浓度在30%时，腐蚀速度最高；浓度超过30%时，腐蚀速度反而下降；当浓度超过50%时，由于碳素钢表面生成钝化膜，腐蚀速度明显下降；当浓度超过90%时，腐蚀速度再次升高。

有机酸中的甲酸、草酸、柠檬酸和冰醋酸对碳素钢也有较强的腐蚀性，但比上述三种强酸的腐蚀性要小得多。它们的腐蚀速度一般随进入有机酸中氧含量的增加及温度的升高而增大。

各种化工物品对碳素钢的腐蚀性各有不同，一般都要采取不同的防腐措施。

2）低合金钢板。低合金钢板有较高的强度及韧性，制成的罐体能承受较高的内压力，可用来装运液化石油气、丙酸、氨水、液氧、液化亚硫酸气和乙烯树脂等物品。低碳合金钢的耐腐蚀性比普通碳素钢要好，如Q345低碳合金钢板的抗大气腐蚀性比普通低碳钢板好，而16MnCu的抗大气腐蚀性比Q345还要好。如果采用加入其他微量元素制成的耐腐蚀、耐低温、耐热低合金钢板等，可以装运相应特性的物品。

3）不锈钢板。不锈钢板耐腐蚀、不易污染、易清洗、机械性能比较稳定，工作温度范围大（-196℃～700℃），是一种优质的罐体材料，适用于装运食品、饮料或纯度较高的化工物品（石炭酸、甲醛、乙二醇、苛性钠、乙烯等）和腐蚀性较强的酸类物质（浓硝酸、稀硫酸等）。但对盐酸、氧氟酸的耐腐蚀性差。

4）铝板和铝合金板。铝板和铝合金板质量轻、可塑性好、便于成型、使用寿命长，是一种理想的罐体材料。但铝板和铝合金板制成的罐体强度较低，承载能力差。因此，多适用于装运甲醇、乙醇、航空燃料、浓硝酸、冰硝酸、醛、苯、无水酒精、有机溶剂等化工产品及食品类物品，不宜装运压缩气体、液化气体及易分解的气体。

铝或铝合金表面的耐腐蚀很好，对浓硝酸、醋酸、硫化钠、氨水及其他有机溶液都很稳定。其原因是铝或铝合金表面能生成氧化铝保护膜，一旦该保护膜被破坏，又会很快重新生成。但这种保护膜易溶解于非氧化酸中，也易溶于碱中。铝在浓度为 80% 以上的浓硝酸中的耐腐蚀性比不锈钢还要好。铝在浓硫酸中的腐蚀速度很快，只有在高浓度的发烟硫酸中才稳定。铝的纯度越高，耐腐蚀性越好，但强度相对也降低。

铝和铝合金的最高使用温度为 150℃。铝在 −196℃ ~ 0℃ 的冲击韧性不会降低，可制成特殊用途的低温罐体。

5）塑料。塑料耐腐蚀、质量轻，而且有一定的强度，绝热性和工艺性都较好。用塑料做成的罐体具有一定的弹性，承受冲击载荷性能较好，因此，采用塑料罐体的罐式汽车也日益增多。但大部分塑料的耐高温性能都不好，仅适用于装运常温的水、液体燃料及有腐蚀性的液态物品。

6）玻璃钢。玻璃钢质量轻、强度高、隔热性好、耐腐蚀，还具有良好的工艺性，可制成各种形状的罐体。但玻璃钢的脆性较大，耐磨性差。玻璃钢罐体适用于装运盐酸、次氯酸酸、硫酸、氢铵等化学物品。

（2）罐体的防腐处理

为提高钢制罐体的耐腐蚀性和使用寿命，可在罐体内表面喷涂耐腐蚀材料或贴敷防腐蚀衬里。常用的处理方法有：

1）涂锌。用于装运汽油、苯、混合二甲苯、水泥、水、粪尿等物料。

2）涂锡。用于装运轻油、重油、润滑油等石油产品。

3）涂铅。纯铅是一种很好的耐腐蚀材料。涂铅罐体适用于装运稀硫酸、氯化苯甲基物品，不宜装运盐酸及碱类物品。铅及其合金均有毒，不宜接触食品类物品，对人体亦有害，使用时应采取防护措施。

4）涂铝。用于装运甲醇、乙醇、航空燃料、浓硝酸、冰醋酸、苯、醛、有机溶液等化工产品以及食品类物品等。

5）塑料衬里。用于装运水、液体燃料及某些带有腐蚀性的物品。塑料品种不同，其适用性也有所区别。

6）橡胶衬里。橡胶的耐腐蚀性随其种类而异。硫化天然橡胶能耐大多数无机酸、有机酸、碱类、盐类、醇类等的腐蚀，但对强氧化剂（硝酸、浓硫酸、铬酸、过氧化氢等）及某些溶液（苯、二硫化碳、四氯化碳等）的耐蚀性差。合成橡胶中的丁腈橡胶耐油性好；氯丁橡胶耐酸性、耐碱性均较好；聚醚橡胶对水、油、氨、碱等均较稳定。

为提高铝制罐体的耐腐蚀性，可在其内壁涂以镁、锰等元素。

罐体在使用中应严格注意其性能，装运相应的物品。在制造中应注意喷涂层或衬里的保护，以免损坏，否则应予以修补。

4.2.3　液罐汽车

液罐汽车是装有罐式容器，用来装运液态物品的专用罐式车辆的统称。如油罐车、液化石油气罐车、酸（碱）液罐车、饮食液罐车等。罐体的容积一般比额定装运液体的容积大5% ~ 10%，以补偿液体在运输过程中的膨胀。

1. 油罐车的用途及主要结构

油罐车是指装运汽油、柴油、煤油、润滑油等液体油料的专用车辆，它是液罐车中用得最多的车辆，按其功能分为运油车和加油车两种，如图4-34和图4-35所示。

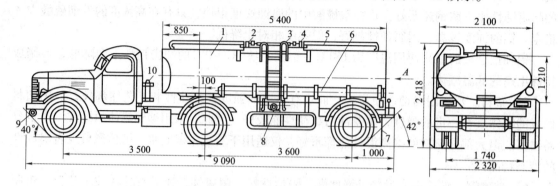

图4-34　半挂运油车

1—油罐；2—加油孔；3—扶梯；4—人孔盖；5—连通气管；
6—输油软管；7—接地链条；8—放油阀；9—排气管（连消声器）；10—灭火器

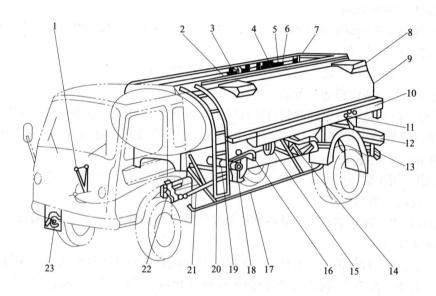

图4-35　加油车

1—控制杆；2—栏杆；3—测尺；4—加注口；5—空气溢流阀；6—人孔；7—底阀手轮；
8—侧护板；9—油罐；10—软管箱；11—紧急拉杆（装自动启闭装置）；12—后保险杆；
13—副后保险杆；14—灭火器（使用时要加罩）；15—地线绕轴；16—压差阀手轮；
17—侧保险杠；18—齿轮泵；19—管道；20—扶梯；21—传动轴；22—取力器；23—危标示板

运油车用于装运液体油料，它主要由油罐、加注口、放油阀、人孔盖、输油软管、接地链条等组成；而加油车除具有运油车的功能以外，还具有移动泵站的功能，它还增设了泵油系统、计量系统和操纵装置等。

（1）罐体

油罐车的罐体大都采用普通低碳钢板焊接而成，如图4-36所示。

罐体的两端由封头1封住，中间为椭圆形截面罐体。罐体内设有隔板5、纵向防波板8、横向防波板9及相应的支承。罐体上部设有防护框3、人孔盖口4、溢流管2等。罐体下部焊有罐体支座6和底阀座孔7。罐体的壁厚应大于3.2 mm，罐体内表面先进行喷砂处理，再

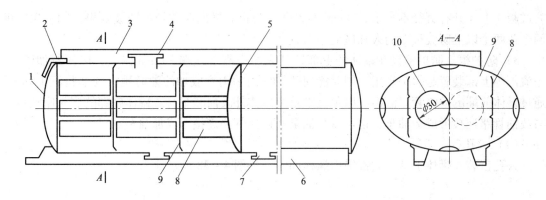

图 4 – 36　油罐罐体

1—封头；2—溢流管；3—防护框；4—人孔盖口；5—隔板；
6—罐体支座；7—底阀座孔；8—纵向防波板；9—横向防波板；10—人孔

做涂（或喷）锌处理。

1）隔板。当罐体的容量不大时，整个容器作为一个单室；若罐体的容量较大，容器内部需用隔板将其分隔成几个独立的单室（见图 4 – 36），每个单室均设有人孔盖、底阀总成。因为车辆行驶时，液罐中留有一定的空隙或未装满，液体在容器中前后、左右波动，若容器的容量很大，则波动的动能就很大，质心的变化也就很大，将引起车辆轴荷的剧烈变化，严重影响汽车行驶的稳定性。特别是液罐半挂汽车列车上坡或加速行驶时，若容器较大而无隔板，液体流向容器的后部 [见图 4 – 37（a）]，结果使牵引汽车驱动轴的轴荷大大减少，降低了汽车列车的通过性，使牵引汽车的牵引力得不到充分的发挥；而下坡或减速行驶时，又使液体流向容器的前部，同样也造成牵引汽车轴荷变化较大。将大容量的液罐罐体分隔成几个单室，如图 4 – 37（b）所示，既可以改善上述情况，还可以在同一辆液罐车上同时装运几种不同的液态货物。罐体的每个单室容量的大小尚无统一标准，它取决于货物的性质及整个容器的总容量。当容器总容量小于 20 m^3 时，每个单室的容量应小于 4 m^3。

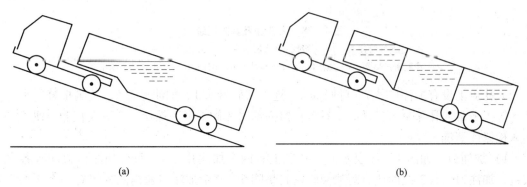

图 4 – 37　半挂液罐车坡道行驶示意图

（a）单室液罐车；（b）多室液罐车

2）防波板。为减轻汽车行驶中液体在容器内的波动，罐体的每个单室中一般都设有防波板，如图 4 – 36 所示。纵向防波板 8 沿汽车纵轴线方向布置，以减轻液体在容器内左右波动；横向防波板 9 沿汽车横断面布置，以减轻液体在容器内的前后波动。为便于维修，横向防波板 9 上还开有直径不小于 550 mm 的人孔，为提高横向防波板的防波效果，同一单室的两个或两个以上防波板上的人孔应交错布置。

3）防护框。防护框设在罐体的上部，其高度应高于顶端 50 mm 以上，以便对加注口、溢流阀等上部装置起保护作用；同时能使防护框内的雨水或加注油时溅出的油料汇集起来，通过罐体前端的溢流管口流出，以免污染整个罐体外表面和车身。罐体底部的底阀座孔可以与放油管路连接形成运油车，也可以与油泵及连接管路连接形成加油车。

（2）人孔盖

人孔盖装在罐体上部，大都采用螺栓固定，如图 4-38 所示。

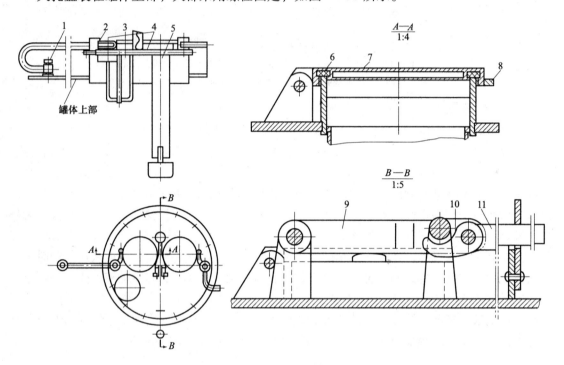

图 4-38　人孔盖及其附属装置

1—连通气管接头；2—呼吸阀；3—观察孔；4—人孔盖；5—加油导管；
6—橡胶密封垫圈；7—加注口盖；8—压块；9—压杆；10—锁扣；11—锁扣柄

人孔盖上设有加注口盖 7、呼吸阀 2、连通气管接头 1、加油导管 5、装满报警器和观察孔 3 等。平常人孔盖是不打开的，只有检修内部时才卸下紧固螺栓，拆下人孔盖，便于工人出入检修或清洗。

1）加注口。如图 4-38 所示的人孔盖上有两个加注孔盖 7，每个加注口盖均有各自的铰链，加注口与其盖之间垫有耐油橡胶密封垫圈 6，两个加注口盖内侧各焊有一个压块，盖住加注口时，两个压块相对但不相碰，靠压杆 9 压住压块，进而压紧加注口盖，使之密封，并用锁扣 10 和锁扣柄 11 锁住。锁扣与锁扣柄通过一根轴固定在一起，并与压杆的活动端铰接。

在使用过程中，当由于橡胶密封圈的磨损或破裂造成漏油时，可以更换耐油橡胶密封圈。当锁件等磨损造成密封不严时，可在压杆 9 与压块 8 的接触处，用一块能消除磨损间隙并保证压紧橡胶密封圈的钢板焊在压杆的下方，也可用改变有关铰支点位置的方法来修复。

2）通气管（又称排气管）。其一端用铰接头固定在罐体上部单室的前端或后端，另一端用铰接头固定在人孔盖 4 上，从而通气管便可连通每个单室两端和人孔盖。通气管的作用是当向容器的每个单室加注液体时，排出单室两端角部位的空气，也可将两个单室连通起来，使两个单室共用一个呼吸阀。该通气管一般是用无缝钢管焊上铰接头制成的。

3）加油导管。加油导管装在加注口的下方，它的作用是缩短加注口与罐体底之间的距离，当燃油进入罐体内并使加油导管淹入油液中，避免加油时的飞溅现象，从而减少或消除加油时所产生的静电。

4）呼吸阀（又称溢流阀），如图 4-39 所示。该阀能自动调节容器内的压力，使压力保持在一定范围之内。这样既能保护液罐，又能减少易挥发油液的挥发损失。

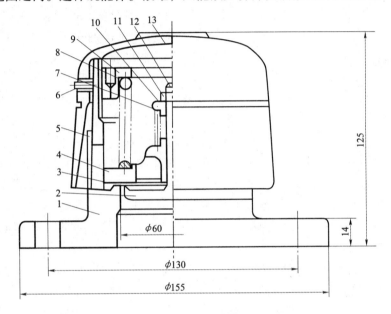

图 4-39 呼吸阀

1—阀体；2—吸气阀；3—密封圈；4—排气阀；5—钢丝网；6—固定螺钉；
7，8—弹簧；9，10—调整螺母；11—锁紧螺母；12—开口销；13—防尘罩

呼吸阀由吸气阀和排气阀两部分组成。吸气阀 2 和排气阀 4 为两个安装方向相反的单向阀。吸气阀受气体的作用面积小，其弹簧 7 的刚度也小，开启的压力较低，一般为 4.9~9.8 kPa；排气阀受气体的作用面积大，其弹簧 8 的刚度也大，开启的压力较高，一般为 14.7~24.5 kPa；当容器内的气体压力低于 4.9~9.8 kPa 时，吸气阀在容器内外压差的作用下，克服弹簧 7 的弹力而打开，吸入部分空气，使容器内的压力升高到正常值，吸气阀关闭；当容器内的气体压力由于挥发量增大或温度升高而超过 14.7~24.5 kPa 时，排气阀在容器内外压差的作用下，克服弹簧 8 的弹力而打开，排出容器内的部分气体，使容器内的压力降至正常值。

呼吸阀的阀体 1 用镍铬不锈钢制造，其余零件也均用耐酸不锈钢制造，以防生锈。中、小型油罐一般各个单室共装一个呼吸阀，而大型油罐每个单室各装一个呼吸阀。呼吸阀的吸气压力和排气压力分别由调整螺母 9 和 10 来调整。密封圈 3 破损或发胀可以更换。钢丝网 5 沾满油污时可以清洗或更换，保证其通气。应经常检查呼吸阀的工作情况，确保其工作灵敏

可靠。

5）装满报警器。装满报警器也装在人孔盖上，如图4-40所示。

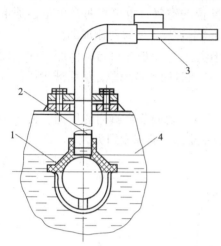

图4-40　装满警报器

1—浮球；2—排气管；
3—双音哨；4—额定液面

当罐体内的液面高度变化较快时，气体便由排气管2通过双音哨3而发出响声。当液面达到额定高度时，浮球1随液面浮起而堵住排气管2，哨声停止，从而起到装满报警的作用；当罐体内的液体卸空时，哨声也停止。

（3）底阀

底阀是液体排出或吸入液罐的控制阀，罐体的每个单室的底部都装有一个底阀。底阀的结构形式与罐车的类别（如运油车或加油车）及所装载的货物有关。底阀的操纵形式有手动、气动、电动和液动等。手动操纵简单可靠，大都选用这种操纵形式。罐体的底部还设有沉淀槽和排污阀，可根据情况不定期地打开排污阀，放掉沉积在沉淀槽中的污物。弹簧部分装在罐体内，降低了溢流阀外露部分的高度，对降低车辆高度和保证溢流阀自身安全是有利的。反冲盘装在阀杆的顶端，弹簧装在阀体的下方，阀杆下端与弹簧之间装有导向套，它对弹簧起导向定位作用。弹簧下端通过弹簧座由螺母锁紧在阀杆上，通过调整该螺母来调整弹簧的预紧力，以调整溢流阀的开启压力。弹簧表面进行镀铬防腐处理，以延长其使用寿命。

当罐体内压力超过溢流阀开启压力时，反冲盘在气体压力的作用下，通过阀杆克服弹簧的弹力，使反冲盘离开阀体，迅速排放气体而使罐内降压，以防发生罐体爆裂等意外事故；当罐体内压力降至正常值时，反冲盘在弹簧的作用下连同阀杆下移，反冲盘重新落至阀体上，压紧密封垫7而密封。当溢流阀失效时，可用反冲盘上方的顶紧螺栓把反冲盘顶紧在阀座上，防止罐内介质泄漏，这通常作为应急处理措施。

为确保液化石油气罐体的绝对安全，一般每个罐体上部都装有两个溢流阀。

1）手动球阀。手动球阀是液罐车常用的一种控制阀。有二通球阀和三通球阀两种。如运油车的放油阀、加油车的各种作业都是通过开启或关闭不同部位的球阀来实现的。加油车或运油车大都采用铝合金球阀，如图4-41所示。球体12中间有一个通孔，通过密封圈1、支承座4安装在左

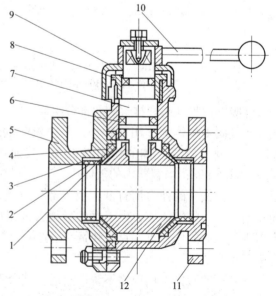

图4-41　手动球阀

1—密封圈；2—阀座；3—蝶形弹簧；4—支承座；
5—左阀体；6—O形圈；7—阀杆；8—压盖；
9—定位帽；10—手柄；11—右阀体；12—球体

阀体 5 和右阀体 11 形成的空间内。球体与两端密封圈之间的接触面形成了球阀的密封面。密封圈的背部装在阀座 2 上，靠蝶形弹簧 3 推动阀座 2，使密封圈 1 弹性地与球体接触，可以自行调节接触面的压紧度，消除温度变化及密封圈的变形与磨损的影响，提高阀的密封性，是一种比较理想的结构。手柄 10 通过阀杆 7 操纵球体 12 在两个支承座 4 和密封圈 1 中转动。当手柄平行于阀体法兰轴线时，球体通孔与两端阀体孔径接通全开；当手柄垂直于阀体法兰轴线时，球体堵住两端阀体，孔径关闭。球阀也可拆去手柄改成气动或多个球阀连动的操纵机构。

2）气控式底阀。图 4-42 所示为气控式底阀。

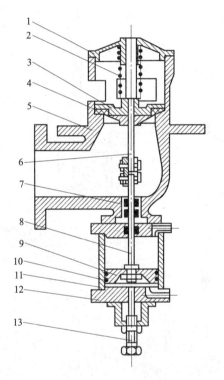

底阀的启闭是由气缸来控制的。当底阀关闭时，阀塞 3 在弹簧 2 的作用下下移，通过密封圈 4 压在阀体 5 上，在弹簧力和液体压力的作用下使之密封；当底阀开启时，压缩气体进入活塞 9 的下腔，推动活塞上移，由活塞推动活塞杆 8、阀杆 6、阀塞 3 克服弹簧 2 和液体的作用力，使阀塞 3 与阀体 5 形成一定的开度，底阀便被打开，液体便可通过底阀。当气控系统失灵时，可拧动螺杆 13，推动活塞杆 8 上移，使底阀打开。

3）带紧急阀式底阀。带紧急阀式底阀的结构如图 4-43 所示。

底阀的阀门 6 的正常开启或关闭是由设置在罐体 2 顶部的底阀操纵手轮 1 来操纵的，由手轮带动万向节 3 和丝杠 4。

（4）紧急切断阀

紧急切断阀是液化石油气罐车的主要安全装置之一。它的作用是：当管路系统突然使阀门 6 上升或下移。液体从上阀体 5 的侧孔经下阀体 7 流出。若在放油过程中出现紧急情况，如发生火灾，来不及或不可能爬到罐体顶部去关闭底阀时，可扳动紧急阀门操纵手柄，迅速地将紧急阀门 8 盖住下阀体出油口，使车辆快速离开现场。

图 4-42　气控式底阀

1—阀盖；2—弹簧；3—阀塞；4—密封圈；
5—阀体；6—阀杆；7—O 形圈；8—活塞杆；
9—活塞；10—密封环；11—缸筒；
12—缸盖；13—螺杆

紧急阀的操纵位置一般设置在汽车的后部或侧面，保证人在地面上就能方便地操纵。

（5）紧急阀

有些油罐车单独设有紧急阀，如图 4-44 所示。

紧急阀在正常使用时处于开启位置（见图 4-44 中手柄 5 和阀门 10 的虚线位置）。当底阀泄漏或在放油过程中发生紧急情况时，可将手柄 5 向上推，阀门 10 在弹簧 9 和液体的作用下关闭出油口，停止放油。此外，在油罐车进行长途运输时，也应关闭紧急阀，防止因车辆的颠簸振动而使底阀松动，造成油液大量泄漏，酿成意外事故。

（6）静电消除装置及措施

为消除油罐车在加油、放油和运油过程中产生的静电，防止静电引起火灾，保证安全运输，油罐车均设有多种静电消除装置。

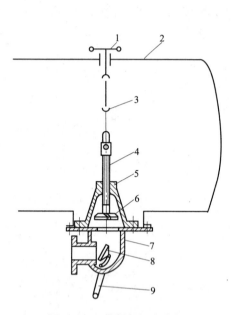

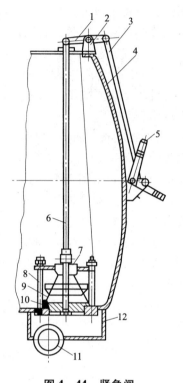

图 4 - 43 带紧急阀式底阀

1—底阀操纵手轮；2—罐体；3—万向节；

4—丝杠；5—上阀体；6—阀门；

7—下阀体；8—紧急阀门；

9—紧急阀门操纵手柄

图 4 - 44 紧急阀

1—臂；2—摇臂座；3—钢丝绳；

4—罐体；5—手柄；6—联动杆；

7—尼龙衬套；8—组合阀；9—弹簧；

10—阀门；11—排液管；12—集油槽

1）拖地胶带或链条。拖地胶带或链条均设在油罐车的尾部，是随车必备装置，常称接地链。其一端与罐体相连接，另一端拖地，在使用过程中绝对不允许将拖地胶带或链条离开地面，以消除油罐车在行驶过程中产生的静电。

2）绞盘式接地装置。该接地装置是油罐车常用的一种静电消除装置，如图 4 - 45 所示。

油罐车在加油或放油的整个过程中，插头 5 必须插入油罐车输油管处的插座中，再将接地棒 1 插入地下或与油库（或加油站）的地线相接，使罐体及输油管路与大地之间形成等电位，从而达到消除静电的目的。导线 2、4 可分别用手摇卷筒进行卷放，用以调整导线各自的使用长度。为减轻油罐车的整备质量，目前有的油罐车上仅设有导静电连接板，使用时，将油库或加油站的地线拉出来，用其夹头夹在油罐车上的导静电连接板上即可。同样，在放油软管的末端也需装有接地导线。

3）静电中和装置。静电中和装置的工作原理是通过电离周围的介质，产生极性相反的离子来中和静电。常用的静电中和装置有感应式中和器（或称消静电管，如图 4 - 46 所示）和放射性中和器。静电中和装置一般安装在过滤器的出油管路上，以消除由于油液与过滤器滤芯的相互摩擦面积增大而聚集的大量的静电。

4）高电导率涂层罐体内壁涂附的防腐涂层应是高电导率的，绝不能采用非金属高阻抗涂层。

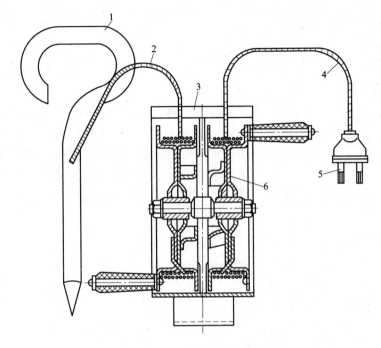

图 4-45　绞盘式接地装置

1—接地棒；2，4—导线；3—外壳；5—插头；6—导线卷筒

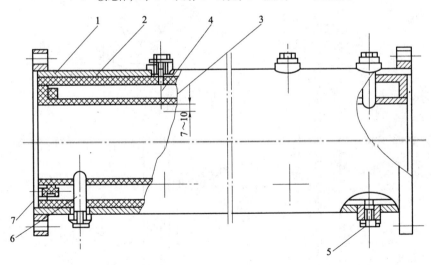

图 4-46　消静电管

1—管体；2—外有机玻璃管；3—内有机玻璃管；4—钨针；5—放气塞；6—定位销；7—螺钉

5）限定油液流速通常规定易燃液体进排的流速不超过 4 m/s。

（7）油泵

加油车用的油泵一般采用压力较低、流量较大的自吸式涡流泵。近年来，不仅润滑油加油车采用了圆弧齿轮泵，燃油加油车也多采用圆弧齿轮泵作为加油车的动力元件，如图 4-47 所示。

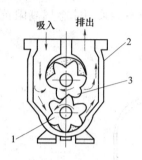

图4-47　圆弧齿轮泵

1—主动齿轮；2—泵壳；

3—被动齿轮

这种泵具有体积小，便于在汽车上安装，并且脉冲小、运转平稳、效率高、噪声低、寿命长等优点。油泵的动力一般来自汽车发动机，经动力输出装置、驱动轴带动齿轮泵旋转，将油液吸入或排出液罐。

（8）软管绞盘

软管绞盘是加油车上均设有的专门用来卷绕橡胶油管的机构，如图4-48所示。

软管绞盘总成由大轴承座6、小轴承座1、小转动轴管2、大转动轴管5、卷筒4、进油管8、密封圈7及锁止装置9等组成。软管绞盘可以快速展开、收拢和存放橡胶油管。绞盘的操纵一般为手动。重型加油车的绞盘常采用链轮、齿轮传动机构或低速液压马达驱动。采用低速液压马达驱动，可使结构更紧凑，传动更方便，而且容易布置。

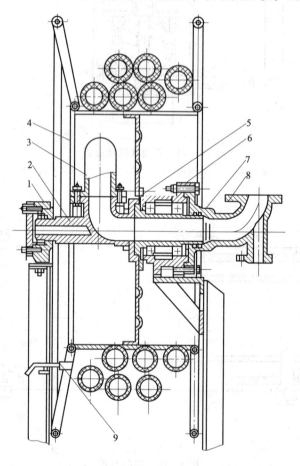

图4-48　软管绞盘

1—小轴承座；2—小转动轴管；3—弯管；4—卷筒；5—大转动轴管；

6—大轴承座；7—密封圈；8—进油管；9—锁止装置

图4-49所示为软管绞盘的转动轴管结构。它由大转动轴管5和小转动轴管2组成，大转动轴管的右端穿过轴承3、4插入固定的进油管8中的密封圈7内，其左端用法兰与小转

动轴管 2 紧固在一起，形成一个转动轴管在轴承和密封圈内转动，实现了软管绞盘转动和密封。

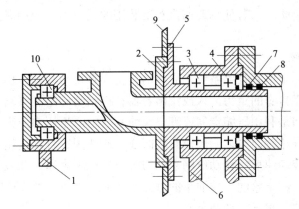

图 4 – 49　转动轴管结构

1—小轴承座；2—小转动轴管；3，4，10—轴承；5—大转动轴管；

6—大轴承座；7—密封圈；8—进油管；9—绞盘辐板

（9）分水过滤器

分水过滤器是飞机加油车的主要装置。其作用是分离和过滤油中的水分、胶状物及杂质，确保加进飞机的油液高度洁净。

分水过滤器的构造及工作原理如图 4 – 50 所示。

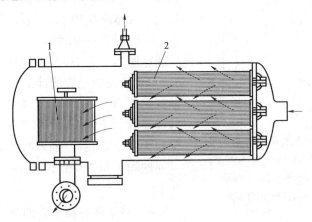

图 4 – 50　分水过滤器的构造及工作原理

1—二级滤芯；2——级滤芯

分水过滤器由两级滤芯和集水器等组成。一级滤芯 2 为聚结滤芯。它由疏水性和柔水性物质组成，如经过特殊处理的滤纸、玻璃纤维、合成材料、毛毡和棉制品等。油液流经滤芯时，首先滤下固体物质，再将胶状物质分离，同时将分离的小水粒聚集成大水滴。这些自由的大水滴滴入由外壳形成的水收集器中。二级滤芯 1 为分离滤芯。其表面涂有一种铁氟龙的柔水物质，当油从滤芯的外面向内流动时，油中的水沿铁氟龙物质的表面滑下，滴在集水池中，达到彻底分离水的作用。经过分水过滤器过滤的油液，其清洁度达到飞机用油的规定标准。

（10）防火消声器

油罐车装用的防火消声器直接装在汽车前保险杠的下面，发动机的排气须经过该防火消声器，确保油罐车安全防火。若使用普通汽车所装用的消声器，使用时必须在排气口加装防火帽。

2. 油罐车管路系统

油罐车油液的装卸是由其管路系统来完成的，主要有重力装卸、机械装卸和气力装卸三种。重力装卸是油液靠自身的重力流入或流出容器；机械装卸是靠管路系统的泵将油液吸入或排出容器；气力装卸是利用压缩空气或真空泵使容器中产生压力或吸力，将油液排出或吸入。运油车的管路系统比较简单，一般设有底阀或二通球阀，且多采用二通球阀直接装在放油管路上，实现重力装卸油液。转动球阀手柄与管路平行时为通，油液自流放油；转动球手柄与管路垂直时为关，停止放油。加油车的管路系统比较复杂，此处仅介绍加油管路系统。加油车一般有普通加油车和飞机加油车。

（1）普通加油车

图 4−51 所示为普通加油车管路系统原理图。其工作过程如下。

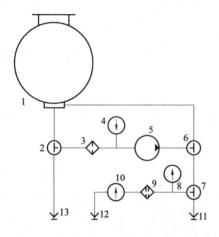

图 4−51　普通加油车管路系统原理图
1—油罐；2，6，7—三通球阀；3—粗滤器；
4—真空表；5—油泵；8—压力表；9—细滤器；
10—流量计；11，12，13—油管接头

1）自流放油。转动三通球阀 2，接通油罐 1 与油管接头 13 的通道，油液便通过三通球阀 2 和油管接头 13 自流放油。

2）将油液经粗滤注入其他容器。转动三通球阀 2，接通油罐 1 与粗滤器 3、油泵 5 的通道，并转动三通球阀 6 和 7，开启油泵 5，使油液按油罐 1→三通球阀 2→粗滤器 3→油泵 5→三通球阀 6→三通球阀 7→油管接头 11 泵出，注入其他容器。

3）将油液经细滤计量注入其他容器。转动三通球阀 2、6、7，开启油泵即可将本油罐内的油液经细滤、计量从油管接头 12 注入其他容器。其流程为：油罐 1→三通球阀 2→粗滤器 3→油泵 5→三通球阀 6 和 7→细滤器 9→流量计 10→油管接头 12。

4）将其他容器中的油液吸入本车油罐内。转动三通球阀 2 和 6，开启油泵即可将其他容器中的油液经油管接头 13→三通球阀 2→粗滤器 3→油泵 5→三通球阀 6 吸入本车油罐 1 内。若需经过计量后进入本车油罐内，则可在油管接头 12 处接输油胶管，将输油胶管的另一端经油罐上部的加油口投入油罐内，开启油泵，即可将其他容器中的油液经油管接头 13→三通球阀 2→粗滤器 3→油泵 5→三通球阀 6 和 7→细滤器 9→流量计 10→油管接头 12→输油胶管吸入本车油罐内。

5）做移动泵站。作为移动泵站使用的操作与 4）相似，其流程为：其他供油容器→油管接头 13→三通球阀 2→粗滤器 3→油泵 5→三通球阀 6 和 7（计量）→细滤器 9→流量计 10→油管接头 12→其他加油容器（不计量）→油管接头 11→其他加油容器。

6）循环搅拌本车油罐内的油液。转动三通球阀 2 和 6，开启油泵，使油液自本车油罐吸入，经三通球阀 2、粗滤器 3、油泵 5、三通球阀 6 再回到本车油罐内，即可完成对本车油

液的搅拌，使其混合均匀。

（2）飞机加油车

图 4 – 52 所示为双挂式飞机加油车的技术装备系统。

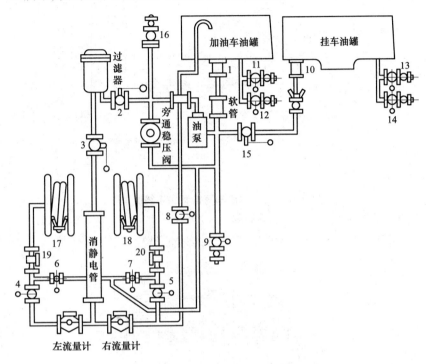

图 4 – 52　双挂式飞机加油车的技术装备系统

1，10—底阀；2，3，15—球阀；4，5，9，11，12，13，14，16—球阀；

6，7，8—球阀；17，18—软管绞盘及自闭式加油接头；19，20—慢关阀

飞机加油车的功能齐全、构造复杂，工作过程比普通加油车增加了注油管路内剩油回罐的功能。当向飞机加油结束时，其实际加油量应为流量计上的计数扣除注油管路内的剩油。因此，注油管路内的剩油必须计量回罐。剩油回罐的操作顺序为：关闭闸阀 15，打开慢关阀 19、20 和球阀 6、7 及球阀 2、3、8，开启油泵。注油管路内的剩油便吸入油泵，经过滤器、球阀 3、左右流量计、球阀 8 回油罐，其回油量便可从流量计上读出。这样加油得到的油量，才是向飞机油箱中加入的实际油量。给飞机加注燃油的油量大、时间短，一般要求 20 min 之内完成飞机的全部加油过程，这就给飞机加油车提出了更高的要求。为提高加油速度，简化操作，有些加油车的控制阀采用二位二通气动阀来控制油液的流向，如图 4 – 53 所示。通过操纵集中在操作室的气动开关来迅速地启闭二位二通气动阀 4、5、11、13、14 和 16，实现加油车的功能，减轻劳动强度，缩短加油辅助时间。

3．油罐车的加热系统

用于装运润滑油、重油等液体的加热油罐车，一般是通过在普通油罐或保温油罐的基础上增设加热系统构成。油罐车的加热系统常采用废气加热、蒸气加热、电加热等方法。

（1）废气加热系统

图 4 – 54 所示为油罐车废气加热系统。

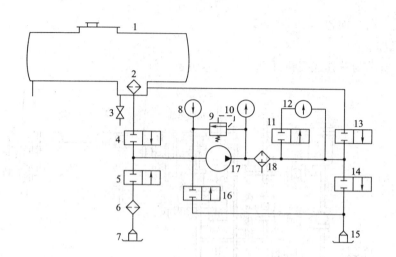

图 4－53　飞机加油车气控管路系统原理图

1—油罐；2，6—粗滤器；3—截至阀；4，5，11，13，14，16—二位二通气动阀；

7，15—油管接头；8—真空表；9—溢流阀；10—压力表；12—流量计；17—油泵；18—分水过滤器

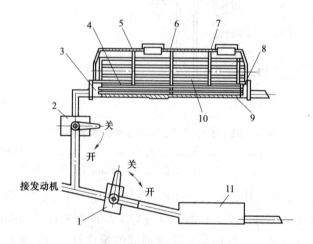

图 4－54　油罐车废气加热系统

1—下控制阀；2—上控制阀；3—前扩张室；4—加热管；5—前折流隔板；

6—中折流隔板；7—后折流隔板；8—后扩张室；9—罐体；10—防波板；11—消声器

在油罐 9 中设有若干加热管 4，通过前扩张室 3、上控制阀 2 与发动机排气相接。当需要对罐体中的油液进行加热时，可打开上控制阀，关闭下控制阀 1，由发动机排出的废气便经过上控制阀 2、前扩张室 3、加热管 4 和后扩张室 8 排入大气，作为热交换器的加热管，以便对罐体中的油液加热；当不需对罐体中的油液进行加热时，可关闭上控制阀，打开下控制阀，发动机排出的废气按正常通道经消声器 11 排入大气。废气加热系统的特点是可以利用发动机废气的热量，加热比较均匀，但罐体结构复杂。

（2）蒸气加热系统

蒸气加热油罐车的罐体内设有若干缠绕式肋片管（或蛇形管）热交换器，通过专用管接头与外部蒸气源相连接，利用外部传入的蒸气热量对罐体内的油液加热。该系统的特点是升温快、加热均匀、结构比较简单、质量轻、应用广泛。润滑油罐车大都设有蒸气加热系

统，以保证其在寒冷季节正常工作。但是，它必须与能提供蒸气的气源配套使用。

（3）电加热系统

电加热油罐车的罐体内设有若干个红外线加热器，通电对罐体内的油液加热。该系统的特点是结构简单、加热效率高。但是，由于加热面集中，加热器周围易产生焦化现象。为此，可采用边加热边搅拌油液的方法来克服。

4. 液体化工物品罐车

液体化工物品罐车又称为化工危险品罐车，简称化工罐车。化工罐车是液罐车的重要品种之一，是运输化工产品所必需的专用罐式车辆。它主要用来装运硫酸、盐酸、硝酸、冰醋酸、液碱、氨水、甲醛、苯、甲醇、乙醇等物品。

（1）化工罐车的排液方式

化工罐车的排放方式有重力排液和动力排液两种。动力排液一般采用气压排液，气压排液的液罐车有压缩空气供给系统和气路控制系统。

（2）气压排液式硫酸罐车

动力排液的硫酸罐车大都采用气压式排液，如图 4-55 和图 4-56 所示（两图零部件对应编号相同）。由空压机 8 排出的压缩空气经油水分离器 7 进入储气筒 6，再由空气导管 2 经卧式升降止回阀 26 分两路送入前、后单室的上部空间。

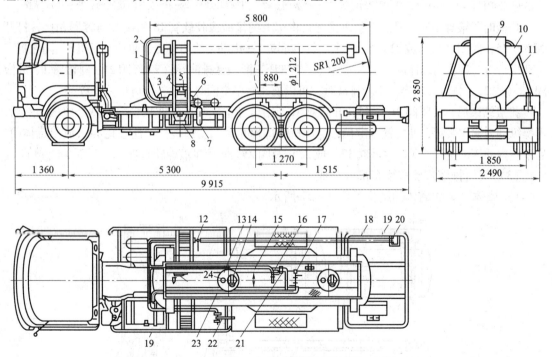

图 4-55 气压排液式硫酸罐车

1—排液管；2—空气导管；3—直通截止阀；4—溢流阀；5—气压表；6—储气筒；7—油水分离器；8—空压机；
9—防护架；10—侧向防护架；11—扶梯；12，15，16，17，21，22—浮动球阀；13，14—人孔及注液孔装置；
18—排液橡胶软管；19—防护栏；20—集油槽；23—空气管道；24—呼吸阀

注液时，先打开浮动球阀 17，罐体内通过该球阀与大气相通。再打开注液孔 14，将基地输液软管塞入注液孔，即可充注硫酸。注液结束后，关闭注液孔和浮动球阀。

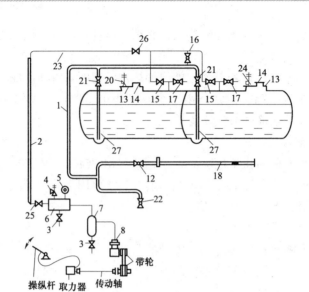

图 4-56　气压排液系统

1—排液管；2—空气导管；3—直通截止阀；4—溢流阀；5—气压表；6—储气筒；7—油水分离器；8—空压机；9—防护架；
10—侧向防护架；11—扶梯；12，15，16，17，21，22—浮动球阀；13，14—人孔及注液孔装置；18—排液橡胶软管；
19—防护栏；20—集油槽；23—空气管道；24—呼吸阀；25—直通截流阀；26—卧式升降止回阀；27—排液导管

　　排液时，液罐车发动机处于怠速状态，将车上的排液橡胶软管 18 的接头与容器相接，打开阀 26、15，阀 21、12（或 22）及阀 25，关闭阀 17。操纵动力输出装置，驱动空压机 8，随之提高发动机转速，逐步向罐体内充入压缩空气，空气压迫酸液从排液导管 27 经阀 21、排液管 1、放液阀 12（或 22）排入接收容器中。排液时，可以前、后单室同时排放，也可单独排放。

　　排液结束后，关闭阀 21 和 15，开启阀 16，用压缩空气吹净排液软管内的剩余硫酸。然后，再操纵动力输出装置，使之置入空挡，空压机随即停止转动。慢慢打开注液孔 14，放出罐体前、后单室内的压缩空气。关闭放液阀 12（或 22）及阀 25，收回排液橡胶软管 18，最后关闭阀 17。

　　（3）气压排液式硫酸罐车部分总成

　　1）罐体。硫酸罐体的结构如图 4-57 所示。

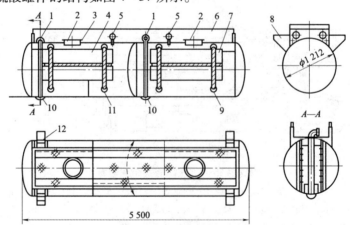

图 4-57　气压排液式硫酸罐车罐体

1—排液管；2—人孔；3—罐体；4，7—防波板；5—空气管；
6—防护框；8—侧向防护架；9，11—立柱；10—凹槽；12—吊钩

罐体一般为圆形截面，中间也用与封头相似的球面形隔板分为若干个单室，每个单室内的装置都一样。罐内两侧各设有纵向防波板 4 和 7，用螺栓固定在立柱 9 和 11 上。各个单室前端装有一根导液管，管的下部伸至罐体底部的凹槽处，上端通到罐体的上部，再经外部排液管通至排液阀。罐体底部凹槽的作用是减少排液终了时的剩余酸液。

罐体上部设有防护框 6，既保护罐体上部的管道及有关附件免受碰撞，又能在罐车发生倾翻事故时对罐体及上部装备起到保护作用。防护框又可兼做操作人员行走的踏板。

罐体每个单室均设有人孔、注液孔和呼吸阀。人孔及注液孔装置如图 4 - 58 所示。

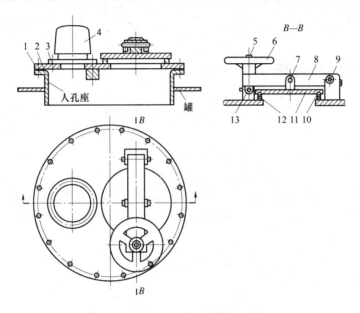

图 4 - 58　人孔与注液孔装置

1—人孔盖；2，3，10—密封圈；4—呼吸阀；5—螺栓；
6—手轮；7，9，13—圆柱销；8—压杆；11—注液孔盖；12—注液孔座

人孔盖 1 与人孔座之间用密封圈密封，并用螺栓予以紧固。注液孔盖 11 与注液孔座 12 之间用密封圈 10 密封。注液孔盖通过圆柱销 7 与压杆 8 相连接。旋松手轮 6，即可将压杆 8 连同注液孔盖一起，以圆柱销 9 为铰支点翻开，若需关闭注液孔时，可以盖好注液孔盖 11，旋紧手轮 6，通过压杆 8 压紧注液孔盖 11。呼吸阀 4 的结构与油罐车上所使用的基本相同。呼吸阀的主要零件中人孔盖、呼吸阀的紧固螺栓均是不锈钢的。密封圈 2、3、10 是用聚硫橡胶制造的，若有严重的变形、老化或破损，应及时更换。

2）油水分离器。油水分离器的作用是分离压缩空气中凝聚的水分和油分等杂质，净化压缩空气。油水分离器是气压排液式硫酸罐车不可缺少的装置。这是由于硫酸具有很强的吸湿性，若压缩空气中富有水分会使浓硫酸变稀，变稀的稀硫酸液体会对罐体及其管道系统产生腐蚀；而压缩空气中的油分会污染硫酸。油水分离器的底部均设有排污阀，应及时按规定排放油水分离器分离（过滤）出来的水、油等污物。

3）储气筒。储气筒的主要作用是储存空压机排出的压缩空气。它还可以降低活塞式空压机所排出气流的脉动，提高进入罐体内的气流的稳定性，从而减少排出硫酸液体的波动性。

4) 卧式升降止回阀。卧式升降止回阀又称单向阀，如图 4 – 59 所示。

它装在罐体上部气压排液系统的水平空气管道上，其作用是保证罐体内硫酸在规定气压下顺利排放，防止压缩空气倒流。阀体 1 用球墨铸铁制造，阀座 2 用聚四氟乙烯制造，阀门 3 及盖帽 4 用不锈钢制造。该阀在 0.588 MPa 气压下进行气密性试验时不得有泄漏现象，否则应修磨阀座 2 和阀门 3 的接触面，阀座 2 若有损坏须及时更换。

图 4 – 59　卧式升降止回阀
1—阀体；2—阀座；3—阀门；4—盖帽

4.2.4　液化气罐车

液化气是指在常温下的气体经过加压或降温处理后制成的液体物质。当压力降低或温度升高时液化气仍会汽化为气体。

液化气罐车的使用领域不断扩大，已涉及石油、化工、航空、煤炭、农渔、饮食和消防等行业，品种也越来越多，如液化石油气罐车、液氧罐车、液氨罐车、液氯罐车和液氢罐车等。由于液化气受压力、温度的影响很不稳定，有些液化气还是易爆、易燃、有毒的物质，因此，在设计、制造、维修液化气罐车时，必须符合国家的有关规定，严格控制产品质量，保证使用安全。

1. 液化气罐车的罐体

液化气罐车的罐体为承压容器，如图 4 – 60 所示。

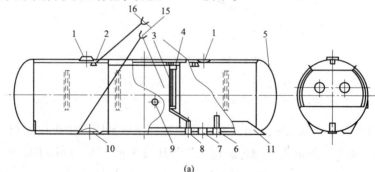

(a)

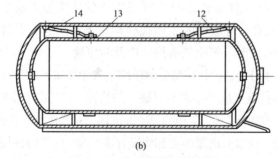

(b)

图 4 – 60　液化气罐车的罐体
1—溢流阀凸缘；2—吊耳；3—气相管；4—防波板；5—液位警报器凸缘；
6—温度计接口；7—液相紧急切断阀口；8—气相紧急切断阀口；9—液位计凸缘；
10—人孔；11—整体罐座；12—吊环；13—内套管；14—外套罐；15—满罐吊位；16—空罐吊位

罐体是液化气罐车的重要组成部分。为降低材料消耗，保证罐体具有足够的强度和刚度，必须采用各个方面受力均匀的圆形截面或球形罐体。

对于装运低温物质或有特殊要求的液化气罐，还必须采取隔热保温措施，防止因超温、超压而发生事故。常采用的措施有以下三种：一是隔热层，在罐体外表层敷设隔热保温材料（如泡沫塑料、玻璃棉、岩棉、聚氨酯等），在其外壳上又包有蒙皮，这种隔热保温方式用途广泛，价格较低，质量也较轻，常用于装运液化乙烯、液化二氧化碳等的罐车；二是真空夹层，如图 4-60（b）所示，在液化气罐的外面再加一层罐体，两层罐体之间填充干燥剂和保温材料，并抽成真空，它具有良好的隔热效果，是装运液氧、液氢等低温介质的理想罐体；三是遮阳板，如图 4-61 所示，它是在罐体的顶部装设防止阳光曝晒的遮阳板，遮阳板与罐体相隔一定距离，形成前后相通的夹层，罐车行驶时，利用流动气流散热，遮阳板采用反光较强的白色，以降低吸热量，这种结构多用于液化石油气罐车。

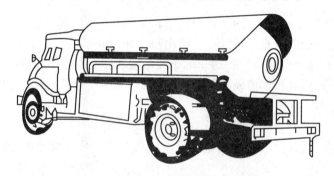

图 4-61　带遮阳板的液压石油气罐车

防波板上开有若干个阻尼孔，如图 4-62 所示，以进一步增大其阻尼作用。防波板结构分为整体式和组合式。目前，大都用螺栓将防波板紧固在预先焊接在罐体内壁上的角钢上。这样，可以避免因防波板直接焊接在罐体上所产生的应力集中，特别是当罐体承受较大的气体压力时，使罐体受力均匀，且便于装配与维修。与液罐车一样，液化气罐车罐体的底部也设有沉淀槽。沉淀槽的形式有平底形、椭圆形、蝶形或球形等。当人孔布置在罐底时，常把沉淀槽和人孔做成一体，使结构更加简单；人孔设在罐体的底部也便于出入、维修方便、清洗彻底。

液化气在常温常压下极不稳定，在储运或使用过程中，液化气会随温度的升高而导致罐体内压力升高，可能会造成罐体的破裂或爆炸。因此，液化气绝对不允许充满罐体，应保留一部分气相空间。

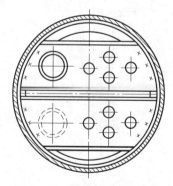

图 4-62　带阻尼孔的防波板

2. 液化石油气罐车的用途及类型

液化石油气罐车是液化气罐车中较多的一种，主要用来装运丙烷、混合液化石油气等液化气体。

液化石油气罐车也有单车、半挂车和全挂车之分。液化气罐体有承载式和半承载式两种形式。普通液化石油气罐车一般都是在其基本车型的基础上改装而成的，如图 4-63 所示，罐体用螺栓固定在汽车车架上。

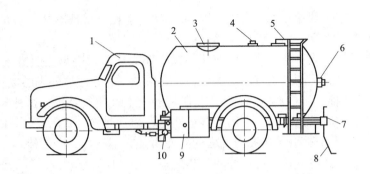

图 4-63　液压石油气罐车

1—汽车底盘；2—罐体；3—人孔；4—溢流阀；5—扶梯及平台；
6—液位指示器接管；7—后保险杠；8—接地链；9—管路操作室；10—泵

罐体上也设有人孔 3、溢流阀 4、液位指示器接管 6、扶梯及平台 5。管路操作室 9 内设有压力表、温度计及液相管（或气相管）的出口，而且都装有溢流阀和紧急切断阀。为防止外界物体从后方直接碰撞罐体，在罐车的车架尾端装有与罐体不相接的缓冲装置后保险杠 7。罐车尾部装有消除静电装置接地链 8，它的上端与罐体和管道连接，下端与地面接触。

3. 液化石油气罐车的部分总成及装置

（1）罐体

液化石油气罐体一般采用 Q345 普通低合金钢板焊接而成。检修时应进行探伤检查，特别是检查应力集中的地方及焊缝。经焊修后的罐体必须消除内应力，并按规定进行水压试验。在试验过程中，罐体不得有显著变形、不均匀膨胀及渗漏现象。

（2）溢流阀

液化石油气罐车采用内置全启式溢流阀，如图 4-64 所示。

该阀属于单反冲盘结构，弹管内的空气逐渐被水泵吸出而产生真空。当吸水管内的真空度达到足以将水源的水吸入水泵时，即可使水不断地经水泵由排水管排出。这时，该种水泵即按普通离心泵的工作原理完成抽水加压作业。

（3）液面计

液化石油气罐车的罐体上必须设置一套检测罐内液面高度的液面计，防止因罐车超量充装而造成事故，并能观察和显示罐内液体的实际容量。常用的液面计有浮球式、压力式和直观式等。其中以浮球式液面计应用最多。

液化石油气罐车上使用的浮球式液面计如图 4-65 所示。

浮球式液面计的工作原理是：浮球 1 随罐体内液面的高度而升降，通过连接杆带动齿轮副 2、轴 3 及"凹"形磁铁 4 转动，由于磁场力的作用，使液面计隔板外侧的"凹"形磁铁 5 也随着"凹"形磁铁 4 的转动而转动，从而就把体内的液面高度间接地反映到液面计的刻度盘 7 上。在液面计刻度

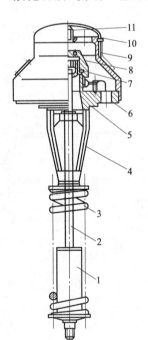

图 4-64　内置全启式溢流阀

1—导向套；2—阀杆；3—弹簧；
4—阀体；5—垫圈；6—下调整环；
7—密封垫；8—反冲盘；9—主罩；
10—防护罩；11—顶紧螺栓

盘的涂色色带上涂有 4 种不同颜色，以表示 4 种不同的充装容积区段。黑色为零位区，绿色为正常充装区，黄色为充装注意区（即充装容积为总容积的 80% ~ 85%），红色为危险区（即充装容积已超过总容积的 85%）。为防止因浮球式液面计失效而无法确认罐内的液面高度，有些罐车在其总容积的 85%、80%、40% 三处分别设有指示阀，以确认罐内的液面高度，避免超载。

（4）紧急切断阀

图 4 - 66 所示为液化石油气罐车上使用的紧急切断阀。

紧急切断阀装在罐车的装卸管路与罐体的连

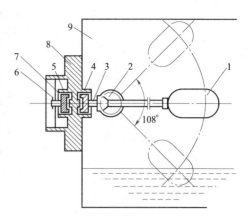

图 4 - 65　浮球式液面计构造原理图

1—浮球；2—齿轮副；3—轴；
4，5—"凹"形磁铁；6—指针；
7—刻度盘；8—壳体；9—罐体

接处。通常情况下，紧急切断阀处于关闭状态，当罐车装卸作业时，通过手压油泵将压力油压入油缸 10，推动活塞顶杆 11 左移，克服回位弹簧 14 的张力，使摇臂 1 的下端向左摆动，带动轴 15 及其凸轮，推动阀杆 9 上移，使过流阀 5 离开阀体 2 而打开紧急切断阀；当罐车装卸完毕或管路系统发生泄漏，需紧急切断液、气通道时，可通过液压控制系统，使油缸 10 卸压，在回位弹簧 14 的作用下，摇臂 1 逆时针摆动，过流阀 5 在大、小弹簧 8 和 3 的作用下回位，紧急切断阀关闭；当液化气体大量泄漏而酿成火灾时，易熔合金 13 在高温下熔化，使液压控制系统卸压，达到自行切断液化气体沿管路系统外泄通路的目的。

4. 管路系统

图 4 - 67 所示为常用的液化石油气罐车管路系统，有的还设有液化石油气计量系统，以达到准确装卸的目的。

管路系统是用来装卸、计量液化石油气的。它由紧急切断阀 2、3 及溢流阀 4，卸压阀 6、8、10 及手压油泵 7，液泵 14，气相管截止阀 11，液相管截止阀 12 和管路等组成。液相管及其截止阀 12 用来控制液体介质的流向。气相管及其截止阀 11 是在装卸液化石油气的过程中与地面上的储液罐接通，起压力均衡作用。液压操纵机构由手压油泵、阀门及管路组成，用来控制紧急切断阀的开启与关闭。这种操纵机构具有传动阻力小、质量轻、布置方便的优点，应用较广泛。液泵 14 是实现加压输送液体介质的重要元件。在液化石油气罐车中，常选用叶

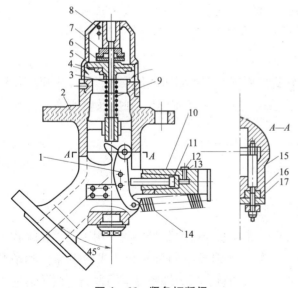

图 4 - 66　紧急切断阀

1—摇臂；2—阀体；3—小弹簧；4—大密封圈；5—过流阀；
6—小密封圈；7—先导阀；8—大弹簧；9—阀杆；10—油缸；
11—活塞顶杆；12—易熔塞；13—易熔合金；14—回位弹簧；
15—轴；16—轴套；17—O 形密封圈

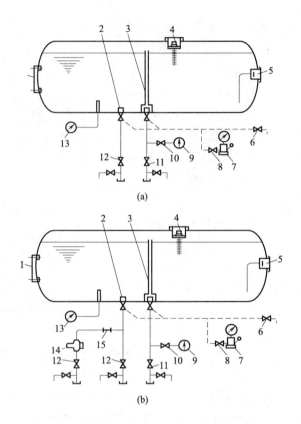

图 4-67　液化石油气罐车管路系统

（a）不带液泵的管路系统；（b）带液泵的管路系统

1—人孔；2，3—紧急切断阀；4—溢流阀；5—液面计；6，8，10—卸压阀；7—手压油泵；
9—液压表；11—气相管截止阀；12—液相管截止阀；13—温度计；14—液泵；15—滤油器

片泵或 Y 形离心泵。

　　管路系统中的硬管均采用无缝钢管，软管采用钢丝编织耐压耐油胶管，管路中避免使用直角管接头。接头的焊接、连接要严密，若接头的 O 形密封圈损坏则应及时更换，不允许用金属敲打罐体和管件，以免发生意外事故。

4.2.5　粉罐车

1. 粉罐车的用途及分类

　　粉罐车是指装运水泥、煤粉、石粉、面粉、化学粉粒等散装粉料的专用车辆。粉罐式按罐体与车架的连接形式，可分为固定罐体（立罐、平卧罐、斜卧罐和斗式粉罐等）和举升罐体两大类；按卸料方式，可分为重力卸料、机械卸料、气力卸料等不同种类；按装运的主要物品，可分为水泥、煤粉、电石粉和面粉等罐车。粉罐车通常按装运的主要物品和卸粉方式命名，如重力卸料散装水泥车、气卸散装水泥车、气卸散装煤粉车、气卸散装化学粉粒车等。

　　粉料的散装运输是指粉料从出厂、运输、储存到使用，不用纸袋等包装，直接通过专用汽车、火车、船舶、集装箱等专用运输工具来运输。这种运输方式以其显著的社会效益和经济效益，赢得了世界上经济发达国家用户的青睐。

下面以应用最广泛的散装水泥运输来说明散装运输的优越性。

1）提高生产效率，改善劳动条件。袋装水泥的装卸劳动强度大、机械化程度低、车辆等待装卸的时间长、生产效率低。

2）不需包装材料，节约包装费用。散装水泥运输不需纸袋等包装材料，每吨水泥比袋装可节约 6 kg 包装纸及相应的辅助材料，同时，也节约了包装时间、人工费用、包装费用及能源消耗。

3）降低水泥损耗，避免环境污染。由于纸袋的破损和纸袋内的残留，造成袋装水泥损耗达 5% 以上。而散装水泥因装卸、储运采用密封、无尘机械化作业，水泥消耗仅在 0.5% 以下。另外，袋装水泥在装卸、储运场地还会造成粉尘迷漫，污染环境。

4）确保水泥质量，延长储存周期。散装水泥在运输、储存过程中均采用专用容器，不易受潮，储存一年也很少变质，而袋装水泥在工棚内堆存 3 个月后，强度将降低 15% ~ 20%。经济发达国家的水泥散装率早已达到 90% 以上，而我国 2010 年的水泥生产总量为 10.64 亿 t，水泥散装率仅为 36.61%，这与我国国民经济的发展不适应，与我国这样一个在世界上生产、使用水泥量巨大的国家地位极不相称。大力发展散装水泥是节约能源资源、保护环境的必然要求。

2. 气卸粉罐车的组成及卸料原理

（1）气卸粉罐车的组成

气卸粉罐车主要由汽车底盘、罐体总成、动力输出装置、气源系统、气路及其控制系统等组成，如图 4 - 68 所示。

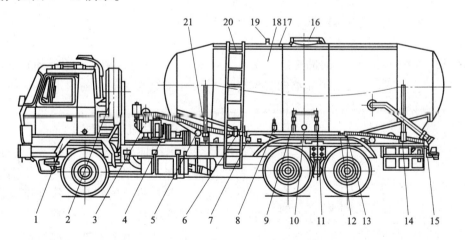

图 4 - 68　气卸粉罐车

1—汽车底座；2—备胎；3—压缩气源系统；4—调速装置；

5—转速表；6—单向阀；7—外接气源装置；8—溢流阀；9—进气阀 Ⅰ；

10—压力表；11—进气阀 Ⅱ；12—二次风阀；13—单向阀；14—卸压阀 Ⅰ；

15—排料蝶阀；16—进料装置；17—平台；18—罐体；19—盖枕；20—扶梯；21—卸压阀 Ⅱ

气卸粉罐车也有无挂粉罐车（见图4-68）、半挂粉罐车（见图4-69）、全挂粉罐车之分。半挂粉罐车除牵引汽车和半挂车底盘以外，其余各专用部分与单车基本相同，全挂粉罐车一般不设气源系统，其罐体上设有外接气源装置，当主车（单车或半挂车）卸料结束后，可将主车气源系统的压缩空气引至全挂车的外接气源装置上，利用主车的气源系统进行卸料作业。全挂粉罐车和半挂粉罐车的罐体也有承载式和半承载式之分。

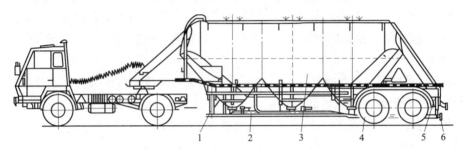

图4-69 斗式气卸粉罐运输车半挂车

1—支承装置；2—气力运输系统；3—粉料罐总成；4—挂车底盘；5—进气快速接头；6—泄料快速接头

（2）气卸粉罐车的卸料原理

气卸粉罐车是使用最广泛的一种散装粉料运输车。它具有较高的卸料速度及送料高度，能适应不同的工作场所的装卸。它的气源主要有：利用车载空压机的压缩空气进行吹卸；利用外接气源进行吹卸；利用汽车发动机排出的废气进行吹卸。

气力吹卸是向粉料罐体中通入压缩气体，通过罐体内的特殊结构及一定的气流方向使粉料松散并与压缩空气混合。混合后的粉料在压缩空气中处于悬浮状态，当打开出料口阀门时，粉料混合气便从罐体流入地面上的储存容器中。在储存容器中设有除尘装置。该装置可将混合气中的空气排出，使粉料积存在储存容器内。

图4-70所示为立式罐体气卸原理图。

卸料时，压缩空气从罐底的进气口6输入，通过多孔板5进入罐内，迫使粉料松散并与压缩空气混合，当打开出料阀4时，粉料混合气便从出料管3排出。

图4-71所示为卧式罐体气卸原理图。

卸料时，压缩空气由罐体底部的多孔板2均匀地进入罐内，使粉料松散并与压缩空气混合。此时，压缩空气通过粉料充满整个罐体空间，迫使粉料从罐体尾部逐渐地排出，直至罐体内的粉料全部排完为止。在某些大吨位的粉罐车上，将卧式罐体分为几个舱，每个舱都构成一个锥形底部的容器，粉料可为上卸式，也可为下卸式，其工作原理相同。

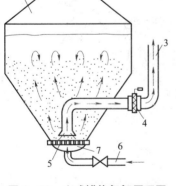

图4-70 立式罐体气卸原理图

1—罐体；2—装料口；3—出料口；
4—出料阀；5—多孔板；
6—进气口；7—气室

3. 气卸粉罐车的部分总成及装置

（1）罐体

气卸粉罐车的罐体均采用圆形截面。图4-72所示为双锥内倾卧式罐体，图4-73所示为斗式罐体。

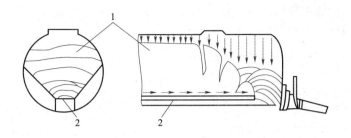

图 4 - 71　卧式罐体气卸原理

1—水泥；2—多孔板

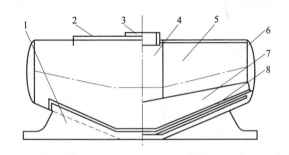

图 4 - 72　双锥内倾卧式罐体

1—底架；2—工作平台；3—装料口；4—圆柱筒；5—锥筒；6—封头；7—侧滑料板；8—流化床

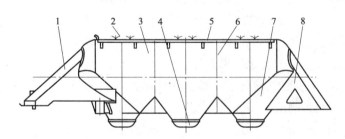

图 4 - 73　斗式罐体

1—鞍座支承架；2—人孔；3—罐体；4 蝶形封头；5—走台；6—隔仓板；7—锥筒；8—后支承架

中小型粉罐多采用圆柱形罐体。这种罐体结构简单、制造方便；大中型粉罐一般采用腰鼓形罐体和斗式罐体，该种罐体制造虽然复杂一些，但它有利于粉料的卸料。

罐体是用低碳钢板焊接而成的。在使用过程中若发生破裂可以焊修，焊修后一般要在 0.196 ~ 0.294 MPa 的压力下进行水压试验。气卸粉料罐车卸料时的工作压力一般不大于 0.196 MPa。

（2）流化装置

粉料的流态化是使粉料变成具有流体流动特性的过程，流化装置是完成上述过程的必要部件，是完成气卸粉料罐的核心。它能使粉料在气体自下而上的作用下，穿过粉料层，使之像沸腾的液体一样，排出罐体。流化装置又称流化床。

1）流化装置的类型。流化装置分为单一型和复合型两类。单一型的外形有圆形、方形、长方形和 Y 形四种。圆形主要用于立罐，方形用于多舱罐，长方形用于倾斜罐，Y 形多用于水平卧罐。上述4种形式可以相互结合，组成复合型流化装置。还有一种适用于双锥或多锥内倾卧式罐体的新型多管式流化装置。

2）流化装置的构造。图4-74所示为圆形流化装置。

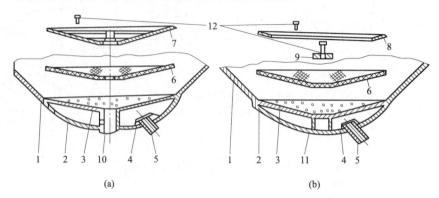

图4-74　圆形流化装置

1—滑板；2—气室壳体；3—多孔板；4—气体分布板；5—进气管；

6—流化元件；7—压盘；8—压圈；9—压块；10—下出料管；11—支承管；12—压紧螺栓

圆形流化装置由滑板1、气室壳体2、多孔板3、气体分布板4、流化元件6及压盘7等组成，根据出料方式的不同分为上出料式和下出料式。滑板1为圆锥体，它既是罐体的一部分，又能起到使粉料下滑集中到流化元件上的作用，以使粉料流态化。多孔板3也是一个用钢板制成的圆锥体，上面钻有许多通孔，排成蜂窝状。其作用是支承流化元件6，并与气室壳体2构成气室，以便气体均匀地通过。进气管5是压缩气体进入气室的通道，为避免压缩气体直接冲击流化元件，影响流化效果，在进气管出口端设有气体分布板4。分布板是一个圆形盒盖，侧面有3~4个通气槽孔，压缩气体通过这些槽孔扩散地进入气室。流化元件6一般采用棉质或化纤帆布制成，用压块9、压圈8或压盘7压紧在多孔板3上。气流穿过流化元件帆布上的编织孔使粉料流态化。

图4-75所示为腰鼓形卧式罐体常用的复合流化装置。

复合流化装置由滑板2、支承架3、多孔板5、流化元件6、压板7等组成。滑板2与罐体1构成气室壳体，多孔板5置于其上构成气室。滑板2与罐体1的母线平行，多孔板5向罐体的出料口倾斜。流化元件6被压板7压在多孔板上，用螺栓8将压板、流化元件和多孔板三者固定在一起。这样，便形成了长方形的流化装置。

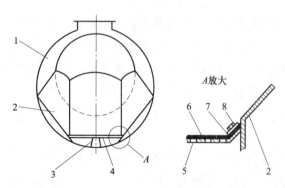

图4-75　复合流化装置

1—罐体；2—滑板；3—支承架；4—流化装置；

5—多孔板；6—流化元件；7—压板；8—螺栓

3）流化元件。流化元件是流化装置的核心，它的作用是使压缩空气通过后形成均匀、细微的气流，又称气体分布板。它对粉料的流态化有极其重要的影响，要求流化元件具有一定的透气阻力，而阻力又能随气流速度的增大而急剧增大；孔隙均匀适宜，布气分散度高，受粉料层厚度影响少；表面光滑平整，易于粉料在其表面流动，透气而不漏料，吸湿性和附着力低；长期使用性能稳定、强度高、耐磨损、耐腐蚀。

常用的流化元件有软质、硬质两类。软质流化元件的材料有棉织帆布、化纤帆布、毛织物等。多层棉织帆布及帆布夹毛毡曾被广泛地用来制作流化元件。近几年来，涤纶等合成纤维的应用越来越广泛。干燥的棉织帆布透气性很好，但容易受潮，受潮后的棉织帆布流化元件织线膨胀，透气性变坏，影响料的流态化。棉织帆布表面粗糙，卸料结束后布层上残留粉料较多。而且棉织帆布流化元件不耐磨，易破损，国外已很少采用。由涤纶等化纤织物制成的流化元件韧性和抗拉强度高，表面光滑，且不易受潮，使用寿命长，是一种比较理想的流化元件。

硬质流化元件是用陶瓷、粉末冶金、烧结塑料等制成的。它具有很好的刚性，不需要多孔板支承，且不易受潮和堵塞，耐磨性好。但它易破碎，制造工艺复杂，价格较高，目前很少采用。

4）软质流化元件。压紧气卸粉罐车的软质流化元件（如帆布）多采用图 4-75 所示的压紧方式，即使用螺栓穿过压板及软质流化元件压紧在多孔板上。这种压紧方式的缺点是装配、维修麻烦，使用寿命低。其一，因为多孔板的边缘与支承板焊接，容易出现焊接变形，所以，其螺纹孔均需在焊接后，重新用丝锥过一遍；其二，软质流化元件所有穿螺栓处都需冲孔，装配时稍有位移，就会造成螺栓与软质流化元件的纤维头绞在一起，给装配带来困难；其三，由于压板与多孔板之间的不平，还有螺栓附近压得紧，远离螺栓处压得松，都会导致流化元件受力不均的现象，造成漏气和早期损坏，影响卸料速度，增加剩料。

为改善上述压紧方式的不足，有的选用楔块压紧方式，如图 4-76 所示。

软质流化元件左右两端的压紧，只需把带有斜面的压紧楔块 4 用螺栓 9 顶紧在多孔板 7 下面的梯形槽弯板 5 中，软质流化元件 8 被牢固地挤在左右两端的梯形槽弯板与压紧楔块之间，并拉紧在多孔板上。流化装置气室的中部和前后两端再用压板压紧。

这种流化元件的压紧方式比螺栓压板的压紧方式拆装方便、密封性强、不漏气，且提高了卸料速度，减少了粉料剩余量，延长了流化元件的使用寿命。

（3）多管式流化装置

图 4-77 所示为用于双锥或多锥内倾卧式罐体的新型多管式流化装置。

这种装置省去了多孔板、滑料板、支承板等，由多根帆布管 2 和内嵌板组成。帆布管 2 的端部与气室 1 相通，用压条、螺栓等将多根帆布管固定在锥形罐体底部的母线上，形成排状并与水平面成一定的夹角。这种多管式流化装置在卸料时，压缩空气由气室 1 经帆布管 2 的帆布进入粉料之间，使粉料流态化。它具有结构简单、成本低、质量利用系数高的特点。

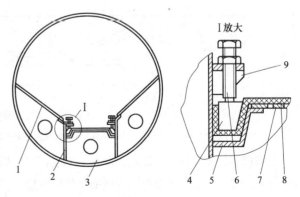

图 4-76　楔块压紧方式

1—滑块；2—支承板；3—横支承；4—压紧楔块；

5—梯形槽弯板；6—压紧螺栓；7—多孔板；

8—流化元件（帆布）；9—螺栓

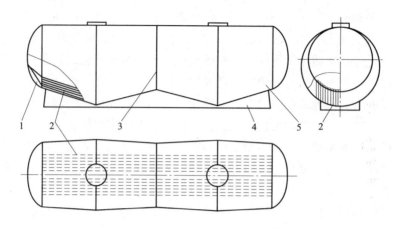

图 4 - 77　新型多管式流化装置

1—气室；2—帆布管；3—隔仓板；4—底架；5—锥形罐体

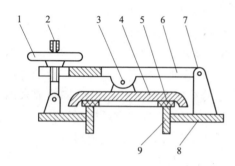

图 4 - 78　普通装料口

1—手轮；2—丝杠；3，7—销；4—装料口盖；
5—密封圈；6—压杆；8—罐体；9—装料口座

图 4 - 79 所示为自封式装料口。

（4）二装料口

粉罐车上的装料口有两个作用：一是装粉料入罐；二是维修时作为人孔。装料口的直径大都在 400 ~ 500 mm。

图 4 - 78 所示为普通装料口。

装料口盖 4 通过销 3 与压杆 6 连在一起，松开手轮 1 即可打开装料口盖；关闭装料口盖，把手轮及丝杠 2 扳至压杆左边的开口处，旋紧手轮，通过压杆和销将装料口盖及密封圈压紧在装料口座上，装料口被密封。这种装料口结构简单、维修方便、使用寿命长。

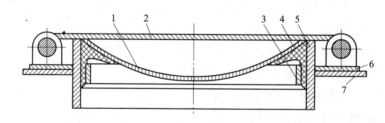

图 4 - 79　自封式装料口

1—球面板；2—顶板；3—压圈；4—唇状密封圈；5—装料口座；6—加强圈；7—罐体

装料口盖的承压面为球面板，装料口盖关闭后，球面板 1 便与唇状密封圈 4 贴合。当气压卸料系统工作时，唇状密封圈在罐内压缩空气的作用下，进一步紧压在球面板上，形成可靠的环形密封带。在装料口座 5 与球面板所形成的楔形及唇状密封圈的综合作用下，罐内的气压越高，装料口盖的密封性越好。一般情况下，只要罐内的气压达到 49 kPa 即可实现可靠的密封。

（5）卸料口

卸料口是粉罐车的卸出装置。图 4 - 80 所示为卧式罐体尾部卸料口。

当罐内气压升到规定值时，操纵卸料口手柄3，使阀门打开，罐内的流态化粉料便从卸料口排出。由进气口1进入罐体尾部的空气可使粉料得到进一步流态化。从进气口2进入卸料口的空气叫二次空气，它的作用是提高输出流态化粉料的速度。在卸料过程中，可以根据输送粉料的距离及高度调节进入卸料口的压缩空气量。进入卸料口的空气量越大，流态化粉料的浓度越小，输送距离越远，高度越高。

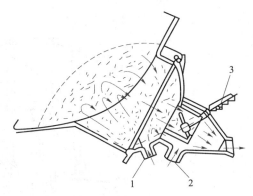

图 4 - 80　卧式罐体尾部卸料口
1, 2—进气口；3—手柄

（6）空压机

气卸粉罐车常用的空压机有叶片式和摆动式两种。空压机由动力输出装置驱动，向粉罐内输送具有一定压力的纯净压缩空气。

图 4 - 81 所示为叶片式（或称旋转式、滑片式）空压机。

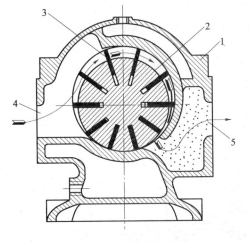

图 4 - 81　叶片式空压机
1—机壳；2—转子；3—叶片
4—进气口；5—排气口

空压机的气缸为圆柱形，气缸内装有与气缸偏心的转子，转子上开有若干个径向槽，槽内装有叶片3。当转子带动叶片高速旋转时，叶片在离心力的作用下，沿径向槽甩出并紧压在气缸的内壁上。由于转子与气缸偏心距的存在，使叶片在整个圆周上与气缸内壁形成的容积发生变化，从而将经过滤清的空气自进气口4吸进，由排气口5排出。随着转子的不断旋转，被压缩的空气可连续排出。由空压机排出的压缩空气需经油水分离器过滤后才能送入罐体内。空压机可采用风冷或液冷，采用液冷时液体通过在机壳1中上下流动对空压机进行冷却。

图 4 - 82 所示为摆动式空压机。

摆动式空压机是一种单缸摆动式风冷空压机。当动力输出装置驱动曲轴2旋转时，通过连杆3使转子4往复摆动而压缩空气。

图 4 - 83 所示为摆动式空压机工作原理。

当转子10沿逆时针方向摆动时，其叶片后方处于低压状态，外部空气便通过进气阀8、13一侧的阀门吸入气缸。此时，进气阀2一侧的阀门关闭。同时，将气缸内上一次工作循环吸入的空气压缩，经阀座6与气缸5形成的排气道，由排气阀3、14排出。当转子从一个止点摆到另一个止点时，便完成一个工作循环；当转子3沿顺时针方向摆动时，进、排气阀以相反的动作进行进气和排气，空压机再完成一个工作循环。由于转子叶片两侧都是工作容积，因此，在转子摆动时，转子两侧都可进行吸气式压气，曲轴不断转动，气缸内就连续排出压缩空气。曲轴每转一周，转子摆动两次，完成两个工作循环。摆动式空压机的曲轴箱与往复活塞式空压机的曲轴箱相似，构造较简单。摆动式空压机的气缸体用灰铸铁制造，转子用球墨铸铁制造。在转子叶片的两端和两侧均开有装密封件的槽。在转子两端的轴颈上车有密封槽，以防轴向漏气

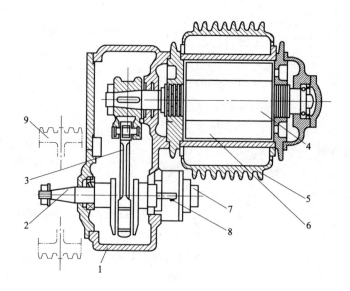

图 4 – 82　摆动式空压机

1—曲轴箱壳；2—曲轴；3—连杆；4—转子；5—气缸；6—阀座；7—油泵；8—滤油器；9—皮带轮

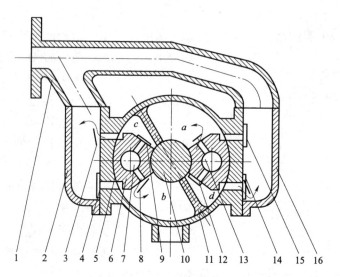

图 4 – 83　摆动式空压机工作原理

1—集气管；2，16—排气阀室；3，4，14，15—排气阀；5—气缸；
6—阀座；7—通气孔；8，9，12，13—进气阀；10—转子；11—叶片

和漏油。转子和气缸体之间靠装在转子叶片密封槽内的石墨碳精片密封，其间并无润滑油，所以排出的压缩空气比较洁净，对粉料无污染，是一种比较理想的空压机。

4. 气卸粉灌车管路系统

图 4 – 84 所示为卧式粉罐车的气压卸料管路系统。

装料时，关闭放气阀 1、卸料阀 5 和多路阀 6，开启排气口 4，打开装料口 3 即可装料入罐；卸料时，关闭装料口 3 及排气口 4，打开多路阀 6，操纵动力输出装置来驱动空压机，向罐内充气加压，当罐内气压达到输送某粉料所需要的压力时，打开卸料阀 5 进行卸料。卸

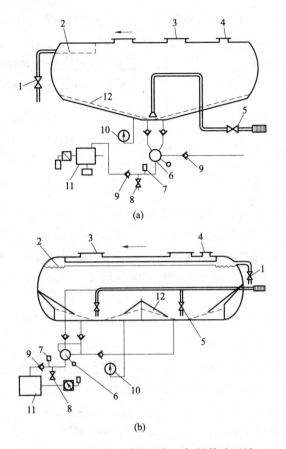

(a)

(b)

图 4-84　卧式粉罐车的气压卸料管路系统

1，8—放气阀；2—滤清器；3—装料口；4—排气口；5—卸料阀；6—多路阀；

7—溢流阀；9—单向阀；10—气压表；11—空压机；12—流化床

料结束后，关闭卸料阀 5，打开放气阀 1，放出罐内剩余的压缩空气。单向阀 9 的作用是防止在卸料过程中，空压机发生故障时，流态化粉料倒流入空压机。溢流阀 7 的作用是控制空压机的排气压力乃至罐体内的充气压力。

图 4-85 所示为斗式粉罐车的气压卸料管路系统。

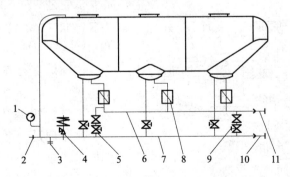

图 4-85　斗式粉罐车的气压卸料管路系统

1—压力表；2—螺纹连接；3—法兰连接；4—溢流阀；5—球阀；

6—卸料管；7—进气管；8—卸料蝶阀；9—止回阀；10—进气快速接头；11—卸料快速接头

该车气源为外接气源，通过进气管道上的螺纹连接 2、法兰连接 3 或进气快速接头 10 与外接气源相连。气体分别通过罐体底部的蝶形封头内部流化床和罐体顶部的进气管 7 进入罐体内部，气体与罐体内粉料混合，呈现流动状态，然后打开卸料蝶阀 8 卸料，粉料与气体的混合物在罐内外压差作用下排出。与卸料管 6 相连的两个球阀 5 在卸料时起助吹作用，以提高卸料速度。

4.2.6 洒水车

1. 洒水车的用途与组成

洒水车是指装有水罐、水泵、喷嘴及管路系统，使水流具有一定压力，经喷嘴向路面喷洒的罐式专用汽车。它不仅要完成运水任务，而且在行驶过程中还要完成洒水作业。

洒水车通常是在普通汽车底盘上改制而成的，也可制成半挂车。洒水车均装有喷嘴，有的还装有高射喷枪，用于洒水、冲洗、喷药、罐内药液循环拌合、浇水，可以自吸，作泵站及应急消防，使洒水车的用途更加广泛。

2. 洒水车的部分总成

（1）水罐

洒水车的水罐体与普通液罐车相似，也是用普通碳素钢板焊制而成的，横截面多为椭圆形，内表面涂有防锈层。因此，在焊修水罐后，不仅水罐的外表面要涂漆，内表面也应涂防锈层。

（2）水泵

洒水车多采用无阀混合式自吸离心泵。水泵的扬程和流量视洒水车的主要功用而定，如以道路施工洒水为主，给洒水喷嘴提供的压力可低于 250 kPa；若以道路扑尘为主，其压力不小于 250 kPa；若以清扫路面为主，其压力不小于 350 kPa。泵的流量一般为 50 ~ 80 m³/h。

图 4 - 86 所示为 3ZX - 8E 型自吸离心泵。它是一种无阀混合式自吸离心泵，由泵体 1、叶轮 2、水泵轴 7、支承壳体 4 和水封 3 等组成。

这种泵是无底阀，其特点是加注引水量较少，而且加注一次引水在短时间停止工作后再起用时，不需再加引水。其工作原理是：水泵工作前须从管道上的加水孔加注 30 ~ 40 L 清水（此引水在一般间断工作过程中不用再加注）。起动水泵，叶轮高速旋转，将引水排入泵体上的气水分离室 8 内。经气水分离室的气体被分离出来，由排水管排出，分

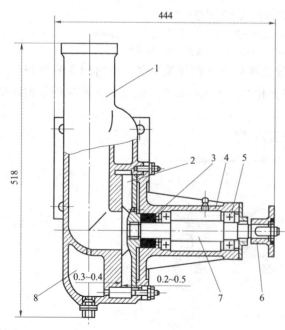

图 4 - 86 3ZX - 8E 型自吸离心泵

1—泵体；2—叶轮；3—水封；4—支承壳体；
5—轴承；6—联轴器；7—水泵轴；8—气水分离室

离出的水回流到水泵进水管，经回水孔再流入叶轮腔。如此循环工作，可以将水泵吸水管内的空气不断吸入水泵，与水泵中的引水混合，再被叶轮排入气水分离室进行气水分离，气体被排出，吸水管内的空气逐渐被水泵吸出而产生真空。当吸水管内的真空度达到足以将水源的水吸入水泵内时，即可使水不断地经水泵由排水管排出。这时，该种水泵即按普通离心泵的工作原理完成抽水加压作业。

（3）五通换向阀

洒水车管路系统中的五通换向阀如图 4 - 87 所示，该阀由五通管 10、弯管 11、水道阀门 8 及左、右控制气缸 1 和 12 等组成。

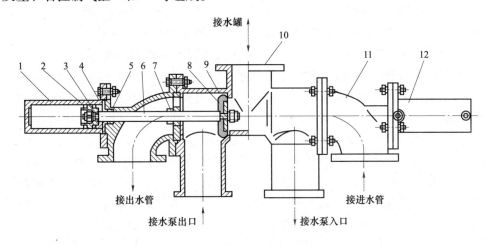

图 4 - 87　五通换向阀

1—左控制气缸；2，9—密封圈；3—活塞；4—水封压板；5—水封；6—活塞杆；
7—支承法兰；8—水道阀门；10—五通管；11—弯管；12—右控制气缸

控制气缸的操纵阀设在驾驶室内，通过操纵手动换向阀来控制气缸活塞 3 的位置，进而控制水道阀门 8 的位置，达到控制水流方向的目的。当洒水车洒水时，向左控制气缸活塞 3 的左腔充入压缩空气，推动活塞、活塞杆及水道阀门右移至五通管 10 的中部（见图 4 - 87 位置），关闭水泵出口与水罐的通道。同时，向右控制气缸 12 活塞的左腔充入压缩空气，推动右半部的活塞、活塞杆及水道阀门右移，离开五通管的中部而关闭水泵入口和水罐与进口管的通道。操纵动力输出装置带动水泵旋转，水泵即可将水罐中的水经五通管抽入，并经五通管由排出管排出，向洒水车喷嘴提供高压水。当洒水车靠车载水泵向其水罐内抽水时，操纵控制阀使气缸及水道阀门做反向移动，关闭水罐与排水管的通道，打开进水管与水泵入口及水泵出口与水罐的通道。起动水泵，即可通过进水管将水源的水吸入水泵，由水泵出口排出，经五通管注入水罐。

由此可见，洒水车的工作情况除与水泵的性能有关以外，还与五通阀的密封有关。若五通阀关闭不严而漏水漏气，直接影响水泵的引水过程和工作效率。因此，应保证水泵及五通阀的良好工作状态。

4.3　厢式汽车

4.3.1　概述

1. 厢式汽车的定义与功能

厢式汽车是指具有独立的封闭结构的车厢或与驾驶室连成一体的整体式封闭结构车厢，装有专用设施，用于载运人员、货物或承担专门作业的专用汽车和列车。

厢式汽车具有装运货物不易损失变质，减少货物的包装费用，改善食品运输的卫生条件，便于实施甩挂运输，有利于运输安全等优点。但厢式汽车比一般汽车的价格高，质量利用系数低，厢体及工作装置维修工作量大、费用高，有些厢式汽车回程利用率低。随着国民经济的发展及汽车技术的提高，特别是厢式半挂汽车列车的发展，厢式汽车越来越体现出它的优越性，应用也越来越广泛，是汽车运输行业中不可或缺的专用汽车。交通部2001年发布《关于道路运输业结构调整的若干意见》，在调整产业结构、整顿和规范交通秩序、加强交通运输体系建设、发展现代交通和现代物流业以适应汽车工业和国民经济协调发展等方面，出台了一系列政策和法规，最大限度地支持并鼓励发展厢式运输车，制定了实现货物运输厢式化的进程。厢式汽车特别是厢式半挂汽车列车必将成为主流产品。

厢式汽车一般都是在基本车型的底盘上改装或单独制造厢式挂车的，根据其车厢的不同可分为客厢式和货厢式。客厢式的车厢与驾驶室一般为整体式结构，如救护车、住宿车、环境监测车、餐车、电视转播车等。货厢式的车厢与驾驶室一般为分体式结构，如厢式零担运输车、冷藏保温车等。车厢的具体结构形式随其功能而异。冷藏保温车的车厢除具有一般车厢的功能以外，还具有隔热、保温的功能；活顶式车厢的顶盖可做垂直升降，以改变车厢容积，满足不同货物的装卸要求；翼开式车厢，便于货物的装卸，提高装卸效率。根据厢式汽车的不同用途，《专用汽车和专用挂车术语、代号和编制方法》（GB/T 17350—2009）规定了各种厢式汽车的名称和定义。

2. 厢式汽车底盘与车厢的选择

（1）底盘的选择

厢式汽车大都直接选用定型的汽车底盘进行改装，它将直接影响厢式汽车的总体布置及车厢的结构形式，因此，底盘的选择在设计中非常重要。

厢式汽车的用途不同，车厢的结构形式不同，所选用的底盘也不同。客厢式汽车通常选用客车专用底盘。因为这类车多数是用于载人或提供服务或完成专门作业等，需要整体车厢结构，便于专用设施的布置。货厢式汽车主要用于载货，通常选用载货汽车的二类底盘改装。货厢式汽车底盘选择除必须考虑动力性、经济性等指标外，通常要求选用长轴距、低质心的底盘，目的是增加行驶的安全性，提高运输效率。

（2）车厢的选择

厢式汽车的车厢可分为客厢式和货厢式两类。客厢式车厢是在客车车身的基础上改装而成的。目前，车厢式车厢的外形多采用直角长方形，其优点是制造工艺简单、生产方便，但其空气流动性能较差。对于行驶速度要求较高的长途车厢式汽车，可以将四角改为圆角，把前围表面做成曲率较小的曲面，试验表明与直角长方形车厢比较，改后的车厢气动阻力明显降低。

为进一步降低整备质量，提高运输效率和效益，有些厢式挂车和厢式半挂车的车架为无纵梁结构，车厢为无骨架结构，车厢板为预制的轻质材料，车厢门只在车厢的后部开设，使车厢形成一个箱式通体，其强度大幅度提高。

总之，厢式汽车的车厢结构形式繁多，很难一一叙述，以下着重介绍车厢式汽车和冷藏保温汽车。

4.3.2 厢式汽车的车厢

1. 厢式汽车的主要参数

（1）车厢容积

车厢容积是指车厢内有效长、宽、高的乘积。它是关系到运输效率和运输成本以及使用方便性等方面的一个重要参数，设计时应考虑车厢的用途、装载质量、货物的密度和包装方式等因素。厢式汽车的最大装载质量与车厢容积和货物密度成正比，而且最大装载质量所形成的体积须小于车厢容积。

（2）车厢地板高度

厢式汽车的车厢地板高度影响货物装卸的方便性和汽车质心高度。地板离地过高，会导致汽车的质心高度明显变高，从而影响车辆的稳定性，装卸货物困难；地板离地过低，轮胎与地板下平面及横梁易发生干涉，严重影响轮胎的使用。影响地板高度的主要因素是轮胎直径及轮胎与地板下平面间的必要间隙，这个间隙一般应不小于 100～130 mm。同时考虑到装载后钢板弹簧的变形或其他意外的冲击，如道路条件不佳、偏载等，还要适当地增大这一间隙，一般为 230 mm 左右。

（3）整备质量

厢式汽车的整车整备质量是指除去货物、人员之外而保证汽车正常行驶和完成使用功能所需要的全部装备质量之和。当底盘选定之后，专用设施和车厢的结构是影响整备质量的主要因素。底盘和专用设施的质量一般由主机厂提供或直接测取，车厢质量只能从所使用的材料估算或用类比法求得。减少车厢质量是提高汽车动力性、经济性和取得效益最有效的方法之一。因此，设计时应在保证车厢具有足够强度和刚度的前提下，尽量减少质量。整备质量是评价和比较不同车型设计、制造及材料利用水平的重要指标，也是车辆轻量化的方向。

（4）质心高度

厢式汽车的质心高度对汽车的行驶稳定性影响较大，特别是对汽车的横向稳定性有着决定性的影响，因此希望质心较低为好。但由于各种条件的限制，使厢式汽车的质心比较高，设计时必须充分考虑。首先应测取或估算底盘各总成及专用件的质量和质心位置，然后利用力矩平衡原理求出汽车的质心位置和轴载质量。当车厢等部件初步布置之后，应对汽车质心位置和轴载质量分配进行计算，以满足设计要求。

2. 车厢要求

车厢是车厢式汽车的主要改装部分，直接影响汽车的某些使用性能和生产成本，因此，车厢的参数设计是十分重要的。

（1）设计要求

1）车厢设计要最大限度地利用汽车的使用面积和载货量，车厢的使用面积完全取决于它的空间和形式，空间的大小一般应与货物的标准包装成倍数关系，形状以长方形为佳。装卸货物的效率完全取决于车厢的形状和门的形式及尺寸，这些均影响厢式汽车的使用功能。

2）校核厢式汽车的最大装载质量和车厢容积。

3）合理的外形。一方面要有利于改善空气动力特性，减少空气阻力；另一方面要与驾驶室的外形相适应、协调，同时要注意美观大方。

4）确保货物运输的安全性，减少运输过程中货物的损失。

5）在保证车厢有足够强度和刚度的条件下，尽量减少车厢质量，以利于提高装载质量，充分发挥其使用功能。

6）具有良好的制造和装配工艺性。

（2）布置要求

车厢在底盘上的布置合理与否，将直接影响轴载质量的分配。前面已叙述，为保证轴载质量的合理分配，车厢与货物的质心应在后轴之前一段距离，通常对长头式后轮双胎厢式汽车取轴距的5%～10%，对平头式后轮双胎厢式汽车取轴距的10%～20%。为防止车厢与驾驶室相撞，车厢与驾驶室之间应留有50～100 mm的距离。

3. 车厢结构

（1）车厢骨架

骨架对车厢的强度和刚度起决定性作用，同时也影响自重。车厢的自重除材料选择的因素外，与骨架的结构关系很大。骨架结构及截面形状设计合理，不仅简化制造工艺，降低生产成本，提高材料利用率，而且能减轻车厢自重，获得足够的强度和刚度。在材料截面积相等和壁厚保持不变的情况下，以管形截面的抗扭刚度最好，矩形次之，开口薄壁截面最差。从抗弯的角度考虑，闭口薄壁截面稍次于开口薄壁截面。从提高整个车厢的刚度出发，宜采用闭口截面。骨架结构设计除满足自身的要求外，还要考虑蒙皮的工艺性与装配性，因为蒙皮要与车厢骨架相连接。实际上，骨架起支承和固定蒙皮的作用。车厢骨架一般都设计成"井"字形的矩形框架结构，常常是先制成前后上下左右几个分总成，然后再装焊。骨架构件一般选用1.2～2.5 mm厚的钢板制成。

底架是整个车厢承载的基础件，受力情况也最复杂，纵梁和横梁常设计成槽形截面，并采用通式结构，二者相互垂直地焊接在两个平面上，形成完整的方框式结构，如图4-88所示。

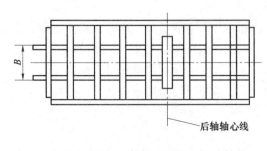

底架纵梁间距离要与所选用的底盘车架的宽度尺寸相同，各横梁的位置应根据后轴的位置确定。后轴中心相邻的两根梁要满足轮胎跳动与运动的要求，因此间距要大一些，一般取1 000 mm左右。其他各横梁间距为500～700 mm。为减轻自重，横梁两边截面可逐渐减小，与纵梁连接处局部加强，使之形成封闭式截面。

图4-88 车厢底板骨架结构

目前，已有无骨架车厢，采用高强度"钢塑夹层板"制作车厢的壁板，同时起骨架的作用，大大减轻了车厢的自重，简化了制造工艺。钢塑夹层板是一种理想的材料。

（2）车厢蒙皮

蒙皮是薄壁板件，由很多大小、形状不同的薄板通过一定的固接方式覆盖在厢体骨架上。每块蒙皮的形状和大小又是根据骨架结构与板料尺寸规格确定的，蒙皮之间留有 15 mm 左右的搭接量，一方面是结构上的需要；另一方面用来自动补偿骨架间隔和蒙皮本身的尺寸误差。蒙皮通常用 0.8 ~ 1.5 mm 厚的薄钢板，也有用铝板或玻璃钢制成。为提高蒙皮刚度，在平板上冲制加强肋，肋的截面形状有三角形、矩形和弧形等，如图 4 - 89 所示。从提高刚度的角度看，弧形最好，三角形和矩形次之。其尖角处留有成形 R 弧。

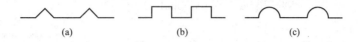

（a）　　　　　　　　（b）　　　　　　　　（c）

图 4 - 89　外蒙板的截面形状

（a）三角形截面；（b）矩形截面；（c）弧形截面

车厢内饰一般采用人造夹层板制成，由于人造夹层板有一定的厚度，不可能像蒙皮那样搭接，只能对接，并采用图 4 - 90 所示的装饰压条封口。由于压条较宽，故对接缝的要求不高，允许有不大于 3 mm 的间隙存在。顶盖四周与壁板的交接处间隙，可用装饰角压条处理。内饰的防护可采用在外表面加盖钢板的方法，这种钢板压制成一定的截面形状，以提高强度和刚度，且从下至上间断布置，使货物直接与这种防护板接触，从而保护内饰件。

（3）车厢附件

1）车厢门。车厢一般设置后门，有利于货物的装卸和行车安全。对长车厢应在侧面加设侧门，对于那些不便于打开后门的地方，可以利用侧门装卸货物。车厢门的形状采用矩形结构，其尺寸原则上应满足装卸货物方便的要求。后门采用全开式，其宽度由车厢宽度确定。侧门的宽度一般为 1 200 ~ 2 000 mm，车厢门可设计成左右对开式，以减少开

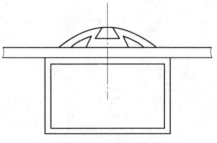

图 4 - 90　装饰压条

启空间。为保证行车安全，侧门应设在右侧，侧门的中心距前端的距离为车厢长度的 1/3 ~ 1/2，否则将失去侧门的作用。车厢门的开启角应满足表 4 - 4 的要求，其目的在于门打开后能旋转到与侧壁相平行的位置，便于将门固定，增加安全性。

表 4 - 4　车厢门的开启角

名称	开启形式	开启角
车厢后门	对开式	270°
	单开式	
	上掀式	90°
车厢侧门	对开式	180°
	单开式	
	摊拉式	

2）车厢窗。货厢式汽车的车厢一般不装开启式或固定式的玻璃窗，但是为便于驾驶员能直接观看到车厢内货物的情况，有时要在车厢前围上开设一个固定式的玻璃窗。设计时注意窗的位置要与驾驶室的后窗相对应，同时要在窗的里层设置防护装置，以免厢内货物撞坏玻璃。车厢内应设置供厢内空气循环的通气孔，一般设置在车厢的上部，并具有良好的防雨、防尘及密封性能。

3）密封条。车厢门关闭后应密封，以防灰尘和雨水浸入厢体内。因此，对密封条有如下的要求：

①有良好的弹性，保证密封可靠。

②有一定的抗老化性能，即在阳光、空气及雨水之中不发生硬化和碎裂。

③有耐候性，在40℃~50℃的温度范围内能起作用。

④强度好且耐磨。

⑤便于成形和装配。

根据上述要求，常选用橡胶作为门的密封材料，如 VAG 4 – 543 – 67 黑色橡胶的硬度 $H_S = 60$，工作温度为40℃~60℃，耐老化，基本上满足使用要求。

4）门梯。车厢地板位置离地大约 1 000 mm，为便于装卸货物，通常在门下部装有门梯。门梯一般设计成两种形式：一种是由普通钢管焊接而成，平时放在车厢下部的滑槽内，使用时拉出；另一种是将门梯固定在车厢门的下部。

4. 车厢与底盘的连接

厢式汽车的车厢与底盘的连接方法采用角铁与U形螺栓并用的结构，如图4 – 91所示。

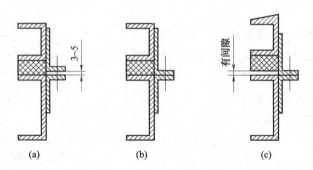

图4 – 91　车厢车架连接角铁与装配

（a）紧固前；（b）紧固后；（c）紧固不牢

装配时上、下角铁之间要有3~5 mm的间隙，以保证螺栓将其紧固。图4 – 91（c）由于上、下两角铁之间未留足够的间隙而使车厢与车架紧固不牢，甚至导致车厢与车架之间存有间隙。

U形螺栓的直径一般不小于16 mm，在车架上的安装间距为1 000~1 500 mm。U形螺栓的长度应根据底盘车架纵梁和车厢底架纵梁及中间垫梁的高度选取。

4.3.3　冷藏保温汽车的用途及分类

1. 冷藏保温汽车的定义与用途

冷藏保温汽车是指装有冷冻或保温设备的厢式货车，用来运输易腐或对温度有特定要求的货物。

在运输过程中，使易腐货物或对温度有特定要求的货物始终处于保质所需要的较低的温度条件下，即使之处于冷藏的温度环境中，这就是冷藏运输。冷藏运输包括产地冷藏库、中转冷藏库、销售冷藏库（柜）以及冷藏运输设备等构成的"冷藏链"中的重要环节，冷藏保温汽车对于保证货物质量有着重大的经济意义。

2. 冷藏保温汽车的分类

（1）按有无制冷装置分类

冷藏保温汽车按有无制冷装置，分为冷藏汽车和保温汽车。装有隔热车厢且装有制冷装置的汽车称为冷藏汽车；装有隔热车厢而未装任何制冷或加热装置的汽车称为保温汽车。我国冷藏保温汽车的使用单位和车辆管理部门，习惯将冷藏汽车和保温汽车统称为冷藏车。日本等国则分为保冷汽车、冷藏汽车和冷冻汽车。保冷汽车即保温汽车；冷藏汽车又称高温冷藏汽车，适用于运送冷藏温度为 0℃ ~12℃ 的新鲜食品；冷冻汽车又称为低温冷藏车，适用于运送冷藏温度为 −15℃ 以下的冷冻食品。欧美各国习惯将保温汽车、一般冷藏汽车和机械冷藏汽车并列为冷藏保温汽车的三大类，《新国际制冷辞典》将冷藏保温汽车分为保温汽车、冷藏汽车和机械冷藏汽车。

（2）按制冷装置的制冷方式分类

按冷藏保温汽车制冷装置的制冷方式，可分为机械冷藏汽车、液氮冷藏汽车、冷板冷藏汽车、干冰冷藏汽车和水（盐）冰冷藏汽车，而保温汽车又可视为无制冷装置的冷藏汽车。

（3）按隔热车厢的总传热系数分类

冷藏保温汽车按隔热车厢的总传热系数，分为强化隔热型和普通隔热型。机械冷藏汽车制冷装置在环境温度为 30℃ 时，厢内温度可调控范围分为 6 级，见表 4 - 5。

表 4 - 5　机械冷藏汽车调温范围

级别	A	B	C	D	E	F
调控范围/℃	12 ~ 0	12 ~ −10	12 ~ −20	≤2	≤ −10	≤ −20

非机械制冷装置的冷藏汽车在环境温度为 30℃ 时，可以保持的厢内温度分为 3 级，见表 4 - 6。

表 4 - 6　非机械冷藏汽车保温范围

级别	A	B	C
保持温度/℃	≤7	≤ −10	≤ −20

装有加热装置的冷藏汽车，在加热装置可使车厢内温度升至 12℃ 以上，且至少保持12 h 的前提下，所允许的环境温度分为 2 级，见表 4 - 7。

表 4 - 7　加热冷藏汽车允许环境温度

级别	A	B
环境温度/℃	−10	−20

第 5 章　工程作业专用车辆

本章知识点

1. 系统阐述了工程作业专用车辆，包括汽车起重机、随车起重运输车辆、拦板起重运输车辆、高空作业车辆、除雪车辆、清障车辆、混凝土搅拌车辆、混凝土泵车辆等。

2. 详细介绍汽车起重机的用途、分类、主要总成及装置结构，介绍随车起重运输车用途和分类，主要总成及装置结构，介绍拦板起重机运输车用途和分类，主要总成及装置结构；

3. 详细介绍高空作业车的用途、分类、主要总成及装置结构，介绍除雪车辆的用途、分类、主要总成及装置结构，介绍清障车辆的用途、分类、主要总成及装置结构；

4. 介绍混凝土搅拌车辆的用途、分类、主要总成及装置结构，混凝土泵车辆的用途、分类、主要总成及装置结构等。

5.1　汽车起重机

5.1.1　汽车起重机的用途和分类

汽车起重机是指装有起重设备，专门用来完成吊装任务的专用汽车。它是一种自行式起重机械，具有操纵方便、机动灵活等优点，广泛用于运输、建筑、矿山等货物分散、吊装工地狭窄、不宜安装起重设备的场地或临时吊装作业。

汽车起重机的分类如下：

1）按起重量分，汽车起重机分为轻型、中型、重型和超重型。轻型汽车起重机的起重量在 5 t 以下；中型在 5～15 t；重型在 15～50 t；超重型在 50 t 以上。

2）按传动装置的形式分，汽车起重机分为机械传动、电力传动和液压传动三种。液压传动汽车起重机是发展最快、使用最方便、应用最广泛的一种，特别是液压技术和液压元件日臻完善，液压汽车起重机的优势更加突出。

3）按起重装置在汽车水平面的转动范围（或转台的回转范围）分汽车起重机可分为全回转式和非全回转式两种。前者的转台可在 360° 内任意转动，后者的转台回转角度小于 270°。

5.1.2　汽车起重机的整体结构

汽车起重机一般由二类底盘改装；除底盘外，汽车起重机还包括取力部分、起重操纵室、起重装置、回转装置、支承装置、电气设备和液压系统等部分，如图 5－1 所示。

取力部分用来将发动机的动力传到起重装置和回转装置，主要包括取力器及其操纵机构。动力一般从变速器或分动器输出。

起重操纵室位于转台之上，便于驾驶员进行起重操作，改善其工作条件。操纵室内部布置有各种操纵装置、指示装置等。

起重装置是起重机的工作装置，用来完成货物的吊起和降落作业，主要包括提取装置（如吊钩、抓斗等）、起升机构（如钢丝绳、滑轮组、起重绞车等）、起重臂及其变幅机构和伸缩机构，它们位于转台之上，可随转台一起回转。

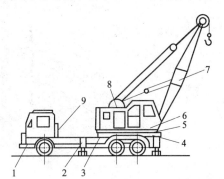

图 5－1　汽车起重机的基本组成

1—汽车底盘；2—支腿；3—回转机构底座；
4—回转机构；5—转台；6—起重操纵室；
7—起重臂；8—起重机构；9—支承架

回转装置用来完成货物的转动作业，包括转台（其上装有起重臂、起重绞车及起重操纵室等）、回转机构及其驱动装置等。

支承装置用来保证起重作业时载荷刚性地传给支承面，减轻汽车悬架、车桥及轮胎的负荷，并且增加汽车稳定性，包括支腿及其附属装置。

电气设备包括起重部分上的照明、信号和操纵室内的音响、风扇、指示装置等。

液压系统借助发动机动力实现对各种装置的控制，由液压泵、操纵阀、溢流阀、液压缸和管路等部分组成。

转台、起重臂、伸缩机构、回转机构、起重机构、变幅机构、操纵室及操纵机构、安全装置等可以绕回转支承做回转运动的部分，又称为上车部分，是起重机的主要工作装置。汽车底盘、副车架及支腿、取力装置、下车操纵机构等，又称为下车部分。上车和下车两部分通过回转支承和中心回转接头连接。汽车起重机如图 5－2 所示。

5.1.3　汽车起重机的主要总成及装置结构

1. 起重臂

起重臂有伸缩式、桁架式和折叠式等形式。

1）伸缩式起重臂。伸缩式起重臂由基本臂和伸缩臂及附属装置组成。由变幅液压缸控制起重臂的仰俯，伸缩液压缸控制伸缩臂的伸缩。伸缩臂可由多个液压缸控制每一节臂的伸缩，也可用液压缸和绳索机构同时控制各节臂的伸缩。后一种方法结构简单、应用较广。

图 5－3 所示为液压缸和绳索机构控制的两节伸缩臂的起重臂。起重臂的截面一般为矩形，为进一步提高其强度，近些年来有的采用五边形，即在开口朝下的槽钢下面接有 V 形钢。一般都采用低合金钢板焊接而成。

起重臂伸缩机构原理图如图 5－4 所示。

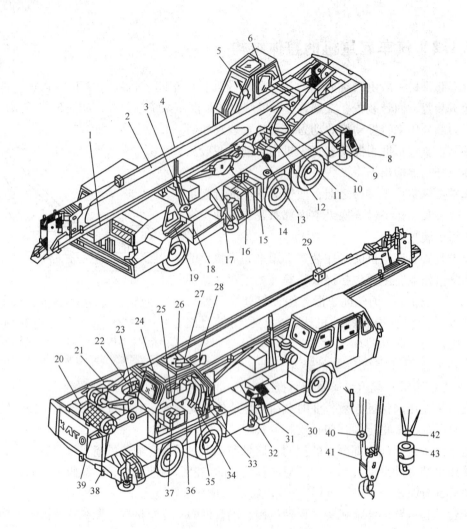

图 5－2　汽车起重机

1—副起重臂；2—起重臂；3—起重臂支架；4—钢丝绳；5—操纵室；6—座椅；7—起重臂固定架；
8—支腿水平外梁；9—回转台；10—回转变速箱；11—回转液压马达；12—中心回转接头；
13—变幅液压缸；14—吊钩托架；15—液压油箱；16—液压油箱固定装置；17—液压泵进油管；
18—加速器控制装置；19—液压泵传动轴；20—液压卷筒；21—蓄能器；22—回转台锁；
23—伸缩臂液压缸；24—卷筒操纵拉手门；25—箱盖；26—自动超重防止装置；27—控制开关；
28—臂杆长度和角度检测装置；29—托轮；30—下车操纵杆；31—支腿液压管路；32—支腿；
33—上车操纵杆门；34—加速踏板门；35—自由降落踏板；36—卷筒离合器操纵杆；
37—卷筒离合器控制阀；38—卷扬机液压马达；39—控制手柄；40—主吊钩过卷限位装置；
41—主吊钩；42—副起重臂过卷限位装置；43—副吊钩

　　基本臂4、第二节伸缩臂3、第三节伸缩臂1逐节滑动套装在一起，各节臂间用滑块支撑。伸缩液压缸7的缸筒前端的铰轴固定在第二节伸缩臂的内侧壁上，其活塞杆铰接端固定在基本臂的铰接点上。两个伸出滑轮11固定在第二节伸缩臂的外侧，一个平衡滑轮2水平固定在第三节伸缩臂上部内壁上，一根粗钢丝绳10绕过平衡滑轮和伸出滑轮后，将其端部固定在基本臂前上部的拉索座上。缩回滑轮8固定在第二节伸缩臂的尾部，一根细钢丝绳9绕过缩回滑轮后，将其端部分别固定在第三节伸缩臂和基本臂上。

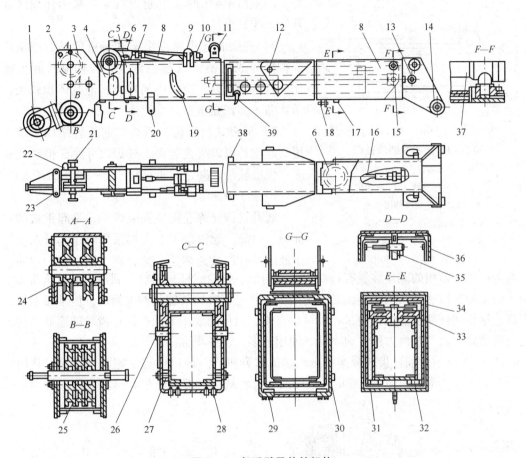

图 5 – 3　起重臂及伸缩机构

1—导向滑轮；2—销孔；3—第三节伸缩臂；4—第二节伸缩臂；5—基本臂；6—粗钢丝绳；
7—细拉索座；8—细钢丝绳；9, 19—导线架；10—粗拉索座；11—托轮；12—变幅铰点；
13—基本臂伸缩铰点；14—铰孔门；15—第二节伸缩臂伸缩铰点；16—拉耳；17, 22—耳板；
18—弹性插销；20—吊耳；21—外伸轴头；23—插销；24—导向滑轮；25—滑轮组；
26—伸出滑轮；27, 30, 36—滑块；28, 29, 31, 32, 34—滑板；33—平衡滑轮；
35—缩回滑轮；37—伸缩液压缸；38—支耳；39—限位行程开关

　　当第二、三节伸缩臂伸出时，伸缩液压缸无杆腔进高压油带动第二节伸缩臂伸出。通过固定在第二节伸缩臂上的伸出滑轮，牵动绕于第三节伸缩臂平衡滑轮上的粗钢丝绳，将第三节伸缩臂同时拉出，并使第二、三节伸缩臂的伸出速度相等，同步伸出。

　　当第二、三节伸缩臂缩回时，伸缩液压缸反向移动，第二节伸缩臂被伸缩液压缸拉回。固定在第二节伸缩臂尾部的缩回滑轮牵动细钢丝绳，将第三节伸缩臂同时拉回，两伸缩臂等速同步缩回。

　　在伸缩式起重臂末节臂的前端，可以接上一个副起重臂，以进一步伸长起重臂。平常不用时，副起重臂折回并固定在基本臂上。当伸缩臂全伸出后，长度仍然不够时，可将副起重臂的大端用销轴接到末节臂（按图 5 – 4 所示为第三节伸缩臂）的前端。副起重臂是用低合金型钢焊接成的桁架结构。

　　伸缩式起重臂结构简单，承载能力大，使用方便，中型起重汽车几乎均采用伸缩式起重

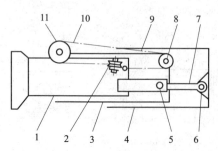

图5-4 起重臂伸缩机构

1—第三节伸缩臂；2—平衡滑轮；

3—第二节伸缩臂；4—基本臂；

5—第二节伸缩臂伸缩铰点；

6—基本臂伸缩铰点；7—伸缩液压缸；

8—缩回滑轮；9—细钢丝绳；

10—粗钢丝绳；11—伸出滑轮

臂。起重量100 t的超重起重汽车，采用伸缩式起重臂的也与日俱增。

2）桁架式起重臂。桁架式起重臂是由型钢焊接或铆接而成的整体式起重臂。它与伸缩式起重臂相比，具有刚性好、应力小的特点，但其体积较大，灵活性差，多用在重型起重汽车上。

3）折叠式起重臂。折叠式起重臂结构紧凑，不用时起重臂可以折叠起来，外形尺寸小，但是铰接点多、强度较低、额定起重量较小，一般不大于5 t。

2. 起升机构

起升机构又称卷扬装置或绞车，是起重机的重要部分。目前，起重汽车上大都采用液压起升系统，它由液压马达、减速装置、离合器、制动器、卷筒、钢丝绳等组成。常用的减速装置有行星齿轮减速器、蜗轮蜗杆减速器、圆柱齿轮减速器等。其中，行星齿轮减速器结构紧凑，传动力矩大，并可将减速装置装到卷筒内，但维修不便，成本高；蜗轮蜗杆减速器结构简单，并可以自锁，但传动效率太低；圆柱齿轮减速器结构较简便、传动效率高、维修方便、成本低、使用较多，但体积大。

图5-5所示为圆柱齿轮减速液压驱动的起升机构。该机构有主副两个卷筒，共用一个液压马达1和一个减速箱7。液压马达经两级齿轮减速，带动两根卷筒轴6同向转动。卷筒

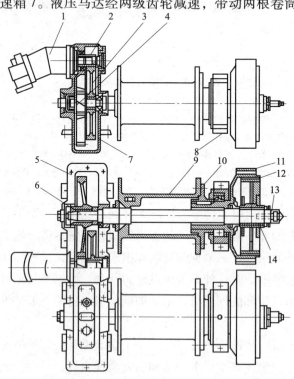

图5-5 圆柱齿轮减速液压驱动的起升机构

1—液压马达；2—齿轮套；3，5—齿轮；4—齿轮轴；6—卷筒轴；7—减速箱；

8—轴承座；9—卷筒；10—接盘；11—制动毂；12—离合器；13—回转接头；14—通油管

9 由滚动轴承支撑在卷筒轴上,并通过接盘 10 与制动毂 11 固定在一起。离合器 12 的转动部分固定在卷筒轴上,当离合器与制动毂结合时,卷筒便与卷筒轴一起转动,实现吊钩的升降。主副两个卷筒、离合器、制动器等结构完全相同,该起升机构采用带式常闭制动器。

图 5 - 6 所示为行星齿轮减速液压驱动的起升机构。它由液压马达 1、制动器 2、第一级行星齿轮 11、第二级行星齿轮 12、卷筒 10 等组成。减速箱壳体 5 装在卷筒 10 中,并与卷筒固定在一起。在液压马达 1 输出轴处,设有液压控制弹簧加载多片式制动器 2。当起升机构不工作时,制动器在弹簧的作用下起制动作用,当起升机构工作时,需向液压电动机供高压油;同时,向制动器供高压油,使制动器控制活塞压迫弹簧解除制动,液压马达驱动行星齿轮及卷筒旋转,实现重物的上升与下降。若液压系统突然卸压(如液压油管爆裂等),制动器中油压也同时降低,制动器在弹簧力的作用下迅速制动,确保工作安全。

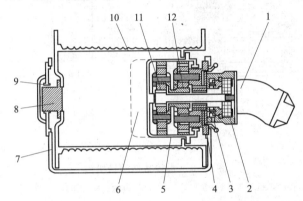

图 5 - 6　行星齿轮减速液压驱动的起升机构

1—液压马达;2—制动器;3—制动控制油孔;4—输入轴;5—减速箱壳体;6—附加行星齿轮级;
7—支架;8—轴头;9—支承轴承;10—卷筒;11—第一级行星齿轮;12—第二级行星齿轮

在起重机械中广泛应用倍率滑轮组,它由一根挠性件依次绕过若干动滑轮和定滑轮而组成的联合装置。按工作原理,倍率滑轮组分为省力滑轮组和增速滑轮组两种,汽车起重机中使用省力滑轮组;按构造形式,倍率滑轮组有单联式和双联式两种,如图 5 - 7 所示。省力滑轮组用于起升物品,它的挠性件的自由端或经过导向滑轮,或直接地卷上绞车卷筒。

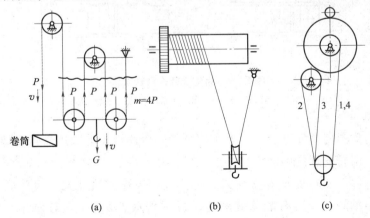

图 5 - 7　倍率滑轮组

(a)省力滑轮组示意图;(b)单联式;(c)双联式

3. 回转机构

回转机构是完成起重臂及转台转动的装置，由液压马达和减速机构组成，一般都采用行星齿轮减速机构，以获得较大的减速比。

图5-8所示为一种液压马达与减速器组成的回转机构。整个回转机构固定在转台上，转台与回转支承的内圈或外圈（动圈）固定在一起，回转机构的输出小齿轮与回转支承的齿圈（不动圈）开式啮合，驱动转台回转。不动圈固定在车架上。回转机构内设液压控制弹簧加载多片式制动器，也是常闭式。

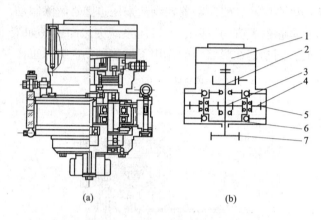

(a)   (b)

图5-8 齿轮减速回转机构

1—液压马达；2—多片式制动器；3—太阳轮；4—行星齿轮；5—齿圈；6—行星架；7—输出小齿轮

图5-9所示为齿轮齿条式回转机构，它是由液压缸5、齿条3、齿轮2等组成。通过液压缸推动齿条，由齿条带动起重臂回转。这种回转机结构简单、工作可靠、成本低，多用于轻型汽车起重机和随车起重运输车。

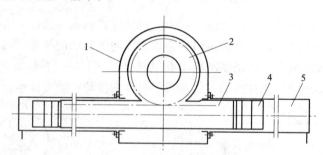

图5-9 齿轮齿条式回转机构

1—回转支承壳；2—齿轮；3—齿条；4—活塞；5—液压缸

4. 回转支承

回转支承的动圈用高强度螺栓和上车部分的转台连接，静圈用高强度螺栓和下车部分的副车架连接。回转支承的中间安装中心回转接头，它是连接上、下车部分之间的油路、气路、电路的部件。回转支承有立柱式、转柱式和滚珠或滚柱式。滚珠或滚柱式回转支承是在动圈和不动圈之间装有滚珠或滚柱，像一个大型滚珠或滚柱轴承，所以又称回转转盘，如图5-10所示。由于回转转盘的滚动阻力小、承载能力大，在起重汽车上得到了广泛应用。

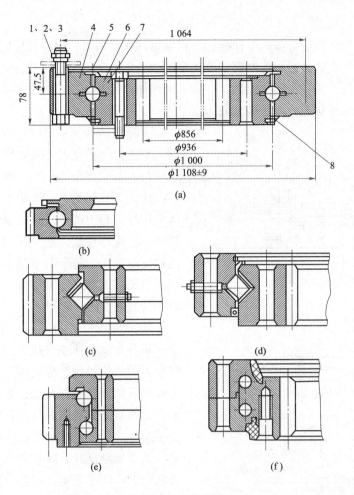

图 5 - 10　回转转盘

（a）内齿圈式单排滚珠转盘；（b）外齿圈式单排滚珠转盘；（c）外齿圈式单排滚柱转盘；
（d）内齿圈式单排滚柱转盘；（e）外齿圈式双排滚珠转盘；（f）内齿圈式双排滚珠转盘
1—螺母；2—螺栓；3—垫圈；4—上滚圈；5—上密封圈；6—内齿圈；7—滚珠；8—下密封圈

按回转转盘中滚动体的排数分为单排式和双排式。

图 5 - 10 （a）、（b）所示的单排滚珠转盘是由内、外座圈合成一个曲面滚道，滚珠与滚珠之间装有隔离块，滚珠和隔离块均由内座圈或外座圈的圆孔中装入滚道，然后将孔堵住，即形成一个回转转盘。单排式滚珠转盘具有质量小、结构紧凑、成本低等优点，但承载能力较小。

图 5 - 10 （c）、（d）所示为单排滚柱转盘，滚动体为圆柱体或圆锥体，成单排排列，相邻滚柱轴线呈90°交叉排列。按滚柱交叉排列数的比例可分为一对一、二对一、三对一和三对二等几种排列形式。单排滚柱式转盘的滚道为锥面，易加工和保证精度，滚柱与滚道的接触面积大，可大大提高转盘的承载能力，延长使用寿命。该转盘不仅能承受轴向和横向载荷，还能承受较大的力矩。但对转盘的安装刚度和精度要求较高。

双排滚珠转盘由上、下两排，滚珠，内、外座圈，隔离块和润滑密封装置组成，如图 5 - 10 （e）、（f）所示。与同样直径的单排滚珠转盘相比，承载能力大大提高，而且装配、维修方便。但其结构复杂、质量大。

5. 支腿

支腿是汽车起重机所必备的工作装置,以满足其作业需要,提高其稳定性和安全性。目前,大都采用液压支腿,通过控制阀将液压泵产生的压力油供给支腿液压缸,从而使液压支腿工作。支腿一般设置在车辆的前后,可从其两侧伸出并升降,有的可根据车辆所带的水平仪把机体调整到水平状态,以适应地面的不平。

支腿的结构形式很多,常用的有 H 式支腿、X 式支腿和蛙式支腿三种。

(1) H 式支腿

H 式支腿如图 5 – 11 所示。它对地面的适应性最好,易于调平,且在反力变化过程中支腿基本无爬行现象,是一种较理想的应用最广泛的支腿形式。每个 H 式支腿一般都设有垂直支承液压缸 1 和水平伸缩液压缸 2,对于跨距较小的轻型支腿,也可人工拉出或推进,不设水平伸缩液压缸。为保证支腿结构体系的稳定,垂直支腿与伸缩支腿 3 固结在一起;为取得更大的外伸距离,前面或后面的左、右伸缩支腿相互错开且平行布置;为增大支腿的接地面积,垂直支承液压缸活塞杆的下部设有一个支承脚 4,多采用万向球铰连接,以保证支承脚与地面接触良好,防止垂直支承液压缸承受横向载荷。H 式支腿一般都是用钢板焊接成的矩形截面结构。

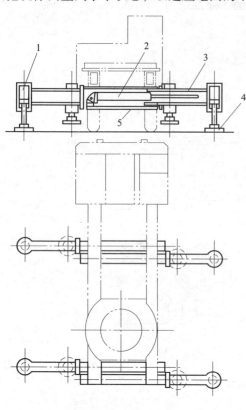

图 5 – 11 H 式支腿

1—垂直支承液压缸;2—水平伸缩液压缸;
3—伸缩支腿;4—支承脚;5—固定大梁

(2) X 式支腿

X 式支腿的垂直支承液压缸 1 作用在固定腿 3 的外侧,当伸缩腿 5 伸出后,垂直支承液压缸实际作用在整个支腿的中部,将支承脚 6 压向地面,完成支承作业,如图 5 – 12 所示。垂直支承液压缸作用在整个支腿的中部,因此,其行程可大幅度缩短。这种支腿也可方便地将车体调平。但当支腿支起车体时,支承脚会产生水平位移,对伸缩液压缸也有推入的趋势,垂直支承液压缸的油压较高。

(3) 蛙式支腿

蛙式支腿的伸缩和支起动作由一个液压缸 7 来完成,如图 5 – 13 所示。活动支腿 4 在液压缸 7 的作用下,以固定支腿 3 下部的销轴 9 为圆心,支承或收起支承脚 5。液压缸尾部的铰支承与固定支腿上部的销轴 2 铰接,液压缸活塞杆头部的连接销 8 在活动支腿的滑槽中滑动。当支承脚着地起支承作用时,活塞杆头部连接销 8 沿着活动支腿滑槽滑至最外端,支起车体(见图中活动支腿的虚线位置);当支承脚收起时,活塞杆头部连接销 8 沿着活动支腿滑槽滑至最里端,直至把活动支腿连同支承脚收起到最高位置。

蛙式支腿结构简单、质量小,液压缸数量少。但活动支腿尺寸有限,支承时水平位移量

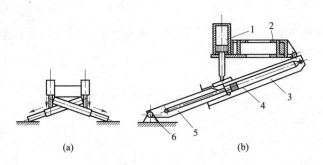

图 5 – 12　X 式支腿

1—垂直支承液压缸；2—车架；3—固定腿；4—伸缩液压缸；5—伸缩腿；6—支承脚

较大，调节性能差且在支反力变化过程中有爬行现象。一般用于中小型作业车。

6. 起重操纵机构

汽车起重机作业范围大、操纵内容多，往往既有上车操纵机构，又有下车操纵机构。上车操纵机构布置在上车操作室内，下车操纵机构位于下车操纵台上。

图 5 – 14 所示为 QY – 8 型汽车起重机操纵机构。上车操作室内的操纵机构包括起重台回转、起重臂伸缩、起重臂变幅和吊钩起升等机构的操纵手柄，油门操纵装置，各种电气设备开关等。下车操纵台上的操纵机构包括油门操纵杆、支腿装置的换向阀操纵杆和支腿调平转阀，其操纵方法见操作台的标牌说明。

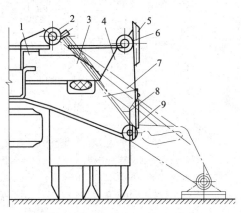

图 5 – 13　蛙式支腿

1—车架；2、6、9—销轴；3—固定支腿；
4—活动支腿；5—支承脚；7—液压缸；8—连接箱

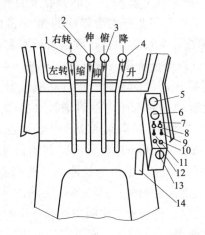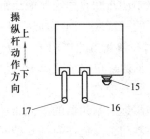

图 5 – 14　QY – 8 型汽车起重机操纵机构

（a）上车操纵机构；（b）下车操纵杆

1—回转手柄；2—起重臂伸缩手柄；3—起重臂变幅手柄；4—吊钩起升手柄；5—40 泵压力表；
6—32 泵压力表；7—风扇开关；8—刮水器开关；9—工作灯开前；10—过卷按钮；11—臂灯按钮；
12—喇叭按钮；13—起动开关；14—加速踏板；15—转阀旋钮；16—换向阀操纵杆；17—节气门操纵杆

7. 液压系统

汽车起重机的工作装置大都采用液压控制，图5-15所示为汽车起重机的液压系统。它为单泵供油、串联油路的开式定量系统。

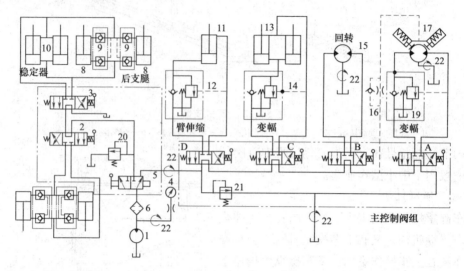

图5-15 汽车起重机液压系统实例

1—液压泵；2—前支腿换向阀；3—后支腿换向阀；4—压力表；5—分路阀；6—滤油器；7—前支腿液压缸；
8—后支腿液压缸；9—液压锁；10—稳定器液压缸；11—伸缩液压缸；12，14，19—液压缸；13—变幅液压缸
15—回转马达；16—单向节流阀；17—制动器；18—液压马达；20，21—溢流阀；22—回转密封接头

液压泵1排出的液压油经分路阀5或流入支腿换向阀2、3或流入主控制阀组（即四联换向阀D、C、B、A）。四联换向阀D、C、B、A依次控制起重臂伸缩、起重臂变幅、转台回转和起升4个动作。由于四联换向阀油路串联，故当空载或轻载时，各机构可以复合动作。溢流阀20可防止支腿油路过载，溢流阀21可防止起升、回转、变幅和伸缩油路过载。液压泵的出口处装有滤油器6，以过滤油液中的杂质。滤油器前的旁路上装有压力表4，节流孔起稳定压力表针的作用。前、后支腿液压缸7和8分别由串联的M形换向阀2和3控制。支腿液压缸上装有液压锁9，以防止支腿在作业过程中自行收缩及行驶和停放时自行下落。后支腿回路中还并联有稳定器液压缸10，以保证支腿支撑起后，车轮不再与地面接触，使作业时有较好的稳定性。液压马达18通过减速器带动卷筒转动。在减速器高速轴上装有制动器17，平时在弹簧力的作用下，使卷筒制动；通入压力油时则解除制动。制动液压缸制动器中的液压油通过单向节流阀16提供，只要起升换向阀A处于中位，制动器就保持制动状态；只有当起升换向阀A处于左位或右位、液压马达转动时，制动器才能解除制动。单向节流阀的作用是使制动器的进油滞后于液压马达，也就是让液压马达先有转动的趋势，然后再逐步解除制动，以免在卷扬开始时，重物发生瞬间滑降现象。换向阀A处于中位时，系统回油路可向液压马达补油，以防马达制动时，进油侧产生吸空。起重机的卷扬、变幅和起重臂的伸缩油路中分别装有液压缸12、14和19，以控制负载下降的速度。在回转机构中无单独制动装置，仅靠换向阀B的M机能来制动。因此，在回转操作中易发生冲击振摆现象。在液压系统的各种回路中，对工作安全性影响比较大的是锁紧回路和平衡回路。

（1）锁紧回路

为使起重举升汽车支腿的垂直液压缸在移动的过程中，能在任意位置上停止，防止停止后在

外力的作用下发生位移，导致意外事故的发生，在起重举升汽车支腿液压缸的进回油路上设有双向液压锁，形成锁紧回路，如图 5 - 16 所示。液压锁实质是两个液控单向阀的组成。

扳动换向阀，使液压锁的 A 口进油，压力油推开液压锁左边的单向阀阀芯 2 进入液压缸的下腔。同时，压力油将液压锁活塞 4 向右推，顶开右边的单向阀阀芯，使液压缸上腔的液压油通过该单向阀和换向阀回油箱。反之亦然，只不过进、回油的方向不同而已。当换向阀处于中间位置时，液压泵不再向液压锁供油，双向液压锁在液压缸的油压作用下，使阀芯紧压在阀座上，油压越高压得越紧，可保证液压油不泄漏并回油箱，使液压缸在外力的作用下不自行伸缩。

（2）平衡回路

为使液压缸或液压马达在负载变动时仍能平稳运动，防止因重力而使液压缸活塞突然下落或液压马达出现"飞速"带来危险，往往在液压起重举升汽车的举升机构、变幅机构等对安全运行有重要影响的回路中，安装一个限制负载下降速度的平衡阀，形成平衡回路，如图 5 - 17 所示。

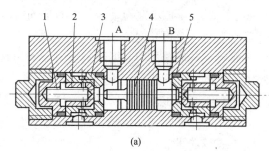

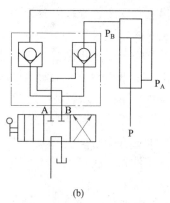

图 5 - 16　液压锁及锁紧回路

（a）双向液压锁；（b）锁紧回路

1—弹簧；2—单向阀阀芯；3—单向阀阀座；

4—活塞；5—密封圈

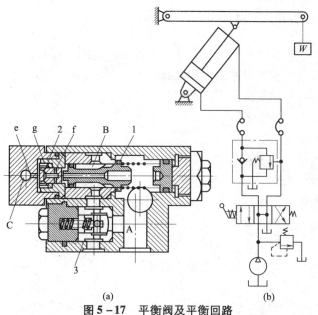

图 5 - 17　平衡阀及平衡回路

（a）平衡阀；（b）平衡回路

1—滑阀；2—导控活塞；3—单向阀

操纵换向阀右移时，压力油通过单向阀 3 进入液压缸下腔，使活塞上移，吊起重物；当换向阀向左移时，压力油进入液压缸上腔，另一股压力油由平衡阀的 C 腔进入经 e 孔推动导控活塞 2 右移，导控活塞推动滑阀 1 右移而打开回油道，使活塞下移，放下重物。由于滑阀上开有节流槽，滑阀开度越大，节流作用越小，滑阀移至左端压至阀座上就可封闭油路。因此，当重物在自重的作用下下降过快时，液压缸上腔油压降低，导控活塞在滑阀弹簧和油压的作用下左移，滑阀的节流作用增大，降低了活塞的下降速度。当换向阀处于中间位置时，液压缸上腔迅速卸压，平衡阀迅速关闭，活塞即停止下降并被锁定在该位置。

由此可见，平衡阀就是使负载作用腔产生一定的背压，以平衡负载的作用力。

8. 起重安全装置

汽车起重机安全装置可以分为两类：报警装置和自动保护装置。

报警装置的作用是当工作装置过载或系统出现异常时发出声响或灯光报警信号，提示工作人员应注意安全或停止作业，否则将发生危险或损坏设备。如 QY - 8 型汽车起重机的过卷报警装置就是当重物升到限定高度时通过报警铃发出声响报警，提示工作人员停止起升操作。报警装置主要由反映行程、速度、载荷等参数的传感器和报警指示装置组成。

自动保护装置的作用是当工作装置过载或系统出现异常时，通过执行元件自动停止有关操作或使系统进入相对安全的工作状态，以免发生危险或损坏设备。自动保护装置一般由传感器、执行元件和控制单元组成。

5.2 随车起重运输车

5.2.1 随车起重运输车的用途和分类

随车起重运输车是在普通载货汽车的基础上改装而成的，带有载货车厢，仍然具有普通载货汽车的功用。除完成本车车厢的货物装卸之外，随车起重运输车还能完成车厢与车厢之间的货物装卸，以及其他起重作业。随车起重运输车的起重装置有前置式、中置式和后置式三种布置形式，如图 5 - 18 所示。

1. 前置式

前置式是指起重装置布置在驾驶室和车厢之间的形式，如图 5 - 18（a）所示。多用于起重能力小于 1 t 的中、小型随车起重运输车，适用于装卸包装成件的货物等。这种布置形式可充分利用货厢面积，并保证起重臂在允许的伸出长度内和相应的运动条件下，能达到车厢的所有位置，车厢面积利用率高。此外，起重装置离汽车发动机较近，从液压泵到起重机液压缸的管道较短，流动阻力小，液压传动效率比其他布置形式高，便于布置，应用较多。在进行这种车型的整车布置时，要注意防止前轴超载。

2. 中置式

中置式是指起重装置布置在车厢中部的形式，如图 5 - 18（b）所示。起重能力一般在 1 ~ 3 t，且采用加长的大、中型汽车底盘。这种布置形式的特点是起重臂短，轴荷分配易于满足要求，基本可保持原车的质心位置，适用于装卸和运输长度整齐的管材、建筑材料、条状物件及木材等，货物沿车厢纵向安放。但由于起重机布置在车厢中部，使车厢面积的利用率较低。

3. 后置式

后置式是指起重装置布置在车厢后部的形式，如图 5 - 18（c）所示。车厢面积利用率高，并可以方便地装卸该车所牵引的全挂车中的货物。但是改变了原车的轴荷分配，使操纵性变差。此外，主车架需做改装设计，并且受载情况变坏，液压管路太长且布置不便。

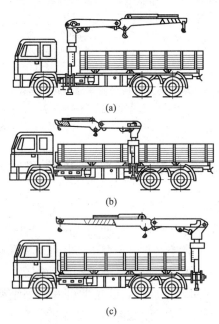

(a)

(b)

(c)

图 5 - 18　随车起重运输车
（a）前置式；（b）中置式；（c）后置式

5.2.2　随车起重运输车的整体结构

随车起重运输车因选择的汽车底盘和对加装的起重机要求及布置不同而有所差异，但部件结构基本相同或相似。无论哪种形式，随车起重运输车均由机架（汽车主车架和起重机的连接架）、起重臂及其支架、回转机构、卷扬装置、支腿、液压系统等组成。

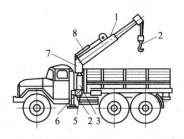

图 5 - 19　前置式伸缩臂式随车起重运输车
1—伸缩臂；2—吊钩；3—回转机构；4—起升装置；
5—机架；6—支腿；7—伸缩臂支架；8—液压缸

图 5 - 19 所示为前置式伸缩臂式随车起重运输车，有伸缩臂 1、吊钩 2、回转机构 3、起升装置 4、机架 5 等伸缩起吊装置。由于起重臂间不能折叠，需由卷扬机经钢丝绳带动吊钩吊运货物。

图 5 - 20 所示为前置式折叠臂式随车起重运输车，有支架 1，折叠式上、下节起重臂 2、3 和伸缩臂 5 等折叠起吊装置。通过举升液压缸 11、折叠臂液压缸 9 和伸缩液压缸 4 实现重物的举升、移位和安放，也可直接用吊钩进行吊运。折叠臂式随车起重运输车具有质心较低、行驶稳定性好等优点，有取代伸缩臂式随车起重运输机的趋势。

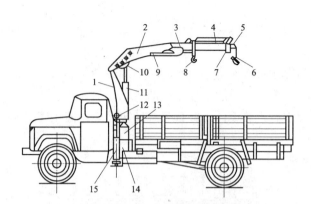

图 5 - 20　前置式折叠臂式随车起重运输车

1—支架；2—下节起重臂；3—上节起重臂；4—伸缩液压缸；5—伸缩臂；6—吊钩；7—中间臂；8—附加吊钩；
9—折叠臂液压缸；10—载荷限位杆；11—举升液压缸；12—操纵阀；13—回转机构；14—机架；15—支腿

5.2.3　随车起重运输车的主要总成及装置结构

1. 起重臂

随车起重运输车的起重臂主要有折叠式和伸缩式两种，以折叠式居多。

如图 5 - 21 所示，折叠式起重臂主要由主臂 1、中间臂 2 和端臂 6 三节组成。中间臂和端臂靠液压缸控制展开程度。主臂为固定臂，下端的滑动配合装于基座 9 内，并由回转机构液压缸 10 带动齿轮齿条控制其回转。折叠式起重臂可有伸缩结构，即在端臂内再装一节或两节伸缩臂，形成单级伸缩端臂或双级伸缩端臂。伸缩臂一般由液压缸控制其伸缩。折叠式起重臂结构紧凑，不用时起重臂可以折叠起来，外形尺寸小，多用于随车起重运输车。但是，折叠式起重臂铰接点多，强度较低，额定起重质量较小，一般不大于 5 t。

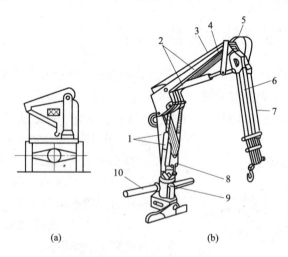

(a)　　　　　　　　　　　(b)

图 5 - 21　折叠式起重臂及起重汽车

（a）起重汽车；（b）折叠式起重臂

1—主臂；2—中间臂；3—输油管；4—连接板；

5，8—输油软管；6—端臂；7—伸缩液压缸；

9—基座；10—回转机构液压缸

2. 回转机构

随车起重运输车在作业时要将货物送到作业范围内的任意空间位置，起重臂就必须具有回转功能。图 5‑22 所示为折叠式起重臂采用的齿轮齿条回转机构。主臂的下端加工成齿轮 [见图 5‑22（a）]，与齿条 1 啮合，齿条由液压缸 3 中的活塞 2 驱动 [见图 5‑22（b）]。当液压缸中的活塞推动齿条运动时，就带动起重臂做回转运动。也可以采用液压马达驱动，通过蜗轮蜗杆或行星齿轮减速传动，实现起重臂做回转运动。

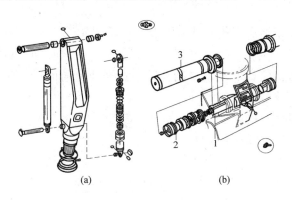

（a）　　　　　　　　　（b）

图 5‑22　折叠式起重臂采用的齿轮齿条回转机构

（a）起重臂的主臂；（b）齿条和液压缸

1—齿条；2—活塞；3—液压缸

3. 液压系统和操纵机构

随车起重运输车液压系统将取力器取出的发动机动力，通过液压泵转换成液压能，然后经液压缸、液压马达等装置，将液压能转换成机械能，使工作装置完成相应动作，如液压支腿的伸缩，起重臂的仰俯、伸缩、回转和折叠等。

图 5‑23 所示为随车起重运输车液压系统。液压油从液压泵 13 进入分配阀 14（滑阀 Ⅰ、Ⅱ）和 5（滑阀 Ⅲ、Ⅳ、Ⅴ）。滑阀 Ⅳ 在中立位置时，液压油打开溢流阀 16，经滤清器 10 流回油箱 11。操作滑阀 Ⅰ、Ⅱ，液压油进入液压缸 1 和 2 相应的腔内，控制支腿伸缩。为了工作可靠，可在支腿液压缸 1、2 顶部装有液压锁 3。操纵滑阀 Ⅲ、Ⅳ、Ⅴ，可以实现起重臂回转、举起或靠重力落下以及起重臂折叠。溢流阀 15 用来防止液压系统过载，可以限制起吊质量。

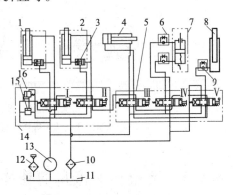

图 5‑23　随车起重运输车液压系统

1，2—支腿液压缸；3—液压锁；4—折叠式液压缸；

5，14—分配阀；6，9—流量控制阀；7—回转机构；

8—举升液压缸；10，12—滤清器；11—油箱；

13—液压泵；15，16—溢流阀

随车起重运输车无上车操作室，操纵机构的操作在驾驶室和车下进行。操纵机构包括起重臂仰俯、伸缩、回转、折叠机构和支腿装置的换向阀操纵机构。

5.3 高空作业汽车

5.3.1 高空作业汽车的用途和分类

高空作业汽车是用来运送工作人员和使用器材到达指定现场，进行作业的专用汽车。高空作业汽车广泛用于邮电通信、市政建设、消防救护、建筑装饰、高空摄影以及造船、石油、化工、航空等行业。它具有机动灵活，转移迅速，覆盖面广，便于接近、到达作业地点，能迅速投入工作等优点。

高空作业汽车按其举升机构的形式，分为伸缩臂式（直臂式）、折叠臂式（曲臂式）、剪式、套筒式和云梯式等，如图 5 – 24 所示。

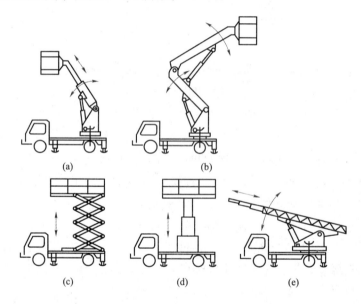

图 5 – 24 高空作业汽车的基本形式
（a）伸缩臂式；（b）折叠臂式；（c）剪式；（d）套筒式；（e）云梯式

5.3.2 高空作业汽车的整体结构

高空作业汽车主要由基车车型的底盘、回转机构、举升机构、作业斗（作业平台）、支腿及控制系统等组成，其中许多结构与起重汽车相似。因此，本节仅对高空作业汽车的部分总成和装置结构予以叙述。

1. 举升机构

（1）伸缩臂式举升机构

伸缩臂式举升机构又称直臂式举升机构，如图 5 – 24（a）所示，是由多节套装、可伸缩的箱形臂构成的。它与汽车起重机伸缩式起重臂一样，也包括基本臂、伸缩臂和液压缸等。只不过在其末端装有作业斗或其他作业装置，而不是起重吊钩而已。它也有变幅液压缸和伸缩液压缸，以实现臂架的变幅和伸缩。伸缩臂节数依据高空作业汽车的最大作业高度而异，对于作业高度不大的汽车，只有 1~2 节伸缩臂。这种形式的作业车最大作业高度可达 60~80 m。由于伸缩臂式举升机构可获得较大的作业高度和变幅，被广泛地用于各种高空作业汽车上。但是，这种作业车的越障能力差。

（2）折叠臂式举升机构

折叠臂式举升机构又称曲臂式举升机构，如图 5-24（b）所示，是通过多节箱形臂折叠而成的。一般采用 2~3 节折叠臂。其折叠方式可分为上折式和下折式两种。各节臂的折叠与展开运动均由各节间的液压缸来完成。这种举升机构可完成一定高度和幅度的作业，其中下折式举升机构还可以完成地平面以下的空间作业（如立交桥涵下的维修与装饰等作业），扩大了高空作业汽车的作业范围。由于折叠臂式举升机构具有灵活多样、适应性好、越障能力强等优点，应用非常广泛。

（3）剪式举升机构

剪式举升机构如图 5-24（c）所示，是多组交叉连杆框架铰接成剪形。一般是通过装在连杆框架间的液压缸的伸缩来改变连杆交叉的角度，从而改变举升机构的升降高度。这种垂直升降的剪式举升机构，能完成较低高度的作业，工作平稳，作业平台较大，被广泛地用于飞机、船舶制造、室内维修、清洁电车线路维修等作业场地。但是，这种作业车越障能力差、工作范围小。

（4）套筒式举升机构

套筒式举升机构如图 5-24（d）所示，是由楔架式、箱式或圆筒式套筒套合在一起，利用液压缸、钢丝绳或链条带动多节套筒的伸缩，完成升降动作。这种举升机构的使用特点与剪式举升机构相似。

（5）云梯式举升机构

云梯式举升机构如图 5-24（e）所示，是由多节楔架式梯子套合在一起，利用液压缸和钢索控制云梯的升降，通过变幅液压缸控制云梯的变幅。这种举升机构结构简单、质量小、功能全、适应性强、工作可靠，能迅速到达作业场点，被广泛地用在消防汽车上，即云梯消防车。

2. 作业斗的调平机构

为保证高空作业汽车作业斗（作业平台）的底平面在动臂的任一位置始终处于水平状态，使工作者能正常作业，且有安全感，必须设有作业斗调平机构。常用的调平机构有重力平衡式、四杆调平式、液压缸等容积式和电液自动调平式等，如图 5-25 所示。

图 5-25（a）为重力平衡式调平机构，是靠作业斗自重保持其底平面水平的。它是将作业臂的顶端与作业平台质心铅垂线上方的某一点铰接，使工作臂无论在什么位置，作业斗在重力作用下始终处于铅垂状态，保持其底平面处于水平位置。到达工作位置时，工作人员可以将作业斗与作业臂锁紧。这种机构虽然结构简单，但是在举升过程中由于惯性力的作用及作业人员的质心不能与作业斗质心完全重合，会使作业斗出现偏移和偏摆，减少工作人员的安全感，已很少采用。

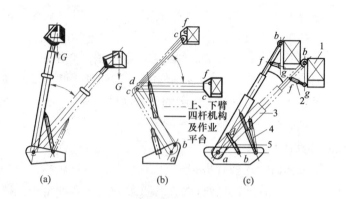

图 5-25　作业斗的调平机构

（a）重力平衡式；（b）四杆调平式；（c）液压缸等容积式

1—作业平台；2—副调液压缸；3—伸缩臂；4—变幅液压缸；5—主调液压缸

图 5-25（b）为四杆调平机构，是利用平行四杆机构调平的，一般用于折叠式动臂。其工作原理是当上、下折臂同时或分别做起伏运动时，通过液压缸使两套四杆机构中的连杆 cd、ef 始终保持与 ab 平行，使与连杆 ef 相铰接的作业斗的底平面在举升过程中始终保持水平。四杆调平机构制造简单、保持位置精确、工作可靠。图 5-25（b）所示四杆调平机构的折叠臂铰接点连线与平衡拉杆 df 平行，还有一种四杆调平机构的折叠臂铰接点连线与平衡拉杆交叉，其上折叠臂末端与作业斗的上半部铰接，有利于安全。

图 5-25（c）液压缸等容积式调平机构，一般用于伸缩式动臂。其工作原理是主调液压缸 5 与副调液压缸 2 的结构、大小、容积完全相同，在作业前两液压缸充满压力油，且两液压缸的有杆腔和无杆腔分别相连，使两缸形成一个封闭回路。当作业臂受变幅液压缸 4 作用时，会带动主调液压缸 5 的活塞杆伸缩；与此同时，和主调液压缸形成封闭回路的副调液压缸 2 的活塞杆则产生相应的伸缩运动。当满足 $ad = ae = bf = bg$ 时，无论作业臂处于何种位置，都能保持作业斗底面基本处在水平位置。

电液自动调平机构即电-液伺服调平机构，通过重力元件和倾斜传感器测量作业臂与作业斗的相对位置及其变化情况，再由电磁伺服阀根据电信号控制伺服液压缸工作，使作业斗自动保持平衡，如图 5-26 所示。

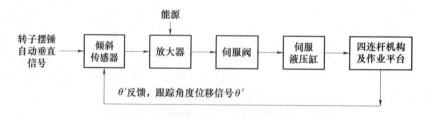

图 5-26　电液自动调平机构原理框图

3. 回转机构

高空作业车通常采用全回转式回转机构，正、反回转方向可根据作业需要进行选择。回转机构的布置形式主要有两种。第一种布置形式是将回转机构布置在回转平台上，并随回转平台一起绕回转支承装置的大齿圈回转，回转小齿轮既做自转运动又做公转运动。由于这种回转支承装置的大齿圈固定在汽车底盘车架上，因此该布置对回转机构的维修比较方便，但有时会使得回转平台上比较拥挤。第二种布置形式是将回转机构固定在汽车底盘车架上，回转小齿轮带动大齿圈回转，而大齿圈和回转平台连接在一起。这种布置形式对回转机构的维修不利，回转平台上的其他机构比较好布置。

回转机构一般由液压马达带动具有减速作用的机械回转装置旋转。回转机构的回转部分和作业斗均安装在回转支承即转台上。图 5 - 27 所示为转台的局部结构，驱动装置（即液压马达和减速器）固定在转台 5 上，其下端装有驱动齿轮 4。回转支承由转台和与车架固定连接的内齿圈座 2组成。当驱动装置转动时，齿轮 4 沿固定内齿圈座滚动，带动转台回转。在转台与固定内齿圈座之间装有滚球或滚柱，减少摩擦阻力。减速器可以采用蜗杆蜗轮传动、摆线齿轮传动或行星齿轮传动等形式。

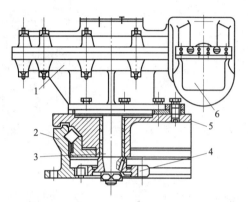

图 5 - 27　转台的局部结构

1—减速器；2—固定内齿圈座；3—轴；
4—驱动齿轮；5—转台；6—旋转用液压马达

4. 操作及安全保护装置

高空作业车一般要求配备上车作业平台和下车操作台两套操作控制装置，而且两套操作控制装置应具有同样的功能。操作控制既可以采用电控操纵，也可以采用液控操纵。高空作业车所有的方向控制，都应使其操作方向和运动方向一致。当松开控制手柄时，运动件应能自动回位或处在中立位置，并且不能因振动等原因而离开原位。

为防止液压升降的作业平台因作业中出现故障而自由下沉，必须在液压系统中设有安全装置。可以采用平衡阀作为液压缸的锁定与下降超速保护装置，并选用具有"0"形功能的电磁阀进行相应的控制。对于采用电力机械升降的作业平台，应配有防止因电路或动力传动故障而引起作业平台自由下降的安全装置。对于靠单独提升钢丝绳或链传动实现作业平台升降的系统，应有断绳安全保护装置，防止平台的自由下降。

高空作业车应配备紧急停止装置，保护高空作业车和各机构的安全。高空作业车必须设置辅助下降装置，如大型高空作业车可起动备用的动力装置，中小型高空作业车则采用手动泵人工辅助下降。

折叠式高空作业车为防止作业平台翻转，下臂处于接近水平状态时，上臂与水平面的夹角不允许超过 78°。为此，高空作业车必须设置限位行程开关，只要上臂与水平面的夹角超过规定值，行程开关立即断电，液压油卸荷，阻止上臂与水平面的夹角进一步增大。同时，蜂鸣器报警，提醒操作人员注意，防止事故发生。

高空作业车的液压或气动支腿，也设置安全保护装置，防止支腿工作时液压或气动管路发生泄漏故障而出现"软腿"。一般采用液压锁进行安全保护，有些作业车同时采用液压锁和机械插销锁定。另外，各支腿之间还应设有互锁装置，确保安全作业。操作时确保：未支好支腿，工作装置不得进行作业；进行高空作业时，支腿不得收回。

5. 液压传动系统

现代高空作业车的工作装置均采用液压传动形式，使之具有无级调速、动作平稳、安全

可靠等特点。图 5 – 28 所示为某高空作业车液压传动系统，它是一个并联开式系统。

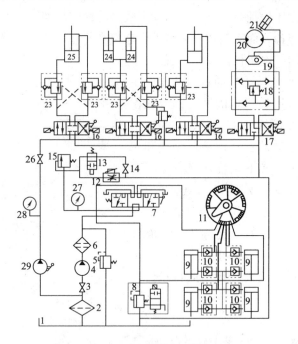

图 5 – 28　某高空作业车液压传动系统

1—油箱；2—粗滤器；3，14，26—截止阀；4—油泵；5—溢流阀；6—精滤器；7—支腿操作阀；8—卸荷阀；

9—支腿垂直油缸；10—双向液压锁；11—旋阀；12—节流阀；13—电磁阀；15—顺序阀；

16，17—手动电磁阀；18—回转缓冲阀；19—校阀；20—液压马达；21—制动器；22—折臂油缸；

23—平衡阀；24—撑臂油缸；25—下臂油缸；27，28—压力表；29—手动液压泵

汽车发动机将动力通过取力器传递给液压泵。液压油从油箱经过粗滤器吸入油泵，泵输出的压力油再经过精滤器进入工作回路。工作装置的动作，如支腿的伸缩、举升机构的升降、转台的回转等，都是通过相应的换向阀控制对应的液压工作装置实现的。不工作时，液压油通过卸荷回路直接回到油箱。

第6章 路面施工专用车辆

本 章 知 识 点

1. 系统阐述路面施工专用车辆，包括振动压路机、路面铣刨机、沥青混合料搅拌机等。
2. 详细介绍振动压路机的结构与工作原理、总体设计、工作参数的选择、振动机构设计、滚压系统设计等。
3. 详细介绍路面铣刨机的结构与工作原理、总体设计及主要参数选择等。
4. 介绍沥青混合料搅拌机的结构与工作原理、主要工作装置设计及选型。

6.1 振动压路机

6.1.1 振动压路机的结构与工作原理

振动压路机是压实机械中最重要的机种。压路机的基本功能是提高各种土壤的密实度，使其达到工程所规定的要求。压实质量是道路工程质量的基本保证。

压实机械通常分为压路机（以滚轮压实）和夯实机（以平板压实）两大类。按施力工作原理的不同压实机械的分类见表6-1。

表6-1 压实机械的分类

压实机	静作用压路机	轮胎压路机	自行式轮胎压路机
			托式轮胎压路机
		光轮压路机	光轮静作用压路机
			三轮静作用压路机
	振动压路机	手扶式振动压路机	单轮手扶式振动压路机
			双轮手扶式振动压路机
		单钢轮振动压路机	光轮振动压路机
			凸块轮振动压路机
		串联式振动压路机	串联式单轮振动压路机
			串联式双轮振动压路机
		振荡式振动压路机	轮胎驱动振荡压路机
			串联式振荡压路机
		组合式振动压路机	轮胎-光轮组合振动压路机
			振动-振荡组合振动压路机
		托式振动压路机	托式光轮振动压路机
			托式凸块轮振动压路机
		冲击式压路机	

续表

夯实机	振动夯实机	振动平板夯实机	单向移动振动平板夯实机
			双向移动振动平板夯实机
		振动冲击夯实机	电动机振动冲击夯实机
			内燃机振动冲击夯实机
	爆炸夯实机		
	蛙式夯实机		

振动压实技术和振动压实机械的出现在压实机械发展史上具有划时代的意义。目前，振动压实机种类繁多、规格齐全，在各种工程中有着广泛的应用。

1. 整机结构及组成

振动压路机主要由发动机、传动系统、振动轮和操纵系统等组成。

轮胎驱动单钢轮振动压路机（见图6－1）的振动轮与牵引部分通过铰接车架相连接，操作人员远离振动源，而且驱动轮胎本身还能起到隔离地面传到机架上的振动作用，所以解决减振问题比较容易。单钢轮振动压路机能适应压实多种铺层材料的需要，甚至微粒大到1 m的岩石填方也能压实。振动滚轮可以更换成凸块轮，适用于黏性土壤的压实。另外，单钢轮振动压路机具有行驶速度快，横向稳定性好，作业场地转移方便等显著优点。

双钢轮串联式振动压路机（见图6－2）具有较高的压实能力和作业效率。与同吨位的单钢轮振动压路机相比较，双钢轮振动压路机压实土壤时的生产效率可提高80%，压实沥青混凝土时的生产效率可提高50%。双钢轮振动压路机特别适用于沥青路面的压实。

图6－1　单钢轮振动压路机　　　　　　　图6－2　双钢轮振动压路机

振动压路机采用铰接式转向机构，通过车架折腰实现转向。位于振动轮框架与牵引车架之间的铰接架，设有垂直和纵向两个铰轴。该铰接架同时起到两车架铰接转向及相对摆动的作用。在铰接架的左右两翼，对称分布有两个双作用油缸。当一边的油缸伸长时，另一边的油缸就收缩，从而实现压路机的转弯。这是一种平衡式的布置，能保证左右两个方向的转弯速度相等。转向油缸的伸缩控制是由方向盘带动的全液压转向器完成的。

制动系统是通过施加制动力来使行驶车辆减振或停止运行的装置。一个完善的制动系统通常包括行车制动、停车制动及紧急制动三套制动机构。

振动压路机的行车制动可由闭式液压驱动系统的中位自锁实现，这种制动用于压路机运行中的制动停车及短时间逗留。在行车时扳动减速操纵杆至中位，使油马达停止供油，并通过油阀的动作切断遮住油箱的油路，同时行走驱动油路处于自锁状态，从而达到制动的目的。停车制动为手制动，用于在压路机停车后能长时间的驻留不动，特别是在坡道上能原地停歇。

2. 传动系统

振动压路机的传动系统用来实现压路机的行走、振动、转向等功能。图 6 - 3 所示为 YZ10 型单钢轮振动压路机的传动系统，其主要由发动机、机械传动系统、液压传动系统、驱动轮胎、振动系统和转向系统等部分组成。该机以 F61912 风冷柴油机为动力，经分动箱带动行走油泵、振动油泵和转向油泵向各系统提供压力油，以驱动压路机的行走、振动及转向执行机构。

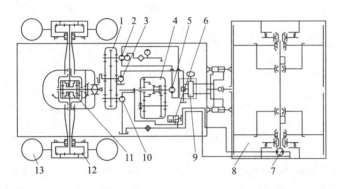

图 6 - 3　YZ10 型单钢轮振动压路机传动系统

1—分动箱；2—行走驱动泵；3—转向泵；4—变速箱；5—行走马达；6—起振阀；7—振动马达；
8—振动轮；9—液压转向器；10—振动油泵；11—差速器；12—轮边减速器；13—轮胎

YZ10 型振动压路机的变速器有三个挡，由后行走油马达驱动工作。拨动滑移齿轮可以实现三个挡位，传动比和速度分别为：$i_1 = 3.7$，$v_1 = 0 \sim 6$ km/h；$i_2 = 2$，$v_2 = 0 \sim 11$ km/h；$i_3 = 1$，$v_3 = 0 \sim 22$ km/h。

驱动桥是轮式工程机械的主要部件组成，通常由主传动器、差速器、半轴、最终传动、桥壳及轮毂等零部件组成。YZ10 型驱动桥的总传动比为 25.74，采用了双曲线锥齿轮主传动、行星齿轮最终传动、牙嵌式自由轮差速器及全浮式半轴结构。

液压系统包括行走、振动和转向三个系统，它们是三个相互独立的系统。压路机在压实作业时，只要发动机是全速运转的，工作速度的任何变化都不会引起振动效率的变化。

图 6 - 4 所示为 YZ10D 型压路机的液压驱动系统，由液压伺服变量轴向柱塞泵和定量轴向柱塞马达组成闭式回路系统。该系统使用变量泵和定量马达组成一个滚压变矩系统，以便提供驱动动轮行走所需的扭矩。通过伺服系统，控制轴向柱塞泵斜盘的倾角大小和倾斜方向，可以改变系统的流量大小及油流方向，从而达到调速与换向的目的。

液压振动系统采用定量齿轮泵和齿轮马达组成开式回路，带动激振器旋转，通过换向阀改变马达的旋转方向，可以实现振动压路机的双振幅转换。

液压转向系统由齿轮泵、内摆线式全液压转向器和双油缸组成。

3. 振动轮与激振器

振动轮是振动压路机进行压实作业的工作机构，振动轮的动作用力和静作用力联合作

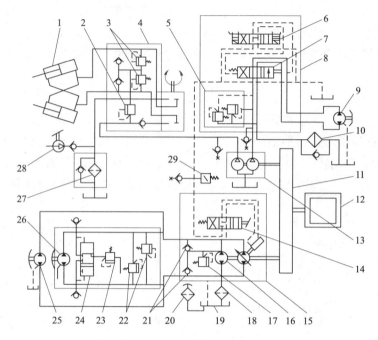

图 6 – 4　YZ10D 型压路机的液压系统

1—转向油缸；2—调压阀；3—缓冲阀；4—液压转向器；5—稳压阀；6—先导阀；7—振动轴换向阀；

8—振动阀组；9—振动马达；10—冷却器；11—分动箱；12—发动机；13—双联齿轮泵；

14—换向伺服阀；15—行走驱动泵；16—补油泵；17，23—溢流阀；18，27—滤清器；19—油箱；

20—空气滤清器；21—补油单向阀；22—安全阀；24—梭阀；

25，26—驱动马达；28—手动供油泵；29—压力开关

用，使被压铺层得以压实。YZ10 型压路机振动轮结构如图 6 – 5 所示，由轮体 6、激振器 5 及减震器 2 三个主要部件组成。轮体是一个由厚钢板卷制焊接而成的钢滚轮，以碟形板和轮辐板围焊成左右两个振动室，室内安装激振器，并注油润滑轴承和散热。整个振动轮用两组圆锥滚子轴承安装在两个轴承座 4 内，并通过安装板及减震器 2、支板 1 与车架相连接。

激振器是在振动轴上装有两个固定偏心块，并横穿一根挡销、中间一个空套的活动偏心块，振动轴支撑在两个调心滚子承上。当振动马达输入动力带动振动轴旋转时，因偏心块旋转而产生离心力，此即为压路机的激振力。又由于振动马达能正反转，挡销会使活动偏心块与固定偏心块产生不同的偏心力矩，从而产生两种不同的激振力及两种振幅。图 6 – 6 所示为偏心块激振器的工作原理，图（a）中激振器顺时针旋转，活动偏心块 1 与固定偏心块 4 的偏心矩相加，振动轮产生大振幅；图（b）中激振器逆时针旋转，活动偏心块与固定偏心块的偏心矩相减，振动轮产生小振幅。

YZ10 型振动轮有两个振动室，装有两

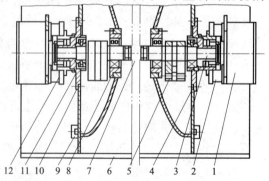

图 6 – 5　YZ10 型压路机振动轮结构

1—支板；2—减震器；3—连接套；

4—轴承座；5—激振器；6—轮体；

7—传动轴；8—内轴承座；9—油标；

10—外轴承座；11—振动轴承；12—车架轴承

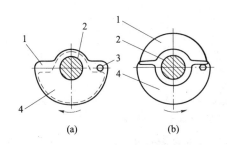

图6-6　偏心块激振器的工作原理

（a）顺时针旋转；（b）逆时针旋转

1—活动偏心块；2—振动轴；

3—挡销；4—固定偏心块

组激振器，它们以一根花键轴连接同步转动，其中的右振动轴由液压马达驱动。

减震器被安装在振动轮支座与减震器支承板之间，两端每组四块，用于衰减振动轮的振动对上车的干扰。YZ10型振动轮的减震器为圆截面橡胶块，其两端黏结带孔的矩形钢板，用螺栓与相关件紧固。

4. 振动压实原理

在振动压实时，被压材料铺层中存在内力和外力。内力包括材料颗粒之间的黏聚力和摩擦力以及颗粒自身的重力，外力包括压路机所给予的静压力、由于振动作用使被压材料颗粒产生的惯性力以及上层材料对下层材料的重力。材料颗粒的惯性力是克服其内部运动阻力的条件，在振动时有较大质量的大块料粒会得到较大的惯性力，它们将首先脱离相邻料粒而向下移动。如果含有不同大小颗粒的材料进行长时间的振动，则可能出现大颗粒都处在下层现象，这种层析现象将不利于工程的稳定性。因此，振动压实过程应该在材料具有最大密实度及大小颗粒相互掺和而填满空隙时结束，此时分层离析还未发生。

振动压路机的压实能力与其滚轮的线载荷、振幅、频率及碾压速率有关，但在其量值计算上有许多不确定的因素。尽管静压实作用力和激振力是两种不同性质的力，将它们简单地叠加是不科学的，但为了能够粗略地评价一台振动压路机的压实能力，在许多情况下还是使用了当量线载荷这个并不确切的概念。振动压路机的当量线载荷可按下式计算：

$$q_B = K_p \frac{G + F_0}{b} \tag{6-1}$$

式中　q_B——振动压路机的当量线载荷，N/cm；

　　　G——振动轮的分配载荷，N；

　　　F_0——激振力幅值，N；

　　　b——振动轮宽度，m；

　　　K_p——考虑振动作用的超加系数，$K_p = 5.4 - \dfrac{F_0}{5G}$，也可由有关曲线查取。

在压实非黏性土时，最大接触压应力通常超出土壤的强度极限，因此在铺层表面略有松散，这种表层松散现象会随着压实遍数的增加而加重。因此，不管是从表层松散还是从材料分层离析的角度来看，过多地增加振动压实遍数是无益的。

振动压实土壤时，要达到理想的压实效果，主要取决于两个条件：一是振动加速度使材料的内摩擦力被消除或减小、土颗粒处于运动状态，为有效压实创造条件；二是压路机要有一定的静作用力和冲击压力波，以对土壤产生足够压应力和剪切应力。

压路机的振动压实是一个复杂的随机过程，为研究的需要，把被压铺层的土视为与压路机下车（振动轮）和上车（车架）组成共同的有效振动系统，从而建立一个振动压路机系统模型（见图6-7），可以用数学

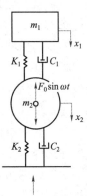

图6-7　振动压路机计算模型

方程来描述"机 – 土"振动系统的运动规律。

假设如下：

1）假设土壤是具有一定刚度的弹性体，其阻尼呈线性，刚度系数为 K_2，阻尼系数为 C_2，减震器的刚度和阻尼分别为 K_1 和 C_1。

2）振动压路机的上、下车质量简化为具有一定质量的质量块，上车为 m_1，下车为 m_2。

3）振动压路机工作的任何一个瞬时，振动轮都保持与地面紧密接触。

设 x_1 和 x_2 分别为上、下车质量的瞬时位移，ω 和 F_0 分别是激振力的角频率和幅值，则振动压路机的运动方程为

$$\left.\begin{array}{l} m_2 \, \ddot{x}_2 + (C_1 + C_2) \dot{x}_1 + (K_1 + K_2) x_2 - C_1 \, \dot{x}_1 - K_1 x_1 = F_0 \sin \omega t \\ m_1 \, \ddot{x}_1 + C_1 \, \dot{x}_1 + K_1 x_1 - C_1 \, \dot{x}_2 - K_1 x_2 = 0 \end{array}\right\} \qquad (6-2)$$

该微分方程的解为

$$x_1 = F_0 \left(\frac{A_2^2 + B_2^2}{C^2 + D^2} \right)^{1/2} \sin (\omega t + \varphi_1) \, ; \, x_2 = F_0 \left(\frac{A_1^2 + B_1^2}{C^2 + D^2} \right)^{1/2} \sin (\omega t + \varphi_2)$$

$$\varphi_1 = \arctan \frac{B_1}{A_2} - \arctan \frac{D}{C} \, ; \qquad \varphi_2 = \arctan \frac{B_2}{A_1} - \arctan \frac{D}{C}$$

式中　$A_1 = K_1 - m_1 \omega^2$，$B_1 = C_1 \omega$，$A_2 = K_1$，$B_2 = C_1 \omega$，

$C = K_1 K_2 - (m_1 K_1 + m_1 K_2 + m_2 K_1 + C_1 C_2) \omega^2 + m_1 m_2 \omega^4$，

$D = (K_1 C_2 + K_2 C_1) \omega - (m_1 C_1 + m_1 C_2 + m_2 C_1) \omega^3$；

φ_1——激振力 F_0 与上车位移之间的夹角；

φ_2——激振力 F_0 与下车位移之间的夹角。

无阻尼状态下振动系统的一阶、二阶固有频率（角频率）ω_1 和 ω_2 分别为

$$\left.\begin{array}{l} \omega_1 \\ \omega_2 \end{array}\right\} = \left[\frac{m_1 K_1 + m_1 K_2 + m_2 K_1 \mp \sqrt{(m_1 K_1 + m_1 K_2 + m_2 K_1)^2 - 4 m_1 m_2 K_1 K_2}}{2 m_1 m_2} \right]^{1/2}$$

振动压路机振动轮对地面作用力 F_a 的大小不仅与振动压路机本身的振动参数有关，而且还与被压土壤的刚度和阻尼有关。F_a 可按下式计算：

$$F_a = [(K_2 x_2)^2 + (C_2 x_2)^2]^{1/2} \qquad (6-3)$$

从式（6 – 3）可见，振动压路机对地面的作用力 F_a 是土壤弹性变形抗力 $K_2 x_2$ 和阻尼力 $C_2 x_2$ 的和。前者与振动压路机的瞬时振幅及土坡刚度有关，后者与振动速度及土壤阻尼有关。因此，振动压路机对地面作用力的大小与土壤的物理特性有密切关系。由于土壤物理特性的随机性，F_a 也同样具有随机性，这就说明，振动压路机对地面的作用力 F_a 并不同于其激振力 F_0。有的压路机激振力很大，但它并没有完全作用在被压的铺层上，其压实效果也就不一定最好，只有对地面作用力 F_a 较大的振动压路机才可能获得较好的压实效果。

设计振动压路机时，总希望压路机对地面的作用力 F_a 越大越好。提高 F_a 值的关键在于合理地选择压路机的振动频率 ω 和振幅 F_0。

大量的现场测试和实验研究结果都证明了对以上"机 – 土"振动系统数学模型的理论分析与实测数据是基本相吻合的，这说明此"机 – 土"振动数学模型是可信的，其有关理论的推导也是正确的。这个数学模型既有与实际情况相符合的特点，又具备了在数学上便于处理的优点。但在一般情况下，这个数学模型还只能用于定性分析，这是因为振动压实时的

实际情况远非前述的假设条件那样简单。因此，许多振动压实技术上的关键问题还需通过实验研究来寻求正确答案。

6.1.2 振动压路机的总体设计

1. 技术参数的确定

压路机的主要技术参数是决定压路机基本技术特性的整机参数，在实际设计工作中通常应用类比法寻求这些参数的变化规律。压路机的主要技术参数大致可分为四类：

1）主参数工作质量，由设计技术任务书给定；

2）工作极限参数，有一个给定的取值范围，由行业技术标准规定；

3）工作速度，按压实工艺要求确定；

4）设计参数，由设计者根据需要与布置确定。

（1）压路机的工作质量、质量分布及线载荷

工作质量是压路机的主参数，我国压路机的质量规格已经形成了一个以吨为单位的系列参数。

压轮在压路机总质量中占有很大的比例，这也是压路机不同于其他工程车辆的重要特点。串联式振动压路机的压轮占 35% ~ 42%，轮胎驱动单轮振动压路机的压轮占 40% ~ 50%。另外，在轮胎单轮驱动的振动压路机上，驱动轮的分配质量为 45% ~ 50%；全轮驱动串联式振动压路机的前后轮分配质量取相等或相近；全轮驱动单轮振动压路机振动轮的分配质量取整机的 60% ~ 65%。

压路机的线载荷 q（N/cm）由压轮的分配质量除以轮宽度而得。在初步设计时也可按以下公式进行估算：串联振动压路机，$q = 300\varphi^{5/8}$；单轮振动压路机，$q = 300\varphi^{3/4}$，其中 $\varphi = 0.1\ W$。

行程中，安装在振动轴承支架上的加速度传感器能收集到地面的反馈信号，并将其传输到 SPS 数据存储处理系统中。信号经过运算和处理后，SPS 将指令发送给一个带有行程传感器油缸，该油缸能自动调节两根偏心轴的相位角。随着被碾压铺层物料由松软变硬，激振力的方向会自动地由垂直变为水平。这样一种调整过程是动态连续的，从最大垂直振幅到最小垂直振幅的反应时间不超过 1 s。

Variocontrol 系统与 Variomatic 系统有相同的工作原理，所不同的是 Variocontrol 系统是在一根偏心轴上安装了两组反向同步旋转的偏心块。

1）偏心振子设计计算。

激振器的偏心质量部分通常称为"偏心振子"，偏心振子的结构形状取决于激振器的结构选型。激振器的设计应是确定它们的结构尺寸，并计算出偏心质量和静偏心距。

偏心块可由以下公式分别计算出偏心质量（m_0）和静偏心矩（m_e）：

$$m_0 = \rho \cdot A \cdot \delta \qquad\qquad (6-4)$$

$$m_e = gm_0\gamma_0 = g\rho \cdot A \cdot \delta \cdot \gamma_0 \qquad\qquad (6-5)$$

式中　m_0——偏心质量，kg；

　　　m_e——静偏心矩，kg·m；

　　　ρ——偏心质量的材料密度，对钢材取 $\rho = 7.85 \times 10^{-6}$ kg/mm^3；

　　　δ——偏心部分的长度，mm；

A——偏心块的截面面积，mm^2；

γ_0——偏心块的偏心矩，$kN \cdot m$；

g——重力加速度，m/s^2。

在设计时，先根据振动轮的结构和振动轴的强度条件确定两个振动轴承的跨距和振动轴直径。按轴承的跨距确定偏心矩部分的长度 δ，最后选择一个合适的偏心块外径 R 值，试算静偏心矩 m_e，经调整与校核之后加以确定。

2）振动轴与振动轴承的设计计算。

①振动轴上的力与扭矩。振动压路机振动轴与振动轴承的工作条件很差，它们在偏心块离心力的作用下高速旋转，并且还承受激振力给予的强迫振动。

安装有偏心块振子的振动轴，轴上所承受的最大径向力可按下式确定：

$$P = F_0 \cdot \gamma \tag{6-6}$$

式中　P——轴承上所承受的最大径向力，N；

F_0——偏心振子的离心力，$F_0 = m_e \omega^2$，N；

γ——与质量有关的平衡系数，一般可取 0.95。

振动轴上的最大扭矩可按下式计算：

$$T = \frac{N_v}{\omega} = \frac{30N_v}{\pi n} \tag{6-7}$$

式中　T——振动轴最大扭矩，$N \cdot m$；

N_v——振动功率，W；

n——振动轴的转速，r/min。

②振动轴的设计计算。振动轴一般用两个调心轴承安装，由轴的一端输入扭矩。离心力对振动轴而言，大小和方向是始终不变的，为简化计算方法，可将离心力当作静力来考虑，并且忽略轴加速时惯性阻力的影响。将径向力 P 视作在偏心块厚度范围内的均布载荷，绘出轴的受力简图如图 6-8 所示。其中心点 C 的弯矩为

$$M_C = \frac{PL}{8}\left(L - \frac{S}{2}\right) \tag{6-8}$$

式中　M_C——中心点 C 的弯矩；

L——两振动轴承之间的跨距；

S——偏心块的总厚度。

振动轴中间的直径按抗扭强度计算，即

$$d_c > 21.7 \sqrt[3]{\frac{M_C}{[\sigma]}} \tag{6-9}$$

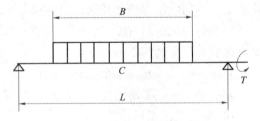

图 6-8　振动轴受力简图

式中　d_C——振动轴中间的直径，mm；

$[\sigma]$——振动轴的许用弯曲应力，低碳钢取 25 N/mm^2；中碳钢取 100 N/mm^2。

振动轴的动力输入端需要与油马达的输出轴相连接，可能是光孔、花键孔或花键轴。其直径按抗扭强度计算，即

$$d_A > 17.2 \sqrt[3]{\frac{T}{[\tau] \cdot (1 - \beta^4)}} \tag{6-10}$$

式中　d_A——振动轴的动力输入直径，mm；

　　$[\tau]$——振动轴的需用扭转应力，低碳钢取 25 N/mm^2，中碳钢取 40 N/mm^2；

　　β——动力输入端内径（花键孔取大径）与外径（花键轴取小径）的比值。

　　对于由两个减震器串联的振动系统，每一振动轴上都分别承受其自身偏心振子的离心力，而动力输入端承受的扭矩却是两个激振器上的总扭矩。因此，该振动轴的中间应按一组偏心块的离心力计算，而输入端直径应按总的振动扭矩计算。但为了制造方便起见，往往取两根振动轴的尺寸相同。

　　③振动轴承的选择与校核。振动压路机上的振动轴承通常为特制的专用轴承。这种轴承既能承受大的离心力负荷，又能对振动轴的挠曲变形有一定的调心作用，并且还能补偿热膨胀造成的游隙减小。

　　激振器的离心力是造成振动轴承受疲劳破坏的动载荷，其当量载荷即为径向力（P）的一半。具有两个振幅和两种频率的振动压路机，有两个大小不等的离心力和转速，在计算振动轴承的寿命时可按两种工况时间相同来计算其当量载荷。但必须用大振幅时的作用力工作时间 100% 进行校核，这两种情况都应满足使用寿命不小于 5 000 h 的要求。

　　（2）工作极限参数

　　1）压路机的最小转弯半径与最小离地间隙。最小转弯半径 R_w 与最小离地间隙应符合《标准》的规定。设计时也可以估算：单轮偏转转向压路机的最小转弯半径 $R_w \leqslant 6\,600\varphi^{1/3}$；铰接转向压路机的最小转弯半径为 $R_w \leqslant 6\,100\varphi^{1/3}$；压路机的最小离地间隙可取 $A = 254\varphi^{1/3}$。

　　2）压路机动力系统的功率。驱动压路机上坡时，驱动轮产生的附着力足以克服压路机的上坡阻力，同时保证了压路机在此坡道上不至于纵向失衡。

　　当已知压路机的牵引功率 N_k 和行驶速度 v 时，可按下式计算最大爬坡角度 α：

$$D = f\cos \alpha + \sin \alpha$$

式中　D——动力因数，$D = N_k/(G \cdot v)$；

　　　　f——压路机滚动阻力系数。

　　压路机在 I 挡速度（无级调速 11 km/h）爬坡能力不应低于 20%，全轮驱动压路机的爬坡能力计算值可超过 45%，计算值实际上只是驱动能力的一种标志，所有的压路机必须在 20% 的标准坡道上做爬坡、制动和起步试验（此时不起振）。

　　3）压路机的制动距离。当压路机以最高速度在平坦的沥青混凝土或水泥混凝土路面上做行车制动时，其制动距离应不大于标准值的规定值，应根据制动距离和压路机的工作重力计算制动器的工作能力和设计制动器结构。

　　4）压路机的操纵力。压路机的操纵力应控制在一个适度的范围内，转向盘的操纵力一般为 15~20 N，最大不超过 50 N；手柄的操纵力一般为 50~80 N，最大不超过 150 N；脚踏板的操纵力一般为 150~180 N，最大不超过 300 N。

　　（3）压路机的工作速度

　　各种压路机的工作速度可参表 6-2 确定。

表 6-2　压路机的工作速度

机型		辗压速度/（km·h^{-1}）	行驶速度/（km·h^{-1}）
串联式振动压路机	$W < 5$ t	0~4	0~8
	$W > 5$ t	0~6	0~12

机型		辗压速度/（km·h⁻¹）	行驶速度/（km·h⁻¹）
轮胎驱动振动压路机	$W<5\text{ t}$	$0\sim4$	$0\sim8$
	全驱动 $W>5\text{ t}$	$0\sim6$	$0\sim13$
	单驱动 $W>5\text{ t}$	$0\sim6$	$0\sim22$

1）压路机的主要尺寸。压路机的总体尺寸参数主要是压实宽度、压轮尺寸和轴距。压轮尺寸与压路机的压实能力、压实质量及生产效率直接相关，应力应选择最佳值。压路机的轴距也是整体设计的主要尺寸之一，轴距增长能使压路机的最小转跨半径增加，但可以提高整机的纵向稳定性。缩短轴距，往往受到压轮直径及发动机和传动系统布置的限制。

铰接振动压路机（>18 t）的最大压轮宽度为 2 134 mm，最大压轮直径为 1 600 mm，最大轴距为 3 500 mm。在此范围内，可按如下的相似公式计算（mm）：

双轮振动压路机的压轮宽度

$$b = 167\varphi^{3/8}$$

振动轮直径

$$D = 1\,220\varphi^{13/32}$$

轴距

$$L = 3\,430\varphi^{13/32}$$

单轮振动压路机的压轮宽度

$$b = 2\,134\varphi^{3/8}$$

振动轮直径

$$D = 1\,524\varphi^{13/32}$$

轴距

$$L = 2\,870\varphi^{13/32}$$

2）压路机的振动参数。振动压路机的参振质量：串联双轮压路机的参振质量占整机质量的 35% ~42%，单轮振动压路机的参振质量占整机质量的 32% ~40%。

双轮振动压路机（不含 18 t）的振动频率 $f=40\sim55$ Hz，名义振幅 $A_0=0.43\sim0.8$ mm，单轮振动压路机（不含 2 t）的振动频率 $f=30\sim35$ Hz，名义振幅 $A_0=1.2\sim1.8$ mm。

振动压路机的激振力可以这样估算：串联双轮振动压路机每吨工作质量的单轮激振力为 7 ~11 kN，单轮振动压路机每吨工作质量的激振力为 16 ~21 kN。

3）压路机的发动机功率。在进行压路机的初步计算时，除理论计算之外，还往往采用统计分析的方法按压路机的工作质量确定发动机的额定功率，振动压路机取 6.5 ~8 kW/t，对于液压传动的压路机，因传动效率低，应选取较大值。

2. 发动机的选择

压路机上所使用的动力装置是柴油发动机，在选择发动机的型号时，应从基本形式和主要工作性能等多方面去考虑。

（1）发动机基本形式的选择

水冷柴油机的优点是：冷却和散热均匀可靠，工作可靠性好；平均有效压力高，比油耗量较低，由于加大冷却系统灵活，能较好地适应增压后散热的需要，冷却水套起着隔声作用，噪声较低、成本低，所以在许多压路机上都是采用水冷柴油机。但水冷柴油机的冷却系统使用和维护不方便，冷却系统性能受大气温度的影响较大，夏天易过热，环境适应性较差，气缸温度低，燃烧产物中的硫化物多，使气缸的机械磨损及腐蚀性磨损严重，水冷柴油机的尺寸大、不易屏蔽，压路机总体设计难布置，排烟度也较高，影响了环境保护。

风冷柴油机正好与水冷柴油机相反，其冷却系统简单、使用和维修方便、无冷却水箱、抗振性能好，在沙漠和缺水地区及异常气候条件下使用的适应性好，气缸散热惯性小，机器进入正常运转状态快，机械磨损和腐蚀性磨损较慢。冷却系统和柴油机制成一体，便于外形尺寸的最小优化，方便压路机的整体布置。废气排放物少，有利于环境保护。风冷柴油机在振动压路机上得到了广泛应用。

风冷柴油机的制造技术复杂，价格相当于同功率水冷柴油机的 3 倍多，这也限制了它在压路机上的应用。目前，国内比较普遍的情况是，液压驱动的振动压路机使用风冷柴油机，机械驱动的振动压路机使用水冷柴油机。

（2）主要性能指标的确定

1）发动的最大功率及其相应转速。发动机的功率越大，则压路机的动力性能越好。但若功率过大，发动机的功率利用率就降低，燃料经济性下降。可以利用前述的计算与类比相结合的方法确定发动机的额定功率 N_H，同时注意到辅助系统功率占发动机输出功率的 12% ~20%。除了确定发动机的最大功率之外，还要对额定转速 n_H 提出要求。因为 n_H 不仅影响发动机的技术性能、连接尺寸和使用寿命，而且影响压路机传动系统的传动比、传动件尺寸和工作寿命。总的来说，额定转速 n_H 高一些比较有利。

2）发动机的最大扭矩及其相应转速。发动机的最大扭矩 M_{emax} 及其相应转速 n_M 对压路机的低速压实和爬坡工况影响很大。发动机的最大扭矩 M_{emax} 与额定扭矩 M_H 的比值是一个重要的性能参数，即所谓的扭矩适应性系数，$K_m = M_{emax}/M_H$，标志着压路机工作阻力增大时能自动增加扭矩的能力。压路机所使用的柴油机要求 $K_m = 1.1 ~ 1.2$。当发动机的额定功率 N_H 及其相应转速 n_H 选定以后，发动机的额定扭矩 M_H 与最大扭矩 M_{emax} 也就已确定。发动机的最大扭矩转速 n_M 与额定转速 n_H 也要保持一定的关系，$K_n = n_H/n_M$，称为发动机的速度适应性系数，压路机用的柴油机一般应使 $K_n = 1.2 ~ 1.3$。

3. 传动系统的选择

压路机动力装置与驱动机构之间的传动部件总称为传动系统。

（1）压路机传动形式的选择

根据所设计压路机的工况要求、目标成本及技术可行性，确定选用机械传动、液压传动、液力传动、电传动中的某一种，或采用联合传动。

对压路机来说，液压传动是最佳的能量传递方式。液压传动除了一般意义上的传动平稳、无级调速、易于功率分流、方便元件布置、操作简单省力之外，还对压路机的压实质量和工作可靠性具有特殊的优点，如能保持压路机匀速行走以保证各处的压实度均匀；实现全轮驱动而不会造成压轮滑移搓动铺筑材料；压路机的振动轴受纯扭矩传动而提高了振动轴承的工作寿命；振动马达与动力元件经软管柔性连接而便于主车架减振；还为压路机工作速度和振动参数的优化和自动调整创造了条件。

液力传动虽能实现传动平稳和在一定范围内无级调速，但液力传动的这种自适应性调速正是压实作业一个不可克服的缺点。特别是对振动压路机，因为驱动阻力变化引起的碾压速度不均匀会直接影响铺筑材料压实度的均匀性，甚至造成局部材料离析和过压实。但有的在轮胎压路机上采用了液力传动，因为柔性压实本身有一种揉搓作用，而对速度的敏感性较差。

（2）传动元件的数量和最终传动方式的确定

在液压传动系统中，有的是油马达单独驱动，有的也可以多个油马达共用一个油泵，因此要确定所选油泵和油马达的数量。

在机械传动系统中，有的是变速器与驱动桥分开安装，也有的是将变速器与驱动桥共同组成一个组合式变速箱或组合式驱动桥。

压路机的最终传动有开式传动和闭式传动。闭式传动一般都使用行星减速器，齿轮的润滑条件好，传动件体积也小，但加工工艺较为复杂；开式齿轮传动的工作条件差，制造与维修技术比较简单。

4. 总体布置

总体布置就是通过绘制总布置草图，协调各总成部件的性能和确定它们的相互位置，力求达到较好的整机技术性能，并且保证有好的使用性能和结构工艺性。

（1）总布置草图的基准

为布置各总成部件在整机上的相互位置和尺寸，必须先确定总图布置的基准。

1）以压路机所处的水平地面为各部件高低位的基准面。

2）以通过驱动轮中心线的垂直平面为前后布置的基准面。

3）以压路机的纵向对称平面为左右布置的基准面。

（2）各总成部件的布置

1）压路机车轮的布置。按照给定的压路机轴距、轮距及压轮尺寸绘出直线行驶状态的车轮外形图。主驱动轮的接地线和左右对称中心都取在0位置上，其轴线按驱动轮半径取在0线以上。主驱动轮一般是在压路机的后部，但个别情况下也有置于前部的。再按轮距和另一个车轮的半径确定该轮的中心位置。当压路机的车轮为充气轮胎时，轮子中心的离地高度应取其动力半径。

2）发动机与传动系统的布置。压路机发动机的安装位置根据整机结构的不同有很大差别。对于轮胎驱动的单轮振动压路机，其发动机都是置于机器后部的，并且都是纵向放置于两个车轮之间的车架上。双轮串联压路机的发动机多置于靠近前轮处的车架上，也是纵向排列。有的铰接串联压路机和组合振动压路机上，其发动机横置。发动机主轴的上下位置在考虑整机使用要求和传动系统布置的情况下，希望尽可能低些，以降低压路机的重心高度，但必须保证压路机有足够的最小离地间隙。压路机的机械传动系统一般都是通过主离合器与发动机相连接。传动系统的最终传动件是与驱动轮装在一起的，因此传动系统的前后位置必须与驱动轮的安装联系在一起。对液压传动的压路机，因为油马达与油泵之间通过软管连接油路，其机械传动部分的安装主要是顺从驱动轮的需要，所以布置起来更加灵活一些。

3）铰接车架转向系统的布置。铰接车架压路机转向铰销的布置有以下三种情况：铰销位于前后轮轴线的中间位置，压路机转弯时前后轮迹重合，并且能获得较小的最小转跨半径。铰销靠近前轮，前轮的转弯半径将大于后轮的转弯半径，这是铰销布置有困难时采用的方案；铰销靠近后轮，前轮的转弯半径将小于后轮的转弯半径，不太适应驾驶员的操作习惯，但在铰接串联压路机上有应用。前后车架围绕铰销转动的角度可达60°～70°（每侧

30°～35°）。为改善铰销的受力状况，在满足压路机最小离地间隙的前提下，希望尽可能增大两个铰接轴承的距离，并且采用球形关节轴承。两只转向油缸对称布置在铰销的两侧，油缸筒与活塞杆分别铰接在前后车架的挂耳上，有的轻型压路机上只用一只转向油缸，这将影响左右两个方向的转向操作力和使转弯速度不相等。

4）整体车架转向系统的布置。偏转轮转向也有三种布置形式：前轮转向，前轮的转弯半径将大于后轮的转弯半径，这时取压路机的后轮为驱动轮；后轮转向，前轮的转弯半径将小于后轮的转弯半径，这时取压路机的前轮为驱动轮；前后轮均为转向轮，这种转向方式的转弯半径最小，并且还能够实现压路机的蟹行，但全轮转向只能用于全液压全轮驱动，而且结构也比较复杂。偏转轮转向使用转向叉支承转向轮，在转向叉的上部连接立轴，轴承安装在机架端部的轴承壳内。多使用一只转向轴缸，通过转向臂与叉脚的立轴连接。

5）摆动桥的布置。压路机摆动桥的布置总是与其转向系统一起考虑的，即转向轮也就是摆动车轮。这样布置能使驾驶室总是安装在主车架上，驾驶员所感受到的左右摇摆相对小些。铰接转向压路机的摇摆铰销一般都是和转向铰销做成一个部件，形成十字形或丁字形的铰接架，其安装高度应使摇摆铰销轴线与转向轮轴线同高。极少数的铰接压路机上设有单独的摇摆支架。压路机车轮的摆动角度限定在左右各 10°～15°。摇摆铰销的安装位置及摆动角度都将影响压路机的横向稳定性。

6）驾驶室的布置。应考虑以下三个因素：应使驾驶员前后两个方向都有良好的视野；驾驶员应能观察到压轮的外缘，以便保证压路机的贴边性能；有利于布置压路机的操纵系统。驾驶室的空间尺寸及操纵机构的布置应符合人机工程学的要求。

7）介质箱、蓄电池和进、排气管的布置。压路机的工作介质有燃油、液压油及喷洒用水。燃油箱的容量应满足压路机连续工作 10 h 的需要，洒水箱的容量应满足压路机在 4 h 内喷洒用水的需要。压路机的液压油箱容量控制在油泵每分钟吸油量的 0.5～1.5 倍，箱内油温无须达到 65℃，液压元件的工作温度最高不得超过 80℃。为保证油温不会过高，应在油路中设置散热器。工作介质箱应设置在机架上发动机和传动系统安装的空隙处。液压油箱应安装在高于油泵的位置，能更好地保持液压系统中不会混入空气。洒水箱通常置于压轮的上部，起到水往低处流的作用。介质箱的安装位置也能起到调节压路机工作质量分配的作用。蓄电池应布置在靠近起动电动机处以缩短电瓶接线。蓄电池所受的振动力应尽量小，以免损坏极板。蓄电池周围不得有易受腐蚀的机件，以防因硫酸溅出而损坏。空气滤清器和进、排气管的安装不应妨碍驾驶员视线。滤清器的吸气口要高些以减少吸入的灰尘。尽量采用下排气安装，排气口应向后或向两侧。

8）辅助工作系统的布置。压路机的辅助工作系统主要是刮泥、挡泥及洒水等。刮泥板须在每一压轮的前后两个方向都设置，而挡泥板只设向着驾驶室的一面，洒水管应置于压轮的上方。

9）质量分配与重心位置的计算。当各部件的空间位置布局完成后，应对压路机的总质量、质量分配及重心位置进行计算，校验其是否达到了预期要求。压路机各部件总成（含压重物及工作介质）的质量和重心位置可按其几何形状和结构特点估计，有现成部件的可按实物称量或测定。将各部件的质量和重心标注在总布置图上，并计算出压路机的总质量及其重心位置，驱动轮与振动轮的分配质量及其静线载荷。除计算整机重心之外，还应确定压轮的质量和振动轮的参振质量，以便计算压轮的转动惯性和振动压路机的振动参数。压路机的总质量及质量分配情况直接影响了其整机性能，如压实能力、振动参数、牵引性能、稳定性能及转向操纵性能，因此，总体布置时对压路机的质量分布情况必须给予足够的重视，不能满足设计要求的应进行调整或重新布置。

6.1.3 振动压路机的工作参数确定

振动压路机的主要工作参数有工作质量、压轮尺寸、转弯半径、振动参数、工作速度及发动机功率。这些主要参数是压路机及其部件总成设计的依据，它们往往是压路机总体性能优劣的决定性因素。

选择和确定压路机主要工作参数的依据是：

1）被压实材料的物理特性和工艺要求。

2）提高压实作业效率和节省能源的需要。

3）机器零件的使用寿命和驾驶人员的安全舒适性要求。

4）综合试验研究结果和类比设计所给定的取值范围。

1. 压路机的工作质量

压路机的质量分布主要是前、后轮以及上、下车之间的质量分配比例。对于单轮驱动的压路机，驱动轮较大的分配质量能保证压路机产生足够的附着力和制动力矩，转向轮较小的分配质量可以减少从动轮的拥土现象，但转向轮过轻将导致压路机转向不稳定。

轮胎单驱动压路机的驱动轮分配质量虽然可以小到40%以下，但考虑到不致使从动轮产生过多的拥土现象，所以应控制在45%～50%为宜。

对于全轮驱动的压路机，双钢轮串联振动压路机前后轮等同的分配质量，轮胎驱动单轮振动压路机的振动轮分配质量可取整机的60%～65%，以增大其压实能力。

振动压路机下车质量的变化对振幅和动作用力（F）有影响。为提高振动压路机对地面的动作用力，希望在其他条件不变的情况下振动轮质量偏小为好。但振动压路机的压实效果除与动作用力 F 有关之外，还与振动轮的动量有关系，从增加振动冲击能的角度出发，则希望振动轮的质量偏大为好。振动压路机的上车质量增加时，振动轮可以借助机架的质量压向土壤，从而为振动压实创造条件。但上车过重会对振动产生阻尼作用。因此，在设计振动压路机时应两者兼顾、合理地解决上、下车的质量分配问题。

经验表明，振动压路机上、下车的质量分配近似相等时，可以兼顾振动压路机对地面的静作用力和冲击能量。在初步设计时，对串联振动压路机取上、下车质量的比值为1.4～2；对轮胎驱动单轮振动压路机取上、下车质量的比值为0.5～1。

2. 压轮的直径和宽度

选择压轮直径时应考虑到：滚压松散铺层材料时压轮不致陷下去；尽量避免或减小路面形成的波纹；整机的重心不要过高。

图6-9所示为压轮滚过铺层截面图，此时认为松散铺层的弹性变形很小，以至于可以忽略，并且在滚动方向上也无积聚材料。图中，ac 为压轮直径 D，ab 压陷深度为 h，并且有两个相似三角形 abd 和 acd，则压轮与铺层材料的接触面积为

$$A = B \cdot ad = B\sqrt{Dh}$$

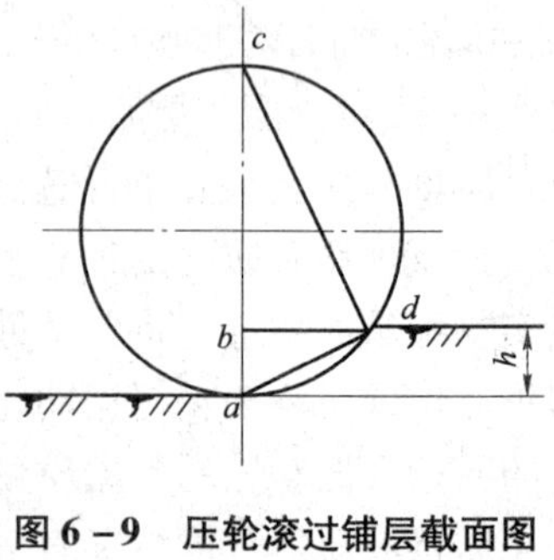

式中　A——压轮与铺层材料的接触面积；

　　　　B——压轮宽度；

图6-9　压轮滚过铺层截面图

　　D——压轮直径。

压实层表面许用应力见表 6 – 3。

表 6 – 3　压实层表面许用应力　　　　　　　　　　　MPa

压实层类型	许用应力		压实层类型	许用应力	
	压实开始	压实终了		压实开始	压实终了
碎石路面	0.7	4.5	砂质和土质沥青料	0.5	2.0
条彩碎石路面	0.6	3.0	细粒冷沥青混凝土	0.4	3.0
无霜土砾路面石路基	0.4	2.6	有机粘结料稳定土	0.4	1.3
路拌砾石路面	0.6	2.5	最佳成分土	0.2	0.8
贯入沥青砾石路面	1.0	5.0	细砂	0.15	0.4
热沥青混凝土	0.5	3.0			

　　压轮直径的大小对压实质 A 有显著的影响。随着压轮直径的减小，将会增加水平推力，以致引起被压材料的剪切滑移，降低了压实质量。压轮直径增大可以改善压实质量，但压实影响深度下降，且增加了压路机的外形尺寸。两轮压路机的驱动轮直径应大于从动轮直径，全轮驱动的串联压路机可取前后轮直径相等。在设计压路机时，压轮直径 D 通常取为线载荷 q 的函数，即

$$D = \lambda_D \sqrt{q}$$

式中　λ_D——直径系数，根据设计经验，光轮振动压路机取 7～9.5。

　　3. 压路机的最小转弯半径

　　压路机的最小转弯半径是指压路机以最大转向角转向行驶时，压痕外缘到回转中心的距离。压痕外缘的回转半径取决于压路机的轴距、转向角及压轮宽度，并与压路机的转向方式有关。对于某一台压路机而言，当转向角保持其最大值时，压路机有最小转弯半径 R。

　　压路机的最大转向角通常取 $\theta = 30° \sim 40°$。在总体设计时，应以前、后轮中较大的 R 值为依据校验压路机的最小转弯半径。

　　图 6 – 10 所示为压路机在平地上做等角速度转向运动。设转向时各车轮均做无侧滑的纯滚动，通过前后轮轴线作垂直于地面的平面，两个垂直平面相交为一根垂直于地面的直线，

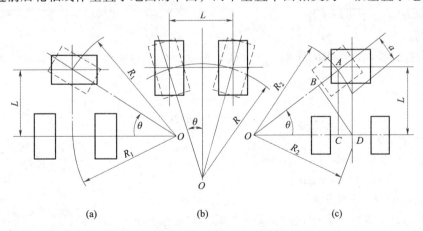

图 6 – 10　压路机在平地上做等角速度转向运动

（a）偏转轮转向；（b）全轮转向；（c）铰接转向

其在地面上的投影为 O 点，此垂线叫作转向轴线，而 O 点称为转向中心。从转向轴线到车轮纵向对称面的距离，称为转向半径。

对于整体车架单轮转向，如图 6-10（a）所示，前后两个车轮的转向半径不相同。其计算公式为

转向轮 $\qquad\qquad\qquad\qquad R_1 = L/\sin\theta \qquad\qquad\qquad\qquad\qquad$ (6-11)

面定轮 $\qquad\qquad\qquad\qquad R_2 = L\cot\theta \qquad\qquad\qquad\qquad\qquad$ (6-12)

式中　　L——压路机轴距；

　　　　θ——压路机转向角。

当压路机做全轮转向时，其前后轮具有相同的偏转角，即 $R = L/2\sin\theta$。

比较式（6-11）与式（6-12）得知，在轴距（L）与转向角（θ）相等的情况下，全轮转向半径 R 比偏转车轮转向半径缩小一半。

铰接压路机在转向时是通过前后车架绕铰销相对转过一个角度，使前后轮也相对转过一个角度。铰接压路机的转向半径除与轴距及转向角有关之外，还与铰接点所在的位置有关，由图 6-10（c）的关系可知前、后轮的转向半径为：

前轮 $\quad R_1 = AO = (AC/\sin\theta) \qquad\qquad AC = a\cos\theta + (L-a)$

$$R_1 = \frac{a\cos\theta + (L-a)}{\sin\theta}$$

后轮 $\quad R_2 = DO = (DE/\sin\theta) \qquad\qquad DE = a + (L-a)\cos\theta$

$$R_2 = \frac{a + (L-a)\cos\theta}{\sin\theta}$$

式中　　L——压路机直线行驶状态的轴距；

　　　　a——铰接销中心到前轮轴线的水平距离；

　　　　O——压路机转向角，即为车架的折腰角。

由此可见，铰接点离哪个轮轴线越近，则该轮的转向半径 R 就越大。当 $a = L/2$ 时，前后轮的转向半径相等且具有最小值。当 $a = 0$ 或 $a = L$ 时，其转向半径也就相当于整体车架的单轮转向。各种压路机，转向中心 O 点到压轮外缘压痕的距离，即外侧转弯半径 R_w 等于转向半径加压轮宽度 b 的一半。设计时应以前、后轮的外侧转弯半径中的较大值为依据校验压路机的最小转弯半径。

4. 压路机振动参数的选择

（1）振动频率

压路机振动轮在激振力的作用下产生受迫振动，其振动频率 f 和角频率 ω 分别按以下公式计算：

$$f = n/60$$
$$\omega = 2\pi f = \pi n/30$$

式中　　f——振动频率，Hz；

　　　　ω——角频率，rad/s；

　　　　n——激振器转速，r/min。

（2）工作振幅和名义振幅

振动压路机在振动压实作业时，振动轮的实际振幅称为振动压路机的工作振幅，用 A 表示。由于受土壤刚度的影响，振动压路机的工作振幅是两个随机参数。为便于评价和比较不同机型振动压路机的振动性能，就引入了名义振幅这个设计上的概念，振动压路机的工作振

幅一般比名义振幅大。

所谓"名义振幅"，是指把振动压路机用支承物架起来，振动轮悬空时测得的振幅，也称为"空载振幅"，用 A_0 表示。名义振幅的大小只与振动轮本身的参振质量及激振器的静偏心矩有关，而不受外部工况条件的约束。振动轮的名义振幅用下式计算：

$$A_0 = M_e / g m_d$$

式中　A_0——振动轮的名义振幅，m；

M_e——激振器的静偏心距，kN·m；

m_d——振动质量，kg；

g——重力加速度，m/s。

此处的振动质量是指参与振动压实工作的所有零件质量的总和，包括振动轮本身、激振器、油马达、安装板等，甚至还应计入减震器质量的一半。

（3）振动加速度

振动轮的振动加速度 a 可由名义振幅（A_0）和振动角频率 ω 求得：

$$a = A_0 \omega^2 / 9.81 \tag{6-13}$$

振动加速度常用重力加速度 g 的倍数表示，它反映振动压路机对地面动态冲击力的大小。

过小的振动加速度产生的动态冲击力很小，体现不出振动压实的优越性；而过大的振动加速度将导致被压材料出现离析现象，即大质量的集料颗粒沉降在铺层材料的底部，而小质量的颗粒将"浮"在面层。这种大、小分层离析破坏了筑路材料的级配状态，使被压实铺层表面疏松，路面稳定性和耐磨性降低。

（4）激振力和动作用力

激振力（F_0）是由偏心振子激振器高速旋转时的离心力形成的，它仅和振子的静偏心矩（M_e）及角频率（ω）有关。动作用力（F_a）是土壤弹性变形抗力和阻尼力的矢量和，它与振动轮的瞬间振幅、振动速度及土壤的物理力学特点有关。

设计时振动参数的取值参考范围如下：

压实路床路基 $f = 25 \sim 30$ Hz；$A_0 = 1.4 \sim 2.0$ mm。

压实次基础层 $f = 25 \sim 40$ Hz；$A_0 = 0.8 \sim 2.0$ mm。

压实沥青混凝土及路面 $f = 33 \sim 50$ Hz；$A_0 = 0.4 \sim 0.8$ mm。

另外，应对振动加速度予以校核，压实路基时 $a = 5 \sim 10\ g$，压实路面时 $a = 4 \sim 7\ g$。当校核时发现振动加速度超出上述范围，应对其频率或振幅进行修正。

5. 压路机的工作速度

压路机的工作速度应考虑到作业工况的碾压速度和运输工况的行驶速度。压路机的碾压速度是根据滚动压实工艺规范选定的。碾压速度对土壤铺层的压实效果有显著的影响。在铺层厚度一定时，压路机传递给填方内的能量与碾压遍数（n）和碾压速度的比值成正比。

较低的碾压速度，能使铺层材料在压实力的作用下有足够的时间产生可逆变形，更好地改变被压材料的结构。然而，碾压速度还与生产效率有密切关系。因此，碾压速度应存在一个最佳值，这个最佳值就是在不降低压实质量的前提下，选择尽可能高的碾压速度，以保证压路机有较高的生产效率。

与静作用压实相比，振动压路机的碾压速度对压实效果的影响更加明显。因为在振动压实时，土壤颗粒由静止的初始状态变为运动状态要有一个过程。这个过程持续时间的长短与土壤颗粒之间黏聚力、吸附力的大小有关，也与振动压路机的静线载荷有关。试验表明，为克服土壤颗粒之间的黏聚力和吸附力，对一般的粉质黏土应进行至少三次有效的强迫振动，才能促使这些土壤颗粒处于振动状态。而振动压路机的静线载荷越大，土壤颗粒从静止到运动的转换时间越短。

经验表明，在一个振动周期内振动轮行走的距离在 3 cm 左右，就可以克服土壤颗粒之间的黏聚力和吸附力，使之由静止进入振动状态。由此可以导出振动碾压速度 $v \leqslant 3f$ cm/s。

由于振动压路机的振动频率取值范围为 25 ~ 50 Hz，可得其碾压速度应为 2.7 ~ 5.4 km/h。考虑到静线载荷大小的影响，推荐 5 t 以上振动压路机的碾压速度取 3 ~ 6 km/h，3 ~ 5 t 振动压路机的碾压速度取 2 ~ 4 km/h，2 t 以下振动压路机的碾压速度应低于 3 km/h。

压路机运输工况的行驶速度，应考虑到行驶稳定性和机器颠簸的程度选定。对于由刚性车轮驱动的串联振动压路机，最高行驶速度推荐为 8 ~ 10 km/h；对于轮胎驱动的单轮振动压路机，最高行驶速度推荐为 12 ~ 20 km/h。

6. 发动机功率的计算

发动机的输出扭矩应能克服压路机的各种行驶阻力、振动阻力和转向阻力，以及供给驱动各辅助系统所需要的力矩。

（1）压路机的牵引力与牵引功率

压路机的牵引力需克服滚动阻力、坡道阻力及加速惯性阻力，并且伴随有滑转引起的功率损失。牵引力 P_k 和牵引功率 N_k 的平衡方程式为

$$P_k = Wg(f\cos \alpha + \sin \alpha) + \delta_0 W \frac{\mathrm{d}v}{\mathrm{d}t}$$

$$N_k = \left[Wg(f\cos \alpha + \sin \alpha) + \delta_0 W \frac{\mathrm{d}v}{\mathrm{d}t} \right] \cdot \frac{v}{3\,600} \cdot \frac{1}{1-\delta}$$

式中　P_k——牵引力，N；

　　　N_k——牵引功率，kW；

　　　W——压路机的工作重量，kg；

　　　g——重力加速度 9.81 m/s^2；

　　　f——滚动阻力系数，初始压实取 0.13 ~ 0.15，路基取大值，路面取小值，压实 3 ~ 8遍后取 0.10；

　　　α——地面纵向坡道角度，道路压实取 0° ~ 6.28°；

　　　v——压路机行驶速度，坡道压实取 3 km/h，平道压实取 5 ~ 6 km/h；

　　　t——加速时间，取 2 ~ 4 s，坡道取大值，平道取小值；

　　　δ_0——计入回转质量的折算系数，串联振动压路机取 1.12 ~ 1.17，轮胎驱动振动压路机取 1.20 ~ 1.25。

（2）压路机的振动功率

振动压路机的振动功率，除与压路机本身的结构及振动参数有关之外，还与土壤的物理力学性能有关。振动功率的计算是一个较复杂的问题。

振动功率的理论计算公式如下：

$$N_v = m_d gf(1.13\pi^2 A_0 + 2\mu d) \cdot q_v \times 10^{-3}$$

式中　　N_v——振动功率，kW；

　　　　m_d——振动轮质量，kg；

　　　　A_0——振动轮的名义振幅，m；

　　　　f——振动频率，Hz；

　　　　d——振动轴承的平均直径；

　　　　q_v——振动轮的个数；

　　　　μ——轴承的摩擦系数，单排滚子轴承取 0.005，双排球面滚子轴承取 0.007。

　　在试验基础上得到的计算振动功率的经验公式如下：

$$N_{ev} = m_d \cdot A_0 \cdot \lambda \cdot q_v$$

式中　　N_{ev}——振动功率，kW；

　　　　λ——振动频率修正系数，见表 6 - 4。

表 6 - 4　振动频率修正系数

频率/Hz	25 ~ 30	31 ~ 35	36 ~ 40	41 ~ 45	46 ~ 50
λ	5.5	6.5	7	7.5	8

　　该经验公式用于压路机初步设计时对振动功率的估算，简便易行。另外，有的压路机制造商还提供了本公司系列产品的振动功率估算方法：对基础型振动压路机（$f = 27 \sim 33$ Hz，$A_0 = 1.6 \sim 1.8$ mm），振动轮每吨消耗振动功率 5.5 kW；对路面型振动压路机（$f = 45 \sim 50$ Hz，$A_0 = 0.6 \sim 0.8$ mm），振动轮每吨消耗振动功率 4 kW。

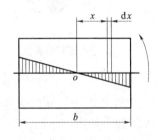

图 6 - 11　压轮转向阻力矩分布

（3）压路机的转向力矩与转向功率

1）偏转轮原地转向的阻力矩。整体压轮是压路机特有的刚性车轮，它与地面的接触面是一沿轴向的长条，其对地面的作用力强度以线载荷 $q = Ga/b$ 表示。为便于分析计算，设定压轮对地面的作用力横向分布是均匀的。转向时，整个压轮相对于中心口点偏转，摩擦阻力矩的分布与力臂呈线性比例关系，如图 6 - 11 所示。在横向微分长度 dx 上产生的阻力矩为

$$dM = \frac{\mu G_a}{b} dx \cdot x$$

将 dM 积分得整个压轮上的转向阻力矩为

$$M = 2 \int_0^{\frac{b}{2}} \frac{\mu G_a}{b} x dx = \frac{1}{4} \mu G_a b$$

式中　　M——转向阻力矩；

　　　　G_a——转向轮上的分配载荷；

　　　　b——转向轮宽度；

　　　　μ——压轮对地面的摩擦阻力系数，可取为附着系数的 75%。

2）铰接式压路机原地转向的阻力矩。图 6 - 12 所示为铰接式压路机转向简图，车架的铰接点不动，转向时在 dx 上产生的摩擦阻力矩为

$$dM = \frac{\mu G_a}{b}dx \sqrt{x^2 + a^2}$$

将 dM 积分得整个压轮上的转向阻力矩为

$$M = 2\int_0^{\frac{b}{2}} \frac{\mu G_a}{b} \sqrt{x^2 + a^2}\,dx$$

$$= \frac{\mu G_a}{b}\left[\frac{b}{2}\sqrt{\frac{b^2}{4} + a^2} + a^2\ln\left(\frac{b}{2a} + \sqrt{\frac{b^2}{4a^2} + 1}\right)\right]$$

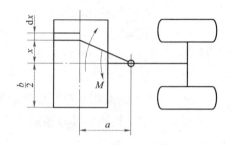

式中　　a——铰接销中心到转向轮轴线的水平距离。

当压轮的宽度及分配载荷相同时，显然铰接转向的阻力矩要比偏转轮转向大得多，而且是随 a 值的增加而增大。

图 6 – 12　铰接式压路机转向简图

3）铰接压路机轮胎原地转向的阻力矩。在轮胎单轮驱动振动压路机上，有的振动轮摩擦阻力矩超过了两个轮胎的摩擦阻力矩，从而使得在原地铰接转向时很明显的是轮胎所在的车架优先转动，于是要讨论两个轮胎铰接转向的阻力矩情况。

轮胎的接地面积是纵向椭圆形。在此接地平面上的压应力分布是不均匀的，其压力中心就是椭圆面积的几何中心，而在纵向和横向的压应力分布近似呈抛物线形状。为方便计算，将轮胎对地面的压载简化到压力中心上，如图 6 – 13 所示，于是可得其转向阻力矩为

$$M = \mu G_a \sqrt{\frac{B^2}{4} + a^2}$$

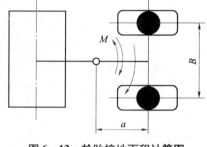

式中　　B——轮距。

图 6 – 13　轮胎接地面积计算图

4）压路机行驶过程中的转向力矩与转向功率。压路机在行驶过程中，由于车轮的滚动大大减小了侧向滑动，从而降低了转向阻力。所以在设计计算时，偏转轮转向行驶的转向阻力矩可取原地转向的 1/2，铰接转向行驶的转向阻力矩可取原地转向的 1/3。

压路机行驶过程中的转向功率，除与转向阻力矩有关之外，还与其转向角度和转向时间有关系。于是可得转向功率的计算公式为

$$N_r = \frac{2M\theta}{At} \times 10^{-3}$$

式中　　N_r——转向功率，kW；

　　　　M——原地转向阻力矩，N·m；

　　　　θ——压路机转向角，一般 $\theta = 0.52 \sim 0.7$ rad；

　　　　A——倍数，偏转轮转向 $A = 2$，铰接转向 $A = 3$；

　　　　t——完成一次全程转向的时间，一般为 4~5 s。

以上所计算的牵引功率 N_k、振动功率 N_p 和转向功率 N_r，应该分别除以各自传动链的效率，折算到发动机上合成总的功率，以此作为选择发动机的依据。还应注意，初步压实时不使用振动，正常压实应区分平道和坡道两种作业工况；另外，对于液压传动的压路机，还应考虑液压系统排油背压引起的功率损失。在压路机初设计时，可以附加 4% 的功率消耗，待

部件设计之后再进行校核计算。

6.1.4　振动压路机的振动机构设计

1. 振动机构的组成

压路机的振动机构由振动轮、激振器（装置）及振动机架等组成。振动轮由钢板卷制的轮圈和辐板焊接制成。轮圈的厚度直接影响振动压路机的质量配置，并应保持在使用过程中被磨损后不至于过多地影响质量配置。

激振器是振动压路机产生振动的动力源。激振器由振动轴、偏心振子（偏心块）和振动轴承等元件构成，振动轴高速旋转时偏心振子所产生的离心力就是振动压路机的激振力。振动轮的机架是由钢板焊接而成的结构件，可以做成四方框架或门形架的结构形式。振动机架除要求有足够的动静强度之外，还要有适度的质量以保证振动压路机的总体技术性能。

2. 振动机构的配置

（1）外振式振动压路机

外振式振动压路机有上、下两层机架，两层机架之间由减震器相连接，激振器安装在下机架上。当振动轴带动偏心块高速旋转时，压路机的下机架连同安装在下机架上的压轮一起振动。

（2）内振式振动压路机

大多数的振动压路机（如 YZ10 型振动压路机）都采用内振式单轴振动结构。内振式激振器安装在振动轮内，并与振动轮的回转轴同一轴线。振动油马达驱动振动轴高速旋转，偏心振子产生的离心力使振动轮产生圆周运动。内振式振动压路机结构紧凑、技术成熟、操作使用安全，因此得到广泛应用。

（3）单轮振动压路机

单轮振动压路机只有一个振动轮，另一个车轮不振动而仅起驱动或导向作用。单轮振动压路机的结构相对简单，大吨位的轮胎驱动单轮振动压路机用于基础压实，驱动能力大、横向稳定性好。小型串联式单轮振动压路机用于小型压实工程或路面维修作业。

（4）双轮振动压路机

双钢轮串联振动压路机的结构相对复杂些，两个振动轮上都需要减振。但双轮振动压路机的压实能力强、作业效率高，与同样吨位的单轮振动压路机相比，双轮振动压路机压实土壤时的生产效率可提高80%，压实沥青混凝土时的生产效率可提高50%。

（5）摆振式振动压路机

摆振式振动压路机也有两个振动轮，两个振动轮上激振器的偏心块具有180°的相位差。它们工作时由一根齿形带驱动，这就能保持其旋转方向相同而相位差不变。两个激振器产生的离心力总是相反的，导致压路机的两个振动轮总是一个跳起而另一个触地，使压路机在工作时除具有振动特性之外，还呈现前后摆动的特点。由于摆振式振动压路机总是有一个振动轮接触地面，它可以在相同轮重的情况下得到较大的线载荷和冲击能量。

（6）定向式振动压路机

通常意义上的振动压路机是无定向振动的。无定向振动压路机使用的是单轴激振器，其激振力沿振动轮圆周变化。在同一个振动轮上使用两个激振器作相同的配置，可以使地面接受到理论上属于纯粹水平或纯粹垂振的振动力，这就是所谓的"定向振动"。前者称之为振荡式振动压路机，后者称之为垂振式振动压路机，这两种定向振动压路机在某些工况条件下显示其优越性。

3. 激振器设计计算

目前，振动压路机上都采用旋转惯性激振器。单轴激振器旋转产生的离心力使振动轮做圆周运动，这样使被压实的土壤颗粒不仅产生垂直位移，而且也有水平位移，从而产生一定的揉搓力，使压实的效果比较好。这种激振器的结构设计比较简单，振动频率的调节可用油马达的变速完成，其安装和调节控制都很方便。但振幅的调节仍有多种不同的方案，于是会有各种不同的激振器结构形式。

（1）单幅惯性激振器

单幅惯性激振器是一根旋转的偏心轴或在振动轴上装一块偏心质量块，如图 6-14 所示。这种激振器只能产生一种振幅。

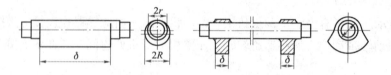

图 6-14　单幅惯性激振器结构形式
（a）偏心圆振动轴；（b）偏心块振动轴

当压路机的振动轮宽度较小时，采用一根偏心轴支撑在两个轴承上；当振动轮较宽时，采用一根连接轴串联两个偏心块，每个激振器分别安装在两个轴承上，在安装时应保证两个激振器的偏心块相位角一致。

（2）逆转偏心块双幅激振器

如图 6-6 所示的偏心块激振器，一偏心块与振动轴固接在一起，另一偏心块空套在振动轴上，这样通过改变振动轴的旋转方向实现了振动压路机工作振幅的调节。

（3）逆转流球双幅激振器

图 6-15 所示的流球双幅激振器，在其空心室的外圆上焊接一块弧形的固定偏心块，在封闭的空心室内装有一定量自由流动的钢球及一定量的润滑油。当振动轴按图 6-15 所示做逆时针旋转时，钢球处于固定偏心块的同一侧，就产生大振幅；当振动轴做顺时针旋转时，钢球在其惯性力的作用下将流向固定偏心块的对面一侧，就产生小振幅。

（4）逆转流体双幅激振器

此种激振器的变幅工作原理如图 6-16 所示，在偏心壳体的封闭空腔内装有一定量的硅油，硅油可流动且密度大。当激振器顺时针旋转时，硅油在离心力和惯性的作用下，将滞留在 A 腔内，使之平衡掉一部分偏心块质量，并且偏心矩也减小；当激振器逆时针旋转时，硅油将反向滞留在 B 腔内，使之偏心质量增大，偏心矩也增加。

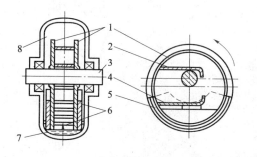
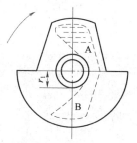
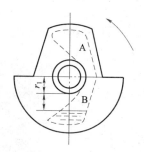

图 6－15　流球双幅激振器

1—偏心块；2—上挡板；3—振动轴；
4—下挡板；5—钢球；6—配重块；
7—润滑油；8—振动腔

图 6－16　流体变幅工作原理

（5）套轴换位多幅激振器

图 6－17 所示为套轴换位多幅激振器，图中的内振动轴 7 及外振动轴 6 上分别焊有弧板偏心块，内外两根振动轴通过带有内外花键齿的花键套 11 相连接，在振动油马达的驱动下可以一起旋转。当需要调节振动压路机的振幅时，将花键套 11 向外拉出至脱离外振动轴的内花键，转动花键套带动内振动轴转若干个花键齿。松开拉力后，在弹簧 12 的作用下，花键套重新与外振动轴花键齿接合。这样内外两振动轴上的偏心块就改变了原来的相位角，即改变了两个偏心块的静偏心矩的叠加值，在油马达不改变旋转方向的情况下实现了振幅调节。

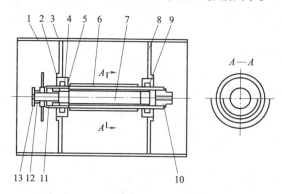

图 6－17　套轴换位多幅激振器

1—轮圈；2—左轴承座；3—左幅板；4—振动轴承；
5—钢套；6—外振动轴；7—内振动轴；8—右幅板；
9—右轴承座；10，11—花键套；12—弹簧；13—挡板

（6）智能自动调幅压实系统

自动调幅压实系统有 Variomatic 和 Variocontrol 两种结构形式，前者用于串联式双钢轮振动压路机，后者用于轮胎驱动的单钢轮振动压路机。此种智能系统能根据被碾压物料密实度的变化自动选择适宜的振幅以优化激振力的输出。

如图 6－18 所示，配置 Variomatic 系统的双钢轮振动压路机使用了两根旋向相反的偏心轴，通过偏心块两个不同相位角的叠加，可以无级调节其垂直有效振幅的大小。在振动压实过程中，安装在振动轴承支架上的加速度传感器能收集到地面的反馈信号，将其传输到 SPS 数据存储处理系统中。信号经过运算和处理后，SPS 将指令发给一个带有行程传感器的油缸，该油缸能自动调节两根偏心轴的相位角。随着被碾压铺层物料由松变软，激振力的方向

会自动地由垂直变化到水平。这样一种调整过程是动态连续的，从最大垂直振幅到最小垂直振幅的反应时间不超过 1 s。

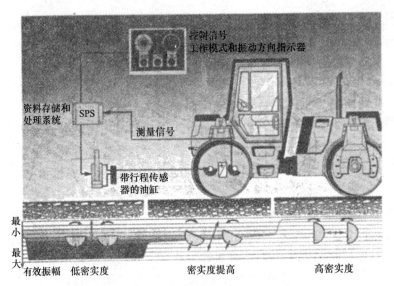

图 6-18　无级调幅智能型振动压路机

6.1.5　振动压路机的液压系统设计

1. 行走驱动液压系统设计

（1）典型振动压路机行走液压系统

图 6-19 所示为 YZ10D 型轮胎驱动单钢轮振动压路机行走驱动液压系统，采用的是变量轴向柱塞泵和定量轴向柱塞马达组成的闭式回路系统。

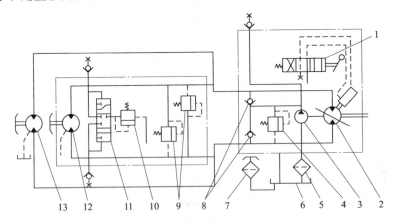

图 6-19　YZ10D 型轮胎驱动单钢轮振动压路机行走驱动液压系统

1—换向阀；2—驱动变量泵；3—供油泵；4，10—溢流阀；5—过滤器；6—液压油箱；7—空气滤清器；
8—单向阀；9—安全阀；11—梭阀；12—驱动桥驱动马达；13—振动轮行走驱动马达

图 6-19 所示为停车状态，由发动机带动分动箱驱动变量泵 2 工作，如向前推动换向阀 1 的手柄，则从供油泵 3 来的油经过换向阀推动伺服缸活塞使变量泵的斜盘倾斜一个角度，高压

油经上部管路进入驱动桥驱动马达 12，马达输出转速经驱动桥推动压路机行走。油马达的回油经下部管路进入油马达的低压侧，形成一个封闭循环油路。与此同时，高压油使梭阀 11（即平衡阀）下移，一部分从油马达流回的低压油经此梭阀和回油溢流阀 10 流回油箱，而供油泵补充的冷却油经下部的单向阀 8 也流到油泵的低压侧，从而使得油液能更新一部分。

由操纵手柄扳动角度的大小，可以控制进入伺服油缸的油量，以调节油泵斜盘倾角的大小，从而改变柱塞泵的排量大小达到调速的目的。假如出现油马达过载，则高压油将从上部的高压安全阀 9 流向低压侧，这时的油泵能自成回路，而油马达停止运转，这样就达到了保护机件的目的。

若将换向阀 1 的手柄拉向后，则供油泵的油推动伺服缸活塞使变量泵的斜盘倾斜，油泵的进、排油口调换，下部管路成为高压侧，上部管路成为低压侧，则油马达反向旋转，推动压路机后退。这时的高压油将迫使梭阀上移，同样有一部分油马达的回油经梭阀和回油溢流阀流回油箱，而供油泵的补油经上部的单向阀 8 流向油泵的低压侧。油马达反转过载时，高压油将从下部的高压安全阀 9 流向低压侧，从而使油马达停止运转。

若将换向阀 1 的手柄扳到中位，油泵伺服缸中的油液泄空，变量泵的斜盘恢复到零位，油泵就不再排油。此时梭阀两端的控制油压平衡而处中位，切断了通往油箱的油路，闭路液压系统即产生制动，压路机停车。这时供油泵的排油将通过溢流阀 4 排回油箱。

综上所述，只需前后扳动换向阀手柄，就可以完成压路机行走机构的起步、变速、停车与换向，从而实现压路机行走的单杆操纵、无级调速和液压制动。全轮驱动的单轮振动压路机，比单桥驱动多了一套振动轮驱动机构，包括油马达和轮边减速器。振动轮行走驱动液压系统的供油与轮胎行走驱动液压系统使用同一台变量油泵，所不同的主要是多了一个振动轮行走驱动马达 13。该马达与轮胎行走驱动马达并联，这样布置决不会出现前后轮之间的循环功率损失，因为液压传动本身就有自适应性。从结构上看，振动轮行走驱动马达不再携带梭阀和高、低压溢流阀，因为这些都可以是共用的。

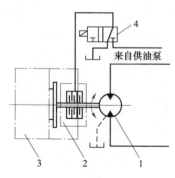

图 6 - 20　振动轮制动油路

1—驱动马达；2—制动器；

3—振动轮；4—制动阀

对于超重型单轮振动压路机，还应在振动轮上设置液控制动器，如图 6 - 20 所示。液压系统的另一个特点是附加了一条制动油路，以供给压力油迫使制动器释放制动。安装在振动轮减速器上的全盘式制动器 2 是一个常闭式的液控制动器。当发动机起动并带动供油泵旋转时，制动阀 4 的电磁阀通电，阀芯右移接通制动器的供油路而切断回油路，则制动器在油压作用下开启。当需要紧急制动时，踩动制动踏板，与踏板相连的压力开关使电磁铁断电，制动阀 4 的阀芯复位，则油路卸荷，制动器闭合。

（2）行走液压系统的设计计算

以全驱动的单轮振动压路机的变量油泵驱动定量油马达传动方案为例，进行行走液压系统的设计计算。

1）油泵的计算，输入油泵的当量功率按 Ⅰ 挡最大坡道压实工况计算，即

$$N_{\mathrm{p}} = \frac{pv_1}{3.6\eta_{\mathrm{cp}}} \cdot \frac{p_1}{\Delta p} \times 10^{-3} \qquad (6-14)$$

式中　N_{p}——输入油泵的当量功率，kW；

P——压路机的最大牵引力，N；

v_1——压路机Ⅰ挡速度，km/h；

p_1——液压系统的设定工作压力，MPa；

Δp——油马达进出口的压力差，$\Delta p = p_1 - p_2$（p_2 为油马达的回油背压）；

η_{cp}——油泵到压路机驱动轮的平均传动效率，$\eta_{cp} = (\eta_F + \eta_R)\eta_H / q_k$；

η_H——液压系统的效率，闭式系统取 0.83；

η_F、η_R——前轮机械传动的效率和后轮中间挡机械传动的效率；

q_k——驱动轮个数。

此处的 N_p 是为选择油泵排量而设的当量值，而并非实用值，因为在最大坡道上压实作业时不可能使用全速运行。油泵的计算排量为

$$q'_p = \frac{60 N_p}{p_1 n_p \eta_{pv}} \times 10^3 \tag{6-15}$$

式中　q'_p——油泵的计算排量，mL/r；

n_p——油泵的转速，r/min；

η_{pv}——油泵的容积效率，轴向柱塞泵取 0.96。

根据计算值 q'_p，按系列选择油泵规格，查出油泵实际排量 q_p 和最高转速 n_{max}，应使 $q_p > q'_p$ 及 $n_p < n_{max}$。油泵的计算流量为

$$Q_p = q_p n_p \eta_{pv} \times 10^{-3} \tag{6-16}$$

式中　Q_p——油泵的计算流量，L/min。

2）油马达的计算。对于全驱的压路机，由一个油泵带动两个油马达工作。压路机用Ⅰ挡速度工作时有最大的牵引力（p），在压路机有Ⅲ挡变速箱的情况下，去中间（Ⅱ挡）速度来计算前后轮油马达的排量，得油马达的计算排量分别为

后轮
$$q'_R = \frac{2\pi r_R}{i_{RⅠ}\eta_{RⅡ} - i_{RⅡ}\eta_g}\left(\frac{p}{\Delta p \cdot \eta_{mm}} - \frac{60 Q_p \eta_{mv} \eta_g}{v_Ⅱ}\right) \tag{6-17}$$

前轮
$$q'_F = \frac{2\pi r_F}{i_g(i_{RⅠ}\eta_{RⅠ} - i_{RⅡ}\eta_g)}\left(\frac{60 Q_p \eta_{mv} \eta_{RⅠ} i_{RⅠ}}{v_Ⅲ} - \frac{p \cdot i_{RⅡ}}{\Delta p \cdot \eta_{mm}}\right) \tag{6-18}$$

式中　q'_R、q'_F——后轮和前轮的计算排量，mL/r；

r_F、r_R——前轮和后轮的动力半径，m；

$i_{RⅠ}$、$\eta_{RⅡ}$——后轮Ⅰ挡机械传动比与传动效率；

i_g、η_g——前轮减速器的传动比与传动效率；

$v_Ⅱ$——压路机Ⅱ挡满速，km/h；

$i_{RⅡ}$——后轮Ⅱ挡机械传动比；

η_{mm}、η_{mv}——分别为油马达的机械效率（可取 0.95）与容积效率（可取 0.96）。

根据计算得到的 q'_R 和 q'_F，按系列选择油马达的规格，查出油马达的实际排量 q_R、q_F 及其最高转速，应使 $q_R > q'_R$，$q_F > q'_F$ 或 $q_R + q_F > q'_R + q'_F$，并且取油马达的排量与油泵的排量相等或相差一个排量级。两个油马达的转速分别为

后轮
$$n_{RX} = \frac{Q_p \eta_{mv} \cdot i_{RX} r_F}{q_f i_g r_F + q_R i_{RX} r_F} \times 10^3 \tag{6-19}$$

前轮
$$n_{FX} = \frac{Q_p \eta_{mv} \cdot i_g r_R}{q_F i_g r_R + q_R i_{RX} r_F} \times 10^3 \qquad (6-20)$$

式中　n_{Rx}、n_{Fx}——后轮和前轮油马达的转速，r/min；

$\quad\quad i_{Rx}$——后轮相应挡位的传动比。

对于不同的工作挡位，应按不同的后轮传动比 $i_{RⅠ}$、$i_{RⅡ}$、$i_{RⅢ}$ 计算出不同的 $n_{RⅠ}$、$n_{RⅡ}$、$n_{RⅢ}$ 和 $n_{FⅠ}$、$n_{FⅡ}$、$n_{FⅢ}$，其最大值均不得超过油马达产品样本标定的最高转速。

3）验算。根据已选定的油泵、油马达排量，验算液压传动的最大工作压力、压路机的牵引力和行驶速度，并计算发动机的折算功率。

用Ⅰ挡速度压实作业时有最大的液压系统工作压力 p，其值可按下式计算：

$$p = \frac{2\pi P \cdot r_F r_R}{\eta_{mm}(q_F i_g \eta_g r_R + q_R i_{R1} \eta_{R1} r_F)} + p_2 \qquad (6-21)$$

式中　p——液压系统最大工作压力，MPa；

$\quad\quad p_2$——油马达的回油背压，MPa。

$\quad\quad P$——最大牵引力，应按坡道压实（$\alpha = 6.28°$）和平道压实（$\alpha = 0°$）两种工况计算，可得出此另种工况下的最大工作压力，其最大不得超过液压系统的许用工作压力。

按最大坡道工况计算前后轮的牵引力为

前轮
$$P_F = \frac{p - p_2}{2\pi r_F} \cdot q_F i_g \eta_g \eta_{mm} \qquad (6-22)$$

后轮
$$P_R = \frac{p - p_2}{2\pi r_R} \cdot q_R i_{R1} \eta_{R1} \eta_{mm} \qquad (6-23)$$

式中　P_F、P_R——分别为前、后轮牵引力，N。

分别计算的前后论牵引力，均不得超过驱动轮上的附着力，否则将出现打滑。

压路机的行驶速度按下式计算：

$$v = \frac{377 Q_p \eta_{mv} r_F r_R}{q_F i_g r_R + q_R i_{RX} r_F} \qquad (6-24)$$

式中　v——压路机的行驶速度，km/h。

对于不同的速度挡位，应按其不同的传动比 $i_{RⅠ}$、$i_{RⅡ}$、$i_{RⅢ}$ 计算，可得出不同的 $v_Ⅰ$、$v_Ⅱ$、$v_Ⅲ$，该计算值对总体设计给定值的偏差不应超过 5%，偏差过大时应予以调整。

折算到发动机上的驱动功率为

$$N_{ed} = \frac{p Q_p}{60 \eta_f \eta_{pm} \eta_{pv}} \cdot \frac{v_c}{v_Ⅰ} \qquad (6-25)$$

式中　N_{ed}——折算到发动机上的驱动功率，kW；

$\quad\quad \eta_f$——分动箱的传动效率；

$\quad\quad \eta_{pm}$——油泵的机械效率，轴向柱塞泵取 0.95；

$\quad\quad v_Ⅰ$——压路机Ⅰ挡满速，km/h；

$\quad\quad v_c$——压路机的压实作业速度，路基用振动压路机坡道压实取 3 km/h，平道压实取 5 km/h；路面用振动压路机坡道压实取 4 km/h，平道压实取 6 km/h。

验算时，应对坡道压实与平道压实分别计算其折算功率，即对 p、v_c 分两种工况取值。

此计算的 N_{ed} 为初压实时的驱动功率，当与压路机的振动功率合成检验发动机总功率时，应按振动压实工况的滚动阻力系数（$f=0.10$）计算驱动力 p 和系统压力 p。

2. 振动液压传动系统设计

（1）振动阀控制的开式传动系统

图 6-21 所示为阀控开式液压系统，主要部件有齿轮泵 1、稳压阀 2、电液换向阀 3、齿轮马达 4 和冷却器 5。其中，稳压阀由减压阀和溢流阀组成，换向阀由电磁先导阀和液动换向阀组成，稳压阀与换向阀集成于一体，共同组成一个振动阀，单独安装在压路机车架上。此系统仅能得到单频率振动。电液换向阀用于改变油马达的旋转方向，以实现压路机双振幅的变换。液动阀的控制用压力油是由压路机行走液压系统中的供油泵提供的。当换向阀处于中位时，阀体的四个通道相互串通，油泵即刻卸荷，振动停止。

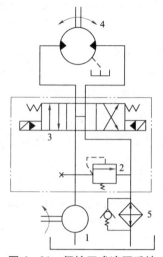

图 6-21　阀控开式液压系统

1—齿轮泵；2—稳压阀；3—电液换向阀；

4—齿轮马达；5—冷却器

当压路机起振或变换振幅时，偏心块将产生很大的惯性力矩，使液压系统中的附加压力急剧增大。当阀在开启 $0.2\sim0.4\,s$ 的瞬间，由于阀孔的开启面积小，而在油路中造成一个压力峰值，这一峰值压力增大到一定程度的瞬间，溢流阀就会开启卸载；待压力平稳后溢流阀才关闭，使激振器进入正常运转，从而保护液压元件。

该种液压传动方案适用于中等工作压力，如 YZ10 振动压路机上振动液压系统的额定压力为 $14\,MPa$，其溢流阀的开启压力调定为 $17\,MPa$。在其他一些类似的压路机振动液压系统中，溢流阀的调定压力也总是要比实际工作压力高出 $2.3\,MPa$。

这种开式回路传动系统的工作压力低，被压元件容易选取，系统也易于密封和防泄漏，工作可靠性较好。液压系统的油流量相对大一些，管路粗使液流缓冲性能好，工作平稳。但值得注意的是，齿轮泵和齿轮马达的容积效率较低，尤其是在齿顶与泵体磨损后无法补偿间隙，使内泄加大。此系统对油温的变化也较敏感，如油温超过 $80℃$ 时，压路机的振动频率将急剧下降。又因为开式回路的油流循环快，因而在振动液压系统的回油路上装置了冷却器，通过发动机的冷却风扇进行冷却。

（2）振动泵控制的闭式液压传动系统

振动泵控制的闭式液压传动系统与行走液压系统中变量泵驱动定量马达的闭式回路没有多大区别，只是在油泵斜盘的一个倾料方向加了限制块。此种系统也是用油马达的正反转来调节振幅，并且能很容易地得到两种频率，必要时可以实现无级调频。其中的变量泵仍可采用轴向柱塞泵，而定量马达可选用轴向柱塞马达或叶片马达。叶片马达比柱塞马达便宜，对比齿轮马达来说，它能够自动补偿因叶片与定子内曲线磨损有可能造成的间隙增大，从而提高了容积效率，这既保证了压路机的振动效率不会降低，也延长了马达的使用寿命。

这种闭式回路的振动滚压系统工作压力可以选得大些，在使用柱塞马达时的最大工作压力可达 25 MPa，这样可减小液压元件的规格尺寸。当压路机停振或转换振幅时，也会伴有瞬时冲击压力产生，但比开式回路系统要好得多。

（3）振动液压系统的设计计算

压路机总体设计应给出压路机的振动参数、发动机额定参数和液压系统的许用工作压力，以及压路机的振动功率等。

在计算时应用到"当量振动功率"的概念。所谓"当量振动功率"，并非实际意义上的振动功率，而只是为了计算与选择油泵规格而假设的折算值。应用在具有多个振幅与频率组合的情况下，其折算方法是用最大振幅与最高频率代入同一公式计算。事实上所有振动压路机上的大振幅与高频率都不是同时使用的，这如同行走驱动系统的最大牵引力与最高速度不同时使用一样。

1）油泵的计算。输入油泵的当量功率按下式计算：

$$N_p = \frac{N_v'}{\eta_H} \cdot \frac{p_1}{\Delta p} \cdot \frac{1}{q_k} \qquad (6-26)$$

式中　N_p——输入油泵的当量功率，kW；

$\quad\quad N_v'$——按最大振幅和最高频率计算的当量振动功率，kW；

$\quad\quad \eta_H$——液压系统的效率，开式系统取 0.64，闭式系统取 0.83；

$\quad\quad p_1$——液压系统设定工作压力，MPa；

$\quad\quad \Delta p$——油马达进出油口压力差，$\Delta p = p_1 - p_2$（p_2 为油马达的回油背压）；

$\quad\quad q_k$——振动轮个数。

2）油马达的计算。油马达的计算排量为

$$q_m' = \frac{Q_p}{60 f_{max}} \cdot \eta_{mv} \times 10^3 \qquad (6-27)$$

式中　q_m'——油马达的计算排量，mL/r；

$\quad\quad Q_p$——油泵的计算流量，L/min；

$\quad\quad f_{max}$——给定的压路机最高提动频率，Hz；

$\quad\quad \eta_{mv}$——油马达的容积效率。

根据计算值 q_m' 按系列选择油马达的规格，查出油马达的实有排量 q_m，应使 $q_m < q_m'$，油马达的转速为

$$n_m = \frac{Q_p}{q_m} \cdot \eta_{mv} \times 10^3 \qquad (6-28)$$

式中　n_m——油马达的转速，r/min；

$\quad\quad q_m$——油马达的实有排量，mL/r。

由此计算的 n_m 值不应超过油马达产品样本标定的最高转速。

3）验算。压力机的最高振动频率应为

$$f_{max} = \frac{n_m}{60} \qquad (6-29)$$

式中，f_{max} 一般比给定值高 3% ~5%，不符合此条件的应予以调整；双频率振动轮的低频率由变量泵调节而得，也应比给定值高 3% ~5%。

液压系统的最大工作压力为

$$p = \frac{N_v}{q_m f \cdot \eta_{mm}} \cdot \frac{1}{q_v} \times 10^3 + p_2 \qquad (6-30)$$

式中　p——液压系统的最大工作压力，MPa；

　　　N_v——振动功率，kW；

　　　η_{mm}——油马达的机械效率。

折算到发动机上的振动功率应为

$$N_{ev} = \frac{N_v}{\eta_f \cdot \eta_H} \qquad (6-31)$$

式中　N_{ev}——折算到发动机上的振动效率，kW；

　　　η_f——分动箱的传动效率。

对双频双幅振动轮应分别计算 N_{ev}，并且与压路机的行走驱动功率及转向功率合成，以验证所选发动机的总功率。

3. 转向液压传动系统设计

转向油缸的内径可按下式计算：

$$D = \sqrt{\frac{8M\tan\theta}{\pi p l (K - \varepsilon^2) \eta_L}} \qquad (6-32)$$

式中　D——转向油缸的内径，cm；

　　　M——压路机的原地转向阻力矩，N·m；

　　　θ——压路机的转向角度；

　　　p——选定的油缸工作压力，MPa；

　　　l——油缸的工作行程，cm；

　　　K——专项系数，单缸 $K=1$，双缸 $K=2$；

　　　ε——活塞杆直径 d 与油缸内径 D 的比值；

　　　η_L——油缸的传动效率，取 0.95。

（1）转向油缸的选择与计算

对于单油缸转向系统，油缸的工作容量取决于大腔进油的容量，则

$$V_L = \frac{\pi}{4} D^2 l \qquad (6-33)$$

式中　V_L——油缸大腔进油容量，mL。

对于双油缸转向系统，油缸的工作容量取决于一个大腔和一个小腔同时进油时的油缸容量之和。

当压路机转向时，转向油缸活塞走完全行程所需的流量（L/min）为

$$Q_L = \frac{60 V_L}{t} \times 10^{-3} \qquad (6-34)$$

式中　t——活塞走完全行程的时间，对于压路机取 4~5 s。

（2）转向器的计算与选择

计量马达的排量应能满足转向油缸工作容量的需要，即

$$q'_m = \frac{V_L}{n\eta_{mv}} \tag{6-35}$$

式中　q'_m——转向器计量马达的排量，mL/r；

　　　　n——从一个极限位置到另一个极限位置的转动总圈数，压路机取 5；

　　　　η_{mv}——转向器的容积效率，取 0.88。

根据计算的计量马达排量，按转向器产品样本选用稍大或接近规格的排量。

（3）转向油泵的计算

转向泵的排量是根据油缸所需流量和输入转数计算的。油泵排量的计算值为

$$q'_p = \frac{Q_L}{n_p \eta_{pv}} \times 10^3 \tag{6-36}$$

式中　q'_p——转向泵的排量，mL/r；

　　　　n_p——油泵的输入转数，r/min；

　　　　η_{pv}——油泵的容积效率，取 0.90。

根据计算所得油泵排量，按油泵系列选择稍大或接近的规格。按选用油泵的排量计算油泵的流量为

$$Q_p = q_p n_p \eta_{pv} \times 10^{-3} \tag{6-37}$$

式中　Q_p——转向油泵流量，L/min。

6.2　路面铣刨机

6.2.1　路面铣刨机的结构与工作原理

1. 分类、特点及适用范围

铣刨机分类标准、分类方法多种多样，按铣削形式可分为热铣式和冷铣式。一般意义上的铣刨机多指冷铣式铣刨机，因其结构相对简单、功能简易、操作方便灵活、施工工艺简单、工作效率高、机动性能好而普遍使用。热铣式铣刨机在初期只是加装了预加热装置，后来逐渐发展成为结构复杂、体积庞大的成套设备而更名为热再生机。

铣刨机按铣刨宽度可分为大、中、小三种类型，0.3~1.0 m 的为小型，1.2~2.0 m 的为中型，2.0 m 以上的为大型。小型铣刨机主要适用于小面积的路面维修、刮除喷涂标线、铣刨小型沟槽等，一般不带有废料回收装置。大、中型铣刨机主要用于道路养护、大规模翻修作业，通常带有废料回收装置。

铣刨机按铣削转子旋转方向不同可分为逆铣铣刨机和顺铣铣刨机。铣削转子旋转方向和主机车轮转动方向相同为顺铣，反之为逆铣。目前，铣刨机厂家大都选择逆铣方式。逆铣方式铣削转子旋转方向与废料下落方向相反，对废料来说，运程短、重复破碎可能性小、节省功率。

铣刨机按驱动形式可分为机械式、全液压式、机械液压混合式铣刨机。传统上，小型铣刨机主要采用机械驱动形式，大、中型铣刨机则以全液压驱动形式为主；近年来，为提高小

型铣刨机的综合性能，采用了机械液压混合驱动形式。

铣刨机按行走机构的结构特点可分为轮胎式铣刨机、履带式和混合式铣刨机。小型铣刨机主要采取轮胎式，有三轮式和四轮式。轮胎式机动能力强，掉头、转向方便，最大行走速度可达 10 km/h，可自行转移工地。由于履带式的固有特点而被绝大多数大、中型铣刨机所采用。为拓展中、小型铣刨机的适用范围（特别在砂性土或非黏结性土壤条件下），新式中、小型铣刨机配备了轮胎、履带两套系统，可单独使用或混合使用，转换非常简单。

铣刨机按集料方式可分为前集料式铣刨机和后集料式铣刨机。现在大、中型铣刨机都把输料带作为必备件之一，中、小型铣刨机也把输料带作为可选件，以适应用户需要。前集料式配有两级输料带，后集料式则只有一级输料带。由于整机几何尺寸、结构形式的限制，大、中型铣刨机采用前集料式，小型铣刨机采用后集料式，国外小型铣刨机也有前集料式。

2. 结构及工作原理

铣刨机一般结构和组成如图 6 - 22 所示。大、中型铣刨机采用整体焊接车架，铣削转子、柴油机采用大部件安装方式。整机动力由发动机分两支路提供给铣削转子和液压系统。发动机的飞轮一端引出动力输出，经离合器通过皮带传动到铣削转子的轮边减速器，驱动铣削转子作业。液压系统包括液压转向、行走、四支腿升降、输料带驱动等。

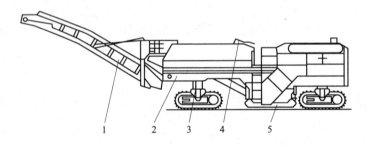

图 6 - 22 铣刨机结构简图

总成；2—车架总成；3—履带悬挂升降装置；4—操纵及电气系统；5—铣削转子

（1）皮带输送装置

前置式两级皮带输送装置包括一个宽 800 mm 的初级集料皮带机和一个二级卸料皮带机。皮带均采用凸纹式。卸料皮带机配有机罩盖，以防止溢料与尘土外扬，符合环保要求。卸料皮带运转通过装置于前端的液压马达实现，并可以根据货车车厢的高度无级升降，同时亦能够正反转动，左右摆动可达 45°。这种结构即使对较长的货车车厢，也可在整个车厢长度范围内卸料。前端卸料式货车行驶在机车的前面，驾驶员始终对铣刨轮两端、卸料过程及过往车辆具有良好的视野，对整个卸料过程一目了然，这就保证了铣削废料能毫无遗漏地卸在货车上，即便在转弯时也是如此。同时它还允许货车在铣刨机一侧行驶，此时只需要关闭正在铣刨的那条道路，可以避免货车为了转弯而封闭第二条道路，即使是一条两车道的公路也可以保持交通畅通。这样可以节省费用、时间，减少道路的封闭时间。

（2）车架

车架采用液压浮动支承整体式设计，由高强度整体结构钢板直接下料成型，液压油箱和水箱均与机架焊为一体，断面呈箱形，具有较强的抗扭变形和抗振动的特点。新型铣刨机明显地增大了柴油箱、液压油箱和水箱的容积，从而保证了机车能连续长时间作业。缩短添加水、柴油所需的时间，不仅有利于生产效率的提高，而且意味着操作成本的降低。同时加水口、加油口较大且布置位置理想，都尽可能地缩短了添加时间。充足的水保证了对铣削转子的有效喷洒，从而提高了其工作性能，延长了刀具寿命，更换刀具的数量及操作成本均下降了；同时降低了作业时产生的灰尘。还可以通过连接适当的附件如附加水箱、附加水口、附加水泵等，扩增洒水系统的功能。

（3）履带悬挂升降装置

该四条履带安装在伸缩支柱导向管内，它的升降是通过液压泵控制安装在各导向管内的四个油缸，带动伸缩支柱导向管而实现的，如图 6-23 所示。其高度可独立调节，两后轮采用联动方式。通过前轮的升降，改变铣削转子与地面的相对位置，从而获得不同的铣刨深度。后轮的升降可保持各种工作或行走状态下机身的水平。用这种履带悬挂结构，使整车结构紧凑、机动性强、蟹行量大、适用范围广。

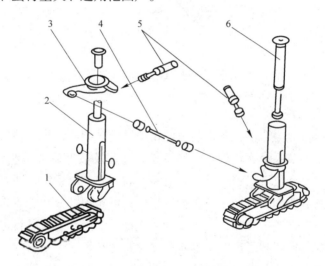

图 6-23　履带悬挂升降装置结构简图

1—履带；2—套筒；3—摇摆架；4—调节杆；5—转向油缸；6—升降油缸

（4）作业传动系统（见图 6-24）

铣削转子采用机械传动方式。传统机械传动链是：发动机→减速箱→链传动→铣削转子；新型铣削转子传动链是：发动机→离合器→皮带→轮边减速器→铣削转子。与传统传动方式相比，铣削转子冲击小、噪声低、传动平稳、操纵简便、过载保护性好。发动机转速由自动功率控制装置检测，反馈后控制机车的前进速度，从而进行自动功率分配。皮带自动张紧装置保证了动力传动的可靠性，减少了载荷变化的影响，同时延长了皮带寿命。

当发动机怠速时，传动皮带处于松弛状态，易于更换，不必拆卸组件，仅需几分钟时间即可完成。皮带轮直径不同，必要时可互换，改变传动比。

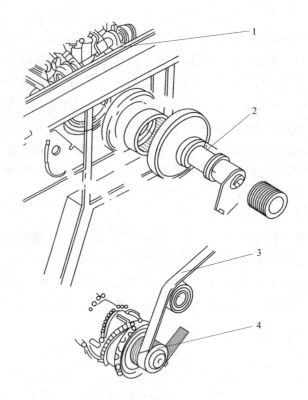

图 6 - 24　作业传动系统

1—发动机；2—离合器；3—皮带；4—铣削转子

（5）操纵及电气系统

电气系统依功能可分为柴油机起动与电源供给系统、照明系统、信号与报警系统、行走控制与功率分配自动调节系统、输料带控制系统、高度及坡度调节系统、其他控制系统等。宽敞的通道式操作控制台位于机器中部，装有左、右两套控制系统，所有操纵均可在操纵控制台上实现；并在车身两侧配有四个简单操纵平台，可实现部分功能脱机操纵。通过方便使用的旋钮和手柄就可实现各种操纵，包括发动机起动、油门、熄火、行走、倒顺、变速、停车、车身升降、转向、铣刨转子离合、洒水、输送带运转等。

柴油机起动与电源供给系统由蓄电池、起动电动机、起动继电器、发电机及相关部件组成。蓄电池供电起动柴油机，柴油机带动发电机，从而供给整机电源，并给蓄电池充电。信号与报警系统包括各种仪表、传感器及指示灯、喇叭等部件。其作用是对机器工作状态进行监控，显示故障点并报警。行走控制与功率分配自调节系统包含 MC7 控制器、传感器、电磁阀及操纵手柄等，用以调节工作及行走速度，并在自动状态下在一定范围内对整机功率分配进行优化输出，以达最佳工作状态。输料带控制系统主要由放大器及延时继电器等元件组成，其作用是调节输料带的摆动及正反转。

高度及坡度调节系统主要由控制器、钢丝绳传感器、电磁阀等组成，主要用以控制铣刨机升降、铣刨深度与坡度的自动调节。铣刨机深度控制系统包括手动和自动两种方式，以触地浮动的边护板为基准，通过调整油缸的伸缩以保持设定的铣刨深度。此外，电气系统还包含铣削转子作业、整机转向、边板提升、洒水系统等其他控制。方便实用是工程机械电子系统的必要特点。为确保在振动及各种天气情况下的可靠性，机上电子元件的设计、制造及安装均通过严格的工业考核。发动机罩尺寸大且易于打开，从而确保易于检查、维修和清洗。液压控制阀的切换过程可由内置发光二极管来显示，出现故障一目了然。

（6）液压系统

液压系统可分为行走系统、各油缸动作、输料带运行、柴油机和液压油冷却、洒水五个相对独立的回路。各回路均有单独的液压泵提供油源，所有液压泵均安装在柴油机后端的分动箱上。行走系统主要由一个变量柱塞泵和四个并联的液压马达组成。马达驱动履带轮边减速器前进和后退。前边左右两个轮边减速器带有多片式液压制动器来实现整机坡道停车制动。在泵和马达的一个主油路上设置一个分流阀，分流阀工作时能保证液压泵向各个马达输入的流量相等，即保证其输出转速相等，使铣刨机在工作时能直线行走。前后履带独立转向的设计，可以保证机车的高度机动性和蟹行性能。

输料带运行回路由一个变量柱塞泵和两个液压马达组成。两个马达管路串联，分别驱动一级输料带和二级输料带，串联的管路能保证两级输料带同时运转和停止。调节泵上的比例电磁铁的输入电流，可以改变泵的输出流量，从而改变输料带的运转速度。

柴油机和液压冷却回路由定量齿轮泵和定量柱塞马达组成。柱塞马达带动风扇，对液压油散热器和水散热器进行强制风冷；风扇的转速随柴油机的转速增大而增大。液压油和柴油机冷却水的温度分别由液压油温度传感器和节温器来控制。两者的工作原理都是短路部分介质，使介质部分或全部参与工作，从而将介质的温度控制在一定范围内。

洒水泵驱动回路由定量齿轮泵、定量齿轮马达和一个两位两通电磁阀组成。洒水泵由齿轮马达驱动。两位两通电磁阀与齿轮马达并联，当电磁阀不工作时，马达两腔短路，马达停止运转；当电磁阀带电时，液压油从马达的一腔流到另一腔，带动马达转动，驱动洒水泵运转，从而完成洒水工作。

所有油缸均由一个液压泵提供油源。通过电磁换向阀来完成各个油缸的动作。根据各油缸所控制部件的工作要求，在电磁阀到各油缸的管路上设置了不同功能的液压阀，以保证各动作的准确、可靠。

6.2.2　路面铣刨机的总体设计及主要参数确定

铣刨机的总体设计确定的主要参数有进距、工作宽度、工作深度、工作速度、行驶速度、转子圆周速度、转子半径、整机质量、前后轴载重分配、离地间隙、整机功率等。

1. 进距的确定

进距的确定与稳定土拌和机的计算方法相同。

2. 铣削宽度和铣削深度的确定

铣削宽度应以降低整机质量、提高整机机动性为前提，结合考虑整机的结构尺寸要求为选择原则。铣削宽度有固定宽度和可变宽度两种，可变宽度一般以 250 mm 为一个可变宽度等级。铣削宽度可根据我国的标准和实际需要，参照国际上通常所采用的系列 300 mm、500 mm、1 000 mm、1 200 mm、1 300 mm、1 500 mm、1 700 mm、1 900 mm、2 000 mm、

2 100 mm、2 600 mm 等来确定。铣削宽度要求超过后轮胎或履带压痕外沿宽度，小型铣刨机一般通过旋转支腿来实现。铣削深度（H）根据机型大小和工程要求不尽相同，同一宽度机型铣削深度差别也较大，一般中、小型铣刨机的铣削深度 0 ~ 180 mm；大中型铣刨机的铣削深度 0 ~ 315 mm，最新式中小机型的铣削深度也可达 300 mm。铣削宽度（B）和铣削深度（H）二者的乘积为转子的工作断面，由发动机功率确定。实际上对确定的发动机功率，在一定的作业参数条件下仅与唯一的工作断面相适应。增加工作断面必须降低行走速度来减小进距以求动力适应，其结果仍将保持大致不变的作业生产效率。

3. 工作速度和行驶速度

铣刨机有低速作业、高速转移两种工况，工作速度也与机型的大小及行走机构有关，一般中小型机为 0 ~ 12 m/min；大型机为 0 ~ 30 m/min，行驶速度可根据需要及行走机构的形式确定，一般为 0 ~ 10 km/h。大中型铣刨机一般不超过 4.5 km/h，履带驱动形式的速度一般小于轮胎驱动形式的速度。

4. 转子圆周速度的确定

圆周速度也是对上述指标有着重大影响的参数，其选择受到进距值（S）的约束，应以进距计算公式作为选择依据。一般选用较高的圆周速度，这样可以允许以较大的进距工作，保证有较高的生产效率。尽管比能耗较大，但可以利用宽度较小的转子来容纳较大的发动机功率，提高机器的功率质量比，增强机动性。一般取 $v = 5 ~ 7$ m/s，或更高。如圆周速度进一步提高，将使工况恶化，功率消耗急剧增加，刀具磨损加快。

5. 整机功率

整机功率由铣削功率（P_x）、工作牵引功率（P_g）和辅助装置功率（P_f）组成，即 $P_z = P_x + P_g + P_f$。

根据经验，P_x 占整机功率的 80% ~ 15%，P_g 占整机功率的 5% 左右（若有集料装置，P_f 占整机功率的 10% 左右）。

整机功率主要取决于铣刨机的铣削宽度和铣削深度的大小，即铣削的横截面面积，计算公式为

$$A = B \times H$$

式中　A——铣刨机工作时的横截面积，m^2；

B——铣削宽度，m；

H——铣削深度，m。

根据经验，整机功率可按下式计算：

$$P_z = fA$$

式中　f——经验参数，一般取 900 ~ 1 200。

6. 整机质量及前后轴荷重分配

铣削转子为一种旋转式主动型工作部件，它的工作由发动机通过传动装置直接驱动，需要一定的附着质量以增大牵引力，铣削机工作时需要克服转子切削力的水平力和车轮的滚动阻力，但由于其牵引力与同样功率的牵引型机械相比，仅为其 20% 左右，因此铣刨机的整机质量仅为一种结构质量，满足整机稳定性要求后应越小越好。中置式铣刨机前后轴距比较

长，后轴载荷不小于30%即可。

7. 转子半径的确定

实验和分析表明，在铣削宽度 B 和圆周速度 v 不变的情况下，随比值 H/R 增大，比能耗降低，生产效率提高。小半径转子可以降低转子扭矩，减小其传动系统负荷，同时减少结构尺寸，这都将有利于降低整机质量和造价，提高机动性。

8. 转子的驱动方式

（1）液压传动方式

其通过低速大扭矩液压马达直接驱动转子工作。特点是结构简单、制造和维修方便，这种传动方式的最大的缺点是传动效率低，很少被采用。还有采用高速液压马达行星减速机直接驱动转子的传动方式，高速马达工作可靠、效率高、寿命长，是一种体积小、性能好的传动方式。

（2）机械传动方式

机械传动方式分为链条式传动和皮带式传动。目前，采用机械传动方式较多，小型铣刨机多采用链条式传动，大中型铣刨机主要采用皮带式传动。

9. 铣削对象的分析

铣削刀具工作时，刀具与路面接触将产生很高的应力。该接触应力达到极限时，路面的压碎（形成密实核）与崩落不停的交换进行。一般情况下，单个刀具切削路面过程中各个崩落单元将随机地连续发生，而相邻崩落之间没有联系。铣削阻力在铣削刀具前刃面近切削刃处，压力最高；在远离切削刃处，此压力将按双曲线形式急剧衰减。

6.3　沥青混合料搅拌机

6.3.1　沥青混合料搅拌机的结构与工作原理

沥青混合料搅拌设备是沥青路面施工中主要配套设备之一，它的主要功能是将一定温度下不同粒径的集料（骨料）、填料（矿粉）和一定温度下的沥青按适当的比例要求进行搅拌，制成符合施工技术规范的沥青混合料。根据我国相关的行业标准和工艺流程，沥青混合料搅拌设备分为强制作业式和连续作业式（滚筒式）两大类型。

在强制作业式沥青混合料搅拌设备中，集料（骨料）的加热烘干为连续进行，混合料的搅拌过程以强制周期性进行；在连续作业式沥青混合料搅拌设备中，集料（骨料）的加热烘干和混合料的搅拌均在同一个滚筒中连续进行。

根据设备的机动性能，沥青混合料搅拌设备又可分为移动式和固定式两种类型。移动式沥青混合料搅拌设备的主要或全部工作装置分别安装在可移动的底盘上，可随施工地点转移，常用于需要经常改变施工地点的场合；固定式沥青混合料搅拌设备的整套设备安装在预先处理好的场地上，需要借助运输车辆进行搬迁。

此外，按照不同的沥青混合料搅拌设备生产能力，还可进行以下分类：小型搅拌设备，额定生产效率≤40 t/h；中型搅拌设备，额定生产效率为 60～120 t/h；大型搅拌设备，额定生产效率为 160～320 t/h；特大型搅拌设备，额定生产效率 >320 t/h。

1. 强制作业式沥青混合料搅拌设备

LQC 系列沥青混合料搅拌设备产品为典型的强制作业式沥青混合料搅拌设备。现以 LQC 系列产品为例，进行结构和工作原理的介绍。

LQC 系列沥青混合料搅拌设备主要由冷集料配料及供给装置、干燥滚筒总成、热集料提升机、振动筛分装置、矿粉储存及供给装置、称量搅拌及成品料输送系统、除尘系统、气动系统、沥青储存及供给系统、电气控制系统等基本部分构成。图 6-25 所示为间歇式沥青混合料搅拌设备结构。

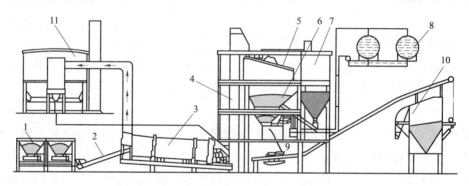

图 6-25　间歇式沥青混合料搅拌设备结构

1—冷集料给料装置；2—冷集料输送机；3—干燥滚筒；4—热集料提升机；
5—热集料筛分机和热集料储斗；6—热集料称量斗；7—石粉储仓和定量供给装置；
8—沥青保温罐和定量供给装置；9—搅拌器；10—成品混合料储仓；11—除尘装置

不同粒径的集料经冷集料给料装置 1 初配后，由冷集料输送机 2 输送至干燥滚筒 3 进行加热烘干至一定温度后，由热集料提升机 4 提升至振动筛分装置 5 中进行二次筛分，筛分后的集料按粒径的大小分别储存在热集料仓的分隔仓内，然后在电气控制系统的操纵下，按设定的比例先后进入热集料称量斗 6 内进行累加式称量，直至达到设定要求。同时，储存在石粉储仓 7 中的矿粉以及储存在沥青保温罐 8 中的热沥青分别由矿粉称量螺旋和沥青循环泵输送至矿粉称量斗和沥青称量斗内，直至达到设定要求。称量完成后的集料、矿粉及沥青被先后投入搅拌器 9 内进行搅拌，搅拌完成后形成的沥青混合料，通过成品料输送系统送入成品混合料储仓 10 进行储存或直接卸入运输车辆中。

沥青混合料搅拌设备在运行过程中产生的粉尘、废气和水蒸气，经除尘装置 11 过滤后排入大气。

电气控制系统是沥青混合料搅拌设备的指挥部，设备各部分功能的实现以及设备的生产过程管理均是通过该系统完成的。通常情况下，它既能实现手动操作又可实现自动控制。

LQC 系列沥青混合料搅拌设备的工艺流程框图如图 6-26 所示。

2. 连续作业式沥青混合料搅拌设备

所谓连续作业式沥青混合料搅拌设备，就是集料的加热以及沥青混合料的搅拌均在同一

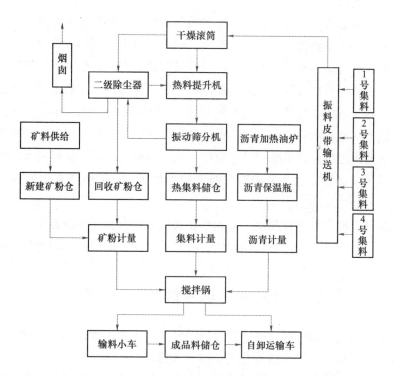

图 6-26　LQC 系列沥青混合料搅拌设备的工艺流程框图

滚筒中连续进行，这种工艺的应用主要起始于 20 世纪 60 年代末期的欧美等国家，自 20 世纪 70 年代以来得到了快速发展和应用。与强制作业式沥青混合料搅拌工艺相比，它具有工艺流程简单、结构简单、生产效率较高、投资成本低等特点，因此在欧美等国家得到了越来越广泛的应用。而在我国，由于存在集料规格的不规范以及含水量的极不稳定，这种工艺仅在小型沥青混合料搅拌设备中得到了应用。图 6-27 所示为连续作业式沥青混合料搅拌设备。从图 6-27 上可以看出，连续作业式沥青混合料搅拌设备主要由下列部分组成：冷集料供给及配料计量装置、烘干 - 搅拌滚筒总成、矿粉储仓及计量供给系统、沥青储存及供给系统、除尘系统、成品料输送及储存系统以及电气控制系统。

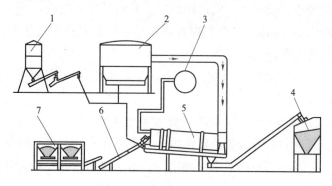

图 6-27　连续作业式搅拌设备

1—矿粉储仓及计量供给系统；2—除尘系统；3—沥青储存及供给系统；4—成品料输送及储存系统；

5—烘干 - 搅拌滚筒总成；6—皮带输送机；7—冷集料供给及配料计量装置

不同粒径的集料经冷集料供给及配料计量装置 7 计量后，由皮带输送机 6 输送至烘干 -

搅拌滚筒总成 5 内，集料在烘干－搅拌滚筒的前部被烘干加热至要求的温度，与此同时，矿粉储仓 1 中的矿粉经计量装置计量后，被连续的输送至烘干－搅拌滚筒内。经过干燥后的集料与矿粉以及来自沥青储存及供给系统 3 经过计量后的沥青，在烘干－搅拌滚筒的后部被混合搅拌，形成的沥青混合料由输送机运至成品料仓中储存待运。在烘干－搅拌滚筒产生的油烟和含尘气体经除尘系统 2 过滤后排入大气。需要说明的是，为提高混合料的配合比精度，冷集料在进入烘干－搅拌滚筒之前，某些设备常配备集料含水量测试仪，测试冷集料含水量的数据被动态的输入电气控制系统的计算机中，由计算机换算出干集料的实际质量，并根据干集料的实际质量动态地自动调节矿粉和沥青的添加量，从而达到准确控制混合料配比的目的。

连续作业式沥青混合料搅拌设备与强制作业式沥青混合料搅拌设备相比较，虽然在工艺流程上有很大不同，但二者的功能是相同的，所以有些部分的结构和功能是相同的。

6.3.2 沥青混合料搅拌机的总体设计

在前面几节中讲述了沥青混合料搅拌设备的分类与工艺流程，本节讨论强制作业式沥青混合料搅拌设备的总体设计计算以及有关参数的选择。

沥青混合物料搅拌设备的主要性能是额定生产效率，它是指沥青混合料搅拌设备在标准工况下的生产能力，即标准工况下，每小时生产沥青混合料的质量。

标准工况是指环境温度 20℃，标准大气压，矿料（集料）的规格符合规范要求，且矿料（集料）的平均含水量为 5%，沥青混合料出料温度为 140℃。

总体设计的目标是根据市场调研和企业产品发展规划而确定的，企业产品发展规划是根据市场需求和技术发展的趋势而制订的。根据沥青混合料搅拌设备的各总成比较分散的特点，在进行产品总体设计时，主要考虑以下两方面的内容。

1. 沥青混合料搅拌设备的形式选择

如前所述，沥青混合料搅拌设备按工艺流程和机动性能可分为不同的类型，产品形式的选择就是根据市场的要求，确定产品的适用性能，其包括以下两点：

1）根据市场要求，确定沥青混合料搅拌设备是采用强制作业式的生产工艺，还是采用滚筒连续作业式的生产工艺。

2）根据用户对设备机动性能的要求，确定产品是采用移动式结构形式，还是固定式结构形式。

2. 沥青混合料搅拌设备生产能力额定生产效率的确定

如前所述，沥青混合料搅拌设备的额定生产效率是在标准工况下的设备生产能力，它是在市场调研的基础上，根据用户的需求而确定的，对于强制作业式沥青混合料搅拌设备：

$$Q_j = \frac{N \cdot m_{zj}}{1\,000} \tag{6-38}$$

式中 Q_j——强制作业式沥青混合料搅拌设备生产效率，t/h；

m_{zj}——达到搅拌器额定容积时的混合料质量，kg；

N——每小时拌制的份数，即

$$N = \frac{3\ 600}{T} \tag{6-39}$$

T—搅拌循环周期，s；一般可取 $T = 36 \sim 60$ s，或按下式计算：

$$T = t_z + t_{cm} + t_p \tag{6-40}$$

式中　t_z——向搅拌器内加入集料、填料和沥青的时间，s；

　　　t_{cm}——混合料的搅拌时间，s；

　　　t_p——成品料卸料时间，s。

6.3.3　沥青混合料搅拌机的主要工作装置设计与选型

沥青混合料搅拌设备的额定生产效率是各工作总成设计的基本依据，为保证达到这一要求，在设计各总成的工作能力时，必须考虑适当的附加裕量。

1. 干燥滚筒的计算

（1）干燥滚筒基本参数的确定

在设计给定生产效率的搅拌设备时，要确定干燥滚筒的结构参数：干燥滚筒的容积 V_δ、长度 L_δ 和直径 D_δ、干燥滚筒的安置角 α（相对于水平线的倾角）。

干燥滚筒容积的大小直接影响单位时间内通过筒内的燃气量，滚筒的长度和安装角则决定砂石料在筒内的移动速度和停留的时间。因此，这些参数都会影响集料烘干与加热的效果。

确定干燥滚筒容积的简便方法可根据水分的小时蒸发率（即 1 m³ 滚筒容积在 1 h 内所蒸发水分的质量）来计算，即

$$V_\delta = \frac{W}{A} = \frac{\omega Q}{A} \tag{6-41}$$

式中　V_δ——干燥滚筒容积，m³；

　　　W——蒸发水分的质量，kg/h；

　　　ω——集料的含水量，%；

　　　Q——干燥滚筒的生产效率，kg/h；

　　　A——干燥滚筒的蒸发率，kg/（m³·h）。

滚筒的蒸发率取决于所采用的烘干加热工艺流程、筒内结构形式、筒内集料的充盈率以及滚筒的转速、滚筒截面上气流速度等。此外，蒸发率也与集料的性质、含水量以及尺寸有关。

蒸发率可根据一些搅拌设备干燥滚筒的试验数据来估算，一般为 125 ~ 175 kg/（m³·h）。对通风良好的滚筒，其值达 220 ~ 250 kg/（m³·h）。确定滚筒的容积 V_δ 值后，可进一步确定筒长 L_δ 和直径 D_δ。

滚筒长度可根据被烘干的集料在滚筒内的移动情况和所需停留的时间来确定。如图 6-28 所示，当滚筒内的集料被叶片自 A 点提升到 C 点（垂直于滚筒轴线提升）之后，再垂直下

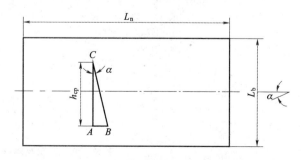

图 6-28　集料在干燥滚筒内的移动图

落到 B 点，每下落一次就在筒内向前移动一小段距离 AB，且

$$AB = h_{cp}\tan\alpha \tag{6-42}$$

式中　AB——滚筒内集料每下落一次向前移动的距离，m；

　　　h_{cp}——集料平均提升高度，m，可取 $h_{cp}=0.6D_\delta$；

　　　α——滚筒的安装角，$\alpha=3°\sim6°$。

滚筒长度计算表达式如下：

$$L_\delta = h_{cp}znt\tan\alpha \tag{6-43}$$

式中　L_δ——滚筒长度，m；

　　　z——滚筒每转一转砂石料被提升的次数，$z=1.75\sim2.5$，平均值可取 2；

　　　n——滚筒转速，r/min，一般 $n=8\sim16$ r/min，可根据滚筒的圆周速度 $v=0.75\sim$ 0.85 m/s 考虑（以使材料不被离心力吸附在滚筒内壁为最高限值）；

　　　t——集料在滚筒内停留的时间，min，一般 $t=2\sim4$ min。

通常沥青混合料搅拌设备的 L_δ 值与 D_δ 值的关系为

$$D_\delta/L_\delta = 1/4\sim1/7$$

对于滚筒式沥青混合料搅拌设备，集料与热沥青的搅拌是在同一个滚筒内进行的，因此，必须考虑为拌合所需的滚筒的长度。建议实际滚筒长度 L_δ' 按经验数据选取，一般为

$$L_\delta' = L_\delta + (0\sim1.5) \tag{6-44}$$

确定滚筒长度和滚筒直径后，可按下式换算出滚筒的转速：

$$n = \frac{L_\delta}{zth_{cp}\tan\alpha} \tag{6-45}$$

（2）干燥滚筒的驱动功率计算

干燥滚筒在工作时要克服下列阻力：滚筒内材料的提升阻力 W_1、滚筒旋转时滚圈沿支承滚轮的滚动摩擦阻力 W_2、支承滚轮销轴内的摩擦阻力 W_3。

旋转筒叶片提升材料阻力可根据材料提升时作用在筒上的力矩平衡式求得（见图6-29），即

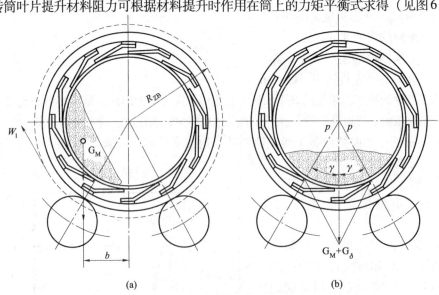

图6-29　干燥滚筒计算简图

(a) 滚筒旋转时材料的提升阻力；(b) 滚筒不转时在支承拖轮上的压力分布

$$M_1 = G_M b = W_1 R_{ZB} \tag{6-46}$$

$$W_1 = \frac{G_M b}{R_{ZB}}$$

式中　M_1——材料提升力矩，kN·m；

$\quad\quad G_M$——滚筒内材料的重力，kN；

$\quad\quad b$——滚筒内材料重心相对于滚筒中心垂直轴线的距离，m；

$\quad\quad R_{ZB}$——驱动元件（齿圈、滚圈）半径，m。

材料质心相对滚筒中心的距离，取决于由滚筒转速而确定的工况。干燥滚筒的转速可按下式计算：

$$n = K \sqrt{R_\delta} \tag{6-47}$$

式中　n——滚筒转速，r/min；

$\quad\quad K$——干燥滚筒的工况系数，对慢速转动的滚筒，$K = 8 \sim 10$；对快速转动的滚筒，$K = 14 \sim 16$；对中等转速的烘干筒，$K = 10 \sim 14$；

$\quad\quad R_\delta$——滚筒的内径，m。

材料重力相对筒中心垂直轴线的力臂 b 应按干燥滚筒不同的旋转工况进行确定。

1）慢速转动干燥滚筒。材料在滚筒内所占的截面积为一个弓形面积（见图 6-30），其质心位于离滚筒中心 x 距离处。材料质心至滚筒中心的距离可按下式求得：

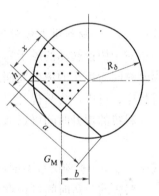

$$x = \frac{a^3}{12S}$$

式中　a——弓圆弦长，m；

$\quad\quad S$——弓圆面积，m²。

弓圆弦长：

$$a \approx 2 \sqrt{2R_\delta h} = 2.83 \sqrt{R_\delta h}$$

式中　R_δ——滚筒的内径，m；

图 6-30　烘干筒内材料
质心计算图（慢速）

$\quad\quad h$——弓圆高度，m。

弓圆面积

$$S = \frac{2}{3} ah = \frac{2}{3} h \times 2.83 \sqrt{R_\delta h} = 1.9 \sqrt{R_\delta h^3}$$

已知 a 和 S 值后，可得

$$x = \frac{\left(2.83 \sqrt{R_\delta h}\right)^3}{12 \times 1.9 \sqrt{R_\delta h^3}} \approx \frac{22.67 R_\delta h \sqrt{R_\delta h}}{22.8 h \sqrt{R_\delta h}} \approx R_\delta$$

当滚筒转动时，弓圆材料将相对垂线旋转一个角度 $\beta_M = 45° \sim 50°$，此时，材料重力的力臂为

$$b = x\sin \beta_M = R_\delta \sin \beta_M = (0.7 - 0.77) R_\delta$$

2）快速转动干燥滚筒。滚筒内材料被叶片抓住而提升，以中心角 $\omega_M \approx 180°$ 的环形扇面分布（见图 6-31）。在计算环形扇面内径时，必须考虑滚筒内材料的充满系数和环形扇面材料的充满系数。此时

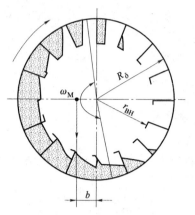

$$\frac{\pi(R_\delta^2 - r_{BH}^2)}{2}\beta_C = \pi R_\delta^2 \beta \cdot t_{p0}$$

则

$$r_{BH} = R_\delta \sqrt{1 - \frac{\beta}{\beta_c} t_{p0}} \qquad (6-48)$$

式中　r_{BH}——环形扇面内径，m；

　　　　β——筒内材料的充满系数，$\beta = 0.1 \sim 0.20$；

　　　　β_c——环形扇面材料的充满系数，$\beta_c = 0.8 \sim 0.95$；

　　　　t_{p0}——被叶片提升的材料占筒内材料的百分比。

材料重力相对筒中心垂线的力臂为

$$b = \frac{4}{3} \frac{R_\delta^3 - r_{BH}^3}{R_\delta^2 - r_{BH}^2} \frac{1}{\omega_M} \frac{180°}{\pi} \sin\frac{\omega_M}{2}$$

图 6 – 31　烘干筒内材料
质心计算图（快速）

当 $\omega_M \approx 180°$，$2\sin\omega_M/2 \approx 1$ 时，则

$$b = \frac{4}{3\pi} \frac{R_\delta^3 - r_{BH}^3}{R_\delta^2 - r_{BH}^2}$$

式中　b——材料重力相对筒中心垂线的力臂，m。

对于快速转动的烘干筒，材料的总质量可以分为提升料的质量和下落料的质量。料粒的提升时间为烘干的消极周期。料粒的下落时间为烘干的积极周期。在材料不断提升和下落的过程中，可以认为是提升料和下落料的质量比，其等于料粒提升和下落的时间比。

料粒的提升时间可以从式（6 – 45）的转速公式中求得

$$t_p = 60/(2n) = 30\sqrt{R_\delta}/K \qquad (6-49)$$

式中　t_p——料粒的提升时间，s。

料粒的下落时间可按自由落体公式确定：

$$t_a = \sqrt{2D_\delta/g} \qquad (6-50)$$

式中　t_a——料粒的下落时间，s；

　　　　g——重力加速度，$g = 9.81 \text{ m/s}^2$。

料粒运动循环周期所偏的时间为

$$t_x = t_a + t_p \qquad (6-51)$$

消极周期相对时间为

$$t_{p0} = \frac{t_p}{t_a + t_p} = \frac{30\sqrt{g}}{30\sqrt{g} + 2K} \qquad (6-52)$$

积极周期相对时间为

$$t_{a0} = \frac{t_a}{t_a + t_a} = \frac{2K}{30\sqrt{g} + 2K} \qquad (6-53)$$

在考虑滚筒转速工况的情况下，齿圈或滚圈上的圆周力按下式计算：

对慢速转动的烘干筒

$$W_1 = 0.75 G_M R_\delta / R_{ZB} \qquad (6-54)$$

对快速转动的烘干筒

$$W_1 = \frac{4G_M}{3\pi R_{ZB}} \cdot \frac{30\sqrt{g}}{30\sqrt{g} + 2K} \cdot \frac{R_\delta^3 - r_{BH}^3}{R_\delta^2 - r_{BH}^2} \tag{6-55}$$

为计算滚圈沿滚轮的滚动摩擦阻力和支承滚轮轴内的摩擦阻力，必须确定作用在滚轮上的压力。

滚轮压力计算简图如图 6-29（b）所示。作用在滚轮上的压力为

$$p = \frac{G_M + G_\delta}{Z_p \cos \gamma} \tag{6-56}$$

式中　p——作用在滚轮上的压力，kN；

　　　G_M——筒内材料的重力，kN；

　　　G_δ——筒的重力，kN；

　　　Z_p——支承滚轮数，$Z_p = 4$；

　　　r——$\gamma = 30°$。

筒内材料的重力按下式计算：

$$G_M = \frac{\pi D_\delta^2 L_\delta}{4} \beta \rho_M g$$

式中　ρ_M——被烘干材料的密度，$\rho_M = 1.7 \text{ t/m}^3$。

当采用平衡式支承滚轮时（见图 6-32），筒对滚轮的压力为

$$p_\delta = \frac{p}{2\cos \alpha} = \frac{G_M + G_\delta}{2z_p \cos \gamma \cos \alpha} \tag{6-57}$$

式中　α——滚轮在平衡支承上布置的中心角。

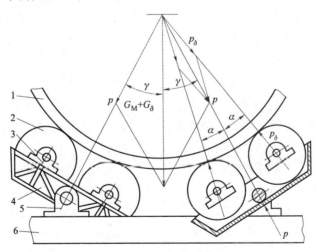

图 6-32　平衡支承的安装

1—滚圈；2—滚轮；3—滚轮安装定位线；4—平衡梁；5—平衡梁支承；6—支架

换算到驱动元件半径上的滚圈沿支承轴承滚轮滚动的摩擦阻力为

$$W_2 = \frac{(G_M + G_\delta) R_{\delta H} k_1}{R_{ZB} \cos \gamma} \tag{6-58}$$

式中　W_2——换算到驱动元件半径上的滚圈沿支承滚轮滚动的摩擦阻力，kN；

　　　$R_{\delta H}$——滚圈半径，m；

k_1——滚圈沿滚轮的滚动摩擦系数，$k_1 = 0.0002 \sim 0.0005$。

换算到驱动元件半径上的支承滚轮销轴摩擦阻力为

$$W_3 = \frac{(G_M + G_\delta) R_{\delta H} k_2 r_0}{r R_{ZB} \cos \gamma} \tag{6-59}$$

式中　W_3——换算到驱动元件半径上的支承滚轮销轴摩擦阻力，kN；

　　　k_2——支承滚轮轴承摩擦系数；

　　　r——支承滚轮半径，m；

　　　r_0——支承滚轮销轴半径，m。

克服阻力 W_1、W_2、W_3 所需的圆周力为

$$\sum W = W_1 + W_2 + W_3$$

驱动齿圈的圆周速度为

$$v_{ZB} = \pi R_{ZB} n / 30 = 0.105 R_{ZB}$$

由上可得干燥滚筒驱动所需功率为

$$P = \sum W V_{ZB} / \eta$$

式中　P——干燥滚筒驱动所需功率，kW；

　　　η——干燥滚筒驱动机构的机械效率。

2. 搅拌器的计算

叶桨式搅拌器是沥青混合料搅拌设备制备沥青混合料的主要装置。在搅拌器内，把按一定配合比称量好的砂石料、矿粉和沥青，均匀搅拌成所需要的成品料即为沥青混合料。沥青和矿粉的混合料称为沥青黏结物。由于矿粉具有非常扩展的表面，在与沥青的相互作用下，对沥青混合料结构的形成有极大的影响，起决定的作用，因而产生了在制备沥青混合料时，矿粉如何按每份料容积均匀分布的问题。

理论研究和试验表明，在混合料质量沿拌合器壳体纵横高速循环、混合料质量强烈的垂直运动（混合料沸腾效应）和沥青混合料喷雾的状态下，才能发生最快的搅拌过程。

矿料和沥青的搅拌过程，用成品料的质量指标评价，搅拌质量是表示所有矿料成分沿总体容积均匀分布和矿料颗粒被沥青膜均匀裹敷的程度。在评价搅拌的过程效率时，应综合考虑上述这些指标，并且首先要解决矿料沿每份料容积均匀分布的问题，因为矿料为一种具有扩展表面和高含沥青容量的材料。

各成分沿每份料容积均匀分布的速度，取决于保证混合料沿搅拌器体纵横向高速循环的桨叶对转轴的安装角 α、拌合设备各装置的布置、矿料向搅拌器进料的方式以及混合料在搅拌器内的运动方案。

（1）拌合桨叶对转轴安装角的选择

当桨叶在搅拌中运动时，在桨叶前面将形成密实的核心，并使混合料沿该密实核心的侧棱发生移动。若架叶安装角 $\alpha = 0°$ 时，则发生横向（径向）循环的搅拌，而无纵向（轴向）循环的搅拌；若 $\alpha = 55°$ 时，则在桨叶的表面上不形成密实的核心，此时，混合料主要是顺转轴搅拌，横向循环将是微量的。

若桨叶对转轴安装呈某一角度时，可以使混合料既发生纵向循环，又发生横向循环，搅拌是强烈的，则此角将为最佳的安装角。

桨叶纵向搅拌强度系数 K_{PR} 为密度核心两侧棱转轴上的投影差在桨叶在同一转轴上的投影之比：

$$K_{PR} = \frac{b_1 - b_2}{b_0}$$

桨叶横向搅拌强度系数 K_p 是 $\alpha \neq 0°$ 时，密实核心横截面面积与 $\alpha = 0°$ 时密实核心最大面积之比：

$$K_P = \frac{S}{S_{max}}$$

为了用密实核心的参数来表示系数 K_{PR} 和 K_P，可以研究图 6-33 中所示的计算简图，其中 $\triangle ABC$ 为密实核心的横截面。

图 6-33 中 α 为桨叶与转轴之间的夹角，γ 是密实核心侧棱与转轴之间的夹角，$180° - 2\gamma$ 表示密实核心的顶角。

令 b 为桨叶 AC 的宽度，此时从 $\triangle ABC$ 中，得

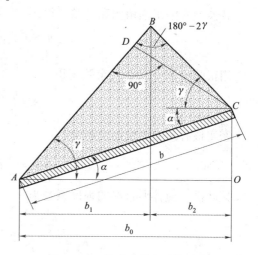

图 6-33 桨叶安装角计算简图

$$b_0 = b\cos\alpha$$

$$b_2 = BC\cos\gamma$$

$$b_1 = b_0 - b_2 = b\cos\alpha - BC\cos\gamma$$

从 $\triangle BDC$ 中得 $DC = BC\sin\beta$，而从 $\triangle ADC$ 中得：

$$DC = AC\sin(\gamma - \alpha)$$

此时

$$BC = \frac{AC\sin(\gamma - \alpha)}{\sin(180° - 2\gamma)} = \frac{b\sin(\gamma - \alpha)}{\sin(180° - 2\gamma)} = \frac{b\sin(\gamma - \alpha)}{\sin 2\gamma}$$

从上式得

$$b_2 = BC\cos\gamma = \frac{b\sin(\gamma - \alpha)}{\sin 2\gamma}\cos\gamma$$

混合料的外层仅沿密实核心的侧棱，即沿 AB 和 BC 搅拌。此时，桨叶相对搅拌能力或搅拌系数为

$$K_{PR} = \frac{b_1 - b_2}{b_0} = \frac{b_0 - 2b_2}{b_0} = \frac{b\cos\alpha - 2\dfrac{b\sin(\gamma - \alpha)\cos\gamma}{\sin 2\alpha}}{b\cos\alpha} = 1 - \frac{2\sin(\gamma - \alpha)\cos\gamma}{2\sin\gamma\cos\gamma\cos\alpha} = \frac{\tan\alpha}{\tan\gamma}$$

为确定 $\alpha > 0°$ 时的密实核心横截面面积，必须确定 $\triangle ABC$ 的底边 AB 和高 DC。根据正弦定理得

$$\frac{AC}{\sin(180° - 2\gamma)} = \frac{AB}{\sin\angle ACB} \text{或} \frac{AC}{\sin 2\gamma} = \frac{AB}{\sin(\gamma + \alpha)}$$

此时

$$AB = \frac{b\sin(\gamma + \alpha)}{\sin 2\gamma}$$

令 $\triangle ABC$ 的高 DC 为 h，则 $h = AC\sin(\gamma - \alpha) = b\sin(\gamma - \alpha)$。

核心截面面积为

$$S = \frac{1}{2}(AB)(DC) = \frac{1}{2}\frac{b\sin(\gamma + \alpha)}{\sin 2\alpha}b\sin(\gamma - \alpha) = \frac{1}{2}b^2\frac{\sin(\gamma + \alpha)\sin(\gamma - \alpha)}{\sin 2\gamma}$$

替换上式中正弦角的和与差，得

$$S = \frac{b^2}{2}\frac{\sin^2\gamma\cos^2\alpha - \sin^2\alpha\cos^2\gamma}{\sin 2\gamma}$$

用正弦 γ 加 α 角替代余弦角得

$$S = \frac{b^2}{2}\frac{\sin^2\gamma - \sin^2\alpha}{\sin 2\gamma}$$

密实核心最大横截面面积为

$$S_{max} = \frac{1}{2}bh = \frac{1}{4}b^2\tan\gamma$$

桨叶横向搅拌混合料的强度系数为

$$K_p = \frac{\dfrac{b^2\sin^2\gamma - \sin^2\alpha}{2\quad\sin 2\gamma}}{\dfrac{b^2}{4}\tan\gamma} = \frac{\sin^2\gamma - \sin^2\alpha}{\sin^2\gamma}$$

分析上式后可以得出结论，当 α 角达到 γ 角值时，桨叶纵向搅拌系数将趋近于 1（最大值）。当 $\alpha = 0°$ 时，从式中可以看出，横向搅拌系数接近于 1，由于两个系数同时对混合料循环强度的影响，因此，轴上的桨叶必须按一定的角度安装，以便使混合料的总循环强度系数 $K_{0\delta}$ 为最大值，它等于纵向循环系数和横向循环系数的乘积（$K_{0\delta} = K_{pR} \cdot K_p$）：

$$K_{0\delta} = \frac{2(\sin^2\gamma - \sin^2\alpha)\cos\gamma\tan\alpha}{\sin 2\gamma\sin\gamma\tan\gamma} = \frac{2(\sin^2\gamma - \sin^2\alpha)\cos\gamma\sin\alpha}{2\sin\gamma\cos\gamma\sin\gamma\cos\alpha\sin\gamma} = \frac{\cos\gamma(\sin^2\gamma\sin\alpha - \sin^3\alpha)}{\sin^3\gamma\cos\alpha}$$

把上式对 α 角取一阶导数，并使之等于零，可以求得桨叶的安装角 α：

$$K'_{0\delta} = \frac{\cos\gamma}{\sin^3\gamma} \times \frac{\cos\alpha(\sin^2\gamma\cos\alpha - 3\sin^2\alpha\cos\alpha) - (\sin^2\gamma\sin\alpha - \sin^3\alpha)(-\sin\alpha)}{\cos^2\alpha}$$

$$= \frac{\cos\gamma}{\sin^3\gamma} \times \frac{\sin^2\gamma\cos^2\alpha - 3\sin^2\alpha\cos^2\alpha + \sin^2\gamma\sin^2\alpha - \sin^4\alpha}{\cos^2\alpha} = 0$$

在上式中只有当 $\sin^2\gamma\cos^2\alpha - 3\sin^2\alpha\cos^2\alpha + \sin^2\gamma\sin^2\alpha - \sin^4\alpha = 0$ 时，该式才能成立。

经整理后得

$$\sin^2\gamma = 2\sin^2\alpha\cos^2\alpha + \sin^2\alpha$$

分析所得公式表明，当 $\gamma = 55° \sim 70°$ 时，$\alpha = 31° \sim 40°$，实际中，桨叶的安装角 $\alpha = 45°$，略大于最佳值。当 $\alpha = 45°$ 时，横向循环速度较小，而纵向循环速度较大，这仅对长搅拌器是合理的，其搅拌壳体长 l_k 和宽 b_k 之比大于 1（$l_k/b_k > 1$）。

（2）混合料各成分按各份料容积均匀分布时间的确定

矿料按搅拌器壳体分布的原始不均匀性，是与热料斗、矿料和矿粉计量斗相对搅拌器壳体的布置、计量斗斗门的结构及其相对搅拌器壳体的布置以及搅拌器壳体的形状有关。按矿料和矿粉斗相对搅拌器轴的布置，可以把料斗的布置分为纵向布置和横向布置，如图 6 – 34 所示。

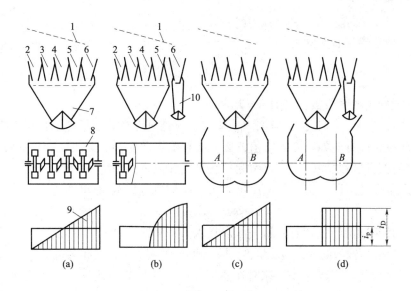

图 6 - 34　搅拌器各料斗布置简图

（a）矿料、矿粉在同一个计量斗内综合称量，各料斗纵向布置；（b）矿料、矿粉独立称量，各料斗纵向布置；

（c）矿料、矿粉在同一个计量斗内综合称量，各料斗横向布置；（d）矿料、矿粉独立称量，各料斗横向布置

1—筛分装置；2，3，4，5，6—细、中砂，粗碎石和矿粉料斗；7—计量斗；

8—搅拌器；9—矿粉沿搅拌器长、宽分布图；10—矿粉计量斗

按矿粉计量和进入搅拌器的方式，各料斗的布置又可以分为矿料和矿粉在同一个计量斗内称量的布置及矿粉在独立的计量斗内称量的布置，如图 6 - 34 所示。因此，各料斗的布置具有基本的方案和一种复合式的方案，如图 6 - 35 所示。

根据矿料和矿粉沿搅拌器长度分布均匀性的分析，各装置纵向布置的方案是一种最不合理的方案。横向布置方案和综合（或复合）式布置方案能使矿粉沿搅拌器长度方向，在最短的时间内得到最均匀的分布，因而获得了广泛的采用。

目前，对横向方案料分布的均匀性进行研究，确定矿粉沿每份拌合料均质分布的时间和循环速度。假定矿粉的浓度（i_p）由混合料组成成分计算或进定给出。

矿粉在搅拌器各区段中的实际浓度将大于或小于给定值。各区段是由通过搅拌器中心的纵向垂宜平面分割而得。

混合料各组成成分的相对浓度，为该成分在给定区段内实标浓度和其计算浓度之比。相对浓度是无量纲参数，它表示该成分浓度大于或小于标准浓度多少倍。对于各成分横向分布不均匀性的方案，矿粉沿各区段的相对浓度为

$$i_A = i_{AD}/i_P;\quad i_B = i_{BD}/i_P$$

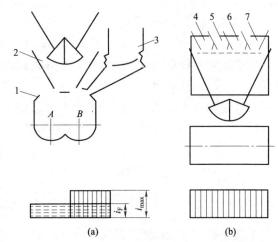

图 6 - 35　矿粉独立称量、复合式料斗布置简图

（a）总布置简图；（b）矿粉沿搅拌器长、宽分布图

1—搅拌器；2—砂石料计量斗；3—矿粉计量斗；

4—砂料斗；5—细石料斗；6—中石料斗；7—粗石料斗

式中　i_{AD}、i_{BD}——该成分在区段 AB 内的实际含量，% 。

总拌合料的平均相对浓度为

$$i = \sum_1^n i_{AB}/n$$

式中　n——搅拌器的区段数，一般 $n=2$。

当 $n=2$ 时，$i_A + i_B = 2$；当 $i_A = 0$，$i_P = 2$ 时，搅拌过程是处在最坏的情况下进行的。

由于沿区段长度方向如浓度为常值，因此拌料的纵向搅拌不能改变拌料在各区段中的原始浓度，拌料在各区段之间的交换仅引起拌料沿搅拌器宽度的浓度平衡。

混合料质量在各区段中交换的速度可以由横向交换系数 k_B 确定：

$$k_B = m'/m_1$$

式中　m'——拌浆轴旋转一转时，从一区段送入另一区段混合料的质量；

m_1——在每区段内的混合料质量，一般 $m_1 = m/2 = m_A = m_B$（m 为每份混合料的质量）。

根据搅拌器拌浆轴旋转一转时拌料在各区段内的质量守恒定律，当浓度为 i_A 时，从区段 A 中走出的所求粒级的拌料量为 $m_1 K_B i_A$，而从交换区段进入的拌料量为 $m_1 K_B i_B = m_1 K_B (2 - i_A)$。此时，所求成分在区段 A 内的浓度将按下列方程式变化：

$$m_1 i_{A1} = m_1 i_A - m_1 K_B i_{A1} + m_1 K_B (2 - i_A)$$

或

$$C'_{A1} = i_A - k_B i_A + k_B (2 - i_A)$$

此时，在拌浆轴旋转一转时，所求成分浓度变化的总规律可以由下式表示：

$$i_{A1} = i_A + 2K_B (1 - i_A)$$

式中　i_{A1}——在拌浆轴旋转一转时，所求成分的新的相对浓度；

i_A——原始的相对浓度。

在拌浆轴又一次旋转一转时，所求成分在 A 区段的相对浓度将为

$$i_{A2} = i_{A1} + 2K_B (1 - i_{A1})$$

经整理后，得

$$i_{A2} = i_{A1} + 2K_B (1 - i_{A1}) + 2K_B (1 - i_{A1})(1 - 2K_B)$$

在拌浆轴旋转三转后，所求成分在 A 区段内的浓度为

$$i_{A3} = i_A + 2K_B (1 - i_A) + 2K_B (1 - i_A)(1 - 2K_B) + 2K_B (1 - i_A)(1 - 2K_B)^2$$

在拌浆轴旋转 n 转后，所求成分在 A 段的浓度为

$$i_{An} = i_A + 2K_B (1 - i_A) + 2K_B (1 - i_A)(1 - 2K_B) + 2K_B (1 - i_A)(1 - 2K_B)^2 +$$
$$2K_B (1 - i_A)(1 - 2K_B)^3 + \cdots + 2K_B (1 - i_A)(1 - 2K_B)^{n-1}$$

经整理后上式具有下列形式：

$$i_{An} = i_A + 2K_B (1 - i_A) - \frac{1 - (1 - K_B)^n}{2K_B}$$

上式中括号内的表达式为无限项级数，第一项为 1，级数比为 $(1 - 2K_B)$。因为 $(1 - 2K_B) < 1$，所以当 $n \to \infty$ 时，$1 - 2K_B \to 0$ 级数是收敛的。

收敛级数第 n 项的和为

$$S_n = \frac{1 - (1 - 2K_B)^n}{1 - (1 - 2K_B)} = \frac{1 - (1 - 2K_B)^n}{2K_B}$$

当 $n \to \infty$ 时，S_n 为

$$\lim_{n \to \infty} S_n = \lim_{n \to \infty} \left[\frac{1}{2K_B} - \frac{1 - (1 - 2K_B)^n}{2K_B} \right] = \frac{1}{2K_B}$$

因此，当 $n \to \infty$ 时，所求成分在 A 区段内的浓度为

$$i_{An} = i_A + 2K_B (1 - i_A) \frac{1}{K_B} = 1$$

由此可见，在相当长的搅拌时间里，各成分沿每份拌料容积的分布是均匀的。在实际条件的情况下，只要所求成分的浓度达到允许偏差范围内的理想值时，搅拌过程即可停止。允许配量偏差值，一般规定为：对矿料和矿粉，$\Delta M = \pm 3\%$；对沥青 $\Delta \delta = \pm 1.5\%$。考虑偏差条件后，所求成分的许用终值浓度将为 $i_{An} = 1 \pm 0.03$，把 S_n 值代入上式，得

$$i_{An} = i_A + 2K_B (1 - i_A) \frac{1 - (1 - K_B)^{n_0}}{K_B}$$

式中　n_0——以拌桨轴旋转次数表示的搅拌时间。

取 $i_{An} = 0.97$，求解上式，得以拌桨轴旋转次数表示的最佳搅拌时间为

$$n_0 = \frac{\tan 0.03 - \lg (1 - i_A)}{\lg (1 - 2k_B)}$$

以时间表示的最佳搅拌时间为

$$t_{CM} = \frac{n_0}{n} \times 60 = \frac{60 \lg 0.03 - \lg (1 - i_A)}{n \quad \lg (1 - 2k_B)}$$

式中　t_{CM}——以时间表示的最佳搅拌时间，s；

　　　n——拌桨轴的转速，r/min。

横向拌料交换系数取决于叶片的安装角、拌桨抽的转速以及叶片和搅拌器的几何尺寸。

对现有型式的双轴叶桨搅拌器，$K_B = 0.04 \sim 0.05$。

对叶桨式搅拌器，当 $i_A = 0$，$i_B = 2$，$K_B = 0.05$ 和 $\Delta M = \pm 0.03$ 时，$n_0 = \lg 0.03/\lg 0.09 = 1.46$（r/min）。

当 $i_A = 0$，$i_B = 2$，$K_B = 0.05$ 和 $\Delta M = \pm 0.015$ 时，$n_0 = \lg 0.015/\lg 0.9 = 39.7$（r/min）。

由上述分析和实验表明，为获得各成分沿每份拌料容积合格的均质分布，对纵向布置的搅拌，需要拌桨轴旋转 $150 \sim 160$ 次，而对横向布置的搅拌，仅在拌桨轴旋转 $35 \sim 40$ 次时，混合料就达到所要求的均质质量。

（3）拌桨轴转转速的确定

当搅拌器工作时，沉埋在混合料内搅拌器底部处的桨叶，把混合料沿搅拌器轴纵向和横向移动，松散混合料并把它向上掷抛。因此，在搅拌器的上部形成松散料层，其颗粒处于飞掷的状态，而位于搅拌器底部的下层混合料则处于稳定平衡状态。桨叶对转轴的安装角 α 越小，拌桨轴的转速越大，则飞掷颗粒层越扩展，此层可以称为沸腾层。

当桨叶的安装角 $\alpha > 50°$ 时，桨叶像螺旋一样，仅把拌料沿轴向方向移动。在横向方向上拌料移动恶化，甚至在提高拌桨轴转速的情况下，还不能使混合料转到沸腾状态，为保证混合料能够纵向和横向交换，并便于其转到沸腾状态，建议桨叶对拌桨轴的安装角应为 $31° \sim 40°$。当混合料相对拌桨轴的抛掷总高度 $h_1 = (1.1 \sim 1.3) R$ [R 为桨叶半径（见图 6-36）]，下落高度 $h_2 = (1.3 \sim 1.5) R$ 时，将形成足够扩展的沸腾层，而桨叶端部的圆周速度将大于或等于混合料颗粒的下落速度，即

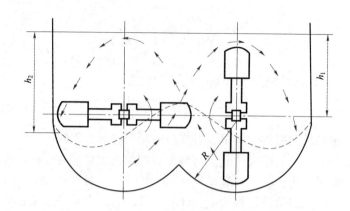

图 6 - 36 伴桨轴转速计算图

$$v_1 \geqslant v_x \text{ 或 } \omega R \geqslant gt$$

式中 v_1——桨叶端部速度，m/s；

v_x——混合料颗粒从总高度 h_2 下落的速度，m/s；

ω——桨叶角速度，s^{-1}；

R——桨叶外缘半径，m；

g——重力加速度，m/s^2；

t——颗粒从高度 h_2 下落的时间，s。

混合料颗粒下落时间可以从下落高度公式中确定：

$$h_2 = gt^2/2$$

从上式中得

$$t = \sqrt{\frac{2h_2}{g}} = \sqrt{\frac{(2.6 \sim 3)R}{g}}$$

把所得的 t 值代入 $\omega R = gt$，得

$$\omega R = g\sqrt{\frac{(2.6 \sim 3)R}{g}}$$

从上式中可以求得角速度：

$$\omega = \frac{g}{R}\sqrt{(2.6 \sim 3)\frac{R}{g}} = (1.61 \sim 1.73)\sqrt{\frac{g}{R}} \tag{6-60}$$

则拌桨轴的转速为

$$n = \frac{\omega}{0.105} = \frac{(1.61 \sim 1.73)}{0.105}\sqrt{\frac{g}{R}} = (15.3 \sim 16.5)\sqrt{\frac{g}{R}} \tag{6-61}$$

式中 n——拌桨轴的转速，r/min。

此时，桨叶端部的圆周速度为

$$v_1 = \omega R = (1.61 \sim 1.73)\sqrt{gR} \tag{6-62}$$

试验表明，当 $v_1 > 3$ m/s 时，在搅拌器底部和桨叶端部的间隙中将产生过多的碎石楔住现象，因而增大功率消耗，增加搅拌器零件的磨损以及不适应的粉碎石料。为此，近年来采用双速传动的搅拌器。在搅拌砂质和细料混合料时，拌桨轴应具有标准转速，在搅拌中粒和粗粒混合料时，采用低转速，此时 $v_1 = 2.5 \sim 3$ m/s，一般 $v_1 \leqslant 2.7$ m/s。

（4）叶桨式搅拌器参数的确定

叶桨式搅拌器主要参数包括容量、壳体内部尺寸参数和搅拌时间，其计算步骤为：首先预定搅拌每份料的质量，然后初步计算搅拌器壳体内部尺寸。在已知搅拌器壳体内部尺寸后，即可以计算拌桨轴的转速和搅拌时间，最后修整主要尺寸参数值。

搅拌器所拌每份料的质量可以根据搅拌设备给定的理论生产效率和拌制每份料的时间、T（搅拌持续时间）确定。每小时拌制料的份数取决于拌制每份混合料的循环时间 T。

工作循环时间：T 可以根据循环作业图表确定（见图 6-37），在图表中主要给出搅拌时间值（混合料在搅拌器内的停留时间）。

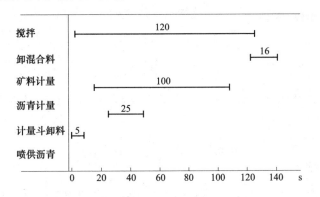

图 6-37　间歇作业式拌合设备作业图表编绘实例

在一个循环时间内，可以实现与搅拌同时进行的各种不同的工序（计量和物料的移动等），它是根据给定的生产工序和拌合设备的结构而定。

搅拌时间与拌制的混合料种类、搅拌器桨叶端部的圆周速度以及所采用的搅拌器作业方式（间歇式或连续式）有关。

对于强翻间歇式，当桨叶端部的圆周速度 $v = 2.3 \sim 2.5$ m/s 时、搅拌时间（min）应取为 $0.5 \sim 1.25$；粗粒混合料取低值，砂粒混合料取高值。

当拌制粗粒混合料时，通常取 $v = 1.5 \sim 1.8$ m/s，因而搅拌时间将大于上述低限值。此时，可降低驱动功率和减小摩擦零件的磨损。

搅拌器工作循环时间为

$$T = t_Z + t_{cm} + t_p \tag{6-63}$$

式中　T——搅拌器工作循环时间，s；

　　　t_Z——搅拌器进料时间，$t_Z = 5$ s；

　　　t_{cm}——每份料的搅拌时间；

　　　t_p——卸料时间，取决于搅拌器卸料闸门的结构，$t_p = 5$ s。

在初步计算中，给出搅拌时间 t_{cm}。在横向布置方案搅拌时，$t_{cm} = 30$ s。

搅拌器尺寸参数可以按下述方法进行计算（见图 6-38）。

搅拌器两拌桨轴的中心距为

$$a_W = 2R\cos\varphi \tag{6-64}$$

式中　a_W——搅拌器两拌桨轴的中心距，m；

　　　R——搅拌器壳体半径，m；

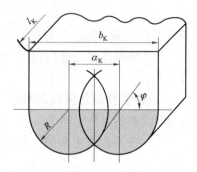

图 6 - 38 搅拌器参数计算图

φ——拌桨轴中心和壳底中线连线与水平线的夹角。

φ 角越小，则中心距越大。因而，当 R 为常值时，搅拌料的容积也越大，这将阻碍拌料在两区段之间的交换。拌料在两区段之间的横向交换系数随 φ 角的增加而提高，而各成分均质分布所需的时间则随 φ 角增加而减小。

在实际中，φ 角取 $40° \sim 45°$，通常 $\varphi = 40° \sim 45°$ 时，两拌桨轴的中心距为

$$a_{\mathrm{W}} = (1.41 \sim 1.53)R$$

搅拌器壳体宽度为

$$b_{\mathrm{K}} = 2R + a_{\mathrm{W}} = (3.41 \sim 3.53)R \qquad (6-65)$$

搅拌器壳体长度为

$$l_{\mathrm{K}} = b_{\mathrm{K}}\phi = (3.41 \sim 3.53)R\phi$$

式中　ϕ——搅拌器壳体形状系数，$\phi = l_{\mathrm{K}}/b_{\mathrm{K}}$，$\phi = 0.7 \sim 1.4$，通常取 $\phi = 0.85 \sim 1$。

搅拌器壳体工作部分横截面面积（低于拌桨轴）：

$$S = R^2\left[\pi - 0.5\left(\frac{\pi\varphi}{90} - \sin 2\varphi\right)\right] \qquad (6-66)$$

当 $\varphi = 40° \sim 45°$ 时

$$S = (2.854 \sim 2.933)R^2 \qquad (6-67)$$

每份料的容积

$$V = Sl_{\mathrm{K}} = Sb_{\mathrm{K}}\phi \qquad (6-68)$$

每份料的质量

$$m_{\mathrm{jz}} = V\beta\rho_{\mathrm{cm}} = Sl_{\mathrm{K}}\beta\rho_{\mathrm{cm}} \qquad (6-69)$$

式中　β——搅拌器充体拌料充满系数；

ρ_{cm}——混合料的密度，$\rho_{\mathrm{cm}} = 1.6 \sim 1.7 \ \mathrm{t/m^3}$。

壳体拌料充满系数

$$\beta = V/(Sl_{\mathrm{K}}) = m_{\mathrm{jz}}/(Sl_{\mathrm{K}}\rho_{\mathrm{cm}})$$

通常取 $\beta = 1$。

把 S 值和 l_{K} 值代入 m_{jz} 式，得

$$m_{\mathrm{jz}} = (9.74 \sim 10.3)R^3\phi\beta\rho_{\mathrm{cm}} \approx 10R^3\phi\beta\rho_{\mathrm{cm}}$$

从上式中可以确定搅拌器壳体半径

$$R = \sqrt[3]{\frac{m_{\mathrm{jz}}}{10\phi\beta\rho_{\mathrm{cm}}}}$$

拌桨轴的实际转速

$$n_{\mathrm{D}} = (15.3 \sim 16.5)\sqrt{\frac{g}{R}} \qquad (6-70)$$

实际搅拌时间

$$t_{\mathrm{p.cm}} = \frac{60[\lg 0.03 - \lg(1 - i_{\mathrm{A}})]}{n_{\mathrm{D}}\lg(1 - 2k_B)} \qquad (6-71)$$

实际搅拌时间应小于取定的搅拌时间，其差不大于 $3 \sim 5 \ \mathrm{s}$，否则将增加搅拌器每份拌料

的质量、外形尺寸和所确定的发动机功率。根据实际的搅拌时间可以确定循环时间 t_w、每份料的质量、壳体半径和两拌桨轴的中心距。

根据两拌桨轴的中心距 a_w 选择驱动减速器总轮参数：

$$a_w = zm$$

式中　z——驱动减速器齿轮齿数；

m——齿轮模数。

初步确定驱动减速器齿轮参数之后，精确计算 ψ、b_K、l_K、S、V 和 m_{jz} 值。桨叶高 h 和宽 b 可以根据下述条件选取。若沥青自流或在不大的压力（0.3~0.4 MPa）下喷洒，则 $h = 0.5R$，$b = 0.42R$；当沥青在大压力（1.5~2 MPa）下送入搅拌器时，则 $h = 0.35R$，$b = 0.57R$。

搅拌器壳体长 l_K（mm）取决于桨叶参数及其个数 Z_l，由下式确定（见图 6-39）：

$$l_K = 2l_1 + b\cos\alpha + (b\cos\alpha + l)(Z_l - 1) \tag{6-72}$$

式中　l_1——拌桨轴两头桨叶与搅拌器端壁之间的间隙，$l_1 = 7~10$ mm；

l——两相邻桨叶侧缘间（沿轴向方向）的间隙，$l = 40~50$ mm；

b——桨叶宽，mm；

α——桨叶对拌桨轴的倾角，$\alpha = 31° ~ 45°$。

若桨叶数 Z_l 略偏于整数时，则可以改变 l 和 b，使 Z_l 成为整数。如果偏差很大，应给形状系数 ϕ 定以新值（在 0.05~0.08 的范围内变化），重复计算。

早期生产的搅拌器具有 $Z_l = 8$ 的桨叶对数，而目前已生产了在 $\phi \approx 0.77$ 下具有 $Z_l = 6$ 和 $Z_l = 5$ 的桨叶对数的搅拌器。

桨叶顶端的圆周速度：

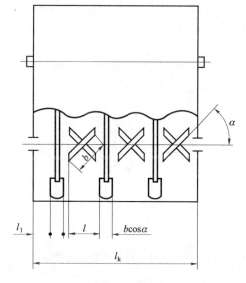

图 6-39　拌桨轴上的桨叶对数计算

$$v_l = (1.61 ~ 1.73)\sqrt{gR_l} \tag{6-73}$$

式中　v_l——桨叶顶端的圆周速度，m/s；

R_l——桨叶半径，m，$R_L = R - \Delta R$（ΔR 为桨叶和壳体间的间隙，$\Delta R = 0.003 ~ 0.005$ m）。

（5）搅拌器驱动功率计算

在分析双轴式桨叶搅拌器的工作后，可以认为桨叶在搅拌器内似固体在非黏性液体内的平移运动。当物体运动时，它在单位时间内将推动容积为 Fv 的液体，并给予一定的动量，其值为运动液体容积质量乘以速度，即

$$W_{pv} = \rho Fv \tag{6-74}$$

式中　ρ——液体的密度，kg/m³；

v——固体的运动速度，m/s；

F——固体在垂直于速度方向平面内的投影面积，即阻力作用的正面积，m²。

因为力是单位时间内的动量变化，所以物体在液体内运动的阻力为

$$P_f = \rho g F v^2 \qquad (6-75)$$

式中，$g = 9.81 \ \text{m/s}^2$。

所推导的公式仅注意了在移动物体表面上所发生的现象，这对理想液体是正确的。在黏性液体中，由实验表明，在物体的后面要产生使液体搅拌的涡流，这对搅拌器的有效工作是必要的。从这个观点出发，导出下列理论阻力公式：

$$P_f = C \rho g F v^2 \qquad (6-76)$$

式中 C——与许多因素（物体的面积和形状、各尺寸之间的比例、表面特性、运动速度）有关的正面阻力系数。

由于沥青混合料为非黏性液体，理论计算系数 C 是非常困难的，因此只得用实验的方法确定 C 值。对沥青混合料用桨叶，应采用经验系数 β 来代替系数 C。

在上述阻力公式的基础上，桨叶旋转时的阻力可以按下列方法确定。

假定桨叶的尺寸如图 6-40 所示，其旋转角速度为 ω，此时：

$$\omega = \frac{\pi n}{30} \approx 0.1n$$

式中 n——拌桨轴的转速，r/min。

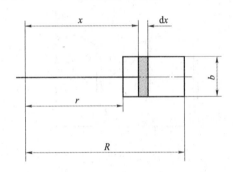

图 6-40　桨叶搅拌器功率计算简图

在桨叶上取一单元面积 $\mathrm{d}F = b\mathrm{d}x$，离旋转轴中心距离为 x，此单元的运动速度为

$$v = \omega x$$

根据牛顿公式并考虑 β 系数，搅拌料对单元面积的作用阻力为

$$\mathrm{d}p = \beta \rho g \mathrm{d}F v^2 = \beta \rho g b \mathrm{d}\omega^2 x^2$$

式中各值单位：b、R 和 r 为 m；ρ 为 kg/m^3；ω 为 s^{-1}。

为得到在全桨叶上的压力，必须对所推导的公式从 r 到 R 区间内积分，即

$$p = \beta \rho b \omega^2 \int_r^R x^2 \mathrm{d}x$$

因而得

$$p = \frac{\beta \rho b \omega^2}{3}(R^2 - r^2)$$

为进一步计算所需功率和对桨叶的作用力，必须知道力 p 的作用点。如果力 p 位于离转轴中心某一距离 x_0 处，并以速度 $v_0 = w x_0$ 运动时，则一个桨叶搅拌所耗功率为

$$P_1 = \frac{p v_0}{1\,000\eta} \qquad (6-77)$$

式中 η——自发动机至搅拌器的传动机械效率。

力 p 作用点到旋转中心的距离 x_0 可以根据系统是对称的条件确定，此点位于长方形中线位置上。因而

$$x_0 p = \int_r^R x \mathrm{d}p = \int_r^R \beta \rho g \omega^2 b x^3 \mathrm{d}x = \beta \rho g \omega^2 b \int_r^R x^3 \mathrm{d}x = \frac{1}{4}\beta \rho g \omega^2 b (R^4 - r^4)$$

和

$$x_0 = \frac{\beta}{p} \frac{\rho g \omega^2 b}{4} (R^4 - r^3)$$

把 P 值代入上式，得

$$x_0 = \frac{3R^4 - r^4}{4R^3 - r^3}$$

此时，$y_0 = \frac{3R^4 - r^4}{4R^3 - r^3} \omega$，把求得的 p 和 v_0 值代入式（6-77），得

$$P_1 = \frac{p v_0}{1\,000 \eta} = \frac{\beta \rho g \omega^2 b}{4\,000 \eta} (R^4 - r^4)$$

上式给出在未考虑桨叶侧表面摩擦时的一个桨叶消耗的功率。当桨叶数为 $2Z$ 时，搅拌器所耗功率为

$$P = 2P_1 Z \tag{6-78}$$

系数 β 由实验确定，在很大程度上取决于拌桨轴的转速，对筑路用桨叶搅拌器，其值如下：$n = 60 \sim 70$ r/min 时，$\beta = 6$；$n = 70 \sim 80$ r/min 时，$\beta = 5$。

计算表明，在不考虑桨叶侧表面摩擦时，β 值能给出较精确的结果。

此外，在应用相似理论的基础上，根据研究分析的结果可得出桨叶搅拌器纯搅拌（无传动损失等）功率消耗的计算公式。

为得到计算功率消耗的公式，由换算方程组求得的桨叶搅拌器搅拌过程的相似判据为欧拉（Ea）判据、弗汝德（Fr）和雷诺（Re）判据，即

$$Re = \frac{\rho n d^2}{\mu}; \quad Ea = \frac{P}{\rho n^3 d^5}; \quad Fr = \frac{g}{d n^2}$$

式中　ρ——搅拌器内混合料的密度，kg/m³；

　　　μ——混合料的动力黏度，Pa·s；

　　　d——搅拌器桨叶旋转圆直径，m；

　　　P——搅拌所耗功率，W；

　　　g——重力加速度，$g = 9.81$ m/s²。

根据相似理论，在试验的基础上，功率 P 的计算方程式如下：

$$P = A_1 A_\varphi \frac{F}{d^2} \left(\frac{l}{d} \right)^{0.31} \frac{M}{m_z} Z \cos \alpha d^{1.9} n \rho^{-0.4} g^{0.3} \mu^{1.4}$$

式中　A_1——与所取的计量单位制有关的无因次系数；

　　　A_φ——桨叶形状影响因数，$A_\varphi = 0.85 \sim 1.3$；

　　　F——一个桨叶的面积，m²；

　　　d——桨叶与桨叶之间的距离，m；

　　　M——入搅拌器内拌料的质量，kg；

　　　m_z——每份拌料的计算质量，kg；

　　　Z——埋入搅拌料内的桨叶数，等于搅拌器桨叶总数的一半；

　　　a——桨叶对拌桨轴的倾斜角，(°)。

ρ 和 μ 有下列数值：对于混合料，$\rho = 1\,600 \sim 1\,900$ kg/m³，$\mu = 11\,000 \sim 12\,000$ Pa；带沥青液混合料，$\rho = 1\,280 \sim 1\,800$ kg/m³，$\mu = 9\,500 \sim 10\,000$ Pa·s。对于细粒混合料取下限值。

除上述公式外，广泛应用经验公式计算搅拌器工作所需的发动机功率，可得到满意的结果。

当 $m_z \leqslant 1\,400$ kg 时

$$P = 0.036m_z \qquad\qquad (6-79)$$

当 $m_z > 1\,400$ kg 时

$$P = 30 + 0.018m_z \qquad\qquad (6-80)$$

式中，功率 P 的单位均为 kW。

3. 除尘 – 集尘装置的选择与计算

当沥青混合料拌合设备工作时，要产生大量的粉尘，最大量的粉尘是从烘干筒中排出，其量为 6% ~ 8% 的砂料量，则废气的含尘量相应为 300 ~ 1 400 g/m³ 废气排于大气中的含尘量不应超出 150 mg/m³。在提升机、筛分机计量装置和搅拌器工作时，也要飞扬出大量的粉尘。为避免粉尘飞扬，污染大气，在各接缝处必须保持严密，并在各装置的外罩下用抽风法使其处于负压或低于大气压状态。

为清除废气和空气内的粉尘，必须采用各种结构的除尘 – 集尘装置。按除尘 – 集尘装置布置的工艺顺序，可以分为一级、二级和三级除尘 – 集尘装置，常采用二级除尘。在清除粗粒粉尘的一级或二级除尘 – 集尘装置中，常采用沉尘塞除尘器、离心式除尘器、旋风式除尘器和电除尘器；对清除细粒粉尘，在第二级（末级）除尘装置中常采用各种湿式水浴除尘器或泡沫除虫器和布袋式尘器。

在生产效率达 100 t/h 的搅拌设备中，可以采用两级除尘 – 集尘装置：第一级为干式除尘、由 6 个或 10 个旋风除尘器组成；第二级为湿式除尘，采用冲击惯性作用原理。在大于 100 t/h 生产效率的搅拌设备中，采用三级除尘，除尘率可以达 99.5%。图 6 – 41 所示为常见的一种拌合设备除尘装置。

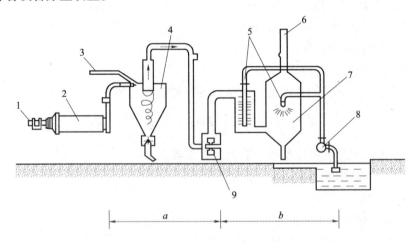

图 6 – 41 拌合设备除尘装置

1—燃烧器；2—干燥滚筒；3—接筛分、搅拌等装置；4—干式除尘器；

5—喷嘴；6—烟囱；7—湿式除尘器；8—水泵；9—排风机

含有大颗粒（大于 100 μm）粉尘废气的预清除，可以保护工艺设备免受气磨料的磨损。应用轴向直流旋风除尘器作废气预清除粉尘之用。在轴向直流旋风除尘器中，所集的粉尘可

直接进入烘干筒，而不返回热料提升机。这样，排除了设置辅助机构（螺旋输送机和气力运输等）的必要性。

在计算除尘系统时，需要先确定被除尘的废气量，再选择各种除尘装置的布置图和类型，计算除尘装置的主要尺寸参数或除尘器的数量。被除尘的废气和空气的容积可以按下式确定：

$$V_0 = V_{DG1}K_1 + 3\,600 \sum S_H v_H \tag{6-81}$$

式中　V_{DG1}——从烘干筒中排出的废气容积，m^3/h；

　　　K_1——通过卸料槽和烟箱吸入空气因数，$K_1 = 1.2 \sim 1.3$；

　　　$\sum S_H$——缝隙不严密处和检查口的总面积，m^2；

　　　v_H——通过不严密处和检查口的空气流速，m/s，$v_H = K_p \sqrt{2p_{pk}/\rho_B}$ [K_p 为空气耗盘因数，$K_p = 0.6 \sim 0.8$；p_{pk} 为防止空气通过不密处隙漏所需的负压（低于大气压），$p_{pk} = 2 \sim 5$ Pa；ρ_B 为空气密度，$\rho_B = 1.29$ kg/m^3]。

在沉尘式除尘器中，粉尘随低速的气流在重力作用下沉落在沉尘室底上（见图 6-42）。粉尘的沉落或飞落速度 v_B 与粉尘料的密度及其颗粒大小有关。由于硅酸盐尘的密度为 $\rho_p = 2 \sim 2.3$ g/cm，根据尘粒直径 d_p 的大小，其飞落速度 v_B 见表 6-5。

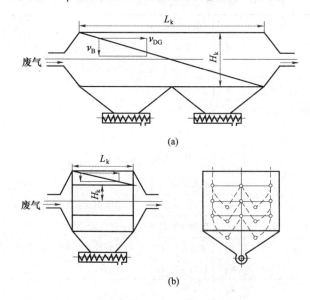

图 6-42　重力式沉尘室

（a）简单式沉尘室；（b）架板式沉尘室

表 6-5　硅酸盐尘粒直径 d_p 及其飞落速度 v_B

d_p/mm	0.3	0.2	0.15	0.1	0.05	0.04	0.03	0.02
v_B/ (m·s⁻¹)	1.1	0.8	0.6	0.4	0.12	0.10	0.05	0.02

在结构简单的沉尘室中 [见图 6-42（a）]，沉尘室的高度 H_k 和长度 L_k 与废气的速度 v_{DG1}、尘粒飞落速度 v_B 具有下列关系：

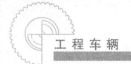

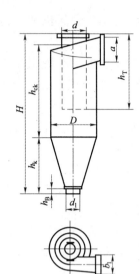

图 6-43 离心式旋风除尘器

$$\frac{H_k}{v_B} = \frac{L_k}{v_{DG}}; \quad L_k = H_k \frac{v_{DG}}{v_B}$$

废气速度 v_{DG} 取 $0.2 \sim 0.8$ m/s。当被除尘的气体容积 V_{DG} 较大时，沉尘室的横截面也相应地加大，其结果将增加沉尘室的长度 L_k。简单式沉尘室对收集粗粒粉尘具有最大的效果，但对收集 0.05 mm 或小于 0.05 mm 的尘粒，需要增加沉尘室的尺寸。当在沉尘室内安装隔板［见图 6-42（b）］时，气流按高度分成几层，缩短了下沉的时间和沉尘室的长度。架板式的主要缺点是必须定期从架板上抖落沉积的粉尘；而其优点是外形尺寸小、结构简单、集尘在一个斗内，气流的运动阻力 p_k 小，一般不超出 $100 \sim 150$ Pa。

离心式旋风除尘器（见图 6-43）在沥青混合料拌合设备中得到了广泛的应用，对 $0.01 \sim 0.02$ mm 的尘粒，其除尘率为 $0.85 \sim 0.95$。

旋风除尘器的主要参数是器壳的直径 D，其他参数和 D 有关见表 6-6。

表 6-6　旋风除尘器总体尺寸（含内直径 D 计算）

尺寸		含 D 分量	备注
出气管外直径	d	0.6	出气管壁厚不应大于 $0.2\sqrt{D}$
排尘口内直径	d_1	$0.3 \sim 0.4$	当小于 D 值和大含尘量时取大值 d_1
在器壳处进气管的宽度（内尺寸）	b	0.2	
在进气口处进气管的宽度（内尺寸）	b_1	0.26	
进气管的长度	l	0.6	
除尘器中线直径	D_{CP}	0.8	$D_{CP} = \dfrac{D+d}{2}$
法兰盘安装高度	h_{FL}	$0.24 \sim 0.32$	
盖和进气管的倾斜角/（°）	α	$11 \sim 24$	盖的倾斜角按 D_{CP} 中线选取
进气管的高度（内尺寸）	α	$0.48 \sim 1.11$	
出气管的高度	h_T	$1.5 \sim 2.11$	对于直径小于 150 mm 的除尘器，其 h_T 应加 30 mm
除尘器圆柱部分的高度	h_{ck}	$1.51 \sim 2.08$	
除尘器锥体部分的高度	h_K	$1.5 \sim 2$	
出气管伸出部分的高度	h_B	$0.3 \sim 0.4$	对于直径小于 150 mm 的除尘器，其 h_B 应加 30 mm
除尘器的总高度	H	$3.31 \sim 4.26$	
除尘器的阻力系数	ξ_1	$60 \sim 180$	

进气管的气流速度为 $12 \sim 22$ m/s，出气管的气流速度为 $5 \sim 10$ m/s。在进气管中，气流以极大的速度做旋转运动，尘粒在离心力的作用下，抛掷到器壳壁上，向下坠落沉积在集尘斗内，然后用螺旋输送器送给热料升运器。旋风除尘器的壳体直径越小，则除尘效率越高。根据空气耗量和被除尘的废气总容积，选择除尘器的类型尺寸，然后确定所需除尘器的数量，每组除尘器可达 8 个。

有时采用组合式旋风除尘器，即把多个除尘器安装在一个壳体内，具有总的进气口和出气口。为更好地使空气流旋转，可以采用螺旋式导向装置和花形式导向装置（见图 6 - 44）。为使旋风除尘器能正常地工作，必须造成负压，其值达 2 000 ~ 3 000 Pa。布袋式除尘器具有较大的生产效率（可达 200 000 m³/h），现已得到广泛应用。为使布袋式除尘器正常工作，在除尘废气时，必须采用耐热布料（耐热温度可达 230℃）和在无料烘干加热时能停止供给燃油的自动供油系统。布袋式除尘器（见图 6 - 45）是用布袋隔为两室，含尘气体进入一侧，由于布袋的过滤作用，粉尘被阻留在这一侧，而净化后气体通过布袋进入另一侧，排向大气。由于黏附在布袋上的尘粒逐渐增多，两个室的压力差逐渐增大，当达到预定值后，自动通入脉冲压缩空气，将尘粒抖落。落到底部的粉尘，由螺旋输送机排出。布袋除尘器的除尘效率很高，甚至可达 98% ~ 100%。

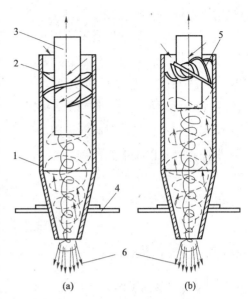

图 6 - 44　旋风除尘器导向装置

（a）螺旋式；（b）花形式

1—壳体；2—螺旋导向装置；3—出气口；
4—集尘室；5—花形式导向装置；6—尘粒

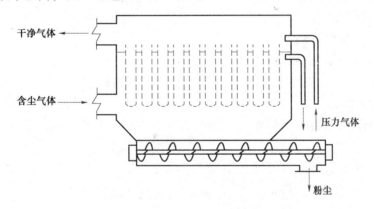

图 6 - 45　布袋式除尘器除尘原理

对收集小于 0.05 mm 的细粉尘，最有效的方法是湿式除尘，常采用水浴除尘器或泡沫除尘器，作二次除尘装置使用。当含有细粉尘（尘埃）的气体进入除尘器后，与喷成雾状的水相遇，尘埃被水黏附，而和气体分离。同时，混杂在气体中的重油燃气，部分溶于水，而集料中所含的水分蒸发后的水蒸气也冷凝成水滴，因此空气得到净化。湿式除尘效率可达 92% ~ 98%。经湿式除尘后，从除尘器里要排出大量的泥浆，应流入容量为 30 ~ 50 m³ 的泥浆沉淀池中，沉淀后的水可以循环使用。由于部分燃气溶于水（如二氧化硫气体），会使排出的水呈酸性，因而除尘器和输送管道应采取防腐蚀的结构措施，或在水中放入碱性物质予以中和。泥浆或循环水严禁排入江、湖或水库。

对用火加热沥青系统的废气，通常采用烟囱自然抽风或烟囱和燃油送风机喷雾联合工作排于大气中。在沥青混合料拌合设备中，由于除尘装置较大的阻力，必须采用送风机和排风机进行强制通风，把燃烧废气排出。

自然通风所需的烟囱直径可以按下式确定：

$$D_{TP} = 0.018\,8\sqrt{V_{DG}/v_{GT}}$$

式中　V_{DG}——燃油燃烧后的废气容积，m^3/h；

　　　v_{GT}——自然通风，废气在烟囱内的运动速度，$v_{GT} = 2 \sim 3\ m/s$。

烟囱应能产生足以克服气道阻力 $\sum p$ 的负压，通常气道阻力为 $\sum p = 15 \sim 20\ Pa$。

烟囱高度可以按下式计算：

$$h_{TP} = \frac{\sum p + \dfrac{273\rho_{DG}v_{GT}^2}{2T_{DG}}}{273g\left(\dfrac{\rho_B}{T_B} - \dfrac{\rho_{DG}}{T_{DG}}\right) - \dfrac{4f}{D_{TP}}\dfrac{273\rho_{DG}v_{GT}^2}{2T_{DG}}}$$

式中　h_{TP}——烟囱高度，m；

　　　ρ_{DG}——废气密度，kg/m^3，$\rho_{DG} = \sum m m_T / V_{DGI}$；

　　　$\sum m$ 为燃烧 1 kg 燃油时燃烧产物的总质量，kg/kg；m_T 为燃油耗量，kg；

　　　V_{DGI} 为在废气温度时燃烧产物的容积，m^3；

　　　g——重力加速度，$g = 9.81\ m/s^2$；

　　　ρ_B——空气密度，kg/m^3；

　　　T_{DG}——废气温度，K；

　　　T_B——空气温度，K；

　　　f——气体在烟囱内流动的摩擦系数 $f = 0.007 \sim 0.01$。

通常采用能在高温（温度达400℃）下工作的排风机作强制通风。根据排风机的负压或压力，可以把排风机分为高压（大于 3 000 Pa）、中压（1 000 ~ 3 000 Pa）和低压（小于 1 000 Pa）。

在选择排风机时，必须预先确定一级和二级除尘装置的结构。排风机应安装在湿式除尘器之前。

排风机所产生的负压 p_D 等于系统中气流运动的压力损失，其值可以按下式计算：

$$p_D = k\left[p_f + \sum \rho_m + p_{BH} + p_{CB} + p_{0(I)} + p_{0(II)}\right] \tag{6-82}$$

式中　P_D——系统中压力损失，Pa；

　　　k——储备系数，$k = 1.25 \sim 1.5$；

　　　p_f——气道摩擦压力损失，Pa；

　　　$\sum \rho_m$——总局部压力损失，Pa；

　　　p_{BH}——排风机内部压力损失，$p_{BH} = 1.3p_{BX}$（p_{BX} 为排风机出气管的压力损失，Pa）；

　　　p_{CB}——烘干筒内的压力损失，Pa；

　　　$p_{0(I)}$——第一级除尘器内的压力损失，Pa；

　　　$p_{0(II)}$——第二级除尘器内的压力损失，Pa。

气道摩擦压力损失：

$$p_f = \lambda_T \frac{v_{DG}^2}{2} \frac{4l}{D} \rho_{DG} \tag{6-83}$$

式中　p_f——气道摩擦压力损失，Pa；

$\quad\lambda_T$——气体摩擦系数，$\lambda_T = 0.01 \sim 0.015$；

$\quad v_{DG}$——气道内气流速度，m/s，$v_{DG} = 5 \sim 10$ m/s；

$\quad l$——气道长度，m；

$\quad D$——气道直径，m。

总局部压力损失：

$$\sum p_M = \sum \xi_1 v_{DG}^2 \rho_{DG}/2 \tag{6-84}$$

式中　ξ_1——随弯管角度 α 变化的局部组力系数，其值见表 6-7。

表 6-7　局部压力系数 ξ 随弯管角度 α 变化关系

$\alpha/(°)$	20	40	50	60	80	90	100	120	160
ξ	0.046	0.139	0.188	0.364	0.740	0.984	1.260	1.840	2.840

排气机出气管的压力损失：

$$p_{BX} = v_{DG}^2 \rho_{DG}/2 \tag{6-85}$$

燃气通过落料时在烘干筒内的压力损失，对慢速旋转的烘干筒，$p_{CB} = 50 \sim 150$ Pa；对快速旋转的烘干筒，$p_{CB} = 100 \sim 150$ Pa。

选择一级和二级除尘器，确定除尘器中的压力损失 p_0 [$p_{0(I)}$ 和 $p_{0(II)}$]。

旋风除尘器中的压力损失可以按下式计算：

$$p_{0(1)} = \xi_1 \frac{\rho_{DG} v_0^2}{2} \tag{6-86}$$

式中　$p_{0(1)}$——旋风除尘器中的压力损失，Pa；

$\quad\xi_1$——除尘器的阻力系数，视结构形式而定，可以从技术性能表中选取；

$\quad v_0$——除尘器中的气体流速，m/s；其值为每秒通过除尘器的气体容积与其壳体横截面面积之比，即 $v_0 = \dfrac{4V_P}{\pi D^2}$（$D$ 为除尘器的直径）。当 $v_0 = 3.5$ m/s 时，旋风除尘器具有最佳的工作效果。

通过一个旋风除尘器的气体容积为

$$V_P = \frac{\pi D^2}{4} v_0^2 = 1.11 D^2 \sqrt{\frac{p_{0(1)}}{\xi_1 \rho_{DG}}} \tag{6-87}$$

清除容积为 V_0 的含尘气体所需旋风除尘器的数量为

$$n = \frac{V_0}{3\,600 V_P} = \frac{V_0}{3\,996 D^2} \sqrt{\frac{\xi_1 \rho_{DG}}{p_{0(1)}}} \tag{6-88}$$

每组旋风除尘器的压力损失为

$$p_{0G} = 1.1 p_{0(1)} \tag{6-89}$$

对于布袋式除尘器，在计算时需要确定过滤布的面积，可按下式估算：

$$F_f = \frac{V_0}{60 v_0} \tag{6-90}$$

式中　F_f——过滤布面积，m^2；

　　　V_0——需要除尘的气体容积，m^3/h；

　　　v_0——除尘器中的气体流速，m/min，对于压送式，取 $v_0 \leqslant 1.0 \sim 1.5\ m/min$；对于吸送式，取 $v_0 \leqslant 23\ m/min$。

布袋式除尘器中的压力损失可按下式估算：

$$\Delta p_k = \beta v_0^n$$

式中　β——系数，取 $\beta = 0.13 \sim 0.15$；

　　　n——指数，取 $n = 1.2 \sim 1.3$。

根据所选定的第一级和第二级除尘器的结构，按上述计算压力 p_D。考虑到排风量和压力，按排风机的产品目录选择型号，并确定其效率。

排风机工作所需发动机的效率为

$$P_D = \frac{V_0 p_D}{3.6 \times 10^6 \eta_{0B} \eta_M}$$

式中　P_D——排风机发动机功率，kW；

　　　η_{0B}——排风机的容积效率；

　　　η_M——自发动机到排风机的传动机械效率。

第 7 章　无轨运输车

本 章 知 识 点

1. 详细介绍无轨运输车的特点、分类及主要技术参数、工作原理与结构特征。

2. 介绍典型无轨胶轮车的结构，并详细介绍对无轨胶轮车选型设计方法。

20 世纪末至今，煤矿井下新型无轨运输车成为我国新兴起的一项技术和产业，并成为当前煤矿井下辅助运输中最先进的运输方式之一，如图 7 - 1 所示。

图 7 - 1　防爆无轨胶轮车

煤矿井下无轨运输车，以防爆强、低污染柴油机或防爆蓄电池为动力，以抗静电胶轮或履带为行走机构，主要用于煤矿井下运送人员和设备、锚喷材料等物料，以及进行巷道工程和采煤工作面搬家等运输作业。本章主要介绍抗静电胶轮为行走机构的无轨防爆辅助运输设备无轨胶轮车。

7.1　无轨辅助运输的特点、分类及发展方向

7.1.1　无轨辅助运输的特点

与轨道辅助运输相比较，无轨辅助运输主要有以下特点：

1）可实现一次装载后从井口至工作面或工作面至井口（甚至在立井开采的矿井也可从井上至井下工作面或井下工作面至井上）的直达运输，无须中间转载。这可简化辅助运输系统、提高生产效率、减少从事辅助运输的井下工作人员、降低安全事故率。

2）可实现一机多用，并可实现集铲装、运输、卸载功能于一机，对于工作面设备的搬迁安装能做到拆除、铲装、运输、自卸并调整就位一机完成。既有利于生产，又有利于提高

生产效率，降低劳动强度。

3）机动灵活、操作简单、安全性能好，特别适用于沿煤层开采的多分支巷道辅助运输。

总之，无轨辅助运输是当前最为先进的辅助运输方式之一，它从根本上克服了传统辅助运输方式存在的用人多、占用设备多、效率低、费用高、安全保障差等弊端，为高效、高产矿井提供了强有力的运输保证。

7.1.2　无轨辅助运输的分类

无轨辅助运输车可按车辆用途、车辆结构和车辆驱动方式来分类。

1. 按车辆用途分类。按车辆用途，无轨辅助运输车可分为运送人员、物料的运输类车辆，以铲、运、卸物料为主的铲运类车辆，以及具有专项功能的特种类车辆三种。

（1）运输类车辆

该类车辆主要用于人员、材料和设备的运输。使用时，车辆在井口或井底车场装载后把人员或物料运输到工作面或卸料点，可自行完成卸料或用铲运类车辆来配合卸载。该类车辆是井下车辆中需求量最大的车型，占到无轨胶轮车总数量的75%左右。其代表车型有 WC5 型防爆胶轮车、WC8 型防爆悬挂式胶轮车、WCQ - 3A 轻型无轨胶轮车、WCQ - 3B轻型无轨胶轮车、WCQ - 3C 轻型无轨胶轮车、WCQ - 3D 型双向驾驶无轨胶轮车、WCQ - 5B 型无轨胶轮车、WCQ - 5C 型无轨胶轮车、WrC20J 型防爆运人车、WC40 型防爆支架运输车等。

（2）铲运类车辆

该类车辆是以铲斗、铲板或铲叉等作为工作装置的装卸运输类车辆，也可在井下进行短距离设备和物料的铲装运输，完成清理巷道和参与巷道工程的运输工作，并可加装升降平台或小吊臂后完成顶板作业和其他辅助作业。其代表车型有 ED6 型多功能铲运车、ED10 型多功能铲运车、912X 型支架铲装车、WC25 型铲板式支架搬运车、FBZL16 型防爆装载机和 FBZL30 型防爆装载机等。

（3）特种类车辆

该类车辆是用于完成井下辅助性或特殊性任务的车型，如用来喷灭巷道中灰尘的洒水车、进行人员救护的救护车、用于给设备加注油料的加油车、用于设备吊装维修的维修（工具）车以及特大型设备专项运输的专用运输车（如履带式采煤机搬运车）等，大致占胶轮车总数的5%。防爆洒水车如图 7 - 2 所示。

2. 按结构特征分类

无轨辅助运输车按结构特征，可分为铰接式车架类车辆和整体式车架类车辆两大类。

（1）铰接式车架类车辆

该类车辆的结构类似地面工程机械类车辆，焊接结构的前、后机架通过中央铰接轴而连接成一体，使用液压油缸一推一拉来实现车辆水平范围内的折腰转向。其特点是机架刚性大、抗碰撞能力强、转弯半径小。目前，国外进口的无轨辅助运输设备（除英国 EIMCO 生产的 880D - 60 型运输车外）几乎都采用了此类结构。国内研制的该类胶轮车的代表车型主要有 WC5、WC8、WCQ－3A、WCQ－3B、WCQ－3D、WCQ－5B、FBZL16、FBZL30、WC30、WC40 等车型。其典型结构如图 7－3 所示。

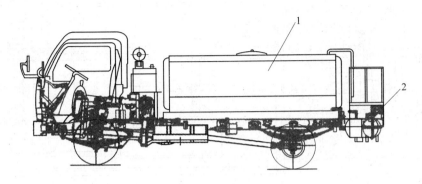

图 7－2　防爆洒水车

1—水罐；2—洒水装置

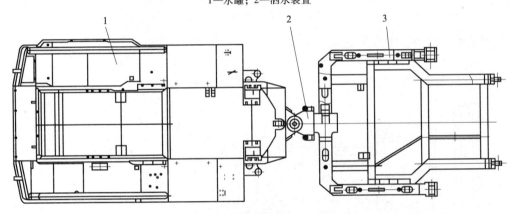

图 7－3　铰接式车架类车辆结构

1—前机架；2—铰接转盘；3—后机架

（2）整体式车架类车辆

该类车辆类似普通汽车，其结构为整体车架，有的就是直接将地面使用的普通汽车经过防爆改装后变成井下无轨辅助运输车辆。由于结构类似普通汽车，所以 70%～80% 的采用普通汽车的零部件，如车架（或重新设计的加重型车架）、传动、悬挂、操纵和驾驶室等，然后更换防爆柴油机动力装置，加装防爆安全保护监控系统，其制动系统则改成由液压或气顶油控制，并把蹄式、钳盘式制动器和停车制动器改为全封闭液压多盘制动器。另外，将照明灯、信号灯、发电机、调节器等所有电气元部件全部改为具备安全标志准用证的防爆电气件。整体式车架类车辆有 WqC2、WqC3、WCQ－3C、WCQ－5C、WqC4、WrC20 型防爆车辆等。其典型结构如图 7－4 所示。

3. 按车辆防爆动力源分类

无轨辅助运输车按车辆防爆动力源分类，可分为以防爆柴油机为动力的车辆和以防爆蓄电池为动力的车辆两大类。

（1）以防爆柴油机为动力的车辆

目前，国内外的无轨辅助运输车绝大多数采用防爆柴油机为动力。该类车辆机动灵活，可涵盖轻型到重型所有车辆，但也存在柴油机排放的废气污染环境等缺点。

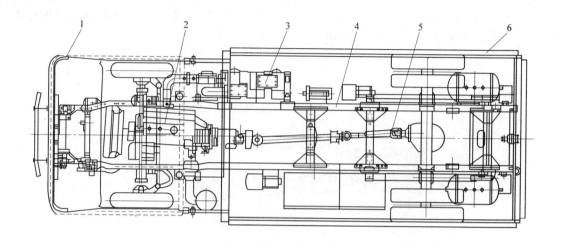

图7-4 整体式车架类防爆无轨胶轮车结构

1—驾驶室；2—防爆柴油机主机；3—废气处理箱；4—车架；5—传动系统；6—车厢

防爆柴油机动力装置的系统如图7-5所示。

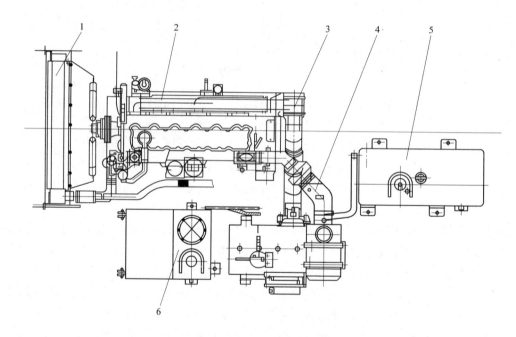

图7-5 防爆柴油机动力装置的系统

1—散热器；2—防爆柴油机主机；3—排气防爆系统；4—进气防爆系统；5—补水箱；6—燃油箱

（2）以防爆蓄电池为动力的车辆

以防爆蓄电池为动力的车辆由于排出有害气体很少，使用中对周边环境污染较小。由于受到额定功率限制，其功率大多在60 kW以下，不能用于大、重型车辆。同时，在使用中需要经常对蓄电池进行充电，因此，生产效率比以防爆柴油机为动力的车辆低。防爆蓄电池的典型结构如图7-6所示。

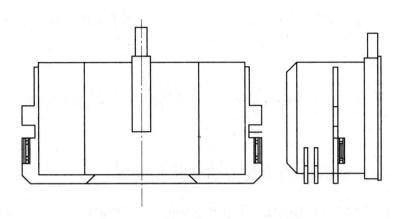

图 7 - 6　防爆蓄电池外部钢板焊接外形图

7.1.3　无轨辅助运输的发展方向

1）加强研发，提高现有产品的质量和性能。

目前，国内使用防爆无轨胶轮车的矿井已有二十多家，并且大量使用国产的中小型材料车、运人车等，这些国产防爆无轨胶轮车的性能基本达到了使用要求。但是其可靠性和使用寿命方面与国外设备相比较，存在较大的差距。其原因主要是基础元部件质量不过关，如柴油机、变速箱、驱动桥等传动部件，起动器、各类传感器、发电机等电气件及液压和气动元件不能适应煤矿井下的恶劣环境。因此，加强基础元部件的研究和攻关势在必行。

2）继续开发多品种、多系列新型高效辅助运输设备。

目前，国产防爆无轨胶轮车中大多都是中小型运输车辆，虽然煤炭科学研究总院太原分院生产的40 t 支架搬运车已替代进口投入使用并已小批量生产，常州科研试制中心有限公司生产的防爆装载机也大批量地投入了使用，但仍远远不能满足日益发展的对防爆无轨胶轮车的需求。根据我国矿井类型、生产技术条件和采区的巷道条件，使不同的矿井或采区都有相应的设备可选，急需开发的车辆品种还有很多。例如，带铲运、装载、升降起吊等功能的多功能车、专用的混凝土搅拌运送车、加油车、维修车，依据煤矿的实际需求特定的其他专用车（如煤炭科学研究总院太原分院为神东履带设备下井开发的移动式发电车、为大宁矿开发的洒水车和顺槽车），还有大功率的采煤机搬运车、运输机槽专用车、40 t 牵引车及用于薄煤层开采的低矮型车等。

3）专业化租赁与服务

采用无轨辅助运输在带来高效快捷的同时，最大的问题是设备一次性投资高、运行成本高。特别是有些设备的利用率并不高，如支架搬运车，一个矿井每年搬家只有几次，假如单个矿井为了搬家购买几台支架搬运车，势必造成投资费用高，但同时因支架搬运车的长时间闲置，致使利用率又太低，造成运行成本非常高。为解决这一问题，神东公司"采用专业化服务"的做法值得推广。神东公司十多个矿井的工作面搬家统一由生产服务中心负责，生产服务中心配备有多台不同规格的支架搬运车和其他配套车辆，哪个矿井需要搬家，只要出少量的费用租赁设备和服务。安装一个工作面只要 7～10 d 的时间，十多个矿井轮流，使这些设备几乎全年都在使用，设备利用率非常高。对矿井来说节约了费用，对设备来说提高了利用率。

7.2　无轨胶轮车的工作原理与结构特征

7.2.1　以防爆柴油机为动力的无轨胶轮车

以防爆柴油机为动力的无轨胶轮车由防爆柴油机、进气防爆系统、排气防爆系统和安全保护自动控制系统四部分组成。安全保护系统将在本节后续内容详细介绍。

1. 防爆柴油机

目前，国内生产的柴油机，原服务对象都是针对汽车、拖拉机、工程机械（如工程装载机）、农用机械等地面车辆，不具备防爆功能。国产无轨辅助运输设备上使用的防爆柴油机一般由整车生产厂与柴油机生产厂联合设计改进研制，即由柴油机生产厂提供合适的柴油机基础机型，由整车生产厂按防爆规定提出的要求联合进行防爆改装。防爆柴油机如图7-7所示。

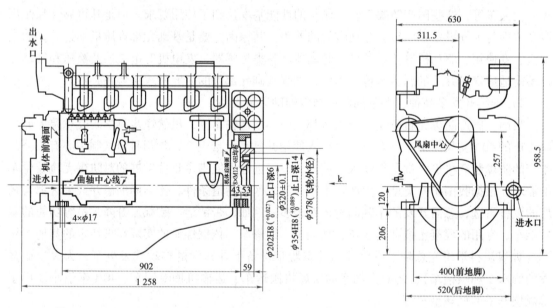

图7-7　防爆柴油机

（1）柴油机的选型原则

由于煤矿井下工况恶劣、路况复杂，所以除防爆要求外，对柴油机还有一些特殊的要求，主要包括以下内容：

1）由于防爆要求柴油机在运行时任一外表面温度均不得大于150℃，因此必须选用水冷式柴油机。

2）由于井下路况复杂，上坡、下坡变化多，且有的坡度大、坡道长，因此要求柴油机主机的扭矩要大，扭矩储备系数要高，并应能保证在前、后、左、右倾斜不大于30°的场地正常工作。

3）由于井下路面条件差、坑洼，车辆在运行时柴油机受到的冲击大、振动大，因此要求柴油机主机的机体有较高的刚性和强度。

4）由于无轨辅助运输设备的运行范围广，工作环境的温差变化比较大，因此要求柴油机主机要有良好的起动性能，并要求柴油机主机能在 $-30℃ \sim +40℃$ 的环境温度下正常工作。

5）由于井下通风条件差，因此要求柴油机主机具有较好的废气排放，并配备废气净化装置，以满足有关标准中 $CO \leqslant 0.1\%$，$NO_x \leqslant 0.08\%$ 的要求。

6）煤矿现场维修条件差，要求柴油机主机有足够的可靠性。

（2）柴油机的防爆改造

选定柴油机机型后，不能直接应用于无轨辅助运输设备，还必须按照《矿用防爆柴油机通用技术条件》（MT 990—2006）中规定的有关条款严格地进行防爆改装后方可使用。须防爆改装的方面主要包括以下内容：

1）在防爆柴油机运转和维修期间，有可能受到撞击的零部件的外壳均不允许使用轻金属制造；柴油机及其配套的非金属材料零部件应采用电阻值小于 $1 \times 10^9 \ \Omega$ 的不燃性或阻燃性材料制造，用于密封的衬垫应使用带有金属骨架或金属包封的不燃性材料制造。

2）防爆柴油机在缸盖与机体之间隔爆接合面的有效宽度不小于 9 mm，平面度不大于 0.15 mm；进排气系统各部件之间的隔爆接合面（阻火器除外）、进排气系统与缸盖之间的隔爆接合面有效宽度不小于 13 mm；隔爆接合面的内部边缘到螺栓孔的边缘有效宽度不小于 9 mm，隔爆接合面中含有冷却水道通孔的隔爆面，由接合面内部到水道通孔边缘的有效宽度应小于 5 mm。

3）利用杆套间隙作为隔爆面的杆套间隙应不大于 0.2 mm，轴向长度应不小于 25 mm。喷油器与缸盖的配合，其间隙应不大于 0.2 mm，轴向长度应不小于 25 mm。

4）在隔爆腔机体上应避免钻通孔，至少留 3 mm 或 1/3 孔径的壁厚，取其大者。如果钻通孔应用螺塞堵死，螺塞最小拧入深度不小于 12.5 mm，最小啮合扣数不小于 6 扣，并有防松措施。在隔爆腔机体的盲螺孔上拧螺塞时，若无垫圈，应在孔底至少留有一个螺距的余量。

5）防爆柴油机隔爆接合面的表面粗糙度 Ra 不超过 6.3 μm。

2. 进气防爆系统

（1）组成

如图 7-8 所示，防爆柴油机的进气防爆系统由进气歧管、进气阻火器、进气关断阀及进气连接管、空气滤清器等组成。进气阻火器的作用是防止柴油机气缸可能返回的火星直接通向大气而引燃工作环境中的可燃气体。进气关断阀是安全保护中的执行机构之一，其作用是为在车辆飞车（即柴油机失速）时切断进气，强行将柴油机熄火停车。

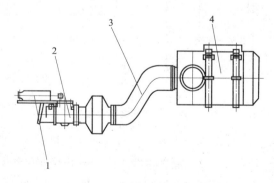

图 7-8　进气防爆系统
1—气缸组件；2—阻风门机构；
3—进气歧管；4—空气滤清器总成

（2）结构

进气阻火器的结构可分为两种：栅栏形和珠形。

栅栏形阻火器的结构又有边框式和圆桶式两种。边框式栅栏框架隔爆接合面宽度应不小于 25 mm，应使用耐高温、防腐蚀、耐磨损的材料制造。栅栏板的厚度应不小于 1 mm，平面度不大于 0.15 mm，气流方向的宽度不小于 50 mm，相邻两栅栏板之间的间隙不大于 0.5 mm。边框式栅栏形阻火器的结构如图 7-9 所示。

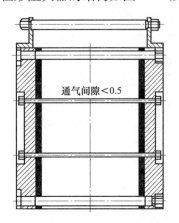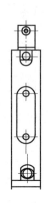

图 7-9　边框式栅栏形阻火器结构

圆桶式进气栅栏形阻火器主要是将四个边框改为圆形或矩形焊接结构。其质量是边框式的 1/2 左右，质量轻、安装使用方便。圆桶式栅栏型阻火器的结构如图 7-10 所示。

珠形阻火器的结构如图 7-11 所示。当采用直径为 5 mm 的球形体填充时，气流方向的填充厚度应不小于 60 mm；当采用直径为 6 mm 的球形体填充时，气流方向的填充厚度应不小于 90 mm，且装配完整后的珠形阻火器内部球形体不得有松动。

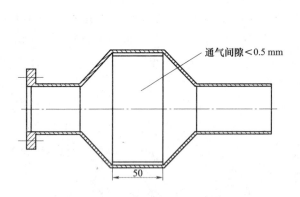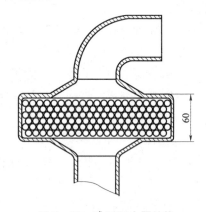

图 7-10　圆桶式栅栏形阻火器结构　　　图 7-11　珠形阻火器结构

防爆进气歧管基本上与地面柴油机相同，但必须满足与缸盖之间的隔爆接合面有效宽度不小于 13 mm，隔爆接合面的内部边缘到螺栓孔边缘有效宽度不小于 9 mm。

进气关断阀的结构如图 7-12 所示，当安全保护系统动作（或发出警报）时关闭旋转控制门，实现关闭进气道的目的。需注意的是，如进气关断阀设置在进气阻火器之后（即柴油机主机与进气阻火器之间），其各安装面尺寸必须满足隔爆要求。

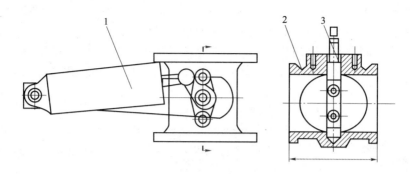

图 7 – 12 进气关断阀结构

1—控制缸；2—阀体；3—旋转门

3. 排气防爆系统

排气防爆系统由水冷式排气歧管（对增压柴油机还必须有水冷式涡轮增压器）、水冷式排气接管、废气处理箱、排气阻火器和补水箱等组成。排气接管是带水套的双层波纹管，其作用是将柴油机排出的废气引入废气处理箱，保证排气接管表面温度不超过 150℃。废气处理箱的作用是进一步冷却和洗涤废气，清除炭烟及溶解废气中的部分有害气体。排气阻火器的作用是阻挡废气中的火焰，保证排气安全。

（1）工作原理

排气防爆系统是尾气冷却和净化装置。其工作原理是通过水冷式排气歧管收集尾气，经水冷式排气接管进入废气处理箱，经水洗处理后，再经过排气阻火器排入大气。三缸及其以上的柴油机一般均配有补水箱来给废气处理箱补水，这样可保持废气箱内的水位始终保持在一定的深度。排气防爆系统如图 7 – 13 所示。

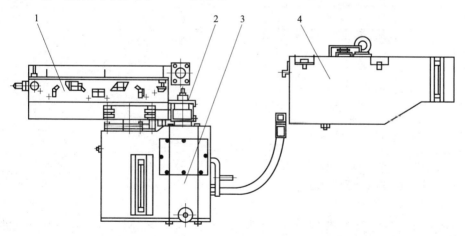

图 7 – 13 排气防爆系统

1—水冷式排气歧管；2—补水箱；3—水冷式排气接管；4—废气处理箱

（2）结构

防爆柴油机水冷式排气歧管的结构与普通柴油机排气歧管的结构不同点是，其为双层结构，即其外层和内层之间是封闭的水通道。通过水通道内循环水的冷却，一方面初步冷却了排出的废气，另一方面确保排气歧管的外表面温度不超过 150℃。

水冷式排气歧管的典型结构如图 7 – 14、图 7 – 15 所示，水冷式排气歧管也是双层结构，且在中段是双波纹结构（所以俗称为波纹管）。水冷式排气接管的两端分别与排气歧管和废气处理箱连接，一端的废气处理箱刚性地固定在机架上，而另一端的排气歧管与柴油机刚性连接，通过中间段的双波纹结构，既可消除排气歧管和废气处理箱间的安装误差，又可消除柴油机振动引起的排气管挠曲。水冷式排气接管的典型结构如图7-16所示。

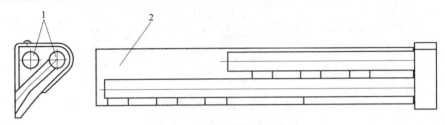

图7-14　水冷式排气歧管结构

1—进气管；2—水槽

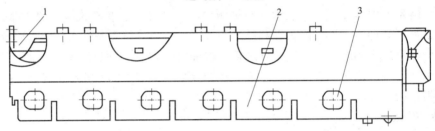

图7-15　防爆排气歧管接合面

1—水槽；2—排气管安装面；3—排气口

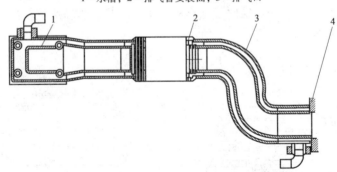

图7-16　水冷式排气接管结构

1—与排气歧管连接面；2—双波纹管结构；3—外层管体；4—与废气处理箱安装面

　　废气处理箱也称水洗箱，是尾气降温和净化的关键部件。废气处理箱的典型结构如图7-17所示。

　　排气阻火器与进气阻火器一样，也有栅栏形和珠形，排气阻火器即可放在废气处理箱之前，也可放在废气处理箱之后。

　　排气阻火器放在废气处理箱之后时，尾气经过水冷式排气接管后进入废气处理箱，尾气先入水，在水中经过冷却和水洗去除炭黑及有害气体，再经过排气阻火器排向大气。目前，大部分无轨胶轮车均采用这种结构，这种结构较为简单，其结构示意图如图7-18所示。

　　排气阻火器放在废气处理箱之前时，尾气先通过排气阻火器后再进入废气处理箱的水中。如WC40型使用的增压中冷式防爆柴油机动力装置中的排气防爆系统。这种布置方式较为复杂，但对排气栅栏污染较小。排气阻火器放在废气处理箱之前的结构如图7-19所示。

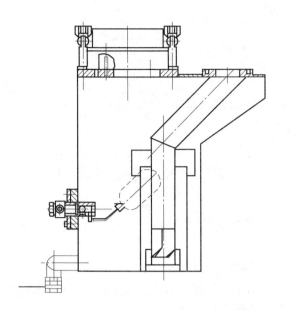
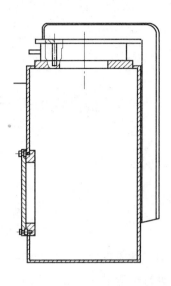

图 7 – 17　废气处理箱结构

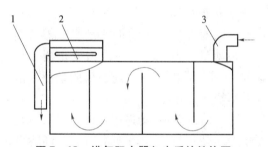

图 7 – 18　排气阻火器入水后的结构图

1—尾气出；2—排气栅栏；3—尾气进

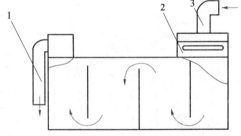

7 – 19　排气阻火器放在废气处理箱之前结构

1—尾气出；2—排气栅栏；3—尾气出

7.2.2　传动系统与驱动方式

1. 传动系统

井下无轨胶轮车的传动方式有机械式传动、液力机械传动、静液压传动及静液压机械传动四种。

（1）机械式传动

机械式传动是普通汽车采用的传动方式，即由柴油机、离合器、变速箱、传动轴、驱动桥等组成传动链。机械式传动具有结构简单、工作可靠、质量轻、价格低廉、传动效率高等特点。目前，国产无轨胶轮车中的多种机型，特别是整体式车架类无轨胶轮车普遍采用该传动方式。但要注意的是，普通机械传动（干式摩擦离合器等）不防爆，必须把干式摩擦离合器等改进成防爆型。如常州科研试制中心有限公司生产的 WCQ – 3B 型、WCQ – 3C 型、WCQ – 5C 型无轨胶轮车采用的传动方式就是机械式传动，该传动原理示意图如图 7 – 20 所示。

离合器的防爆改装是在地面车辆常用的离合器基础上，严格按《矿用防爆柴油机无轨

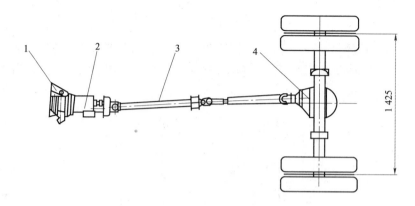

图 7－20　防爆机械式传动示意图

1—防爆离合器；2—变速箱；3—传动轴；4—后桥

胶轮车通用技术条件》（MT/T 989—2006）中的规定进行的，主要是对其安装面和离合器压盘的操纵机构等进行改装，其隔爆结构尺寸要求和防爆柴油机主机部分的要求相同。防爆改装后还必须经过有关质检中心防爆检验，检验合格后方可安装使用。防爆离合器结构如图 7－21 所示。

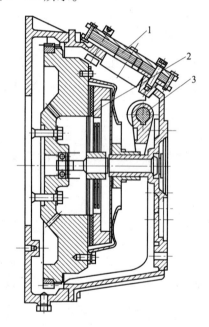

图 7－21　防爆离合器结构

1—离合器防爆栅栏；

2—离合器压盘；3—操纵机构

（2）液力机械传动

这里所说的液力机械传动指的是变矩器液力机械传动，其传动路线为发动机→液力变矩器→动力换挡变速箱→前、后传动轴→前、后驱动桥。液力机械传动的车辆有以下优点：

1）车辆具有良好的自动适应性能。当外载荷增大时，变矩器能使车辆自动增大牵引力，同时车辆自动减速以克服增大的外载荷。反之，当外载荷减小时，车辆又能自动减小牵引力，提高车辆的速度。因此，既保证了发动机能经常在额定工况下工作，避免发动机因外载荷突然增大而熄火，同时也满足了车辆牵引工况和运输工况的要求。

2）可提高车辆的舒适性。采用液力机械传动后，可使车辆平稳起动，并在较大的速度范围内无级变速，可以吸收和减少振动及冲击，从而提高车辆的舒适性。

3）提高车辆的通过性能。液力传动可使车辆低速行驶，这样使车辆与地面的附着力增加，从而提高车辆的通过性能。这一点对于煤矿井下无轨胶轮车辆在泥泞、不平的路面条件作业是非常有利的。

4）简化了车辆的操纵。因为液力变矩器本身就是一个无级变速器，发动机的动力范围得到了扩大，故变速箱的挡数可以减少。加上配套采用动力换挡变速箱后，换挡操纵简便，从而大大降低驾驶员的劳动强度。另外，由于变矩器可避免发动机因外载荷突然增大而熄火，所以驾驶员可不必为发动机熄火而担心。

5）提高了车辆的使用寿命。由于液力变矩器的工作介质是液体，故能吸收并减少来自发动机和外载荷的振动与冲击，因而可提高车辆的使用寿命。一般使用液力变矩器后发动机使用寿命可延长 47%，变速箱的寿命可延长 400%。这一点对经常处于恶劣环境下工作的煤矿井下无轨胶轮车辆具有重要意义。

液力机械传动的主要缺点是与一般机械传动相比成本较高，变矩器本身的效率较低。

液力变矩器、变速箱和驱动桥的结构原理介绍如下：

1）液力变矩器。

煤矿井下无轨胶轮车辆绝大部分采用三元件液力变矩器，即液力变矩器由泵轮、涡轮和导轮组成。

如图 7 - 22 所示，液力变矩器的主动轴 1（泵轮轴）与发动机相连，从动轴 2（涡轮轴）与变速箱相连，导轮固定在壳体上。泵轮是能量的输入部件，涡轮是能量的输出部件。当发动机通过泵轮连接盘带动泵轮 B 旋转时，其内的叶片带动工作液体一起做牵连的圆周运动，并迫使液体沿叶片间通路做相对运动，即完成了将发动机的机械能转变为液体的动能。然后，具有动能的液体通过一个固定的导流部件导轮 D，作用在涡轮上，推动涡轮及与其相连的变速箱输入轴旋转，即完成了将液体的动能转换为机械能而输出。

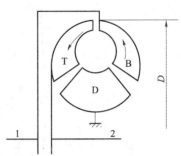

图 7 - 22　液力变矩器结构原理图
1—主动轴；2—从动轴；
B—泵轮；T—涡轮；
D—导轮；D—循环圆直径

液力变矩器有效直径（循环圆直径）D 的确定。液力变矩器有效直径 D 的确定原则是通过发动机额定工况点扭矩 M_{ec} 来确定液力变矩器的有效直径 D。一般按下式计算：

$$D = 5.1435 \sqrt{\frac{M_{ec}}{\rho g \lambda_B^* n_B^2}}$$

式中　D——液力变矩器的有效直径，m；

M_{ec}——去除辅助装置和工作油泵消耗后的发动机净转矩，N·m；

ρ——液力变矩器内液体的密度，kg/m³；

λ_B^*——液力变矩器效率最高时泵轮转矩系数，s²/（m·r²）；

n_B——对应于 M_{ec} 的泵轮转速，r/min。

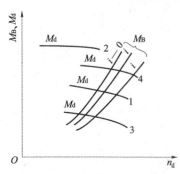

图 7 - 23　液力变矩器与发动机
共同工作的输入特性曲线

液力变矩器与发动机的匹配。所谓液力变矩器与发动机的匹配，是指液力变矩器按照工作的要求，以指定工况（或传动比）传递发动机扭矩和功率的一种共同工作情况。尽管所选用的发动机与变矩器各自的性能都好，若匹配不正确，则将使发动机的性能不能充分发挥，或变矩器不能以十分理想的工况去传递发动机的功率。

图 7 - 23 所示为液力变矩器与发动机共同工作的输入特性曲线。若发动机特性曲线为曲线 2，从输入特性可以判断，发动机功率虽然大，但不能发挥作用；若原动机特性曲线为曲线 3，发动机只能在低速工况下工作；而若为

曲线 4 或曲线 1，匹配情况则较好。

2）动力换挡变速箱。

①动力换挡变速箱的结构。动力换挡变速箱按其结构可分为定轴式动力换挡变速箱和行星式动力换挡变速箱，煤矿井下无轨胶轮车辆使用较多的是定轴式动力换挡变速箱，此处仅介绍定轴式动力换挡变速箱。与机械换挡变速箱相比，由于动力换挡变速箱采用了液压动力换挡，操纵轻便、换挡迅速，并且可在不切断动力和有负荷的情况下直接换挡。

定轴式动力换挡变速箱的基本结构如图 7-24 所示，该变速箱有 4 个前进挡和 4 个倒退挡。

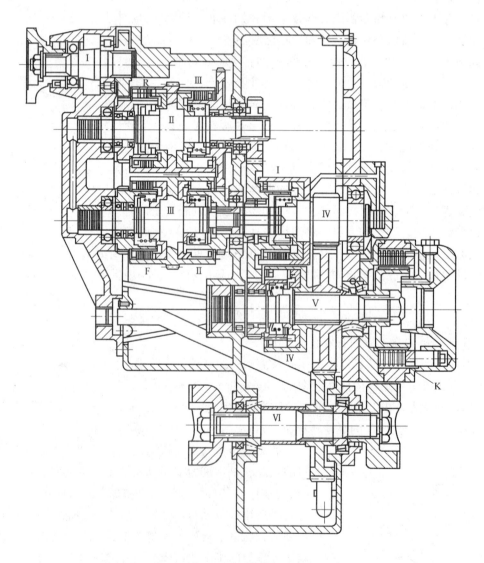

图 7-24 定轴式动力换挡变速箱

输入轴 I。它的前端接盘通过传动轴、万向联轴器与液力变矩器的涡轮输出轴相连接。输入轴 I 上的齿轮与中间轴 II 倒退挡离合器齿轮及中间轴 III 前进挡离合器齿轮啮合。

中间轴 II、III、IV、V。轴 II 上装有倒退挡离合器 R 及 III 挡离合器，还有 4 个齿轮，这些齿轮分别与轴Ⅰ、轴Ⅲ和轴Ⅳ上的齿轮相啮合，且均为常啮合齿轮，轴Ⅱ两端通过深沟球轴承支撑在变速箱的箱体上；轴Ⅲ上也装有两个离合器，一个是前进挡离合器F，一个是Ⅲ挡离合器，轴Ⅲ的两个齿轮分别与轴Ⅱ上的两个齿轮相啮合，轴Ⅲ的左端由深沟球轴承支撑在变速箱的箱体上，右端经滚针轴承支撑在轴Ⅳ上；轴Ⅳ上装有1个Ⅰ挡离合器和3个齿轮，左端齿轮是Ⅱ挡离合器的从动部分的齿轮，Ⅱ挡离合器接合后，轴Ⅲ的动力可通过Ⅱ挡离合器直接传递给轴Ⅳ，轴Ⅳ上的3个齿轮分别与轴Ⅱ和轴Ⅴ上的齿轮相啮合，轴Ⅳ两端由深沟球轴承支撑在变速箱的箱体上；轴Ⅴ上装有Ⅳ挡离合器和一个制动器K（即右端箱体外面与离合器结构类似，它又称驻车制动器），轴Ⅴ上装有的两个齿轮分别与轴Ⅳ和轴Ⅵ上的齿轮相啮合，轴Ⅴ由左端圆柱滚子轴承及右端双列圆锥滚子轴承支撑在变速箱的箱体上。

输出轴Ⅵ。输出轴两端接盘分别与连接前、后驱动桥的前、后传动轴相连，输出轴的齿轮与轴Ⅴ上的齿轮相啮合，此轴用两个圆锥滚子轴承支撑在箱体上，为防止变速箱中的润滑油沿输出轴两端溢出，两端均设置了油封。

②定轴式动力换挡变速箱的传动。定轴式动力换挡变速箱的传动如图7-25所示。变速箱中有两个换向离合器，即离合器R为后退挡离合器，离合器F为前进挡离合器。这两个离合器和5个齿轮（Z_1、Z_2、Z_3、Z_6和Z_7）及轴Ⅰ、Ⅱ、Ⅲ组成换向（即前进和后退）自由度变速箱。其余4个换挡（或称变速）离合器和8个齿轮（Z_4、Z_5、Z_8、Z_9、Z_{10}、Z_{11}、Z_{12}、Z_{13}）及轴Ⅱ、Ⅳ、Ⅴ、Ⅵ组成换挡（即变速）自由度变速箱。它有4个前进挡和4个后退挡，可视为由换向部分（R、F）和换挡部分（Ⅰ、Ⅱ、Ⅲ、Ⅳ）串联组成，串联后挡数为8（2×4）个挡位。定轴式动力换挡变速箱各挡传动路线见表7-1。

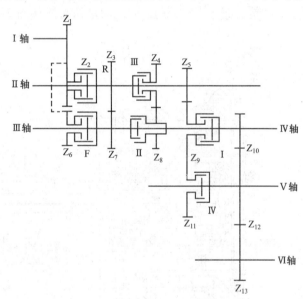

图7-25　定轴式动力换挡变速箱传动示意图

表7-1　定轴式动力换挡变速箱各挡传动路线

挡位		接合离合器	传动路线
前进	Ⅰ	F、Ⅰ	Z_1、Z_6、Z_7、Z_3、Z_5、Z_9、Z_{10}、Z_{12}、Z_{13}
	Ⅱ	F、Ⅱ	Z_1、Z_6、Z_{10}、Z_{12}、Z_{13}
	Ⅲ	F、Ⅲ	Z_1、Z_6、Z_7、Z_3、Z_4、Z_8、Z_{10}、Z_{12}、Z_{13}
	Ⅳ	F、Ⅳ	Z_1、Z_6、Z_7、Z_3、Z_5、Z_9、Z_{11}、Z_{12}、Z_{13}
后退	Ⅰ	R、Ⅰ	Z_1、Z_2、Z_5、Z_9、Z_{10}、Z_{12}、Z_{13}
	Ⅱ	R、Ⅱ	Z_1、Z_2、Z_3、Z_7、Z_{10}、Z_{12}、Z_{13}
	Ⅲ	R、Ⅲ	Z_1、Z_2、Z_4、Z_8、Z_{10}、Z_{12}、Z_{13}
	Ⅳ	R、Ⅳ	Z_1、Z_2、Z_5、Z_9、Z_{11}、Z_{12}、Z_{13}

变速箱中的齿轮为常啮合齿轮。变速箱的齿轮、轴承、离合器摩擦片的润滑，是由润滑冷却油来完成的，润滑冷却油从每个轴的孔道进入离合器内毂，通过离合器内毂上径向孔润滑冷却摩擦片后从外毂上的径向孔泄出，泄出的油再润滑冷却齿轮和轴承等零件。输出轴上的齿轮，部分浸入油中，能把润滑油激溅起来，对与其相啮合的齿轮和相邻的轴承起飞溅润滑的作用。

3）驱动桥。

驱动桥的组成和各部分的作用。驱动桥是将发动机的转矩进一步增大，并改变转矩的方向以便传递给驱动轮。驱动桥包括主减速器、差速器、半轴、轮边减速器、轮边制动器和桥壳等。主减速器的作用是增大转矩和改变转矩的传递方向；差速器的作用是使左、右驱动轮在转弯或在不平路面行驶时能以不同的角速度旋转；半轴的作用是将差速器的扭矩和转速传递给轮边减速器；轮边减速器的作用是进一步减速、增大扭矩；轮边制动器用于车辆的工作制动（有的车辆还同时用于驻车制动和紧急制动）。整机质量通过机架经桥壳传到车轮上，并将作用在车轮上的外力（如牵引力、制动力等）又经桥壳传到机架上，同时桥壳又是主减速器、差速器、半轴等的外壳。驱动桥总成如图7-26所示。

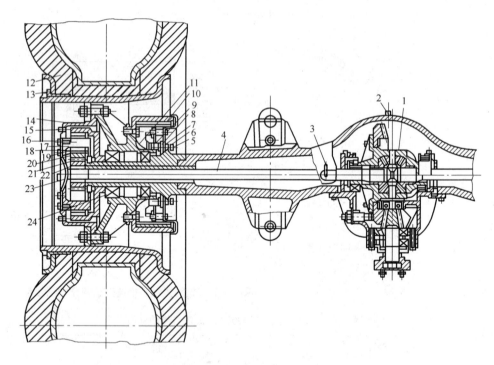

图7-26 驱动桥总成

1—主减速器；2—管塞；3—透气管；4—半轴；5—制动器总成；6—油封；7—挡油环；
8—环；9，24—轴承；10—制动鼓；11—轮壳；12—轮胎；13—轮毂；14—行星轮架；
15—内齿轮；16—垫片；17—行星轮轴；18—钢球；19—滚针；20—行星齿轮；
21—太阳轮；22—挡圈；23—盖

无轨胶轮车对驱动桥的要求。

因煤矿井下道路条件差、坡度大、坡道长，车辆在井下行驶的速度低，但要求牵引力大，因此要求驱动桥有较大的传动比。

驱动桥各部件在工作性能可靠并保证使用寿命的条件下应力求质量小、体积小，以保证所要求的离地间隙。

由于经常在坡道上作业，要求制动器性能稳定、可靠，寿命长，易维护。

要求驱动桥的结构简单、工作平稳可靠、故障少、维护保养方便。

① 主减速器。

无轨胶轮车主减速器的结构形式基本上都是单级减速式。其特点是结构简单、质量轻、体积小、成本低，但传动比不宜太大，一般在 7 以下。常用的锥齿轮，根据分度锥表面展开图中轮齿的形状可分为以下几种：

a. 直齿圆锥齿轮。如图 7-27 (a) 所示，轮齿走向与圆锥母线一致，这是最简单的形式。其缺点是小齿轮齿数少于 8~9 就产生根切，因此传动比不宜太大，且齿轮重叠系数小，齿面接触区少，故在主减速器中一般不采用。

b. 零度螺旋锥齿轮。分度圆锥上轮齿中点螺旋角为 0° 的曲线轮齿齿轮，如图 7-27 (b) 所示。

c. 螺旋锥齿轮。轮齿为曲线，通常分度圆锥上轮齿中点螺旋角在 30°~40°，常用 35°，如图 7-27 (c) 所示。

d. 双曲线齿轮。如图 7-28 所示，又称准双曲线齿轮，其轮齿与螺旋锥齿轮相似。但是，这种齿轮可以实现交错轴间的传动。由于存在偏置距（指空间垂直相交的大、小螺旋锥齿轮轴线在垂直方向上的距离）E，故小齿轮有较大的螺旋角，一般可达 50° 左右。这样使其大端面模数、直径与重合度增大，其强度和寿命以及传动平稳性得以提高。在传动平稳性、承载能力方面均优于螺旋锥齿轮。

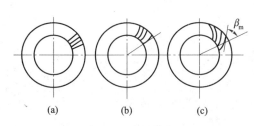

图 7-27 锥齿轮轮齿形状

(a) 直齿圆锥齿轮；(b) 零度螺旋锥齿轮；(c) 螺旋锥齿轮

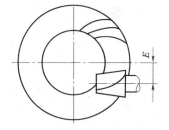

图 7-28 双曲线齿轮

无轨胶轮车中使用的单级主减速器一般为螺旋锥齿轮传动和双曲线齿轮传动。

② 差速器。

差速器的功用。无轨胶轮车在行驶时有多种原因会导致左、右车轮的行程不等。例如，在转弯行驶时，外侧车轮所走过的距离会比内侧车轮大。即使在直线行驶时，当某侧车轮碰到坑洼时，由于左、右侧轮胎气压的差别或磨损不均匀或两侧载荷不等使车轮滚动时的半径不等，均有可能使左、右侧车轮实际走过的路程产生差异。因此，如果用一根整轴以相同转速驱动两侧车轮，必然会引起某侧车轮在路面上产生滑移或滑转，致使车轮磨损加剧、车辆功率损失加大、操纵性变坏。因此，无轨胶轮车的驱动桥中必须设置差速器。

差速器一般可粗分为普通差速器和防滑差速器。

a. 普通差速器的工作原理。如图 7-29 所示，差速器以 n_0 旋转，并通过行星齿轮驱动左、右半轴齿轮及半轴旋转。当行星齿轮不自转时（即 $n_3 = 0$），差速器做整体旋转，相当于一根整轴，即直线行驶工况。

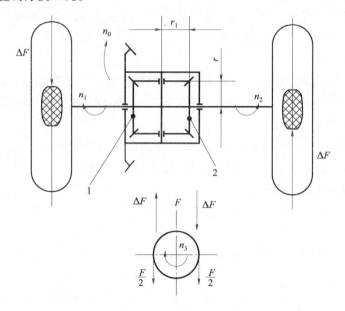

图 7 – 29　普通差速器工作原理

当 $n_3 \neq 0$ 时，即行星齿轮以转速 n_3 自转，它将加快半轴齿轮 1 的转速。同时，又使半轴齿轮 2 的转速减慢。此时半轴齿轮 1 增高的转速为 n_1。这样，半轴齿轮 1 的转速为

$$n_1 = n_0 + \frac{Z_3}{Z_1} n_3$$

半轴齿轮 2 的转速为

$$n_2 = n_0 - \frac{Z_3}{Z_2} n_3$$

因为 $Z_1 = Z_2$，故 $n_1 + n_2 = 2n_0$。

从上述可知，为实现左、右半轴齿轮的转速不相等，其转速差为

$$n_1 - n_2 = 2n_3 \frac{Z_3}{Z_2}$$

可以想象，在无差速器或差速器完全锁住的情况下（即一根整轴）转弯时，在左、右轮胎切线方向上各产生一个附加阻力 ΔF，它们的方向是相反的（见图 7 – 29），由此引起快侧车轮在路面滑移，而慢侧车轮在路面上滑转。在有差速器时，附加阻力 ΔF 所形成的力矩使差速器起差速作用，左右车轮转速不一样，不致造成滑移和滑转。在图 7 – 29 中以 F 表示行星齿轮上的作用力，则左、右半轴齿轮传递给行星齿轮的反作用力为 $F/2$（作用于行星轮齿上）；两半轴齿轮半径 r 相同，则传递给左、右半轴的转矩均为 $Fr/2$，故直线行驶时左、右驱动轮的扭矩相等。

b. 防滑差速器的工作原理。普通差速器的"差速不差扭"的特征，会给机械行驶带来不利的影响，如某侧车轮陷入泥泞时，由于附着力不足，就会发生打滑。这时另一车轮的驱动力矩不但不会增加，反而会减小到与打滑车轮一样，致使整机的牵引力大为减小。如果总牵引力降到不能克服行驶阻力，此时打滑的车轮以两倍于差速器壳的转速转动，而另一侧车轮则不再转动，此

时整机停滞不前。为此在差速器上设置"差速锁"，即防滑差速器（见图7-30）。

当遇到上述情况时，利用差速锁将左、右两半轴连成一体，由差速器壳传来的全部扭矩传到不打滑的车轮，从而改善其通过性能。

③轮边减速器。

轮边减速器又称为最终传动，其结构广泛采用行星轮式。如图7-26所示，动力通过半轴传送到太阳轮，内齿圈固定不动，太阳轮通过行星轮带动行星轮架回转。轮毂内圈螺栓与行星轮架相连，外圈螺栓与轮辋相连，这样，半轴上的扭矩通过行星减速器传到车轮，驱动车轮旋转。

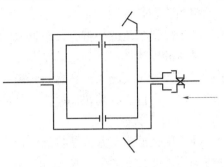

图7-30　防滑差速锁示意图

④轮边制动器。

桥的轮毂旁边装有行车制动器，有的还兼作驻车制动器和紧急制动器。轮边制动器的结构形式有蹄式、钳盘式和全封闭湿式多盘制动器三种。从防爆要求考虑，蹄式和钳盘式制动器的摩擦片在工作中不应产生火花。全封闭湿式多盘制动器又可分为常开式（弹簧释放、液压制动）和常闭式（弹簧制动、液压释放）两种。全封闭湿式多盘制动器的制动力大、制动性能好、可靠性高、寿命长，且无防爆的问题，被广泛地应用在防爆无轨胶轮车中。如常州科研试制中心有限公司生产的 WCQ-3 及 WCQ-5 系列无轨胶轮车的轮边制动器都是全封闭湿式多盘制动器。

3. 静液压传动

（1）静液压传动的基本组成

该传动方式由防爆动力装置、液压泵、低速大扭矩液压马达、车轮及液压管路、油箱等附件组成。由于正反向行走及制动等要求，静液压传动的泵、马达大多采用闭式回路方式，如图7-31所示。

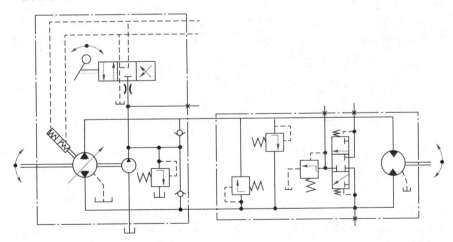

图7-31　静液压传动装置原理图

（2）静液压传动的基本工作原理

变量泵通过弹性联轴器与发动机连接，大扭矩液压马达与前后桥的车轮直接相连。当斜盘处于垂直位置时，变量泵的9个柱塞在油泵内不做往复运动，也就是泵不出油，补油泵泵出的油通过溢流阀直接回油箱。驾驶员通过机械连杆（软轴）控制变量泵操纵手柄（手动排量控制装置）改变变量泵回转斜盘的偏转方向和角度，当回转斜盘向左侧偏转时，高压液压油输出到马达的一端，马达转动使车子向前（或向后）行驶；当回转斜盘向右侧偏转时，高压液压油被输出到马达的另一端，马达反向转动使车子向后（或向前）行驶。变量泵斜盘偏转的角度越大，柱塞行程越大，每转一圈所泵出的油量越大，液压马达转速越快，无轨胶轮车运行速度越快；反之，则液压马达转速越慢，无轨胶轮车运行速度越慢。

4. 静液压机械传动

静液压机械传动方式是将静压传动中的低速大扭矩马达改为高速小扭矩马达，再加上机械传动装置进行分动和减速增扭。其传动路线是：防爆动力装置→液压泵→高速小扭矩马达→分动箱→前后传动轴→前后驱动桥。它具有结构紧凑、体积小、传动效率高、无级调速、操作方便、容易实现双向驾驶的特点。如常州科研试制中心有限公司生产的 WCQ-3A、WCQ-3D 型无轨胶轮车就是这种传动方式。

静液压机械传动由静液压传动装置和机械传动装置两大部分组成。

（1）静液压传动装置

静液压传动装置由通轴式轴向柱塞变量泵、弯轴式柱塞变量马达、补油泵、方向控制换向阀、液压油箱、滤油器、液压油散热器、液压软管和其他附件组成，如图 7-32 所示。发动机通过弹性联轴器带动变量泵转动，变量泵和变量马达之间通过管路连接，组成一个闭式系统，变量马达与分动箱连接以输出扭矩。

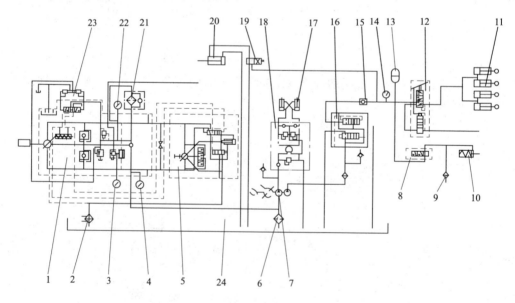

图 7-32 WCQ-3A 液压系统原理图

1—变量泵；2—冷却器；3—系统压力表；4—真空表；5—变量马达；6—吸油过滤器；7—转向制动双联泵；8—手制动阀；9—测压接头；10—停车制动器；11—行车制动器；12—脚制动阀；13—蓄能器；14—制动系统压力表；15—单向阀；16—充液阀；17—转向油缸；18—转向器；19—防爆电磁换向阀；20—自动熄火液压缸；21—过滤器；22—补油压力表；23—方向控制阀；24—油箱

1）补油泵。补油泵在变量泵后端盖内，与变量泵是一体的，和变量泵同轴同转速转动。

补油泵的作用是：

①提供补充闭式系统内部泄漏油，以补充内漏，维持主回路的压力。

②为控制系统提供压力油。

③补充外部阀及辅助系统泄漏的损失。

④提供油液冷却滤清，对变量泵和变量马达零件起冷却作用。

⑤通过主泵壳体的外接口，提供其他执行机构的液压源。

2）变量泵和变量马达回路。由变量油泵和变量油马达组成的闭式传动回路中，在主油泵端盖有两个多功能阀，变量马达后端盖上装有1个集成阀。多功能阀由两个安全阀、1个单向阀和1个旁通阀组成。

两个安全阀，一个是压力限制器传感阀，另一个是高压安全阀。为限制系统压力，当压力达到额定值时，限压系统会使变量泵柱塞冲程迅速减小。一般响应时间在90 ms左右。在突发载荷发生时，高压安全阀也能限制系统压力。压力限制器、传感器、传感阀像是高压安全阀的阀芯，起先导控制作用，因此，高压安全阀在压力限定值时是按顺序工作的。顺序压力限制器和高压安全阀系统为静液压系统提供了一个先进的保护装置。压力限制器可防止由高压安全阀引起的系统过热，在恶劣的工况中，按顺序工作的安全阀能限制压力峰值。因为安全阀仅在压力峰值的瞬间开启，所以开启的时间短，系统产生的热量少。

旁通阀的功能是：某些情况下，泵轴不能旋转或不希望其转动，最为理想的是油液通过旁通阀油路使补油流量直接进入泵上的补油安全阀溢流回泵壳体，当发动机不能工作时，此时，打开旁通阀使两侧油路相通，"故障"车辆可以拖动到维修地点。变量马达后端盖上的集成阀由1个三位三通换向阀、1个梭形阀和1个低压溢流阀组成，换向阀和梭阀组成的系统能保证闭式回路中的高压油作用到变量马达伺服缸（柱塞），使马达斜盘改变。

3）变量泵、变量马达DA控制装置。装备德国力士乐公司专利产品DA阀控制（自动驱动和防憋车控制）的变量泵、变量马达组成的闭式回路的车辆更加易于操控，并具有以下两大特点：

①自动驱动控制。自动驱动控制使操作者驾驶静液压传动车辆类似于驾驶自动变速传动轿车，随加速踏板的踩下，驱动泵提供更多的油液使车辆加速。

②防憋车控制。防憋车控制确保油泵调整其消耗的功率到从发动机可获得的功率。当车辆过载时，防憋车控制则能自动减少油泵的排量，防止发动机熄火。

4）静液压传动的工作原理。轴向柱塞变量泵通过弹性联轴器与发动机连接，变量马达与分动箱连接，分动箱输出轴通过前、后传动轴分别与前、后驱动桥相连接。当操作者踩下加速踏板时，发动机转速上升，不同的发动机转速，油泵也会以相应的转速运转，补油泵同轴内置于行走油泵中，会输出相对应的比例油量；补油泵输出油量通过行走泵内的速度感应阀来测量，通过速度感应阀的流量越多，油泵排量也越大，供油也越多，相应的车辆速度增加。现通过车辆三种行驶工况，简述静液压传动的工作原理。

工况一：加速段。

车辆在平地上加速，其特定的驱动特性不同状态的工作点为：

①在停车状态，发动机怠速运转，DA油泵在此阶段无输出。

②轻轻推动油门踏板，使发动机加速。DA油泵感应到增加的发动机的速度并开始建立工作压力，然而由于车辆的静摩擦力，它并无移动。

③车辆克服静摩擦力，开始起动。

④平稳地踩油门，发动机加速，DA油泵连续增加其排量，这样提供更多的油液，车辆加速。

⑤达到最大速度，由于没有必要进一步加速，压力轻微降低，车辆只需克服滚动摩擦力。

工况二：车辆爬坡段。

当车辆从平地全速行驶进入爬坡时，明显需要增加牵引力。其工作点如下：

①车辆在平地以最大速度运行；油泵以全排量输出最大油量，建立的压力水平对应于这种运行条件的驱动阻力（滚动阻力、空气阻力）。

②进入爬坡时，需要牵引力增加，这导致液压系统压力增加，由于需要更多的功率，发动机降速，带有压力反馈功能的回转体使泵的排量减少，以平衡因增加的系统压力的液压功率和发动机功率。

工况三：车辆进入憋车模式。

另一个典型的工况是车辆重载爬坡或重载高速运行，进入憋车情况。

①系统以特定的压力来提供车辆必需的牵引力以克服所有阻力。

②车辆需要增加牵引力。系统压力上升，同时压力感应DA泵减少流量，避免柴油机过载。

③如果系统压力超过设定值（由液压元件压力设定），DA泵的压力截断功能减少油泵的流量。油泵调整排量来维持全部系统压力（即最大牵引力）而不致使系统发热。

变量马达排量也由DA阀控制，机车负载小，变量马达排量小，车速快；反之，机车负载大，变量马达排量大，车速慢。

机车行走方向通过手动方向控制阀控制。

5）油箱及滤油器、油散热器。油箱及滤油器、油散热器的结构、要求与普通液压系统一样。

（2）机械传动装置

机械传动装置包括分动箱、前后传动轴、前后驱动桥。静液压传动装置是由马达输出的扭矩通过分动箱、前后传动轴，传给前后驱动桥，经驱动桥再次减速后驱动前后车轮旋转。

1）分动箱。分动箱的作用是将输入的动力通过前后传动轴分传给前后驱动桥。分动箱采用定轴式斜齿轮传动。

2）传动轴。传动轴的作用是把分动箱输出的动力传给驱动桥。

3）前后驱动桥。其作用前面已有叙述，在此不再赘述。

2. 驱动方式

井下车辆驱动方式有4×2前轮驱动、4×2后轮驱动、4×4全轮驱动三种形式。

（1）各种驱动方式的特点

4×2驱动方式的车辆传动系较为简单，如4×2前轮驱动，后机架上无驱动桥，货厢或客厢的底板离地高度可降低至550 mm左右，这样装卸性能好，并且容易通过快换车厢，实现一车多用。如TY6/20FB型井下低污染防爆中型客货车为4×2前轮驱动，后机架是U形框架式，框架内两侧布置有平行连杆机构，可实现快换客货车厢。

4×4驱动方式比4×2驱动的车辆牵引力大、爬坡能力强，适合在井下道况不好、坡度大、坡道长的巷道运输作业。如 WCQ – 3A、WCQ – 3B、WCQ – 3D、WCQ – 5B 型防爆无轨胶轮车。该传动系统如图 7 – 33 所示。

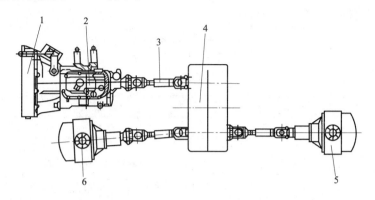

图 7 – 33　WCQ – 3B 型车辆传动系统

1—离合器；2—变速箱；3—传动轴；4—分动箱；5—后桥；6—前桥

（2）驱动方式的确定原则

1）一般在水泥铺设且坡度小（一般在 7°以下）的大巷运输作业的中、轻型运输类车辆可选用 4×2 前驱或后驱方式，但当坡度大于 7°时建议选用 4×4 全驱方式。

2）中小型煤矿大巷底板较差的最好选用 4×4 全驱方式。

3）对铲运类车辆必须选用 4×4 全驱方式。

4）重型车辆选用 4×4 全驱方式。

7.3　典型的无轨胶轮车结构

7.3.1　WC8FB 型防爆悬挂式胶轮车

WC8FB 型防爆悬挂式胶轮车是一种适合在井下不平和长坡路面使用的高效客货两用胶轮车。该车设计合理、结构新颖，具有新型油气悬挂装置和全液压安全制动系统，使用充填式高耐磨轮胎。通过使用证明，该车具有运行机动灵活、转弯半径小、适应性较好、使用安全可靠、运输能力和爬坡能力强的突出优点。

1. 总体设计

（1）总体结构形式的确定

总体结构主要有三种形式：

①前、后车架由铰接转盘铰接，实现前、后车架在水平面内折腰转向，后车架可绕转盘横向摆动，以保证左、右车轮全部着地，使车辆有良好的附着性能。

②整体车架、偏转前轮或后轮的转向形式，按照其偏转几何运动轨迹转向。

③整体车架、偏转全部车轮转向形式，前、后轮的偏转方向还可以相反，以实现综合运动轨迹转向。

下面分析三种结构形式各自的特点。

1）从最小转弯半径来选择。表7-2列出轴距和轮距相同时，三种结构形式的最小转向半径，可以看出选择顺序为：③→①→②。

表7-2　三种结构形式的比较

结构形式 项目	铰接转向	前轮或后轮偏转转向	全轮偏转转向
转弯半径	较小	大	小
结构复杂程度	简单	较复杂	复杂

2）从承载能力和可靠性上选择。第一种可以选用直径大和胎面宽的轮胎，驱动桥不设转向操纵机构，因此行走系统结构刚性大、可靠性高。第二种或第三种转向车轮直径和宽度受偏转的限制，选择顺序为：①→②→③。

3）从适应井下运行的低窄车型考虑。第二种和第三种车轮偏转占用空间大，车体较高和较宽，所以选择顺序为：①→②→③。

综上分析，整车的结构形式确定为前后机架铰接式、双液压油缸转向结构。

（2）传动形式的确定

如上所述，根据整车最大总质量、路面状况及作业要求等因素来考虑。由于液力机械传动具有的优点，比机械式传动更适合井下车辆使用。而且，与液压传动相比也具有成本低、抗污染等优点。因此，选用液力变矩器-动力换挡变速箱-驱动桥组成的液力机械传动形式。

（3）柴油机的选用与国产防爆柴油机的设计

为适应长距离大坡度巷道运行，保证满载爬7°坡车速不小于6 km/h，根据最大总质量和传动效率及运行阻力计算，柴油机防爆后额定功率应不低于85 kW/（2 100～2 300 r/min）。以国产C6121工程类柴油机作为选型动力。

（4）悬挂形式的设计

据统计，85%的进口客货胶轮车无悬挂装置，类似地面工程机械装载机等铲装车辆。井下客货运输类胶轮车具有以下三种形式的悬挂系统：

1）钢板弹簧悬挂。由钢板弹簧片叠加组成主副钢板悬挂机构，结构简单、成本低。但其减振特性为线性减振，效果较差，纵向空间大，在中重型胶轮车上使用时不好布置。

2）气压弹簧悬挂。具有减振特性柔和与使用方便的优点，但气囊体积较大，将增加车辆的高度和宽度。

3）油气弹簧悬挂。和空气弹簧悬挂一样，具有减振特性柔和的良好性能，结构紧凑、占用空间小，适合井下车辆使用。

因此，无轨胶轮车一般采用专门设计的油气悬挂装置。

（5）驾驶操纵方式的确定

为降低前车架和驾驶员乘坐高度，采用井下工程类车辆常用的驾驶舱布置在前车架一侧并位于前轮之前，方向盘相对驾驶员呈侧向布置。这样方便实现双向驾驶，其制动踏板、加速操纵机构和座椅也为双向对称设置，驾驶员可面朝车辆运行方向前进和后退驾驶。

（6）车架和工作装置结构形式的确定

前车架设计为整体承载式焊接结构，后车架为刚性边梁套架式结构，由左右摆动车轮安装板和后油气悬挂缸组成车辆后悬挂系统。前后车架是不规则的中薄板焊接件，结构强度高，抗冲击性能好。工作装置为多用自卸式货厢，结构为后开口和底板后部上翘式结构，与地面矿山运输车辆的刚性自卸车厢相似。由两个四伸缩液压举升缸完成车厢自卸工作，车厢边板和底板材料采用高强度低合金钢板和耐磨钢板，抗砸性好、使用寿命长。举升阀闭锁后，车厢内可放置三个长条活动座椅，进行人员运输。整车结构外形如图 7 - 34 所示。

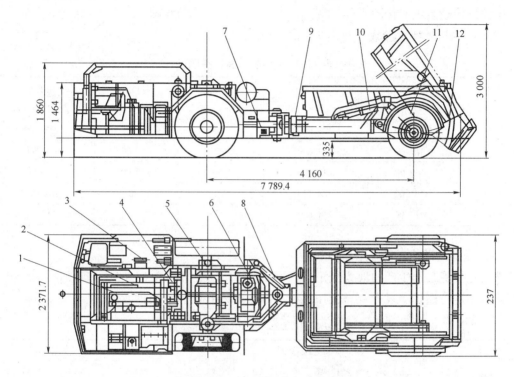

图 7 - 34　整车结构外形

1—防爆柴油机；2—进排气防爆装置；3—驾驶操纵；4—传动系统；5—前悬挂装置；6—前摆架；

7—前车架；8—铰接转盘；9—后车架；10—后悬挂；11—后摆动轮总成；12—自卸车厢

2. 变矩器选择计算

图 7 - 35 所示为 WC8 型胶轮车液力机械传动系统。其柴油机和液力变矩器组合后形成如同新的动力装置。下面根据柴油机与变矩器共同工作的输出特性来选择变矩器。

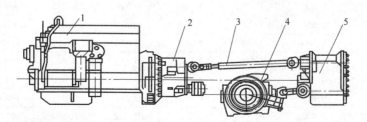

图 7 - 35　WC8 型胶轮车液力机械传动系统

1—防爆柴油机；2—液力变矩器；3—传动轴；4—驱动桥；5—变速箱

（1）防爆柴油机性能参数

柴油机型号 C6121FB

额定功率（kW）/对应转速（r/min） 90.00/2 200.00

最大扭矩（N·m）/对应转速（r/min） 487.00/1 200.00

最高转速（r/min）/最低转速（r/min） 2400.00/1 000.00

最低耗油率（g/kW·h）/对应转速（r/min） 219.60/1 200.00

柴油机传动系统间传动比/传动效率 1.00/1.00

（2）柴油机外特性参数（见表7-3）

表7-3 柴油机外特性参数

转速 / (r·min⁻¹)	扭矩 / (N·m)	耗油量 / [g·(kW·h)⁻¹]	转速 / (r·min⁻¹)	扭矩 / (N·m)	耗油量 / [g·(kW·h)⁻¹]
1 000	474.00	220.800	1 800	431.00	233.000
1 200	487.00	219.600	2 000	411.00	245.700
1 400	469.00	225.100	2 200	390.00	257.300
1 500	461.00	228.100	2 400	0.00	260.000
1 600	447.00	234.800			

（3）提供选择的五种变矩器参数

选用克拉克公司生产的液力变矩器，可以从12.2R、12.1R、12.3R、12.5R、12.6R五种变矩器中进行选择。表7-4只列出了12.2R、12.6R两种变矩器参数。

表7-4 12.2R、12.6R变矩器参数

序号	传动比		变矩系数		效率		泵轮参数	
	12.2R	12.6R	12.2R	12.6R	12.2R	12.6R	12.2R	12.6R
1	0.000	0.000	2.852	2.290	0.000	0.000	139.600	105.900
2	0.100	0.100	2.572	2.150	0.257	0.215	137.900	105.900
3	0.200	0.200	2.271	1.995	0.454	0.399	136.500	106.500
4	0.300	0.300	2.007	1.833	0.602	0.550	135.700	107.900
5	0.391	0.400	1.790	1.673	0.700	0.669	135.900	110.400
6	0.400	0.433	1.770	1.619	0.708	0.701	135.900	111.500
7	0.500	0.500	1.556	1.510	0.778	0.755	137.400	114.300
8	0.600	0.600	1.374	1.360	0.824	0.816	140.600	119.300
9	0.650	0.650	1.289	1.292	0.838	0.840	142.900	122.400
10	0.700	0.700	1.206	1.223	0.844	0.856	145.600	126.300
11	0.750	0.750	1.120	1.149	0.840	0.862	149.600	131.300
12	0.800	0.800	1.024	1.075	0.819	0.860	158.300	137.700
13	0.850	0.850	0.912	0.991	0.775	0.842	174.400	148.000
14	0.900	0.900	0.791	0.892	0.712	0.803	197.700	168.000
15	0.950	0.950	0.660	0.771	0.627	0.732	246.200	210.000
16	1.019	1.040	0.000	0.000	0.000	0.000	422.000	428.500

（4）特征工况比较（见表 7-5）

表 7-5　特征工况比较

变矩器型号	失速扭矩比	失速工况公称扭矩	最高效率工况		
			最高效率	变矩系数	速比
12.2R	2.852	69.571	0.844	1.211	0.697
12.1R	2.670	67.051	0.859	1.255	0.684
12.5R	1.820	111.039	0.918	1.146	0.801
12.3R	2.103	72.874	0.870	1.273	0.684
12.6R	2.290	120.895	0.862	1.125	0.766

（5）匹配计算结果（见表 7-6）

表 7-6　特征工况参数

变矩器型号	最大输出扭矩 /（N·m）	最大输出功率工况		最高效率工况	
		输出功率 /kW	对应转速 /（r·min^{-1}）	输出功率/kW	对应转速 /（r·min^{-1}）
12.2R	1 004.98	67.75	1 328.76	65.92	1 579.89
12.1R	942.99	72.51	1 418.00	71.35	1 539.79
12.5R	759.21	79.55	1 768.28	79.00	1 599.70
12.3R	769.39	76.50	1 402.24	76.16	1 524.47
12.6R	970.47	76.68	1 543.62	76.03	1 705.31

（6）匹配评价

1）最大输出扭矩依次为：12.2R→12.6R→12.1R→12.3R→12.5R。

2）最大输出功率依次为：12.5R→12.6R→12.3R→12.1R→12.2R。

（7）匹配结果

1）根据以上匹配计算结果，综合考虑选定液力变矩器的型号为 12.6R 型。

2）根据匹配计算数据绘制出发动机-变矩器共同工作输出特性曲线，如图 7-36 所示。

3. 主要总成设计

（1）整车防爆及安全系统设计

井下使用车辆在柴油机和外围系统、传动系统、制动系统和电气系统方面应满足井下防爆要求，其传动带和橡胶轮胎也应达到防静电要求。下面重点介绍整车防爆、低排放和安全保护系统设计。

1）防爆、净化和安全保护指标。

①防爆、净化指标为：柴油机排气温度≤70℃；柴油机和整车表面温度≤150℃；废气成分中 CO 所占百分比≤0.1%；NO_2 所占百分比≤0.8%。

②安全保护指标为：排气温度超过 70℃；发动机油压低于 0.15 MPa；发动机水温超过100℃；废气处理箱缺水；空压机出口温度超过 160℃。

2）进排气防爆、排气净化和安全保护系统设计。把靠压缩和燃烧做功的柴油机用于煤

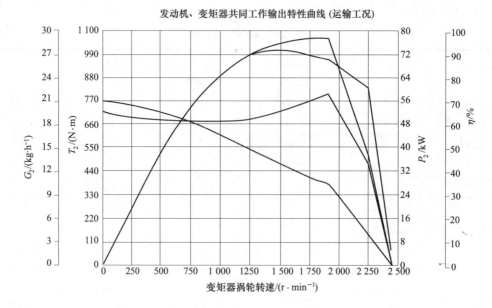

发动机、变矩器共同工作输出特性曲线 (运输工况)

图 7-36　发动机－变矩器共同工作输出特性曲线

矿井下，其核心是柴油机的进、排气防爆和低污染技术研究。研究出能消除回火和高通气性的进气防爆栅栏和安全保护中的阻风门机构，实现了进气防爆并保持了柴油机的进气性能不变；研究出软连接水冷却双波纹排气管和排气防爆栅栏的湿式废气处理系统。废气从燃烧室排出后就及时冷却，并将尾气排入废气处理箱的水介质中消除火星和净化处理，达到防爆和低污染指标。

车辆起动采用无火花的气马达起动系统，隔爆性能好，无二次污染。采用接合时无火花、表面温度在 110℃ 以下的封闭型湿式多摩擦片制动器，防爆和制动性能可靠。

采用研究成功的气介质安全保护系统。当出现排气温度超过 70℃ 等多项运行参数超标的情况时，车辆继续运行将对矿井有引爆危险，或者将对柴油机产生损坏而导致车辆不能正常运行，保护回路动作，快速切断燃油和进气自动停车实现安全保护。

（2）前悬挂系统设计

如图 7-37 所示，前悬挂采用机械式负反馈伺服阀控制蓄能器和油缸组合的液气悬挂方式。该装置的优点是：通过螺杆能够调整减振行程，通过改变蓄能器的预充气压力可以调整悬架的刚度。反馈式伺服阀使得前桥始终能在调定的平衡点上下进行减振调整，实现了车架与前驱动桥的柔性连接，提高了运行的舒适性和在不平路面上的运行效率。

（3）后悬挂系统设计

后悬挂系统设计为结构紧凑的自定位可控油气悬挂减振系统，如图 7-38 所示。该系统采用手动操作自动限位的方式，不论载荷如何变化，总能使得减振行程保持在设定的位置上，避免了手动操作的随意性。为尽可能地减小体积以便降低整车的高度，采用

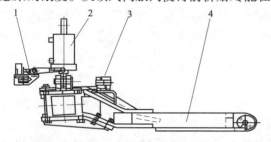

图 7-37　前悬挂系统

1—平衡阀机构；2—前悬挂油缸；
3—拉杆机构；4—摆架机构

将油缸与柱塞式蓄能器作为一体的方式，使结构简单、使用可靠。

（4）后制动器设计

图7-39所示为WC8型胶轮车后轮安全型湿式制动器。车辆起动前靠碟簧压力使静、动多组摩擦片接合处于制动状态，可实现驻车和行驶中的紧急制动工况。车辆起动后靠液压油压释放碟簧压力，解除制动，工作制动是通过制动踏板控制液压比例阀放油实现制动。柴油机产生故障时，液压系统失压，车轮自动抱死。车辆需要拖动时，可通过解除制动机构来机械松开抱死的静、动摩擦片。

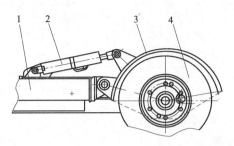

图7-38 后悬挂系统

1—后车架；2—后悬挂油缸；
3—后轮摆架；4—后轮组成

4. 关键技术和创新点

WC8型悬挂式胶轮车填补了国内空白，是我国煤矿首台带油气减振系统的客货两用车，完成了多项创新设计和研究，主要包括：

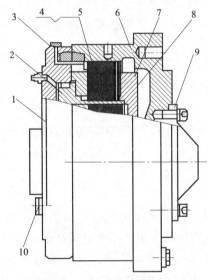

图7-39 WC8型胶轮车后轮安全型湿式制动器

1—静壳；2—排空嘴；3—呼吸嘴；
4—内钢片；5—摩擦片；6—动壳；
7—压盘；8—碟簧；9—端盘；
10—解除制动机构

1）前后油气悬挂装置研究，研制出适用于井下车辆结构紧凑、减振性能优良、使用可靠的新型油气悬挂装置。大幅地提高了驾驶和乘坐的舒适性，使车辆在不平路面上也能保持快速运行，进一步提高运输效率。

2）液压控制前后安全型（液压系统失压后车轮制动抱死）湿式制动系统，克服了刹车冲击现象，提高了车辆工作、紧急制动特性和效能。

3）双液压油缸铰接式转向布置优化设计研究，简化了前车体后部铰接三脚架和中央铰接转盘的结构，轴向尺寸缩短了30%，并减轻了自重。

4）与专业厂合作，采用国内新研制的宽基充填式（实心）轮胎，使用寿命是充气胎的8倍，减少了停机时间，提高了运行可靠性。

创新点如下：

1）反馈自对中式油气前悬挂减振系统。

2）自定位可控式油气后悬挂减振系统。

3）可机械解除制动的安全型湿式制动技术。

5. 与国内外同类车型相对比

WC8型悬挂式胶轮车与在同一矿井使用的国产TY7FB和进口澳大利亚MK-3S型胶轮车相对比情况见表7-7。

表7-7 同类型胶轮车对比情况

对比项目	WC8型悬挂式胶轮车	TY7FB型胶轮车	澳大利亚MK-3S型胶轮车
发动机额定功率/kW	112	74	74
装载质量/kg	8 000	7 000	6 000

对比项目	WC8 型悬挂式胶轮车	TY7FB 型胶轮车	澳大利亚 MK–3S 型胶轮车
最小转弯半径/m	6.33	6	7
最小离地间隙/mm	343	275	220
车厢容积/m³	4.5	4.5	3
举升角/（°）	55	65	35
最大举升角时车厢离地间隙/mm	220	150	–200
悬挂方式	前后油气悬挂	无	前后油气悬挂
满载车速/（km·m⁻¹）	31	25	29.7
承载轮胎	国产新型实心胎	充气轮胎	进口实心轮胎

由表 7–7 可看出，本车主要性能达到了同类进口车辆水平，而且与 MK–3S 型车相比还具有牵引功率、装载质量和车厢容积大、转弯半径小的优点；与国内同类车辆 TY7FB 型胶轮车相比具有牵引功率和装载质量大、带悬挂减振系统、运行速度快、乘坐舒适性好、爬坡能力强的优点。

7.3.2 WCQ 系列无轨胶轮车

WCQ 系列无轨胶轮车是常州科研试制中心有限公司研制生产的轻型防爆无轨胶轮车，分为 WCQ–3A、WCQ–3B、WCQ–3C、WCQ–3D、WCQ–5B、WCQ–5C 六个品种，通过机架、车厢、轮胎的变化又可变形为十多种机型。

1. WCQ–3A 型无轨胶轮车

WCQ–3A 型无轨胶轮车是一种以柴油机为动力，前、后车架中央铰接、全液压转向、静液压机械传动、无级调速、四轮驱动的井下无轨胶轮运输机械，主要用于巷道断面不小于 2.5 m×2.5 m、坡度不大于 14°的井下无轨运输作业。该机采用 DA 控制，具有结构紧凑、操作方便、转弯半径小、调速性能好（无级变速）、重载爬坡能力强及污染小、运输效率高等特点。该车外形尺寸小，能直接进入罐笼，只需一次装卸即可完成从地表（经罐笼）到井下工作面的直达物料运输，是立井开采煤矿无轨辅助运输系统的理想运输设备，如图 7–40 所示。

（1）主要技术性能参数

额定载重   3 t

最大牵引力   30 kN

行驶速度（双向）   0～20 km/h

爬坡能力   14°

最小转弯半径   5 000 mm

最小离地间隙   230 mm

外形尺寸（长×宽×高） 4 750 mm×1 750 mm×2 000 mm

整机质量   6.5 t

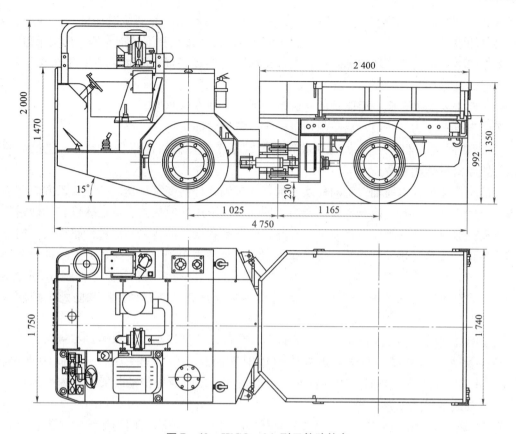

图 7 - 40　WCQ - 3A 型无轨胶轮车

（2）主要结构及工作原理

WCQ - 3A 型无轨胶轮车的结构形式为前、后车架中央铰接，静液压机械传动，四轮驱动，全液压转向，弹簧减振。其主要组成部分有动力系统、前车架、后车架、车厢、行驶系统、转向液压系统、制动系统、安全保护系统等。

1）动力系统。WCQ - 3A 型无轨胶轮车动力系统由防爆柴油机、废气处理系统、进气系统、水散热器、防护罩、气起动系统等组成。

WCQ - 3A 型无轨胶轮车采用 CKS4108FB 水冷式防爆柴油机，起动方式为气起动。而 WCQ 系列无轨胶轮车采用统一形式的防爆废气处理系统及进气系统，仅在布置方式和外形上根据各车型做相应的变化。

废气处理系统由专用排气管、废气处理箱及补水箱等组成。

专用排气管将柴油机排出的废气引入废气处理箱，保证排气管表面温度不超过 150℃。

废气处理箱采用水洗方式。其作用是进一步冷却和洗涤废气，清除炭烟及溶解废气中的部分有害气体，并经防爆栅栏熄灭废气中的火焰，保证排气安全。

进气系统由进气管、进气防爆栅栏、进气关断阀及空气滤清器组成。进气防爆栅栏是为防止柴油机气缸可能返回火焰直接通向大气，不致引燃工作环境中的可燃气。

气起动系统主要由气起动器、主控制阀、手动按钮、气包、水冷空压机等组成，气起动马达采用进口马达，气起动系统的额定工作气压为 0.55 MPa。

2）车架及车厢。车架主要由前机架和后车架两大部件铰接组成。转向油缸一端装在后车架（转向油缸铰点），另一端装在前车架（转向油缸铰点）。车辆随转向油缸的伸缩，前、后车架每侧水平方向可做37°的相对摆转实现转向，上铰接点和下铰接点均采用关节轴承。

前车架主要由车架、转向油缸铰接点等组成。前驱动桥通过钢板弹簧安装在前车架上，具有良好的减振性。

后车架主要支撑车厢。后驱动桥通过钢板弹簧悬挂在后车架上。

车厢为方框结构，侧门及后车门均可翻转，以便装卸货物。

3）行驶系统。WCQ－3A型无轨胶轮车行驶系统采用静液压机械传动，它包括静液压传动装置和机械传动装置。

静液压传动装置由通轴式轴向柱塞变量泵、弯轴式柱塞变量马达、补油泵、方向控制换向阀、前后互锁换向阀、梭阀、液压油箱、滤油器、液压油散热器、液压软管和其他附件组成。发动机通过弹性联轴器带动变量泵转动，变量泵和变量马达之间通过管路连接，组成一个闭式系统，变量马达与分动箱连接以输出扭矩。装备力士乐DA控制（力士乐自动驱动和防憋车控制）变量泵、变量马达，车辆更加易于操控，自动驱动和防憋车控制（DA控制）是用于闭式驱动回路的机械液压控制，如前所述主要具有自动驱动控制和防憋车控制两大特点。

变量马达排量由DA阀控制，车辆负载小，变量马达排量小，车速快；车辆负载大，变量马达排量大，车速慢。机车行走方向通过配于油泵上的前进—中位—反向阀来选择。WCQ－3A型无轨胶轮车的柱塞泵和柱塞马达都是变量，静液压传动装置的调速性能好，无轨车的行驶速度是无级调速的。

WCQ－3A型无轨胶轮车是前、后桥四轮驱动，前、后桥均采用钢板弹簧减振，结构简单、性能可靠。

WCQ－3A型无轨胶轮车采用带湿式多盘制动的驱动桥，其特点是制动性能好，可以不受运行环境如油水、粉尘、泥浆水等的影响。轮胎为充填式实心轮胎8.00－20，承载能力强、可靠性高，非常适合煤矿井下复杂恶劣的路面情况。

4）转向液压系统。WCQ－3A型无轨胶轮车前、后车架上装有双作用油缸，缸头与前车架相连，活塞杆与后车架相连，在液压力作用下活塞推动前、后车架做相对偏转而使无轨胶轮车转向。转向液压系统主要由转向操纵机构、全液压转向器、FKA2阀块、转向油缸、齿轮泵、滤油器和油箱等组成。

5）制动系统。WCQ－3A型无轨胶轮车的制动系统有工作制动、紧急制动及停车制动。工作制动用于经常性和一般行驶中速度控制、停车。紧急及停车制动用于停车后的制动或在行车制动失效时的应急制动，紧急制动和停车制动合二为一。

6）电气系统及车辆保护系统。WCQ－3A型无轨胶轮车的电气系统主要用于照明及车辆监控保护。

WCQ系列无轨胶轮车采用电气式防爆安全监控系统，对柴油机表面温度、机油压力、排气温度等实行全程监控，超标报警，并延时30 s自动停机或手动停机。

（3）关键技术特征

1）采用前、后车架中央铰接形式，结构紧凑，转弯半径小。

2）整体尺寸小，能直接进出罐笼，适用于立井开采煤矿的无轨辅助运输。

3）采用自动驱动和防憋车控制系统（DA控制），操纵方便，无级调速。

4）采用四轮驱动，爬坡能力强，道路通过性能好。

5）采用轮边湿式工作制动，防尘、防水、防爆，制动效果好。

6）采用失效安全型停车及紧急制动，即弹簧制动、液压释放、安全可靠。

7）采用钢板弹簧减振，结构简单、性能可靠。

2. WCQ - 3B 型无轨胶轮车

WCQ - 3B 型无轨胶轮车是一种以柴油机为动力，机械传动、四轮驱动的煤矿井下无轨式运输机械，主要用于巷道断面不小于 3 m × 3 m、坡度不大于 14°的煤矿井下运输作业。该车具有结构紧凑、操作方便、转弯半径小、重载爬坡能力强、污染小、运输效率高等特点。

该无轨胶轮车基本型为货厢三开门后翻自卸式，通过车架、车厢、轮胎的变化可变形为高型（整机高度 2 000 mm）平板车、洒水车；低矮型（整机高 1 800 mm）后翻自卸车、平板车、人车、平推自卸车等多种车型。其基本型如图 7 - 41 所示。

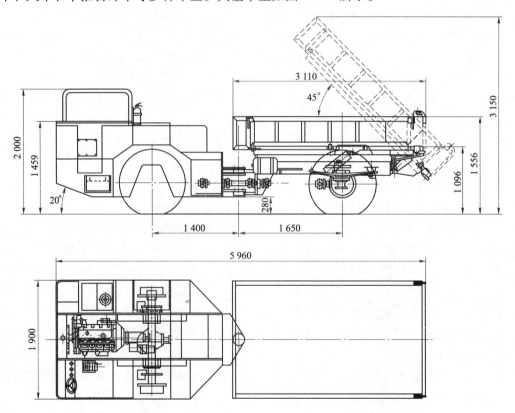

图 7 - 41 WCQ - 3B 型（基本型）无轨胶轮车

（1）主要技术性能参数

额定载重	3 t
最大载重	5 t
最大牵引力	35 kN
最大行驶速度	35 km/h（低矮型 30 km/h）
爬坡能力	14°
最小转弯半径（外侧）	6 000 mm

最小离地间隙   280 mm（低矮型 215 mm）

外形尺寸（基本型）   6 000 mm×1 900 mm×2 000 mm

     （低矮型）   6 125 mm×1 900 mm×1 800 mm

整车质量（基本型）   6.8 t

（2）主要结构及工作原理

WCQ-3B 型无轨胶轮车的结构形式为前、后车架中央铰接，机械传动，四轮驱动，全液压转向，弹簧减振。其主要组成部分有动力系统、前车架、后车架、车厢、行驶系统、转向液压系统、制动系统和安全保护系统等。

1）动力系统。WCQ-3B 型无轨胶轮车的动力系统由防爆柴油机、废气处理系统、进气系统、水散热器、防护罩等组成。

WCQ-3B 型无轨胶轮车采用 CKS4105FB 水冷式防爆柴油机，起动方式为防爆电起动，采用常州科研试制中心有限公司自行研制的 KBQD-1A 型防爆起动电动机。

动力系统其他组成部分为 WCQ 系列无轨胶轮车通用形式。

2）车架及车厢。WCQ-3B 型无轨胶轮车车架主要由前车架和后车架两大部件铰接组成。前、后车架每侧可做 37°的相对摆转，车辆随转向油缸的伸缩实现转向。上铰接点和下铰接点均采用关节轴承。转向油缸一端装在后车架（转向油缸铰点），另一端装在前车架转向油缸铰点。

前车架主要由车架、驾驶室等组成。前驱动桥通过钢板弹簧悬挂在前车架上，以实现减振。

后车架主要支撑车厢，后驱动桥通过钢板弹簧悬挂在后车架上。

车厢为方框结构，侧板及后车门均可打开，以便装卸货物。

3）传动系统。WCQ-3B 型无轨胶轮车传动方式采用机械传动，柴油机动力通过离合器、变速箱、分动箱及前后传动轴传递到前、后驱动桥上。该车采用带湿式制动的驱动桥，承载能力强，制动性能好，可以不受运行环境如油水、粉尘、泥浆水等的影响。该车基本型采用充气轮胎 10.00-20 或实芯充填轮胎 10.00-20，低矮型采用实芯充填轮胎 8.00-20。前、后桥均采用钢板弹簧减振，结构简单、性能可靠。

4）液压系统。WCQ-3B 型无轨胶轮车基本型液压系统由转向及翻举液压系统和制动液压系统两部分组成。

①转向及翻举液压系统。转向液压系统主要由转向操纵机构、全液压转向器（带 FKA2 阀块）、转向油缸、齿轮泵、滤油器和油箱组成。

当换向阀位于中位时，液压系统压力供机车转向用；当换向阀置于卸货位置时，液压系统压力供机车翻举车厢用；当换向阀位于回位位置时，液压系统压力油回油箱，车厢靠自重回位。

②制动液压系统。WCQ-3B 型无轨胶轮车制动系统分为工作制动系统、紧急制动系统及停车制动系统。工作制动由驱动桥上轮边湿式多盘制动器实现，用于经常性和一般行驶中速度控制、停车。紧急制动和停车制动合二为一，紧急及停车制动系统用于停车后的制动或在行车制动失效时的应急制动。

当需要工作制动时，踩下脚制动阀，压力油通过脚制动阀进入前、后桥湿式制动器，推动摩擦片压向制动盘而制动车轮。放松脚踏板，制动器内的油回油箱，制动状态解除。前、后桥制动液压回路分两路并独立控制。

停车制动器是一种失效安全型制动装置，液压释放、弹簧制动。停车制动液压系统由手动阀、制动器和管路组成。无轨胶轮车的柴油机起动后，齿轮泵输出压力油，扳动手动阀手柄使手动阀换向，压力油作用到制动器上，停车制动解除，车辆可以行驶。停车后，将手动阀手柄扳回到制动位置，压力油被切断，制动器在弹簧力的作用下，车辆被制动住。车辆运行时遇紧急情况或工作制动失灵时，可将手动阀手柄扳至制动位置实施紧急制动。

5）电气系统及车辆保护系统。WCQ-3B 型无轨胶轮车电气系统主要用于车辆起动、照明及监控保护。

车辆保护系统采用 WCQ 系列无轨胶轮车通用的电气式防爆安全监控系统，对柴油机表面温度、机油压力、排气温度等实行全程监控，超标报警，并延时 30 s 自动停机或手动停机。

（3）关键技术特征

1）采用前、后车架中央铰接形式，结构紧凑、转弯半径小。

2）采用机械传动，传动效率高，零部件通用性好。

3）采用四轮驱动，爬坡能力强，道路通过性能好。

4）采用轮边湿式工作制动，防尘、防水、防爆，制动效果好。

5）采用失效安全型停车及紧急制动，即弹簧制动、液压释放、安全可靠。

6）通过车架、车厢及轮胎的变化，可变化多种车型，具备多种用途。

7）采用钢板弹簧减振，结构简单，性能可靠。

3. WCQ-3C 型及 WCQ-5C 型无轨胶轮车

WCQ-3C 型及 WCQ-5C 型无轨胶轮车是一种以柴油机为动力，机械传动、后轮驱动、加强型汽车底盘的汽车型井下无轨运输机械，主要用于巷道断面不小于 3 m×3 m、坡度不大于 14°的煤矿井下货物及人员的运输。

WCQ-3C 型及 WCQ-5C 型无轨胶轮车基本结构方式大致相同，主要区别是防爆柴油机的配置不同。通过车厢等的改变有人车、平板车、自卸车等车型。下面以 WCQ-3C 型无轨胶轮车（自卸车）为例作介绍，其结构简图如图 7-42 所示。

（1）主要技术性能参数

额定载重	5 t
额定载人数	21 人
最大牵引力	23 kN
最大行驶速度	57 km/h
爬坡能力	14°
最小转弯半径（外侧）	7 500 mm
最小离地间隙	230 mm
外形尺寸	5 700 mm×2 063 mm×2 300 mm
整车质量（基本型）	4.75 t

（2）主要结构及原理

WCQ-3C 型无轨胶轮车的结构形式为整体车架，机械传动，后轮驱动，整体液压助力式机械转向，钢板弹簧加筒式液力双减振。其主要组成部分有动力系统、传动系统、转向系

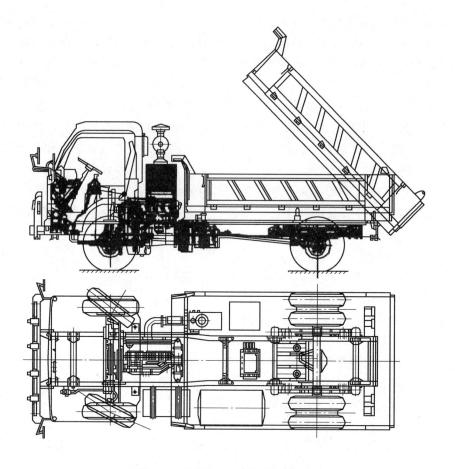

图7-42 WCQ-5C型无轨胶轮车

统、翻举及制动液压系统、车架、电气及安全监控系统等。

其动力系统（除防爆柴油机主机外）、电气及安全监控系统与WCQ-3B型无轨胶轮车基本一致。

1）传动系统。本车传动方式采用机械传动，防爆柴油机动力通过离合器、变速箱、传动轴传递到驱动桥上。

①前、后桥。前桥采用，锻打工字梁结构。后桥采用单级、双曲线圆锥螺旋齿轮传动，桥壳为整体琵琶式，半轴为全浮式。

②轮胎。前轮安装单胎，后轮安装双胎；轮胎为8.25-16，16层级，断面宽235 mm，外直径855 mm。

③悬挂。

前悬架：纵置半椭圆式钢板弹簧加液力双向筒式减震器。

后悬架：纵置半椭圆式钢板弹簧（带副簧）。

2）车架。车架主要由驾驶室、大梁、车厢等组成。

驾驶室为平头单排座，全金属密封结构，在驾驶室前方设有高强度防撞护栏，避免驾驶员在驾驶过程中发生意外而伤人或撞坏车辆。驾驶室共设两个座位。驾驶室整体装有翻转机构，便于检修。

大梁为整体式，框架结构，采用双层汽车大梁专用钢铆接而成，强度好。

车厢分货车和人车两种。货车为自卸式或平板式，采用平底货台。人车车厢为金属框架结构，采用型材和钢板网焊接而成，可以乘载21人，同时在车厢两侧设有工具箱。

3）翻举及制动液压系统。WCQ－3C型液压系统由翻举液压系统和制动液压系统两部分组成，实现货物自卸、工作制动。

翻举液压系统主要由齿轮泵、齿轮马达、换向阀、溢流阀、翻举油缸、油箱等组成。实现翻举油缸举升、货物自卸；车厢依靠自重回位。

制动液压系统用于工作制动，由齿轮泵、卸载溢流阀、蓄能器、脚制动阀和湿式多盘制动器等组成。

当需要工作制动时，踩下脚制动阀，压力油通过脚制动阀进入前、后桥轮边的湿式多盘制动器，从而实施制动。放松脚踏板，制动器内的油回油箱，制动状态解除。

（3）关键技术特征

1）采用机械传动，传动效率高，零部件通用性好。

2）采用轮边湿式多盘工作制动，防尘、防水、防爆，制动效果好。

3）采用失效安全型停车及紧急制动，即弹簧制动、液压释放、安全可靠。

4）采用钢板弹簧加液力双向筒式减震器，减振效果好。

4. WCQ－3D型无轨胶轮车

WCQ－3D型无轨胶轮车是一种以柴油机为动力，前、后机架中央铰接，全液压转向，静液压传动，无级调速，四轮驱动，前、后驾驶座正向布置、双向驾驶（操纵机构互锁），双向行驶的井下无轨胶轮运输机械，主要用于巷道断面不小于2.5 m×2.5 m、坡度不大于14°的井下运输作业。该机具有结构紧凑、操作方便、转弯半径小、调速性能好（无级变速）、重载爬坡能力强及污染小、运输效率高等特点。该机外形宽度尺寸小，可进入顺槽、掘进巷道，完成掘进后配套的人员和物料运输，可减轻工作人员的劳动强度，提高生产效率。整机结构布置如图7－43所示。

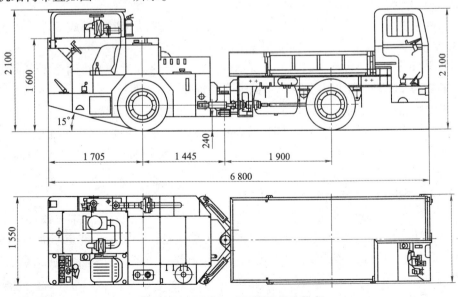

图7－43　WCQ－3D型无轨胶轮车

（1）主要技术性能参数

额定载荷	3 t
最大牵引力	32 kN
行驶速度（双向）	0 ~ 20 km/h
驾驶方式	前、后驾驶室双向驾驶
爬坡能力	14°
最小转弯半径	6 100 mm
最小离地间隙	240 mm
外形尺寸	6 800 mm × 1 550 mm × 2 100 mm
整车质量	6.8 t

（2）主要结构及工作原理

WCQ－3D 型无轨胶轮车的动力系统、传动系统、行驶系统、转向系统、制动系统、电气及监控保护系统等基本配置与 WCQ－3A 型无轨胶轮车一致，但油门、熄火、转向、制动等操纵装置均在前、后驾驶室内分别设置，相互独立并互锁。

1）结构形式。前、后车架中央铰接，静液压机械传动，四轮驱动，全液压转向，钢板弹簧减振。前、后驾驶室双向独立操作，两套操纵系统相互独立并互锁。

2）车架和车厢。前车架和后车架两大部件中央铰接，转向油缸一端装在后车架（转向油缸铰点），另一端装在前车架（转向油缸铰点），通过转向油缸的伸缩使前、后车架可做每侧37°的相对摆转。

前车架主要由车架、转向油缸铰接点、驾驶室、仪表盘、燃油箱、液压油箱、摆动架等组成。柴油机通过防振垫安装在前车架上，驱动桥装在摆动架上，使车子在崎岖的路面行驶时仍然能四轮着地，具有良好的稳定性。

后车架主要支撑车厢。大梁采用 I 字形结构。后桥与后车架也通过减振钢板弹簧连接，使用可靠，维修方便。

（3）关键技术特征

1）整机宽度小，双驾驶室独立操纵，可进入顺槽、掘进巷道，完成掘进后配套的人员和物料运输。

2）采用自动驱动和防憋车控制系统（DA 控制），操纵方便，无级调速。

3）采用四轮驱动，爬坡能力强，道路通过性能好。

4）采用轮边湿式多盘工作制动，防尘、防水、防爆，制动效果好。

5）采用失效安全型停车及紧急制动，即弹簧制动、液压释放、安全可靠。

6）前桥采用摆动架悬挂，保证四轮着地；后桥采用钢板弹簧减振，结构简单、性能可靠。

5. WCQ－5B 型无轨胶轮车

WCQ－5B 型无轨胶轮车是一种以防爆柴油机为动力，前、后车架中央铰接，全液压转向，液力机械传动，四轮驱动的煤矿井下无轨式运输设备，主要用于巷道断面不小于 3 m × 3 m、坡度不大于14°的有瓦斯煤矿井下运输作业。其操纵方便、过载能力强、牵引性能好，更适用于煤矿井下复杂的路面运输。

通过轮胎的改变可变型为低矮型（整机高度小于 1 800 mm），通过车架、货厢的变化可变型为自卸车、平板车和人车。自卸车结构简图如图 7 - 44 所示。

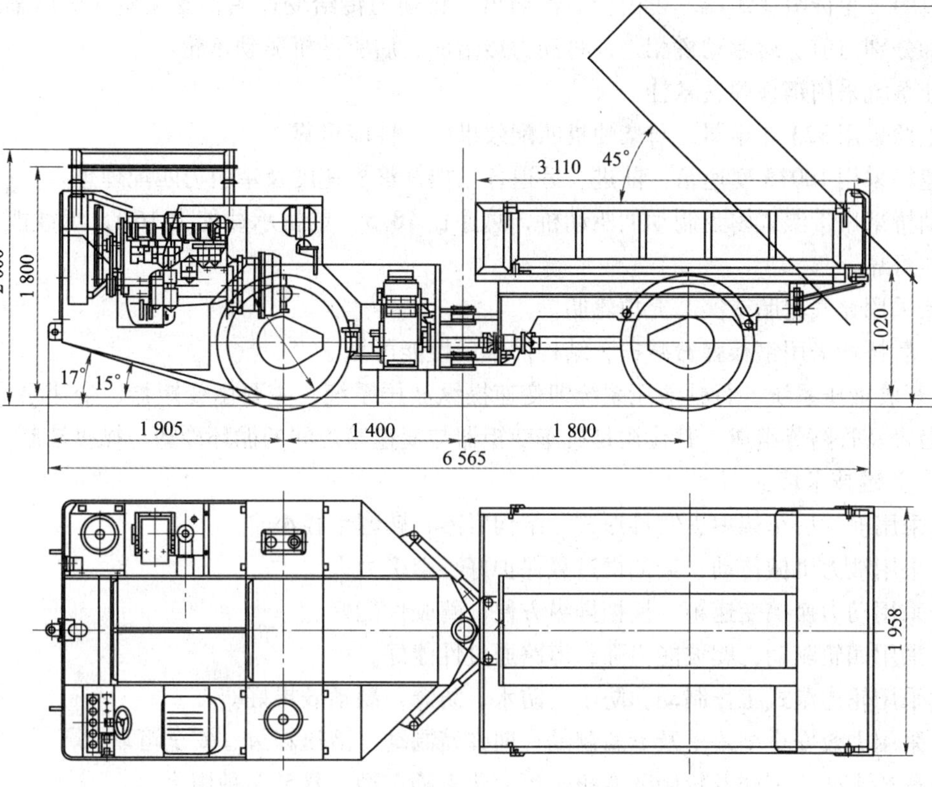

图 7 - 44 WCQ - 5B 型无轨胶轮车

（1）主要技术性能参数

额定载荷   5 t

最大载荷   8 t

最大牵引力   65 kN

最大行驶速度   35 km/h

爬坡能力   14°

最小转弯半径（外侧）   6 500 mm

最小离地间隙   250 mm

外形尺寸（长×宽×高）   6 570 mm × 2 000 mm × 2 000 mm

整车质量（基本型）   7. 5 t

（2）主要结构及工作原理

WCQ - 5B 型无轨胶轮车的结构形式为前、后机架中央铰接，液力机械传动，四轮驱动，液压转向，钢板弹簧减振。其主要组成部分包括动力系统、前机架、后机架、车厢、行驶系统、转向及翻举液压系统、制动系统、电气及安全保护系统等。

其动力系统（除防爆柴油机主机外）、转向及翻举液压系统、制动系统、电气及安全保护系统结构原理及配置与 WCQ - 3 系列无轨胶轮车基本一致，其前、后车架及车厢形式与 WCQ - 3B 型无轨胶轮车相似。

1）传动系统。WCQ - 5B 型无轨胶轮车的传动方式为液力机械传动，驱动方式为前、后桥四轮驱动。传动系统由变矩器，变速箱，前、后传动轴和前、后驱动桥等组成。其动力由柴油机的飞轮传给变矩器，再由变矩器输出，将动力传给变速箱，变速箱的输出轴经前、后传动轴分别与前、后驱动桥相连，将动力传给前、后驱动桥驱动车轮。

悬挂系统采用钢板弹簧悬挂。

变矩器采用 323 变矩器，与柴油机匹配效果好，性能可靠。

变速箱采用 10033 变速箱，前进、后退各三挡，整机速度及牵引力匹配理想。

驱动桥采用带湿式多盘制动的驱动桥，总速比 18.5，单桥承载能力 16 t，承载能力强，制动性能可靠。

轮胎采用充气轮胎或实芯充填轮胎。

前、后桥均采用钢板弹簧减振，结构简单、性能可靠。

2）行驶液压系统。行驶液压系统即变速操纵液压系统，主要由变矩器、变速泵、变速箱、压力表及管路等组成。其作用是机车变矩器与变速箱之间的循环冷却与操纵控制。

（3）关键技术特征

1）采用前、后车架中央铰接形式，结构紧凑、转弯半径小。

2）采用液力机械传动，柴油机过载保护好、牵引力大。

3）采用动力换挡变速箱，换挡操纵方便、驾驶性能好。

4）采用四轮驱动，爬坡能力强，道路通过性能好。

5）采用轮边湿式工作制动，防尘、防水、防爆，制动效果好。

6）采用失效安全型停车及紧急制动，即弹簧制动、液压释放、安全可靠。

7）通过车架、车厢及轮胎的变化，可变化多种车型，具备多种用途。

8）采用钢板弹簧减振，结构简单、性能可靠。

7.3.3　WCY-6 型防爆多功能铲运车

常州科研试制中心有限公司研制的 WCY-6 型防爆多功能铲运车是一种以柴油机为动力，液力机械传动、四轮驱动的煤矿井下无轨式运输机械，主要用于巷道断面不小于 3 m×3 m、坡度不大于 14°的煤矿井下道路整修，装、运、卸物料，清煤、清碴以及协助综采工作面安装与搬迁等工作。该车具有结构紧凑、功能齐全、快换性好、爬坡能力强、通过性能好、安全可靠、性价比高等显著优点，整机性能达到国际先进水平，是进口同类型产品的理想替代产品。其基本结构如图 7-45 所示。

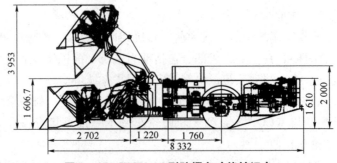

图 7-45　WCY-6 型防爆多功能铲运车

（1）主要技术性能参数

额定斗容	2 m³
额定载重	6 t
最大牵引力	120 kN
最大铲取力	83 kN
工作装置动作时间	<18 s
最大行驶速度（双向）	23 km/h
爬坡能力	14°
最小转弯半径	6 000 mm
最小离地间隙	300 mm
外形尺寸（长×宽×高）	8 332 mm×2 200 mm×2 000 mm
整车质量	15 t

（2）主要结构及工作原理

WCY-6 型防爆多功能铲运车采用前、后机架中央铰接，全液压转向；多种工作装置可快速更换；驾驶座侧向布置、双向行驶；液力机械传动、四轮驱动；工作制动为双回路液压动力全封闭湿式多盘制动；具有防爆电子监控系统。其主要组成部分有动力系统、工作装置、前车架、工作液压系统、转向液压系统、行驶液压系统、传动系统、后车架、气起动系统、电气系统（安全保护系统）等。

1）动力系统。WCY-6 型防爆多功能铲运车动力系统配置与 WCQ-5B 型无轨胶轮车基本相同。

柴油机：采用 CKS6108FB 六缸防爆水冷柴油机。

防爆进排气系统：防爆柴油机进气系统为空气滤清器加上栅栏形阻火器，排气系统为废气处理水洗箱加栅栏形阻火器。防爆柴油机进排气系统的具体结构参考和借用 WCQ-5B 型无轨胶轮车上的系统。

2）工作装置。工作装置为正转六杆机构，具有良好的平移性和较大的铲起力，并具有多种功能的附件，如推板卸料铲斗、铲叉、工作平台、小吊车、带缆卷筒等，可适应煤矿的多种工作需要。

3）工作液压系统。工作液压系统的作用是通过液压油缸来驱动工作装置大臂的升降、铲斗的转动，铲斗推板卸料、铲斗和铲叉的快速更换等。本车采用四联液控多路换向阀，通过减压式先导阀操纵多路换向阀换向，其控制压力低、操纵轻便省力、多路换向阀布置方便，如图 7-46 所示。

4）转向液压系统。本车前、后车架中间铰接，转向液压缸固定在前、后车架上，通过液压缸作用使前、后车架相对水平转动，实现转向，具有转向操纵直观、灵活、省力、工作可靠、故障少等优点，如图 7-47 所示。

5）制动液压系统（见图 7-48）。本车制动有工作制动、停车制动和紧急制动三种。

工作制动是由齿轮泵、充液阀、脚制动阀、全封闭湿式多盘制动器等组成的双回路系统。

两个回路各自独立工作，各自充液互不干扰。当一个回路发生故障，另一个回路可继续正常工作，整机安全可靠。全封闭湿式多盘制动器有驱动桥带，本机工作制动采用液压制

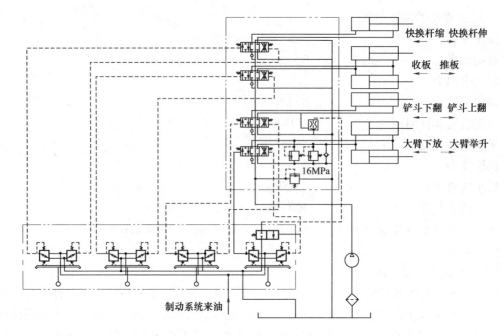

快换杆缩　快换杆伸

收板　推板

铲斗下翻　铲斗上翻

大臂下放　大臂举升

16MPa

制动系统来油

图 7-46　工作液压系统原理图

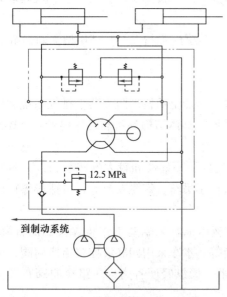

12.5 MPa

到制动系统

图 7-47　转向液压系统原理图

动、弹簧松闸，国产和进口驱动桥可以互换。

停车制动和紧急制动合二为一，停车制动器是安装在变速箱上的多盘制动器，弹簧制动、液压松闸。当铲运机突然熄火失去动力源时，停车换向阀换向，停车制动器弹簧制动，可作紧急制动用。铲运机拖动时，需手动解除制动。

6）行驶液压系统。行驶液压系统是指变速操纵液压系统，主要由变矩器、变速泵、变速箱、压力表及管路等组成。其作用是车辆变矩器与变速箱之间的循环冷却与操纵控制。

7）防爆电气及电子监控系统。防爆电子监控系统主要是对柴油机和柴油机系统进行实时防爆监控，实现对柴油机排气温度、表面温度、水冷却器冷却水温度、废气处理装置水洗箱水位、柴油机润滑机油压力以及柴油机转速的监控。防爆电子监控系统应能准确发出报警信号，并自动熄火停机，真正做到既监又控。

（3）关键技术特征

1）采用前、后车架中央铰接形式，结构紧凑、转弯半径小。

2）采用液力机械传动，柴油机过载保护好、牵引力大。

3）采用动力换挡变速箱，换挡操纵方便、驾驶性能好。

4）采用四轮驱动，爬坡能力强，道路通过性能好。

5）采用轮边湿式工作制动，防尘、防水、防爆，制动效果好。

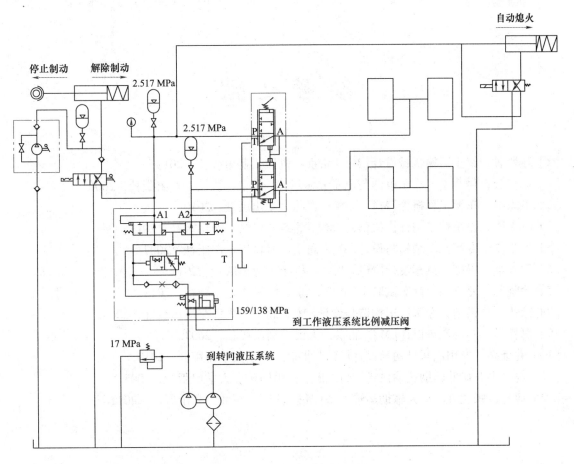

图 7 - 48　制动液压系统原理图

6）采用失效安全型停车及紧急制动，即弹簧制动、液压释放、安全可靠。

7）采用正转六杆机构工作装置，具有良好的平移性和较大的铲起力。

8）采用快速更换装置，可配备多种工作附件，功能齐全、效率高。

参 考 文 献

［1］连晋毅．铲土运输机械设计［M］．北京：机械工业出版社，2012．

［2］孙仁云，付百学．汽车电器与电子技术［M］．北京：机械工业出版社，2006．

［3］王志中．车辆工程概论［M］．长春：吉林大学出版社，2010．

［4］陈无畏．系统建模与计算机仿真［M］．北京：机械工业出版社，2013．

［5］卞学良．专用汽车结构与设计［M］．北京：机械工业出版社，2007．

［6］罗永革，冯樱．汽车设计［M］．北京：机械工业出版社，2011．

［7］徐晓美，万亦强．汽车试验学［M］．北京：机械工业出版社，2013．

［8］徐达，丛锡堂．专用汽车构造与设计［M］．北京：人民交通出版社，2008．

［9］冯晋祥．专用汽车设计［M］．北京：人民交通出版社，2007．

［10］乔维高．专用汽车结构与设计［M］．北京：北京大学出版社，2010．

［11］姜汉中．矿井辅助运输设备［M］．北京：中国矿业大学出版社，2008．

［12］何凡，张兰胜．矿井辅助运输设备［M］．沈阳：东北大学出版社，2012．